广视角 · 全方位 · 多品种

权威 · 前沿 · 原创

皮书系列为
“十二五”国家重点图书出版规划项目

中国社会科学院创新工程学术出版资助项目

公共服务蓝皮书

BLUE BOOK OF PUBLIC SERVICE

中国城市基本公共服务力评价（2014）

EVALUATION OF CHINESE CITIES' BASIC PUBLIC SERVICE CAPABILITY (2014)

顾　　问 / 李慎明　李崇富　程恩富　邓纯东
名誉主编 / 侯惠勤　辛向阳　易定宏
主　　编 / 钟　君　吴正杲
副 主 编 / 刘志昌　刘须宽　罗紫罗兰

社会科学文献出版社
SOCIAL SCIENCES ACADEMIC PRESS (CHINA)

图书在版编目(CIP)数据

中国城市基本公共服务力评价．2014/钟君，吴正杲主编．—北京：社会科学文献出版社，2014.12

（公共服务蓝皮书）

ISBN 978-7-5097-6843-3

Ⅰ.①中… Ⅱ.①钟… ②吴… Ⅲ.①地方政府-社会服务-比较评价-中国-2014 Ⅳ.①D625

中国版本图书馆 CIP 数据核字（2014）第 279874 号

公共服务蓝皮书

中国城市基本公共服务力评价（2014）

顾　　问／李慎明　李崇富　程恩富　邓纯东

名誉主编／侯惠勤　辛向阳　易定宏

主　　编／钟　君　吴正杲

副 主 编／刘志昌　刘须宽　罗紫罗兰

出 版 人／谢寿光

项目统筹／蔡继辉　任文武

责任编辑／高　启　王　颉

出　　版／社会科学文献出版社·皮书出版分社（010）59367127

地址：北京市北三环中路甲 29 号院华龙大厦　邮编：100029

网址：www.ssap.com.cn

发　　行／市场营销中心（010）59367081　59367090

读者服务中心（010）59367028

印　　装／北京季蜂印刷有限公司

规　　格／开　本：787mm×1092mm　1/16

印　张：22　字　数：353 千字

版　　次／2014 年 12 月第 1 版　2014 年 12 月第 1 次印刷

书　　号／ISBN 978-7-5097-6843-3

定　　价／79.00 元

皮书序列号／B-2011-187

公共服务蓝皮书编委会

《中国城市基本公共服务力评价（2014）》课题组

组　长	钟　君	吴正杲				
成　员	钟　君	吴正杲	刘志昌	刘须宽	万相昱	
	沈　涛	罗紫罗兰	张华玲	于广昌	张　燕	
	张欣欣	闫鸿儒	杨　斌	栾文莲	陈　东	
	曾宪奎	伍景玉	王永磊	郭志法	陈建波	
	齐　冰	曾　庆	马　健	李曼卿	易　明	
	康泽恩	李小桐	闫士红	廖大兵	张海滨	
	刘春雷	郑文照	彭家庆	杨延帝	魏华刚	
	龙彦宏	于宇宁	余福桃	臧志刚	屠雅芳	
	乔海波	杨博宇	郑昌锯	袁根东	邢宝光	
	陈　鲁	王洪光	魏小龙	陈大亨	伍景山	
	石　建	蒋红增	李　坤	王玉文	宋丰田	
	岳　升	艾龙飞				
执　笔	钟　君	刘志昌	刘须宽	罗紫罗兰	万相昱	
	张华玲	于广昌	闫鸿儒			

课题承担单位

中国社会科学院马克思主义研究院经济与社会建设研究室

华图政信调查

主要编撰者简介

钟　君　男，山东昌乐人，法学博士，副研究员。现任中国社会科学院马克思主义研究院经济与社会建设研究室主任。曾挂任重庆市丰都县副县长，中共重庆市委办公厅主任助理。主要研究领域为中国特色社会主义、公共服务与社会建设。著有《中国特色社会主义政治价值研究》、《马克思主义中国化理论创新30年》（合著）、《改革开放三十年思想史》（合著）、《中国地方政府经济行为分析——基于公共选择视角》（论文，合著）、《科学发展观对地方政府执政行为的实践指导意义》（论文）等。

吴正杲　男，浙江衢州人，华图教育集团董事副总裁，首席政府关系官，政信宏阳管理咨询有限公司董事CEO，加拿大注册会计师协会北京分会董事，英国特许公认会计师。

刘志昌　男，湖南临湘人，政治学博士，中国社会科学院马克思主义研究院助理研究员，澳大利亚迪肯大学访问学者。主要从事公共服务、地方治理和社会建设等研究。主持国家社会科学基金项目“中国基本公共服务均等化的变迁与逻辑研究”及中国社会科学院项目等多项课题，在《社会主义研究》《统计与决策》等报刊上发表论文和向政府部门提交对策咨询报告30余篇。

刘须宽　男，江苏泗阳人，法学博士，中国社会科学院马克思主义研究院助理研究员。主要从事政治哲学、政治伦理、公共服务与社会建设等方面研究。主要研究成果有：与人合作主编《历史上最具影响力的伦理学名著27种》，在《哲学动态》《北京师范大学学报》等刊物上发表论文20余篇，多次参与国家社会科学基金、教育部价值与文化研究基地等课题研究，多次参与中宣部、交通部等党和政府部门专项决策研究。

万相昱　男，经济学博士，中国社会科学院数量经济与技术经济研究所副研究员，中国社会科学院研究生院副教授，硕士研究生导师。长期从事经济模型、经济预测与公共政策研究工作，专注微观模拟模型与社会科学仿真技术的相关理论与实证研究。先后主持和参与国家或省部级以上科研课题10余项，形成多部具有影响力的研究报告，独立撰写相关学术专著2部，在国内外相关学术期刊发表论文30余篇。

罗紫罗兰　女，湖南衡阳人，公共管理硕士，华图政信公共管理研究院咨询师。

于广昌　男，山东聊城人，管理学硕士，华图政信公共管理研究院咨询师。

摘　要

本书按照优化的基本公共服务力评价指标体系，通过24717份调查问卷，从公共交通、公共安全、公共住房、基础教育、社保就业、医疗卫生、城市环境、文化体育、公职服务等9个方面，对全国38个主要城市的基本公共服务力进行全面评价和深入研究，发布了2014年全国38个主要城市满意度评价情况及公共服务各要素排行榜。调查结果的数据分析显示，尽管抽样调查数据主要由主观指标出发，但总体来讲具有良好的代表性，公共服务满意度是对公共服务现状的客观反映，能够准确和客观地反映公共服务的真实质量，并非纯粹的主观评价。

本书通过GDP对公共服务满意度杠杆指数、城市公共服务满意度上升指数、公共服务满意度要素发展指数等评价工具，对全国38个城市的基本公共服务满意度进行了详细评价。在此基础上，综合调查结果，选取了基本公共服务满意度调查中群众最关心的交通拥堵、打车难、涉毒品防治、色情监管、暴力恐怖预防、食品安全、房价调控、计划生育、空气质量、政府作风、公共信息服务、公共交通费和户籍制度13个核心问题进行了深入评价，并发布排行榜。从发展指数、杠杆指数和总排名上升幅度最高等角度，对在基本公共服务满意度调查中表现优秀的个别城市进行深入分析，以期通过深入研究和经验总结，为其他城市基本公共服务的建设提供榜样和建设蓝本。另外，新增公共服务专题研究，对北京市保障性住房的供给模式等热点问题进行了重点研究。

目录

Ⅰ 总报告

Ⅱ 评价报告

BⅢ　调查报告

BⅣ　深度调研

ⅣB Ⅴ 专题研究

B Ⅵ 附 录

总 报 告

General Report

B.1

2014年中国城市基本公共服务满意度评估与发展报告*

摘　要：

本报告按照优化的基本公共服务力评价指标体系，通过24717份调查问卷，从公共交通、公共安全、公共住房、基础教育、社保就业、医疗卫生、城市环境、文化体育、公职服务等9个方面，对全国38个主要城市的基本公共服务力进行全面评价和深入研究，发布了2014年全国38个主要城市满意度评价情况及各排行榜。报告通过GDP对公共服务满意度杠杆指数、城市公共服务满意度上升指数、公共服务满意度要素发展指数等评价工具，对38个城市的基本公共服务满意度进行了详细评价。报告认为，2014年我国基本公共服务总体满意度较2012年和2013年有所下滑，但较2011年则有提高。调查结果的数据分析显示，尽管抽样调查数据主要由主观指标出发，但总体来讲具有

* 执笔：钟君、刘志昌、万相昱、罗紫罗兰；统稿：钟君、刘志昌。

良好的代表性，公共服务满意度是对公共服务现状的客观反映，能够准确和客观地反映公共服务的真实质量，并非纯粹的主观评价。各级政府要完善基本公共服务立法，把公众对基本公共服务要素的关注度作为改善民生的晴雨表，强化公共服务改革的系统化思维，在全面深化改革领导小组当中设立公共服务改革协调小组，完善地方政府政绩考核评价办法，强化基本公共服务能力评价，启动基本公共服务大数据计划，加强基本公共服务大数据的统计分析应用，明确划分中央和地方政府财权和事权，改善公共服务质量和效率，提升居民公共服务满意度，推动基本公共服务大发展，促进经济社会全面协调持续健康发展。

关键词：

基本公共服务力　基本公共服务满意度　基本公共服务改革创新

公共服务是现代政府的基本职能之一，公共服务力是政府提供公共服务的能力。城市基本公共服务满意度是城市基本公共服务力的重要内容，也是判断城市基本公共服务力强弱的重要标志。党的十八届三中全会通过的《中共中央关于全面深化改革若干重大问题的决定》，从加快转变政府职能、推进社会事业改革创新等 15 个方面对新时期深化改革作出全面部署，明确指出：“政府的职责和作用主要是保持宏观经济稳定，加强和优化公共服务，保障公平竞争，加强市场监管，维护市场秩序，推动可持续发展，促进共同富裕，弥补市场失灵。”这就进一步明确了强化政府公共服务职能，增强政府公共服务能力是新时期政府职能转变的重要内容和方向。自 2011 年起，中国社会科学院马克思主义研究院经济与社会建设研究室与华图政信公共管理研究院组成课题组，研创了城市基本公共服务力评价指标体系，通过对全国 38 个主要城市进行大规模的城市基本公共服务满意度调查，对相关城市的基本公共服务力进行深度研究，旨在为促进基本公共服务优质化、全面化和均等化，提升政府公共服务能力，推动解决民生难题提供数据支撑、学术支持及政策建议。

2011 年至今，本课题组在全国 38 个主要城市共组织大规模的基本公共服务满意度问卷调查4次（每年一次），每次问卷总数超过20000份。本课题组2011～2013年度发布的《公共服务蓝皮书》均引起各级政府和知名媒体的高度关注从而产生积极影响。相关国家部委与地方政府以不同方式向课题组咨询提高基本公共服务能力的相关对策建议。书中提出的部分对策和建议也被相关部门以不同形式采纳，成为政府文件或政策。

2014年，课题组根据以往三次调查的经验和结果，优化了基本公共服务力评价指标体系及问卷，在全国38个主要城市发放问卷27000份，回收有效问卷24717份。调查研究聚焦于38个主要城市的基本公共服务满意度，对相关城市的基本公共服务满意度进行了排名，对基本公共服务的公共交通、公共安全、公共住房、基础教育、社保就业、医疗卫生、城市环境、文化体育、公职服务九个方面也进行了排名。使用"GDP对公共服务满意度杠杆指数""公共服务满意度上升指数""公共服务满意度发展指数"等评估工具对调查结果进行纵向和横向的立体式评估研究。在评价和研究的基础上，为提高基本公共服务满意度提出政策建议。

一　2014年城市基本公共服务满意度评价指标体系

在以往城市基本公共服务满意度调查的基础上，为了使调查更具可操作性与科学性，2014年的调查优化了城市基本公共服务满意度评价指标体系。2014年城市基本公共服务满意度评价指标体系共包含9个一级指标，分别是公共交通、公共安全、公共住房、基础教育、社保就业、医疗卫生、城市环境、文化体育、公职服务，46个二级指标，64个三级指标。（见表1－1）。

表1－1　2014年城市基本公共服务满意度评价指标体系

一级指标	二级指标	三级指标（问卷主观题设置）
公共交通	拥堵度	您外出时，感觉路上拥堵吗
	便利度	您外出时，乘坐公共交通工具（公共汽车、地铁等）感觉方便吗
	舒适度	您出门乘坐公共交通工具（公共汽车、地铁等）觉得拥挤吗
	典型交通问题	您在本城市打车时，等待出租车的时间一般大概是多长时间（打车难问题）
	整体满意度	请您对本城市的公共交通情况进行整体评价

续表

一级指标	二级指标	三级指标(问卷主观题设置)
公共安全	财产安全	过去一年,您或您认识的人曾经在所居住城市遭遇或看见过财物被偷盗、抢劫现象吗
		过去一年,您或您认识的人曾经在所居住城市遭遇或看见过诈骗现象(如传销、消费陷阱等)吗
		过去一年,您或您认识的人曾经在所居住城市遭遇或看见过聚众赌博吗
		过去一年,您或您认识的人曾经在所居住城市遭遇或看见过制假、贩假、售假现象吗
		在本城市,您是否担心长期外出时家里财物被偷盗
		在本城市,您是否担心外出时被扒窃、抢劫
		在本城市,您是否担心遭遇诈骗现象(传销、消费陷阱等)
	人身安全	过去一年,您或您认识的人曾经在所居住城市遭遇或看见过打架斗殴吗
		过去一年,您或您认识的人曾经在所居住城市遭遇或看见过性骚扰吗
		过去一年,您或您认识的人曾经在所居住城市遭遇或看见过吸毒贩毒吗
		过去一年,您或您认识的人曾经在所居住城市遭遇或看见过卖淫嫖娼吗
		在本城市,您是否担心遭遇性骚扰
		在本城市,您是否担心深夜走夜路被尾随
		在本城市,您是否担心暴力恐怖事件的发生
		最近三个月内,您认为本城市"中国式过马路"(行人闯红灯)的情况
	食品安全	您对在本城市所吃的食物安全状况是否担心
		您如何评价本地政府的食品安全监管工作
	信息安全	您或您认识的人是否遇到过信息泄露的情况
	灾害防护	本城市的政府是否有过应对灾害(地震、火灾、水灾等)的宣传或演练
	整体满意度	请您对本城市的公共安全情况进行整体评价
公共住房	保障房政策	您本人或认识的人是否享有或了解本城市的保障性住房(经济适用房、两限房、公租房、廉租房)
	保障房公平度	您如何评价本城市保障性住房申请的公平程度
	房价调控	您觉得宏观调控政策对您所在城市的房价有影响吗
	整体满意度	请您对本城市的住房保障情况进行整体评价
基础教育	入学	您本人或是认识的人在本城市是否遇到孩子上幼儿园需要找关系或交赞助费
		您本人或是认识的人在本城市是否遇到孩子上小学时需要找关系或交赞助费
		您本人或是认识的人在本城市是否遇到孩子"小升初"时需要找关系或交赞助费
	教育收费	就您所知,您所在城市的义务教育阶段学校是否存在乱收费现象
	整体满意度	请您对本城市的基础教育情况进行整体评价

续表

一级指标	二级指标	三级指标(问卷主观题设置)
社保就业	就业服务	您所在城市政府有没有为求职者提供相关就业服务
		您所在的城市政府是否出台了扶持创业的政策,并进行有效落实
	弱势群体救助	您认为本城市弱势群体(孤寡老人、低收入群体、流浪人群等)是否得到有效救助
	养老服务	您对本城市的养老服务(社区养老、养老院设置等)是否满意
	政策改革	您如何评价养老保险的并轨
		您如何评价延迟退休
	整体满意度	请您对本城市的社会保障和就业情况进行整体评价
医疗卫生	就医时间	您最近一次去本城市的公立医院看病,从排队挂号到医生接诊等了多长时间
	医疗费用	您去本城市的公立医院看病,是否感觉有不必要的检查和费用发生
	医疗便利度	您家离最近的公立医院(包括社区医疗卫生中心)大概有多远
	医疗效果	您觉得当地公立医院医生的服务如何评价
	政策	您认为当前计划生育政策的看法
	整体满意度	请您对本城市的医疗卫生情况进行整体评价
城市环境	空气质量	您所在城市的空气质量如何
	绿化	您所在城市的绿化如何
	卫生	您所在城市的街道社区卫生如何
	城市景观	您所在城市的城市景观建设如何
	市政管理	您所在城市的政府对小摊贩管理的效果如何
	自来水质量	您所在城市的自来水质量如何
	城市规模	您认为您所在的城市规模如何
	整体满意度	请您对本城市的环境情况进行整体评价
文化体育	设施建设	您周边公共的文化体育场馆或设施是否能满足您或家人的日常文化体育需求
	政府文体活动	您对政府提供的文化及体育活动如何评价
	整体满意度	请您对本城市的体育及文化情况进行整体评价
公职服务	等待时间	您上一次去政府相关部门办理具体事务等待了多长时间
	服务效率	您上一次去政府部门办事,整件事务办理完毕总共跑了几趟
	服务态度	您所在城市的工作人员态度怎么样
	服务环境	您所在城市的接待环境舒适度吗
	电子政务	您所在城市的政府网站、政务微博与公众的互动性
	整体满意度	请您对本城市的公职服务情况进行整体评价

二　2014 年城市基本公共服务满意度评价基本情况

（一）2014 年城市基本公共服务满意度评价问卷调查情况

对城市基本公共服务满意度进行大规模的定量分析具有重要意义。本次城市基本公共服务满意度调查共发放问卷 27000 份，回收有效问卷 24717 份，大规模的样本量，专业化、规范化、科学化的数据收集与分析方法，改变了大多数公共服务评价缺乏科学的、可操作的评价方法的现状，对于准确判断不同城市的公共服务现状具有重要参考价值。38 个城市问卷分布见表 1－2。

表 1－2　2014 年城市基本公共服务满意度调查有效问卷数量及分布表

城市	数量	城市	数量	城市	数量	城市	数量	城市	数量
北京	1250	贵阳	470	拉萨	295	汕头	470	西安	751
长春	660	哈尔滨	840	兰州	380	沈阳	604	西宁	289
长沙	656	海口	279	南昌	471	深圳	931	厦门	220
成都	1098	杭州	751	南京	660	石家庄	840	银川	278
重庆	1400	合肥	660	南宁	560	太原	380	郑州	751
大连	547	呼和浩特	279	宁波	561	天津	1191	珠海	279
福州	434	济南	561	青岛	728	武汉	829	合计	24717
广州	1013	昆明	560	上海	1410	乌鲁木齐	381		

（二）2014 年 38 个主要城市基本公共服务满意度评价的基本情况

在对 24717 份问卷科学计算的基础上①，我们得出了 2014 年全国 38 个主要城市基本公共服务满意度的排行榜（见表 1－3）。2014 年度公共服务满意

① 2014 年城市基本公共服务满意度评价计算方法为：通过问卷调查获得主观满意度数据。64 个三级指标即问卷中 64 个评估公共服务满意度题目，下设选项，按照从负面态度向正面态度进行排序赋分（问卷中以 5 分制设置），然后统一折合成为百分制，辅以各题权重，最终计算出每个城市满意度分值。由于三级指标选取的是反映二级指标的典型问题，但是不能完全涵盖一级指标的内容，基于此，课题组对每个一级指标都设置了“整体满意度”选项，并且在计算中将该选题的权重设置为每个一级指标权重的 1/2。

度排名前10位的城市依次为：拉萨、青岛、上海、海口、宁波、太原、成都、厦门、重庆、珠海，其中得分最高的城市仍为拉萨，分数为66.11。

表1－3　2011～2014年度38个城市基本公共服务满意度排行榜

名次	2011年		2012年		2013年		2014年	
	城市	分值	城市	分值	城市	分值	城市	分值
1	青岛	57.55	拉萨	68.89	拉萨	68.94	拉萨	66.11
2	北京	57.27	厦门	66.59	南京	63.75	青岛	61.26
3	宁波	57.10	上海	66.30	海口	62.93	上海	61.17
4	大连	57.00	大连	65.45	厦门	62.75	海口	60.63
5	拉萨	56.87	宁波	64.86	长春	61.93	宁波	60.23
6	珠海	56.85	南京	63.94	宁波	61.63	太原	59.97
7	杭州	56.52	青岛	63.70	青岛	61.54	成都	59.46
8	重庆	56.26	沈阳	63.66	西宁	60.83	厦门	59.40
9	厦门	56.25	杭州	62.54	长沙	60.70	重庆	59.38
10	郑州	55.76	天津	62.23	杭州	60.60	珠海	59.33
11	银川	55.71	重庆	60.80	上海	60.39	银川	59.28
12	海口	55.31	长春	60.47	武汉	60.38	长沙	59.08
13	西宁	55.20	珠海	60.31	北京	60.27	沈阳	59.03
14	长春	54.82	北京	60.07	大连	59.98	南京	58.84
15	哈尔滨	54.71	福州	59.86	贵阳	59.81	兰州	58.66
16	南宁	54.59	海口	59.35	呼和浩特	59.54	天津	58.37
17	沈阳	54.36	长沙	59.00	成都	59.24	杭州	57.99
18	南昌	54.09	成都	58.67	天津	59.18	长春	57.73
19	长沙	54.07	广州	58.58	重庆	59.11	福州	57.71
20	汕头	54.05	呼和浩特	58.44	沈阳	58.71	哈尔滨	57.50
21	济南	53.99	昆明	58.35	南昌	58.61	西宁	57.37
22	深圳	53.76	深圳	58.21	合肥	57.92	合肥	57.08
23	广州	53.75	南宁	58.21	石家庄	57.89	贵阳	56.98
24	贵阳	53.72	济南	58.17	太原	57.74	大连	56.46
25	南京	53.65	兰州	57.97	银川	57.53	北京	56.44
26	成都	53.63	贵阳	57.84	哈尔滨	57.37	石家庄	56.39
27	上海	53.47	石家庄	57.70	深圳	57.34	西安	56.29
28	合肥	53.03	武汉	57.58	珠海	57.04	济南	55.56
29	昆明	52.93	银川	57.27	广州	57.02	深圳	55.48
30	石家庄	52.65	合肥	56.84	西安	55.84	武汉	54.71
31	兰州	51.95	西宁	56.64	南宁	55.56	昆明	54.59

续表

名次	2011 年		2012 年		2013 年		2014 年	
	城市	分值	城市	分值	城市	分值	城市	分值
32	福　州	51.47	乌鲁木齐	56.60	昆　明	55.54	广　州	53.87
33	呼和浩特	51.08	西　安	56.47	汕　头	55.09	郑　州	53.83
34	天　津	50.87	哈尔滨	56.17	兰　州	54.75	汕　头	53.48
35	武　汉	50.26	太　原	55.77	济　南	53.95	南　昌	53.35
36	乌鲁木齐	50.06	南　昌	55.65	乌鲁木齐	53.74	呼和浩特	53.26
37	西　安	49.99	郑　州	55.19	福　州	53.65	南　宁	51.35
38	太　原	48.53	汕　头	54.17	郑　州	52.12	乌鲁木齐	49.06

通过对比可以看出，基本公共服务满意度排名始终保持在前 10 位的城市为拉萨、厦门、青岛、宁波。

（三）2013 ~2014 年度城市基本公共服务满意度单项指标排行

1. 2014 年度与 2013 年度城市基本公共服务基本要素满意度分值

城市基本公共服务满意度评价指标体系共涉及九大基本要素，它们分别是：公共交通、公共安全、公共住房、基础教育、社保就业、医疗卫生、城市环境、文化体育与公职服务。2014 年度与 2013 年度城市基本公共服务九项要素的满意度得分见表 1 -4。

表 1 -4　2014 年度与 2013 年度公共服务指标满意度得分对比表

指标分项	2014 年度指标满意度	2013 年度指标满意度
公共交通	56.07	57.88
公共安全	59.72	58.08
公共住房	50.48	53.61
基础教育	56.31	58.31
社保就业	60.49	60.07
医疗卫生	58.24	60.48
城市环境	60.01	63.65
文化体育	58.01	61.91
公职服务	57.49	57.27

从表 1 -4 的数据可以发现，2014 年社保就业要素的满意度得分最高，为 60.49 分；其次是城市环境要素，得分为 60.01 分。总体来看，2013 年公共服

务基本要素得分超过 60 分的共有 4 项，而 2014 年公共服务基本要素满意度得分超过 60 分的仅有 2 项，且总体得分都较低，说明公众对公共服务各领域的满意度有所降低。公共安全、社保就业、公职服务三项要素的满意度较之 2013 年有进步，而公共交通、公共住房、基础教育、医疗卫生、城市环境、文化体育六项要素的满意度较之 2013 年有所退步。

2. 公共交通、公共安全、住房保障满意度排行榜

2014 年度城市基本公共服务公共交通单项指标满意度排名前 10 位的城市依次为拉萨、上海、银川、宁波、天津、成都、珠海、厦门、太原、沈阳，其中拉萨公共交通满意度分值最高，得分为 67.75 分。公共安全单项满意度排名最高城市仍然为拉萨，为 71.64 分，排名前 10 位的城市依次为拉萨、宁波、上海、太原、厦门、海口、青岛、银川、南京、沈阳。2014 年，太原市的公共住房单项指标的满意度最高，得分为 55.60 分，公共住房单项满意度排名前 10 位的城市依次为太原、海口、重庆、长沙、上海、青岛、成都、沈阳、杭州、拉萨（见表 1 –5）。

表 1 –5　2014 年度主要城市公共交通、公共安全、公共住房满意度排行榜

公共交通			公共安全			公共住房		
城市	得分	排名	城市	得分	排名	城市	得分	排名
拉萨	67.75	1	拉萨	71.64	1	太原	55.60	1
上海	61.73	2	宁波	64.14	2	海口	55.38	2
银川	61.69	3	上海	63.74	3	重庆	54.97	3
宁波	61.04	4	太原	62.91	4	长沙	54.60	4
天津	60.98	5	厦门	62.67	5	上海	54.38	5
成都	60.97	6	海口	62.41	6	青岛	54.06	6
珠海	59.27	7	青岛	62.21	7	成都	53.78	7
厦门	59.15	8	银川	62.06	8	沈阳	53.74	8
太原	58.98	9	南京	62.05	9	杭州	53.37	9
沈阳	58.93	10	沈阳	61.97	10	拉萨	53.35	10
长沙	58.80	11	长春	61.48	11	长春	52.93	11
青岛	58.75	12	福州	61.39	12	银川	52.78	12
福州	58.06	13	成都	60.79	13	福州	52.32	13
南京	57.98	14	珠海	60.72	14	天津	51.91	14
重庆	57.86	15	天津	60.71	15	南京	51.72	15

续表

公共交通			公共安全			公共住房		
城市	得分	排名	城市	得分	排名	城市	得分	排名
北　京	57.19	16	北　京	60.68	16	兰　州	51.46	16
深　圳	56.95	17	重　庆	60.65	17	哈尔滨	51.30	17
海　口	56.93	18	杭　州	60.35	18	合　肥	51.30	18
西　宁	56.83	19	合　肥	59.93	19	西　宁	51.24	19
长　春	56.51	20	济　南	59.80	20	宁　波	50.98	20
济　南	56.12	21	哈尔滨	59.79	21	珠　海	50.83	21
哈尔滨	55.72	22	长　沙	59.44	22	贵　阳	50.77	22
石家庄	55.35	23	大　连	59.11	23	西　安	50.69	23
西　安	55.19	24	石家庄	58.72	24	石家庄	50.63	24
合　肥	54.80	25	呼和浩特	58.42	25	大　连	49.84	25
广　州	54.47	26	兰　州	58.07	26	北　京	49.79	26
大　连	54.38	27	武　汉	58.05	27	武　汉	49.48	27
昆　明	53.81	28	深　圳	57.99	28	昆　明	48.01	28
兰　州	53.17	29	西　宁	57.81	29	济　南	47.77	29
杭　州	52.38	30	贵　阳	57.75	30	郑　州	47.56	30
郑　州	52.19	31	西　安	57.32	31	厦　门	47.55	31
武　汉	51.82	32	郑　州	56.77	32	南　昌	46.27	32
南　昌	50.87	33	昆　明	56.36	33	广　州	46.04	33
贵　阳	50.44	34	广　州	55.56	34	深　圳	45.54	34
汕　头	50.00	35	汕　头	55.30	35	呼和浩特	45.50	35
呼和浩特	48.24	36	南　昌	54.80	36	汕　头	45.38	36
乌鲁木齐	47.78	37	南　宁	54.24	37	乌鲁木齐	43.06	37
南　宁	47.47	38	乌鲁木齐	51.38	38	南　宁	42.23	38

3. 基础教育、社保就业、医疗卫生满意度排行榜

表1－6反映的是2014年度全国主要城市的基础教育、社保就业、医疗卫生三个基本公共服务单项指标的满意度排名。2014年，基础教育单项满意度排名前10位的城市依次为拉萨、青岛、上海、宁波、厦门、杭州、长沙、兰州、重庆、珠海，其中拉萨市得分最高，为66.69分。在社保就业方面，拉萨以69.37分位居该单项第1位，社保就业满意度得分排名前10位的城市依次为拉萨、青岛、上海、太原、长沙、南京、重庆、海口、厦门、成都。在医疗卫生要素上，包括拉萨、兰州、海口、上海、珠海、宁波、厦门、成都、青

岛、沈阳在内的 10 个城市依次位列单项排名前 10 位，其中拉萨以 65.92 分位居第 1 位。

表 1－6 2014 年度主要城市基础教育、社保就业、医疗卫生满意度排行榜

基础教育			社保就业			医疗卫生		
城市	得分	排名	城市	得分	排名	城市	得分	排名
拉萨	66.69	1	拉萨	69.37	1	拉萨	65.92	1
青岛	63.39	2	青岛	64.17	2	兰州	63.23	2
上海	60.77	3	上海	64.10	3	海口	61.85	3
宁波	60.60	4	太原	63.51	4	上海	61.80	4
厦门	60.02	5	长沙	63.07	5	珠海	61.68	5
杭州	59.83	6	南京	62.99	6	宁波	61.32	6
长沙	59.01	7	重庆	62.95	7	厦门	61.32	7
兰州	58.80	8	海口	62.48	8	成都	60.97	8
重庆	58.80	9	厦门	62.06	9	青岛	60.54	9
珠海	58.72	10	成都	61.97	10	沈阳	60.34	10
合肥	58.51	11	天津	61.97	11	太原	59.83	11
南京	58.07	12	沈阳	61.91	12	南京	59.59	12
海口	57.94	13	银川	61.68	13	银川	59.51	13
贵阳	57.86	14	杭州	61.58	14	石家庄	59.51	14
银川	57.39	15	福州	61.46	15	杭州	59.17	15
太原	56.75	16	宁波	61.36	16	西宁	58.68	16
天津	56.64	17	西安	61.22	17	哈尔滨	58.63	17
哈尔滨	56.55	18	哈尔滨	61.16	18	西安	58.50	18
成都	56.05	19	长春	60.91	19	北京	57.91	19
济南	55.77	20	兰州	60.77	20	天津	57.88	20
沈阳	55.59	21	合肥	60.71	21	长沙	57.84	21
呼和浩特	55.59	22	西宁	60.66	22	深圳	57.78	22
西宁	55.50	23	北京	60.09	23	合肥	57.68	23
福州	55.30	24	贵阳	59.79	24	大连	57.63	24
大连	55.12	25	石家庄	59.61	25	重庆	57.38	25
石家庄	54.89	26	珠海	59.41	26	福州	57.29	26
北京	54.81	27	济南	58.93	27	贵阳	57.20	27
汕头	54.57	28	深圳	58.78	28	长春	57.09	28
深圳	53.42	29	大连	58.73	29	济南	56.90	29
昆明	53.39	30	武汉	58.12	30	武汉	56.47	30
西安	53.37	31	郑州	57.82	31	广州	55.84	31

续表

基础教育			社保就业			医疗卫生		
城市	得分	排名	城市	得分	排名	城市	得分	排名
长　春	53.30	32	乌鲁木齐	57.59	32	汕　头	55.83	32
武　汉	53.19	33	广　州	57.22	33	郑　州	55.75	33
南　昌	52.78	34	昆　明	56.83	34	昆　明	54.99	34
郑　州	52.21	35	呼和浩特	56.49	35	南　昌	54.28	35
南　宁	51.21	36	南　昌	56.22	36	南　宁	53.21	36
广　州	50.59	37	汕　头	55.56	37	呼和浩特	52.00	37
乌鲁木齐	46.98	38	南　宁	55.55	38	乌鲁木齐	49.69	38

4. 城市环境、文化体育、公职服务满意度排行榜

2014 年城市环境、文化体育、公职服务基本公共服务满意度排行如表 1 - 7 所示，拉萨在城市环境单项排名中维持第 1 位，得分为 74.26 分；城市环境单项满意度排名前 10 位的城市依次为拉萨、海口、厦门、银川、珠海、贵阳、重庆、青岛、成都、太原。文化体育单项指标满意度排名第 1 位的城市仍然为拉萨，得分为 65.41 分；该项满意度排名前 10 位的城市依次为珠海、海口、兰州、上海、重庆、银川、太原、青岛、杭州。2014 年公职服务满意度得分排名前 10 位的城市依次为拉萨、海口、上海、兰州、青岛、长沙、厦门、珠海、杭州、南京，其中，位列第 1 位的拉萨得分为 64.01 分。

表 1 - 7　2014 年度主要城市城市环境、文化体育、公职服务满意度排行榜

城市环境			文化体育			公职服务		
城市	得分	排名	城市	得分	排名	城市	得分	排名
拉　萨	74.26	1	拉　萨	65.41	1	拉　萨	64.01	1
海　口	65.51	2	珠　海	63.75	2	海　口	62.89	2
厦　门	65.33	3	海　口	63.57	3	上　海	62.06	3
银　川	64.78	4	兰　州	63.02	4	兰　州	61.88	4
珠　海	64.63	5	上　海	62.68	5	青　岛	60.99	5
贵　阳	63.82	6	重　庆	62.24	6	长　沙	60.52	6
重　庆	63.48	7	银　川	62.23	7	厦　门	60.48	7
青　岛	63.47	8	太　原	61.19	8	珠　海	60.31	8
成　都	62.86	9	青　岛	61.15	9	杭　州	59.56	9
太　原	62.73	10	杭　州	60.50	10	南　京	59.42	10
宁　波	62.04	11	宁　波	59.91	11	宁　波	59.29	11

续表

城市环境			文化体育			公职服务		
城市	得分	排名	城市	得分	排名	城市	得分	排名
长　春	61.67	12	石家庄	59.85	12	长　春	59.15	12
上　海	61.30	13	沈　阳	59.13	13	太　原	59.03	13
大　连	61.20	14	南　京	59.02	14	天　津	58.75	14
深　圳	61.06	15	贵　阳	59.01	15	重　庆	58.01	15
西　宁	60.96	16	哈尔滨	58.81	16	成　都	57.99	16
长　沙	60.72	17	成　都	58.69	17	哈尔滨	57.80	17
兰　州	59.90	18	济　南	58.63	18	石家庄	57.47	18
杭　州	59.77	19	天　津	58.60	19	贵　阳	57.40	19
沈　阳	59.75	20	西　宁	58.32	20	沈　阳	57.27	20
南　京	59.70	21	长　沙	58.10	21	银　川	56.95	21
昆　明	59.53	22	厦　门	57.94	22	西　宁	56.74	22
哈尔滨	59.31	23	大　连	57.91	23	北　京	56.74	23
福　州	59.23	24	北　京	57.57	24	合　肥	56.63	24
汕　头	59.08	25	长　春	57.05	25	深　圳	56.33	25
呼和浩特	58.88	26	合　肥	56.96	26	大　连	56.16	26
南　宁	58.78	27	武　汉	56.79	27	福　州	55.97	27
西　安	58.15	28	深　圳	56.25	28	西　安	55.83	28
天　津	57.88	29	西　安	56.20	29	广　州	55.66	29
合　肥	57.02	30	广　州	56.15	30	南　宁	55.22	30
南　昌	56.17	31	福　州	55.23	31	武　汉	55.00	31
广　州	55.57	32	昆　明	54.73	32	济　南	54.93	32
济　南	55.02	33	郑　州	54.47	33	呼和浩特	53.84	33
石家庄	54.40	34	南　宁	53.57	34	昆　明	53.77	34
郑　州	54.33	35	南　昌	53.09	35	郑　州	53.51	35
北　京	54.10	36	呼和浩特	51.76	36	汕　头	52.77	36
武　汉	53.17	37	汕　头	50.12	37	南　昌	52.70	37
乌鲁木齐	50.68	38	乌鲁木齐	44.92	38	乌鲁木齐	51.77	38

三　基于评估工具的深入分析

（一） GDP 对基本公共服务满意度杠杆指数

公共服务蓝皮书项目组研创了 GDP 对基本公共服务满意度的杠杆指数，通过对 GDP 和公共服务满意度之间的关系进行定量分析，着力研究如何提高在公共服务方面投入的有效性，在有限 GDP 的前提下，实现其经济上的撬动作用，即以少量的 GDP 获得更高的社会满意度和幸福指数，破除唯 GDP 论的发展观念，促进经济与社会的协调发展。GDP 对基本公共服务满意度杠杆指数是通过模型“满意度得分/ln（GDP 值）”得出。其公式为：

$$\text{GDP 对满意度杠杆指数} = \text{满意度得分}/\ln(\text{GDP 值})$$

因为满意度得分是百分制，与城市 GDP 值在量纲上差距较大，为了消除这种差距，在不影响模型结果的情况下，我们采用计量上常用的取对数的方法对 GDP 值进行处理，其值越高，表明在一定的 GDP 水平下，城市公共服务满意度越高，经济发展水平与社会发展的协调性越好。

2014 年，本书项目组沿用 GDP 对基本公共服务满意度杠杆指数。表 1－8 和图 1－1 反映了 2014 年度与 2013 年度 GDP 对基本公共服务满意度杠杆指数的变化情况。

表 1－8　2014 年度与 2013 年度 GDP 对基本公共服务满意度杠杆指数数据表

城　市	2014 年		2013 年	
	指数	排名	指数	排名
拉　萨	4.421	1	4.664	1
海　口	3.785	2	3.953	2
银　川	3.623	3	3.540	6
珠　海	3.568	4	3.451	10
西　宁	3.564	5	3.812	3
太　原	3.528	6	3.405	12
兰　州	3.514	7	3.305	20
厦　门	3.449	8	3.658	4
贵　阳	3.381	9	3.593	5
青　岛	3.366	10	3.399	14
宁　波	3.331	11	3.425	11
福　州	3.267	12	3.056	35
长　沙	3.267	13	3.377	15
沈　阳	3.262	14	3.260	24
长　春	3.256	15	3.516	8
成　都	3.245	16	3.252	26
哈尔滨	3.239	17	3.253	25
南　京	3.233	18	3.524	7

续表

城　　市	2014 年		2013 年	
	指数	排名	指数	排名
合　　肥	3. 232	19	3. 301	21
汕　　头	3. 228	20	3. 346	16
上　　海	3. 188	21	3. 159	33
石 家 庄	3. 186	22	3. 285	22
重　　庆	3. 183	23	3. 185	29
西　　安	3. 179	24	3. 174	30
杭　　州	3. 179	25	3. 334	17
昆　　明	3. 145	26	3. 226	27
济　　南	3. 126	27	3. 050	36
呼和浩特	3. 112	28	3. 493	9
大　　连	3. 110	29	3. 320	18
天　　津	3. 108	30	3. 169	32
南　　昌	3. 080	31	3. 404	13
郑　　州	3. 000	32	2. 923	38
南　　宁	2. 995	33	3. 261	23
武　　汉	2. 986	34	3. 318	19
北　　京	2. 957	35	3. 173	31
深　　圳	2. 952	36	3. 070	34
乌鲁木齐	2. 887	37	3. 191	28
广　　州	2. 857	38	3. 045	37

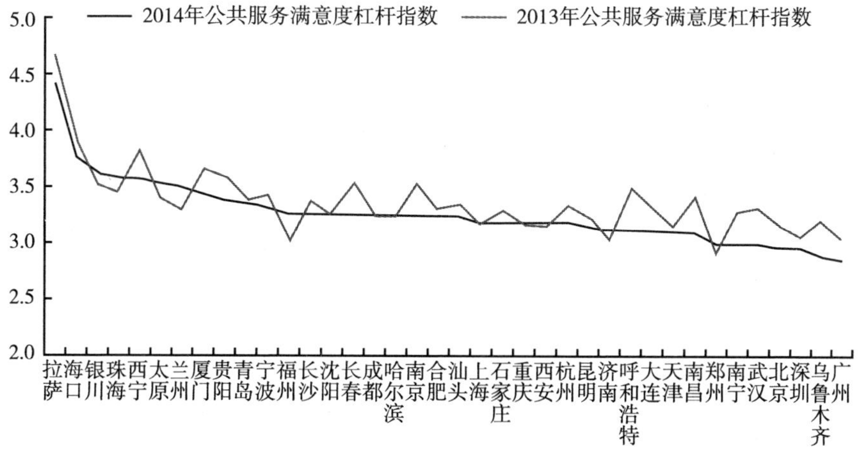

图 1－1　2014 年与 2013 年 GDP 对基本公共服务满意度杠杆指数走势

从表 1－8 和图 1－1 中可见，2014 年 GDP 对基本公共服务满意度杠杆指数得分最高为拉萨，得分为 4.421，延续了 2013 年在该项中名列前茅的排名。2014 年，全国 38 个主要城市中 GDP 对基本公共服务满意度杠杆指数得分仅有十个城市较 2013 年有所提高。这表明，GDP 对公共服务满意度的拉动成效还不够显著，还应当在 GDP 不断增长的前提下加大对公共服务投入的力度并提高产出效率，不断提升人民群众对公共服务的满意度。

（二）城市基本公共服务力满意度上升指数评估

政府对基本公共服务投入的效率和质量决定了公众对城市基本公共服务的满意度。只有不间断的、有效的、高质量的公共服务建设和投入才能保证公众基本公共服务满意度的不断进步。城市基本公共服务满意度上升指数通过模型“当年城市公共服务满意度得分减去上一年城市公共服务满意度得分，再除以上一年城市公共服务满意度得分”得出，表示某城市的公共服务满意度得分相对于上一年度的上升幅度。

$$\text{城市基本公共服务满意度上升指数} = \frac{(\text{当年城市公共服务满意度得分} - \text{上一年城市公共服务满意度得分})}{\text{上一年城市公共服务满意度得分}}$$

某个城市的基本公共服务满意度上升指数越高，表明该城市在公共服务满意度方面取得的进步越大，提升得越快。而各城市上升指数的变化情况也能很好地反映出当地政府基本公共服务投入的持续性与有效性（见表 1－9）。

表 1－9　2014 年主要城市基本公共服务满意度上升指数

城　市	满意度分值		城市上升指数	
	2014 年	2013 年	2014 年	2013 年
福　州	53.649	57.706	0.07562	－0.10372
兰　州	54.748	58.662	0.07149	－0.05560
珠　海	57.037	59.329	0.04019	－0.05427
太　原	57.739	59.970	0.03864	0.03536
郑　州	52.121	53.831	0.03279	－0.05560
银　川	57.529	59.279	0.03042	0.00445
济　南	53.947	55.559	0.02989	－0.07264

续表

城 市	满意度分值		城市上升指数	
	2014 年	2013 年	2014 年	2013 年
上 海	60.390	61.174	0.01298	-0.08909
西 安	55.838	56.290	0.00809	-0.01114
沈 阳	58.706	59.028	0.00548	-0.07776
重 庆	59.105	59.379	0.00464	-0.02785
成 都	59.239	59.464	0.00380	0.00972
哈 尔 滨	57.368	57.504	0.00237	0.02135
青 岛	61.538	61.256	-0.00458	-0.03400
天 津	59.179	58.372	-0.01363	-0.04903
合 肥	57.919	57.078	-0.01452	0.01893
昆 明	55.545	54.589	-0.01721	-0.04803
宁 波	61.630	60.230	-0.02273	-0.04977
石 家 庄	57.895	56.390	-0.02599	0.00331
长 沙	60.696	59.082	-0.02661	0.02871
汕 头	55.089	53.479	-0.02923	0.01689
深 圳	57.337	55.478	-0.03243	-0.01507
海 口	62.928	60.626	-0.03658	0.06031
拉 萨	68.943	66.111	-0.04109	0.00071
杭 州	60.597	57.987	-0.04307	-0.03107
贵 阳	59.815	56.977	-0.04744	0.03409
厦 门	62.751	59.404	-0.05334	-0.05770
广 州	57.019	53.870	-0.05523	-0.02666
西 宁	60.826	57.367	-0.05687	0.07381
大 连	59.980	56.456	-0.05874	-0.08360
北 京	60.270	56.436	-0.06361	0.00331
长 春	61.933	57.730	-0.06787	0.02424
南 宁	55.561	51.353	-0.07573	-0.04549
南 京	63.749	58.841	-0.07700	-0.00298
乌鲁木齐	53.736	49.061	-0.08700	-0.05054
南 昌	58.606	53.355	-0.08960	0.05317
武 汉	60.382	54.709	-0.09395	0.04865
呼和浩特	59.536	53.263	-0.10536	0.01878

2014 年 38 个主要城市的基本公共服务满意度与上年相比略有下降。有 13 个城市的基本公共服务满意度略有上升，分别是福州、兰州、珠海、太原、郑

州、银川、济南、上海、西安、沈阳、重庆、成都、哈尔滨。同时，有 25 个城市基本公共服务满意度略有下降。2014 年与 2013 年相比，在公共服务满意度提升方面进步最大的 5 个城市依次是福州、兰州、珠海、太原、郑州，其中福州得分最高，为 0.07562 分。

需要说明的是，2014 年课题组优化了城市基本公共服务满意度的评估体系，对问卷做了调整和增补，两次调查的问卷并非完全相同，因此，2014 年的城市基本公共服务满意度上升指数仅作参考。

（三）基本公共服务要素发展指数评估

基本公共服务要素发展指数主要用来反映各个城市基本公共服务各方面的发展情况，主要从公共交通、公共安全、公共住房、基础教育、社保就业、医疗卫生、城市环境、文化体育、公职服务 9 项主要指标上进行评估。基本公共服务要素发展指数是通过模型“当年要素满意度得分减去上一年要素满意度得分再除以上一年要素满意度得分”得出，表示公共服务要素满意度得分相对于上一年度的上升幅度（见表 1－10，图 1－2）。

$$基本公共服务要素发展指数 = \frac{当年要素满意度得分 - 上一年要素满意度得分}{上一年要素满意度得分}$$

表 1－10　2014 年主要城市基本公共服务要素发展指数

指　标	满意度分值		发展指数	
	2013 年	2014 年	2014 年	2013 年
公共安全	58.08	59.716	0.02815	0.04660
社保就业	60.07	60.495	0.00702	0.00975
公职服务	57.27	57.494	0.00399	－0.05385
公共交通	57.88	56.067	－0.03135	0.03233
基础教育	58.31	56.314	－0.03429	0.03378
医疗卫生	60.48	58.237	－0.03713	－0.05969
城市环境	63.65	60.006	－0.05721	0.03675
公共住房	53.61	50.477	－0.05840	－0.09393
文化体育	61.91	58.013	－0.06288	－0.03657

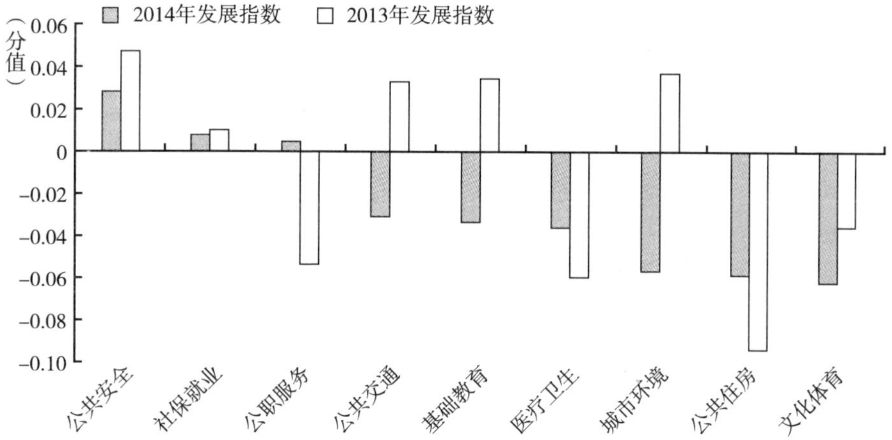

图 1－2　2014 年主要城市基本公共服务要素发展指数

2014 年在公共服务 9 项指标中，公共安全要素发展指数最高，得分为 0.02815。另外，社保就业和公职服务两个要素的发展指数也为正数，这表明与 2013 年相比，2014 年我国 38 个主要城市的基本公共服务在公共安全、社保就业和公职服务 3 个要素方面满意度有所提升。公共住房和医疗卫生的要素发展指数虽然仍为负值，但较之 2013 年有所回升，这表明国家在保障房建设和医疗卫生改革方面的正面效应正逐步显现。

同样需要说明的是，2014 年课题组优化了城市基本公共服务满意度的评估体系，对问卷做了调整和增补，两次调查的问卷并非完全相同，因此 2014 年的基本公共服务要素发展指数仅作参考。

四　研究结论

综观 2011－2014 年 38 个主要城市基本公共服务满意度评价结果可以发现，2014 年得分较之 2012 年和 2013 年有所下滑，但较 2011 年则有提高。2014 年 38 个主要城市基本公共服务满意度总体得分由 2013 年的 58.71 分略微下降至 57.28 分（见图 1－3）。基本公共服务要素满意度与各城市基本公共服务满意度得分总体还比较低，且不够均衡，这表明城市基本公共服务水平和质量仍有很大提升空间。

从公共服务基本要素来看，医疗卫生、公共住房、社保就业三项一直是人民群众最关注的问题公共服务；2014 年公共安全、社保就业、公职服务三项要素满意度上升，与政府的重视程度和投入情况相关（见图 1－4、图 1－5）。与前三年相比，38 个城市中的基本公共服务满意度均有不同程度的波动（见图 1－6）。

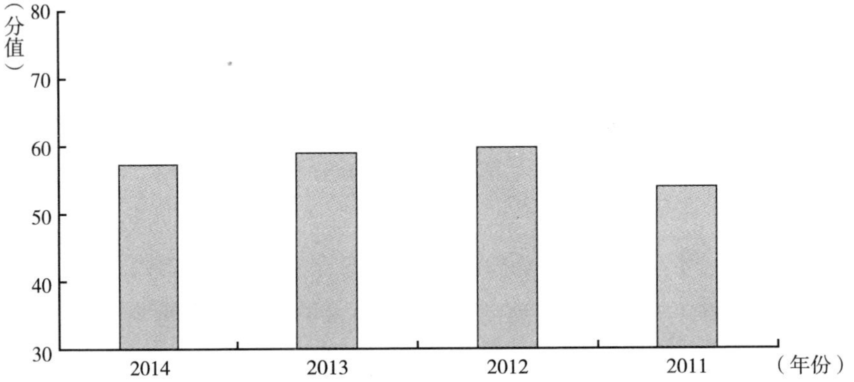

图 1－3　2011～2014 年城市基本公共服务满意度分值变化

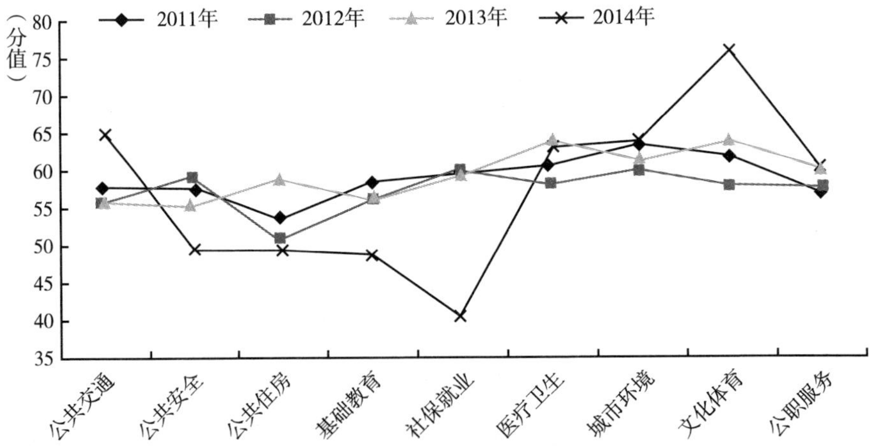

图 1－4　2011～2014 年基本公共服务要素满意度变化情况

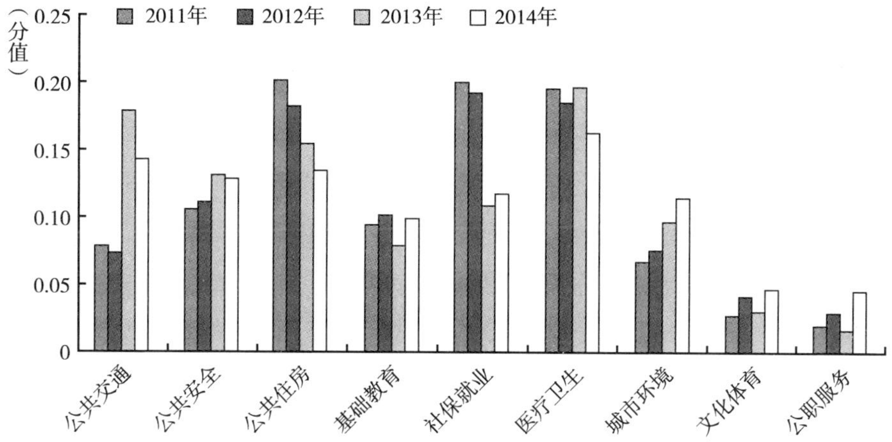

图 1-5　2011~2014 年基本公共服务要素关注度变化情况

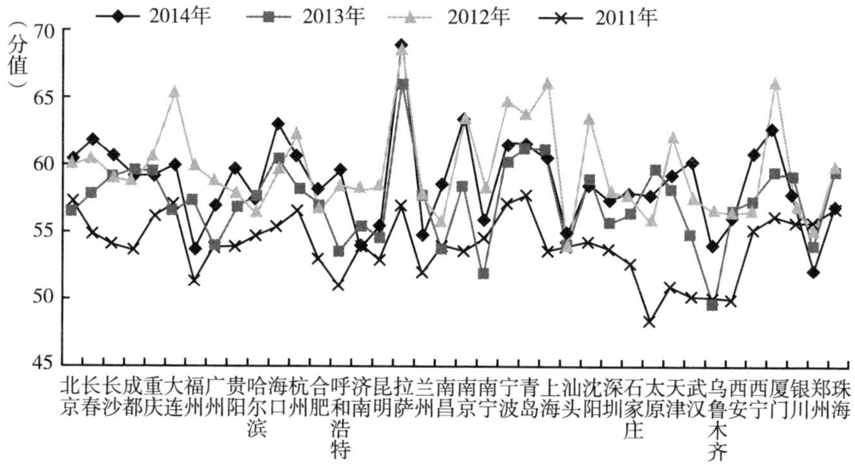

图 1-6　2011~2014 年 38 个城市基本公共服务满意度变化情况

（一）对调查结果的数据分析

对调查结果的数据分析显示，城市居民对公共服务的满意度具有较强的认知集中度，数据偏差与离散度不大，这一方面说明本调查具有较高的可信度；另一方面表明尽管抽样调查数据主要由主观指标出发，但从总体来讲具有良好的代表性，公共服务的满意度是对公共服务现状的客观反映，能够准确和客观地反映公共服务的真实质量，并非是纯粹的主观评价。

为了进一步获取更深层次的信息，我们尝试应用微观调查数据刻画居民对公共服务满意程度的离散度趋势。我们先计算调查样本单位在全部指标项的平均得分，然后以此描述个体对公共服务满意程度的综合评价，进而计算综合评价指标值的样本方差值，并依据城市对该指标进行分类输出（见表1－11）。

表1－11　38个城市居民对公共服务满意程度的离散度趋势

排序	城市	综合评分方差	变异系数	Prob－F	排序	城市	综合评分方差	变异系数	Prob－F
1	拉萨	0.13908	0.03941	0.00000	20	乌鲁木齐	0.23506	0.09428	0.03889
2	海口	0.14123	0.04446	0.00000	21	天津	0.24252	0.07801	0.00746
3	重庆	0.17604	0.05785	0.00000	22	南京	0.24758	0.07775	0.07172
4	贵阳	0.17835	0.05870	0.00000	23	长春	0.24933	0.08375	0.08759
5	西宁	0.18578	0.06375	0.00003	24	宁波	0.24986	0.07679	0.10991
6	杭州	0.18593	0.06058	0.00000	25	郑州	0.25761	0.09103	0.20302
7	银川	0.18974	0.06299	0.00007	26	福州	0.25900	0.08599	0.28792
8	太原	0.19060	0.06137	0.00001	27	昆明	0.26308	0.09239	0.35281
9	长沙	0.20439	0.06780	0.00000	28	西安	0.26606	0.09073	0.40782
10	青岛	0.20509	0.06506	0.00000	29	汕头	0.26731	0.09164	0.45541
11	武汉	0.20668	0.07097	0.00000	30	北京	0.26899	0.08955	0.47809
12	成都	0.20780	0.06883	0.00000	31	广州	0.29326	0.10308	0.03462
13	石家庄	0.21229	0.07054	0.00000	32	南昌	0.30844	0.10694	0.01866
14	兰州	0.21593	0.06703	0.00207	33	济南	0.31330	0.10774	0.00612
15	上海	0.21909	0.06730	0.00000	34	深圳	0.33888	0.11073	0.00000
16	珠海	0.22239	0.06952	0.01727	35	呼和浩特	0.39233	0.11768	0.00000
17	沈阳	0.22268	0.07270	0.00157	36	厦门	0.39293	0.13085	0.00002
18	南宁	0.22500	0.08095	0.00248	37	哈尔滨	0.40468	0.13295	0.00000
19	合肥	0.23182	0.07643	0.00502	38	大连	0.45053	0.14862	0.00000
	样本总体	0.26976	0.08906	—					

注：样本方差计算公式：$\frac{\sum(x-\bar{y})^2}{n-1}$，其中$\bar{y}$为样本均值，$n$为样本容量；变异系数的计算公式如下：$V=\frac{\sqrt{\sum(x-\bar{y})^2/(n-1)}}{\bar{y}}$，其中$\bar{y}$为样本均值，$n$为样本容量。

表1－11的“综合评分方差”一列给出了38个主要城市调查样本综合评价得分的样本方差值，数据基于该指标值由小到大的顺序进行了排序。

由全体样本综合评分的方差值 0. 26976，我们可以进一步计算居民整体对公共服务满意程度的平均波动水平（即样本标准差）为 0. 51938，近似等于一个选项的波动区间，依据经验判断，该项指标的波动幅度较窄，表明居民对公共服务的满意度的评分集中程度高，调查数据具有良好的客观性。另外，全国各主要城市间，居民对公共服务满意程度的离散度趋势存在显著差异，波动最低的城市拉萨其综合评分的样本方差为 0. 13908，表明拉萨市民对于公共服务认同感最为集中；波动最为剧烈的城大连则达到了 0. 45053，表明当地居民对于该市公共服务的评价存在较大差异。进一步地，我们应用双样本方差的 F 检验来判断各个城市样本方差与总体样本方差一致性的假设，表 1 - 11 中的“Prob - F”一列给出了该检验对应的显著性水平。综合各城市样本的该项统计指标普遍拒绝与总体样本一致性的假设，表明各样本组之间的样本方差值存在显著性差异，各城市居民对公共服务的满意度具有独特的评价特征。为了方便计算，我们应用样本“变异系数”来刻画居民对公共服务满意程度的不均等性水平，表 1 - 11 的“变异系数”一列给出了各个城市样本及样本总体对于综合评价得分的不均等性的变异系数值，综合评分不均等性最小的仍为拉萨，而综合评分不均等性最大的同样为大连。

基于实证经验，我们可以将居民对公共服务满意程度的离散度趋势或不均等性趋势分解为三方面因素内容：一是公共服务在非个体歧视层面的不均等化因素，即在提供公共服务过程中，接受服务个体在实质上享受服务质量的不均等性，这在原则上排除了个体歧视性因素，仅包括服务对象、服务内容、服务区域和服务时间等客观因素导致的服务差异。二是公共服务的个体歧视性因素和服务接受个体的主观性判断差异，这包括公共服务基于个体人口属性而提供的异质化服务级别以及微观个体基于自身属性对公共服务的差异化认知级别。三是调查性误差因素，这主要是由于在样本抽取过程中样本代表性偏差和微观个体认知的真实随机性因素构成，该随机波动性不可避免。除了第三种因素不作为研究的主体内容外，我们必须依据微观数据和经验内容对前两种因素进行解析，以此刻画各城市间公共服务差异性的实质性因素，并为公共服务的改进提供实证依据。

（二）人口统计属性对于公共服务的评价

人口统计属性对于公共服务的评价具体表现在：性别、收入对于公共服务的满意度无显著影响；居住年限对于公共服务的满意度有显著的负向影响，随着居住时间的增长对于公共服务的满意度会轻微下降；居民年龄则表现相反，随着年龄的增长，其满意度会随之逐步提升；从户籍情况看，户籍人口对公共服务要求相对较为严格，非户籍人口对公共服务的满意度更高；从教育程度看，教育程度的提高对于公共服务的满意度有微弱的负向冲击，基本可以否定教育程度对于公共服务程度的认知性偏差；从职业或工作单位性质情况看，诸如个体经营等其他工作单位属性的个体对于公共服务的平均满意程度最高，而国家行政机关工作人员对公共服务的平均满意程度最为消极，国有企业从业人员次之。

根据上一部分研究的内容及数据的表征，居民对公共服务满意程度的离散度趋势进行分析的核心内容就是将评价的差异化指标在第一种和第二种因素上进行分解，这里待分解的信息总量就是样本的方差，而能够用于分解的因素则只有微观个体的人口统计属性。通常情况下，应用计算个体综合评分与其人口统计属性的相关系数的方法，可以很好地刻画各种不同属性的个体对于公共服务满意程度的潜在影响，但对称性的线性相关系数无法对两者因果关系进行定量刻画，而且更重要的是，无法对上述两种因素进行区分。因此，我们选用回归模型来建立个体综合评分与个体人口统计属性之间的定量关系，用于拟合第二种因素对公共服务满意程度的影响，进一步通过模型估计结果中的回归平方和（ESS）同残差平方和（RSS）之间的比例关系来分解样本离散度的信息总量（TSS）在两种因素层面上的分配情况。

基于研究的结构性分析目标，我们采用简单的线性回归模型，以个体综合评分 Y 作为被解释变量，而个体人口统计属性向量 X 作为解释变量，并应用广义的普通最小二乘法（OLS）对模型参数进行估计。根据模型的设定，回归的拟合优度将很好地反映人口统计属性对于公共服务满意程度不均等性的解释能力。回归模型如下：

$$Y = C + \alpha_1 RES + \alpha_2 AGE + \alpha_3 SEX + \alpha_4 REG + \alpha_5 EDU + \alpha_{61} D1 + \alpha_{62} D2 + \alpha_{63} D3 + \alpha_{64} D4 + \alpha_{65} D5 + \alpha_7 INCOME + \mu$$

其中，C 为回归常数项，表示公共服务满意度中的非人口统计性因素；RES 表示居民在调查城市的居住时长；AGE 表示居民的年龄；SEX 为居民性别虚变量，0 为女性，1 为男性；REG 为居民的户籍属性，0 为非户籍人口，1 为户籍人口；EDU 表示由调查数据转化后得来的居民受教育年限；D 为居民工作单位属性的哑变量，其中 $D1 = 1$ 表示国家行政机关，$D2 = 1$ 表示事业单位，$D3 = 1$ 表示国有企业，$D4 = 1$ 表示私营企业，$D5 = 1$ 表示外资企业或合资企业，全部 $D = 0$ 表示诸如个体经营等其他属性的工作单位，该项指标反映了不同工作属性从业者相对于个体经营等其他从业者对公共服务满意度的差别；$INCOME$ 为居民的收入水平；μ 为随机扰动项。表 1 – 12 给出了模型的参数估计结果。

从模型估计的结果中，我们可以看到，就样本总体的回归情况而言，人口统计属性对于个体综合评分的拟合具有可靠的统计属性，其 F 统计量能够通过 1‰水平的显著性检验，也就是说，总体而言人口统计属性的差异对于公共服务满意程度具有异质性影响。然而，从回归的可决系数 R^2 来看，模型拟合优度有限，大量的样本方差并未得到合理的解释，而是留在了残差项中。换句话讲，造成居民对公共服务满意程度的不均等的主要因素不在于人口统计属性的差异，而在于公共服务本身的异质性差别，表明我国的公共服务不具有明显的歧视性因素。

从各解释变量的分项指标看，常数项 C 的回归系数显著不为零，表明决定公共服务满意度 Y 值高低的核心因素来自于统一的客观性的事实，而非主观性的评价差异，抽样调查能够较好地排除人为的主观干扰因素，准确地定位公共服务的本质并给出其客观性评价指标。个体在所在城市中居住的年限对于 Y 有显著的负向影响，随居住时间的增长对于公共服务的满意度会轻微下降；居民年龄因素则表现出相反的内容，随居住时间的增长，居民将可能享受更高程度或更高质量的公共服务，其满意度会随之逐步提升；性别对于公共服务的满意度无显著影响，我国城市公共服务普遍不存在性别上的歧视；户籍对于公共服务的满意度的影响表现为，户籍人口对公共服务相对较为严格，非户籍人口对公共服务满意度更高，这一方面表明我国城市公共服务在排除户籍限制及广泛普及性方面日益提升；另一方面也反映出我国部分城市（上海、广州、

表 1－12　公共服务满意度线性回归模型

指标项	全部样体	北京	长春	长沙	成都	重庆	大连	福州
C	3. 2117 ***	3. 2925 ***	2. 9562 ***	2. 8680 ***	2. 9364 ***	3. 1566 ***	3. 3029 ***	3. 2580 ***
RES	－0. 0272 ***	－0. 0952 ***	－0. 0964 ***	0. 0227	－0. 0047	－0. 0275 *	0. 0028	0. 0379
AGE	0. 0229 ***	0. 0473 ***	0. 0665 ***	0. 0050	0. 0435 ***	－0. 0161	－0. 0184	－0. 0180
SEX	－0. 0065	－0. 0034	－0. 0488	0. 0622 *	0. 0051	0. 0173	－0. 0867	－0. 1014 *
REG	－0. 07526 ***	－0. 0652 *	0. 0856 *	0. 0135	－0. 0481 *	－0. 0670 **	－0. 2097 ***	－0. 1226 *
EDU	－0. 0152 ***	0. 0067	0. 0338	－0. 0098	－0. 0402 **	0. 0457 ***	0. 0180	－0. 0124
D1	－0. 2445 ***	－0. 3050 ***	－0. 0763	－0. 0697	－0. 0273	－0. 1684 *	－0. 2426 *	－0. 2018 *
D2	－0. 1418 ***	－0. 0736	0. 0137	－0. 0575	－0. 0451	－0. 1557 ***	－0. 2930 **	－0. 2320 **
D3	－0. 1559 ***	－0. 1525 ***	0. 1421 *	0. 0498	－0. 0209	－0. 2413 ***	－0. 1024	－0. 3040 ***
D4	－0. 1200 ***	－0. 0707 *	－0. 0289	0. 1730 ***	－0. 0776 *	－0. 0492 *	－0. 1253 *	－0. 1380 **
D5	－0. 1206 ***	－0. 1635 *	0. 1278	0. 3681 ***	－0. 0628	－0. 0911	－0. 0697	－0. 2172
INCOME	0. 0039	－0. 0118	－0. 0108	－0. 0081	0. 0401 ***	－0. 0088	－0. 0084	－0. 0029
R^2	0. 0304	0. 0647	0. 0634	0. 0693	0. 0519	0. 0731	0. 0544	0. 1077
Prob(F)	0. 0000	0. 0000	0. 0000	0. 0000	0. 0000	0. 0000	0. 0027	0. 0000

指标项	广州	贵阳	哈尔滨	海口	杭州	合肥	呼和浩特	济南
C	3. 3975 ***	3. 4146 ***	3. 4954 ***	3. 5518 ***	3. 2945 ***	3. 4440 ***	3. 7499 ***	2. 8899 ***
RES	0. 0413 *	－0. 0791 **	－0. 0756 *	－0. 0947 **	－0. 0031	－0. 0839 **	－0. 0017	－0. 0475
AGE	－0. 0497 **	－0. 0193	0. 0217	0. 0213	0. 0099	0. 0095	－0. 1133 ***	0. 0074
SEX	0. 0827 *	0. 0122	－0. 1013 *	0. 0161	0. 0517	0. 1045 **	－0. 0992	0. 0707
REG	－0. 1073 **	0. 0364	－0. 0476	－0. 0594	－0. 0851 **	－0. 0085	－0. 1194	－0. 0356
EDU	－0. 1616 ***	－0. 0239	0. 0575 **	0. 0350 *	－0. 0123	－0. 0374 *	－0. 0586	0. 0558 *
D1	－0. 1253	0. 3504 *	－0. 3434 **	－0. 3812 *	－0. 2437	－0. 4207 ***	－0. 0649	－0. 2076
D2	－0. 3023 ***	0. 0875	－0. 0662	－0. 1656 *	－0. 0537	－0. 1116 *	0. 0156	－0. 2368 **
D3	－0. 3691 ***	－0. 0918	－0. 1422 *	－0. 2131 **	0. 0317	－0. 2314 **	－0. 1071	－0. 3481 ***
D4	－0. 2446 ***	－0. 0044	－0. 2270 ***	－0. 1493 *	0. 0309	－0. 0710	－0. 2469 **	－0. 1842 **

续表

指标项	广州	贵阳	哈尔滨	海口	杭州	合肥	呼和浩特	济南
D5	-0.3576***	-0.0619	-0.1696	-0.1611	0.0749	-0.3986***	-0.2390	-0.3245**
INCOME	0.0404**	-0.0203	-0.1049***	-0.0495**	-0.0634***	-0.0083	0.0032	0.0373*
R^2	0.1876	0.0628	0.1631	0.1730	0.0695	0.0975	0.0773	0.0549
Prob(F)	0.0000	0.0041	0.0000	0.0000	0.0000	0.0000	0.0292	0.0016

指标项	昆明	拉萨	兰州	南昌	南京	南宁	宁波	青岛
C	2.9110***	3.9272***	3.3276***	3.6308***	3.8087***	3.8087***	3.7496***	2.9882***
RES	-0.0452	-0.0178	-0.0087	-0.0730*	-0.0859*	-0.0859*	-0.0555*	-0.0965***
AGE	0.0455*	-0.0283	0.0354	-0.0405	0.0039**	0.0039*	0.0001	0.0861***
SEX	0.0139	-0.0142	-0.0375	-0.0098	0.0285*	0.0285	0.0181	-0.0474
REG	0.0582	-0.0821*	-0.0649	0.0131	-0.1459	-0.1459	-0.1025*	0.0341
EDU	0.0018	-0.0788**	-0.0267	-0.0964***	-0.0307*	-0.0307	-0.0701***	0.0564***
D1	-0.0562	0.0477	-0.5556***	0.0561	-0.4630	-0.4630	-0.2192	-0.2294
D2	-0.0068	-0.1290	-0.1068	0.0973	-0.1683	-0.1683*	-0.1328*	-0.0543
D3	-0.0828	-0.0033	-0.0386	0.1245	-0.3152	-0.3152*	-0.0520	-0.0631
D4	-0.0193	-0.0560	-0.0574	0.0024	-0.1429	-0.1429*	-0.0884*	0.0396
D5	0.1885	0.1607	-0.1579	0.1582	-0.2137	-0.2137*	-0.4434***	-0.0901
INCOME	-0.0457*	0.0045	-0.0039	-0.0555**	-0.0107**	-0.0107***	0.0007	0.0184
R^2	0.0338	0.0917	0.0615	0.0630	0.1396	0.0718	0.0980	0.0885
Prob(F)	0.0904	0.0046	0.0180	0.0018	0.0000	0.0001	0.0000	0.0000

指标项	上海	汕头	沈阳	深圳	石家庄	太原	天津	武汉
C	3.4781***	3.1881***	3.3207***	3.1031***	3.2728***	3.0534***	3.6575***	3.1953***
RES	0.0108	-0.0507	-0.1005**	-0.0494*	-0.0545*	0.0458	-0.0264	-0.0609**
AGE	-0.0197*	0.0290	0.0687***	0.0551**	0.0588***	0.0126	-0.0601***	0.0425**
SEX	-0.0892***	-0.0568	0.0905*	-0.0012	0.0736*	0.0296	0.0058	0.0769*
REG	-0.1614***	-0.1606*	-0.0956	-0.0815*	-0.0198	-0.0286	-0.0554*	-0.0491

续表

指标项	上海	汕头	沈阳	深圳	石家庄	太原	天津	武汉
EDU	-0.0102	-0.0042	-0.0154	0.0456 *	-0.0368 **	-0.0022	-0.0441 **	-0.0333 *
D1	-0.5818 ***	0.3223	-0.3532 *	-0.3485 *	0.0066	0.0393	-0.0774	-0.0897
D2	-0.1301 **	0.0892	-0.1058	-0.4630 ***	-0.1116 *	-0.0014	-0.1031 *	-0.0961 *
D3	-0.2030 ***	-0.1475	-0.0698	-0.3448 ***	-0.2016 ***	-0.1772 *	-0.1678 ***	-0.1936 ***
D4	-0.1583	0.0562	-0.0314	-0.2986 ***	-0.1901 ***	-0.0631	-0.1050 **	-0.1369 **
D5	-0.1448 **	0.1130	0.1938	-0.3234 ***	-0.2449 *	0.0809	-0.1251 *	-0.2319 **
INCOME	0.0186 *	-0.0134	-0.0143	0.0196	-0.0318 *	-0.0325	-0.0065	-0.0107
R^2	0.1094	0.0504	0.0786	0.0757	0.1188	0.0363	0.0725	0.0714
Prob(F)	0.0000	0.0211	0.0000	0.0000	0.0000	0.3410	0.0000	0.0000
指标项	乌鲁木齐	西安	西宁	厦门	银川	郑州	珠海	
C	2.5357 ***	2.9478 ***	2.5741 ***	3.8066 ***	2.3911 ***	3.1710 ***	3.0663 ***	
RES	0.0277	-0.0062	0.0248	0.0559	0.1074 **	-0.0744 **	-0.0543	
AGE	0.0318	0.0954 ***	0.0404	-0.0882 *	0.0578 *	0.0023	0.0735 **	
SEX	0.0006	-0.0564	0.0225	0.0288	-0.0015	0.0196	-0.0171	
REG	0.0605	0.0042	0.0865	-0.0173	0.0165	0.0170	0.0028	
EDU	0.0449	-0.0259	0.0246	-0.1153 *	0.0476	0.0270	0.0250	
D1	-0.4280 ***	-0.4316 ***	-0.2300 *	0.0840	0.1295	-0.5148 ***	0.0000	
D2	-0.2646 **	-0.4048 ***	-0.1359 *	0.2469	-0.1017	-0.2084 **	0.0964	
D3	-0.0224	-0.1817 **	-0.0879	-0.2815	-0.0177	-0.0886	0.1550	
D4	-0.1832 *	-0.2892 ***	-0.1455 *	-0.1996 *	-0.0038	-0.2146 ***	-0.0322	
D5	0.0852	-0.1987 *	-0.0094	-0.3444 *	0.1591	0.0477	-0.0588	
INCOME	-0.0708 ***	0.0010	0.0298	-0.0051	-0.0165	-0.0229	-0.0046	
R^2	0.1142	0.1034	0.0525	0.0982	0.0876	0.0740	0.0481	
Prob(F)	0.0000	0.0000	0.2224	0.0402	0.0121	0.0000	0.2313	

注：表中 Prob（F）为回归方程显著性 F 检验的显著性水平；* 表示回归系数通过了 0.1 显著性水平的 t 检验；** 表示回归系数通过了 1% 显著性水平的 t 检验；*** 表示回归系数通过了 1‰显著性水平的 t 检验。

大连等）户籍居民关于流动人口对其公共服务质量形成的影响持消极态度；教育年限（程度）的提高对于公共服务的满意度有微弱的负向冲击，基本可以否定教育程度对于公共服务程度的认知性偏差。微观个体的职业或工作单位性质对于公共服务的满意度采用哑变量（dummy）回归，输出的偏系数为相对性指标形式，参照基准为诸如个体经营等其他工作单位属性的样本，回归系数表明，诸如个体经营等其他工作单位属性个体对于公共服务的平均满意程度最高，而国家行政机关工作人员对公共服务的平均满意程度最为消极，国有企业从业人员次之，该组变量回归系数的显著性和边际贡献程度最为突出。一方面反映出我国城市公共服务在不同社会阶层间普及性日益提高，个体经营等非公职人员对于公共服务的满意度显著提升，而诸如国家公职人员等个体由于自身的认知结构、长期既定公共服务标准以及当前改革所带来的冲击等因素，对于公共服务存在消极态度；另一方面也印证了这样的重要结论，公共服务的满意度与微观个体的社会阶层以及由此所绑定的公共服务水平和时限高度相关。收入对于公共服务的满意度没有显著影响，不能应用经济发展状态和收入差距水平对公共服务的质量和满意度做出解释。

基于上述微观数据定量分析结果，我们得出以下重要结论。

（1）居民对公共服务的满意度具有较强的认知集中度，尽管抽样调查数据从主观指标出发，但从总体来看具有良好的代表性，能够准确和客观地反映公共服务的真实质量。

（2）人口统计属性对公共服务的评价具有影响，居民主观因素的影响十分有限。对于公共服务的异质性评价更主要地来自于包括服务对象、服务内容、服务区域和服务时间等客观因素导致的服务差异，政府不能借由公共服务满意度的主观评价体系而推脱或逃避相应的公共服务责任，公共服务发展的重点应继续倾向于扩大服务范围和提高服务质量，而非集中具体针对个别群体的“靶向”措施。

（3）诸如性别、收入、受教育背景等人口统计因素对公共服务满意影响弱，我国公共服务本身不存在显著的歧视性因素，而以职业、职位为代表社会层级属性以及由此所绑定的公共服务水平和时限是导致公共服务的满意度不均等性的重要因素。将公共服务满意度评价指标纳入政府的政绩考核体系，具有理论基础、经验依据、必要条件和现实意义。

五 政策建议

（一）运用法治化思维和法治化方式，加强基本公共服务建设，完善基本公共服务立法

当前，我国只有公共服务方面的政策性规划，如《国家基本公共服务体系“十二五”规划》等，还没有属于法律层面的明确的关于基本公共服务的立法，导致基本公共服务建设无法可依。党的十八届四中全会明确提出，要建设中国特色社会主义法治体系，始终坚持依法治国，要在公共服务领域尽快制定综合性法律法规，明确国家基本公共服务的制度安排，包括责任主体、服务范围、服务内容、服务标准、资源配置、管理运行、供给方式以及绩效评价等内容，使公共服务有据可查、有法可依、有章可循。

（二）把基本公共服务要素的关注度作为改善民生的晴雨表，积极回应公众需求。医疗卫生、公共住房和社保就业是当前广大人民群众最关注的民生问题

公众对基本公共服务要素的关注度反映了公众的基本公共服务需求。关注度的调查结果对于政府进一步明确公共服务的战略方向和工作重点有重要的参考价值。根据公众关注度的变化，及时调整公共服务工作的重点，既能及时回应公众的公共服务需求，也有利于提升公共服务的效率和效果，提升公共服务满意度。调查显示，2014 年公众对基本公共服务关注的顺序由高至低依次是医疗卫生、公共交通、公共住房、社会保障和就业、公共安全、城市环境、基础教育、文化体育、公职服务。2013 年公众关注度排名前 3 位的是医疗卫生、公共交通、公共住房。2012 年公众关注度排名前 3 位的是社保就业、医疗卫生和公共住房，2011 年公众关注度排名前 3 位的是公共住房、社保就业和医疗卫生。调查结果表明，政府公共服务能力建设的重点仍然应以医疗卫生、公

共住房和社保就业为重点。值得注意的是，从 2013 年开始公共交通首次提升到公众关注度第 2 位以后，2014 年仍然保持第 2 位，这与快速城镇化带来的城镇人口增长、机动车保有量增长和公共交通基础设施发展滞后有关，说明公众对政府改善公共交通的政策充满期待，各地政府应高度重视解决交通拥堵问题。

（三）摒弃公共服务的孤岛化思维，强化公共服务改革系统化思维，加强改革的顶层设计和统筹协调，增强公共服务改革的系统性、整体性、协同性、贯通性和前瞻性，提升基本公共服务改革的整体绩效

调查显示，公共服务满意度的总体水平不高与公共服务的“孤岛效应”密切相关，一些提供公共服务的政府和部门具有明显的“部门利益化”倾向，导致公共服务各相关要素的供给缺乏顶层设计和统筹谋划，造成人民群众对公共服务的满意度不高。党的十八届三中全会通过的《中共中央关于全面深化改革若干重大问题的决定》强调，新时期要“加强顶层设计和摸着石头过河相结合，整体推进和重点突破相促进，提高改革决策科学性，广泛凝聚共识，形成改革合力”。这是因为经过 35 年的改革开放，我国改革已经进入攻坚期和深水区，改革需要解决的问题十分艰巨，迫切要求加强顶层设计和统筹协调，要求进一步全面深化改革。从基本公共服务领域来说，改革开放初期的公共服务改革实际上是一种碎片化思维，头疼医头脚疼医脚，缺乏系统化思维和整体推进。以公共交通改革来说，既要考虑公共交通的成本和公共财政的负担能力，又要考虑人民群众的可承受能力；既要考虑公交优先的战略布局，又要考虑私家车辆的出行需要；既要考虑地铁、公交、出租车等公共交通工具之间的衔接，又要考虑发挥社会车辆的辅助作用；既要考虑运用行政化手段限号或限行调控道路上的汽车数量，又要考虑运用市场化手段和价格杠杆调节道路车辆。建议在公共服务改革的过程当中进一步增强系统化思维，加强改革的顶层设计和统筹协调，增强不同基本公共服务要素改革的系统性、整体性、协同性、贯通性和前瞻性，打破公共服务的部门利益，保证公共服务政策的连续性，提升基本公共服务改革的整体绩效。

（四）建议在全面深化改革领导小组当中设立公共服务改革协调小组，作为公共服务管理改革的战略规划部门，统筹协调公共服务的改革工作

在调查过程中，我们发现当前提供基本公共服务，包括社保就业、医疗卫生、公共交通、公共住房、公共安全、城市环境、基础教育、文化体育和公职服务等方面的部门，存在条块分割，往往是各自为政，甚至相互掣肘。用于公共服务的财政资金划拨和使用缺少统一的规划和布局，公共服务的经济投入和社会效益匹配度不高，政府公共服务力的整体合力和综合优势难以发挥。传统的部门设置和职能分工不利于推进全面系统的综合性改革，“七八个部门管不了一只鸡，十几个单位管不好一桌菜”等现实问题已经很能说明问题。新时期破除碎片化改革，推动落实全面深化改革的各项任务十分艰巨。建议各级政府在全面深化改革领导小组当中设立公共服务改革协调小组，作为公共服务管理改革的战略规划部门，统筹协调公共服务的改革工作，推动落实公共服务改革的各项任务。

（五）建立法定的公共服务政策出台的智库咨询论证机制，积极发挥智库在公共服务改革、决策和管理评估中的积极作用

我国基本公共服务部分要素满意度不高，究其根本原因在于相关制度政策仍有待完善，而相关制度政策存在的缺陷与我国基本公共服务领域政策制定的咨询论证机制不完善、没有积极发挥相关智库的决策咨询论证作用紧密相关。在西方发达国家，大都十分重视发挥智库在公共政策决策中的积极作用。在美国，其政治制度催生了美国的非营利智库，使其成为继立法、行政、司法之后的第四种权力。智库对美国公共政策的制定和美国社会各方面发展都发挥了巨大作用。在美国，决策咨询已列入决策过程的法定程序。政府在政策制定过程中必须有咨询论证这个环节，政府具体项目的论证和操作也要有相关的咨询报告。在我国全面深化改革和公共服务加快发展的新时期，积极发挥智库在公共政策制定中的作用显得尤其重要和迫切。建议学习借鉴美国等国智库建设经验，积极发挥智库在公共服务改革、决策和管理评估中的积极作用。建立法定

的公共服务政策出台的智库咨询论证机制，努力使智库的调查研究及其专家的咨询论证成为公共服务政策出台的法定程序，如果没有智库的调研和论证，公共服务方面的公共政策不得出台。

（六）推进公共服务制度创新，完善地方政府政绩考核评价办法，强化基本公共服务能力评价，弱化 GDP 指标评价，积极推进地方政府基本公共服务能力评估

党的十八大明确将实现经济持续健康发展作为全面建成小康社会和全面深化改革开放的重要目标，将转变经济发展方式作为实现经济持续健康发展的重要内容，将推进经济结构战略性调整作为加快转变经济发展方式的主攻方向。要求各级政府坚持科学发展，把推动发展的立足点转移到提高质量和效益上来。这就要求各级政府认真贯彻落实中央有关精神，推进公共服务制度创新，完善地方政府政绩考核评价办法，强化基本公共服务能力评价，弱化 GDP 指标评价，通过第三方机构、社会组织等非政府部门对政府基本公共服务绩效进行评估，提高公共服务评估的客观性和公信力，并将评估结果作为指导政府公共服务能力建设的重要依据。

（七）启动基本公共服务大数据计划，加强基本公共服务大数据的统计分析应用，提高基本公共服务能力建设的科学化水平，为城市居民提供精准服务

本课题组经过连续 4 年近 10 万份问卷的调查，对基本公共服务满意度进行了跟踪评估，获取了中国 38 个主要城市基本公共服务满意度的基本情况，但是如果想获取更多城市，包括农村的基本公共服务的实际状况，为决策提供更精准的依据，不仅需要问卷调查这一传统的数据统计方式，获取标准化数据，更加需要通过大数据调查获得那些能够更加深刻、更加具体地反映基本公共服务现状的非标准化数据。

移动互联网，尤其是社交网络，电子商务与移动通信将人类社会带入新的大数据时代。大数据是人们获得新认知、创造新价值的源泉，为改变市场结构、组织结构以及政府与居民关系提供了重要依据。如何盘活数据资产，使其

为国家治理、企业决策乃至个人服务，是大数据的核心议题。从基本公共服务领域来看，目前，政府收集统计的基本公共服务数据大多是标准化、结构化数据，而对社会交网络等非标准化数据的统计应用还没有开始。加强对基本公共服务大数据的统计和应用，有利于进一步优化公共服务决策、评估水平，有利于为城市居民提供精准的基本公共服务，是大数据时代政府公共服务能力建设的重要内容和必然要求。建议中央政府启动基本公共服务大数据计划，加强基本公共服务大数据的统计分析应用，提高基本公共服务能力建设的科学化水平，为城市居民提供精准的基本公共服务。

（八）加快调整中央和地方的关系，明确划分中央和地方政府公共服务事权，尽快建立公共服务事权与财权相适应的制度

调查表明，近年来基本公共服务得到快速发展，居民基本公共服务满意度逐步提高，但一些影响基本公共服务快速发展的制约因素仍然存在。党的十八届三中全会通过的《中共中央关于全面深化改革若干重大问题的决定》明确提出，深化财税体制改革，建立事权和支出责任相适应的制度。当前，中央和地方在基本公共服务领域存在的主要问题仍然是公共服务事权与财权不匹配，地方政府公共服务职责多而权力小，在很大程度上制约着政府公共服务能力和水平的进一步发展。建议根据相关指导原则，将各级政府的公共服务职责明确分为中央政府专属职责、地方政府专属职责、中央地方共同职责三大部分，使不同层级政府分工各有侧重。同时，加快建立事权和支出责任相适应的制度，尽快调整以分税制为基础的政府间财政分配制度，完善一般性转移支付增长机制，将更多财力向基层和欠发达地区倾斜，加快制定基本公共服务的国家标准。

（九）改善公共服务质量和效率，提升居民公共服务满意度，既要加大政府对公共服务的投入，发挥社会组织、机构和企业在公共服务生产中的积极作用，通过政府购买公共服务的方式，向居民提供满意的公共服务

近年来，城市政府基本公共服务评价总体满意度得分相对较低。2011 年排名第 1 位的青岛总分为 57.55 分，2012 年排名第 1 位的拉萨总分为 68.89

分，2013 年排名第 1 位的拉萨总分为 68. 94 分，2014 年排名第 1 位的拉萨总分为 66. 11 分。政府在公共服务上投入了大量人力、物力和财力，公共服务投入逐步增加。近年来公共服务投入的增长并没有带来满意度的明显改善。这与政府公共服务的效率，即投入产出不高相关。公共服务产品供给不足，公共服务产品质量和效率不高的原因在于政事不分和政社不分，在于政府资源和能力有限，对提供全面、高质、高效的公共服务产品缺乏动力，心有余而力不足。相对而言，民营机构提供某些公共服务具有较强的动力和较高的效率。因此，要按照政府职能转变、政事和政社分开，建设服务型政府的要求，既要加大政府对公共服务的投入，又要调动社会力量，发挥社会组织、机构和企业在公共服务生产中的积极作用，放开市场准入，释放改革红利，凡是社会力量能办好的，尽可能交给社会力量承担，加快形成改善公共服务的合力。在加强城市基础设施建设、市政地下管网建设和改造、重要民生项目等方面向社会开放，吸引民间资金，升级服务能力和综合供给水平，通过政府购买公共服务的方式，有效解决一些领域公共服务产品短缺、质量、效益和效率不高等问题。

（十）在经济新常态的宏观环境下推动基本公共服务大发展，促进经济社会全面协调持续健康发展

自 2013 年以来，我国经济发展开始转入不同以往的“新”常态。新常态之“常”，意味着相对稳定，主要表现为经济增长速度适宜、结构优化、社会和谐；转入新常态，意味着我国经济发展的条件和环境已经或即将发生诸多重大转变，经济增长将与过去 30 多年两位数的高速度基本告别，与传统的不平衡、不协调、不可持续的粗放增长模式基本告别。在经济新常态背景下，需要积极发挥消费在投资、消费、出口三驾马车中拉动经济发展中的积极作用。一般来说，消费低主要存在三个问题：一是不敢消费，有后顾之忧；二是不能消费，收入低；三是不愿消费，消费观念的问题。建立完善社会保障和就业等基本公共服务体系，有利于解决人民群众不敢消费、不能消费和不愿消费的问题。建议各级政府在经济发展进入新常态的宏观环境下，调整财政投入方向，加大基本公共服务等社会事业建设，推动基本公共服务大发展，提升人民群众基本公共服务满意度，促进经济发展调结构、转方式的顺利进行，促进经济社会全面协调持续健康发展。

评价报告

Evaluation Report

B.2

2014年主要城市公共服务满意度评价报告*

摘　要：

本报告以地方政府基本公共服务力评价指标体系为依据，对全国38个主要城市（包括直辖市、省会城市、经济特区和计划单列市）的公共服务现状进行系统评价和比较研究，通过2014年与2013年的数据变化，全面揭示主要城市公共服务满意度的基本情况及发展变化，并根据不同的分类标准对不同类型城市的基本公共服务满意度评价情况进行对比分析。从总体来看，东部城市的基本公共服务满意度评价得分要高于中部和西部的城市；直辖市的基本公共服务满意度得分最高，计划单列市次之，经济特区和省会城市总体满意度得分相对较低。

关键词：

城市公共服务力　基本公共服务力　基本公共服务满意度

* 执笔：罗紫罗兰、于广昌、闫鸿儒；统稿：钟君。

一　38 个主要城市基本公共服务满意度评估概要

1. 2014 年拉萨市基本公共服务满意度评估概要

2014 年，拉萨市的基本公共服务满意度得分 66. 11 分，比 2013 年的 68. 94 分下降 2. 83 分，但幅度并不明显（见表 2 - 1，图 2 - 1）。从服务项目看，2014 年，拉萨市的公共交通、公共安全、基础教育、社保就业、城市环境得分较高，其中城市环境满意度得分高达 74. 26 分；其次是公共安全、社保就业、公共交通，相较之下，公共住房得分略低，仅为 53. 35 分。

表 2 - 1　拉萨基本公共服务满意度各要素得分情况

年份	公共交通	公共安全	公共住房	基础教育	社保就业	医疗卫生	城市环境	文化体育	公职服务	总体满意度
2014	67. 75	71. 64	53. 35	66. 69	69. 37	65. 92	74. 26	65. 41	64. 01	66. 11
2013	73. 15	71. 65	57. 34	65. 17	70. 79	67. 34	81. 69	67. 72	62. 31	68. 94

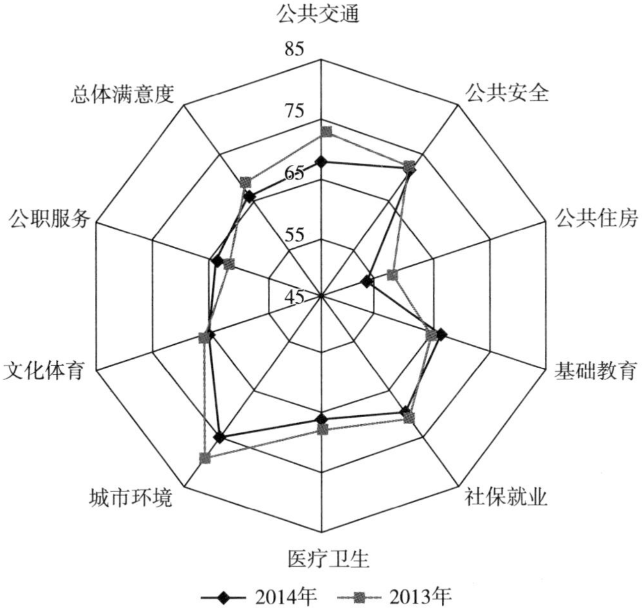

图 2 - 1　拉萨基本公共服务满意度各要素得分雷达图

与2013年对比，拉萨整体排名继续保持第一。从单项要素得分来看，基础教育和公职服务两项有小幅提升；其他七项均有不同程度下降，其中下降幅度较大的为城市环境，下降了7.43分。从全部服务项目来看，除公共住房得分排名第10位，其他要素得分均为各项第1位。

拉萨市公共服务满意度上升指数2014年为-0.04109，2013年为0.00071。GDP对基本公共服务满意度杠杆指数为4.421。

2. 2014年青岛市基本公共服务满意度评估概要

2014年，青岛市基本公共服务满意度得分61.26分，比2013年的61.54分略有下降（见表2-2，图2-2）。从服务项目看，2014年，青岛市公共安全、

表2-2　青岛基本公共服务满意度各要素得分情况

年份	公共交通	公共安全	公共住房	基础教育	社保就业	医疗卫生	城市环境	文化体育	公职服务	总体满意度
2014	58.75	62.21	54.06	63.39	64.17	60.54	63.47	61.15	60.99	61.26
2013	62.29	60.74	51.17	62.25	62.78	62.83	72.14	66.73	58.11	61.54

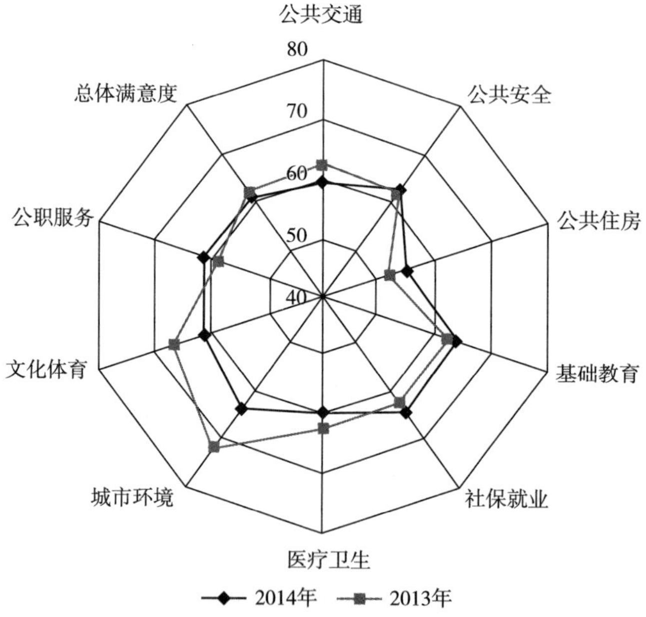

图2-2　青岛基本公共服务满意度各要素得分雷达图

基础教育、社保就业、城市环境、文化体育相对较好，其中满意度最高的是社保就业，得分 64. 17 分；其次是城市环境，得分 63. 47 分，而公共交通和公共住房相对较差，得分均低于 60 分。

与 2013 年对比，青岛公共服务满意度排名由第 7 位提升至第 2 位，公共安全、公共住房、基础教育、社保就业、公职服务等五项要素满意度得分均有所提升；公共交通、医疗卫生、城市环境、文化体育分数有所降低，其中城市环境下降幅度最大，为 8. 67 分。总体来看，青岛市 2014 年各项要素得分更加均衡。

青岛市公共服务满意度上升指数 2014 年为 -0. 00458，2013 年为 -0. 03400。GDP 对基本公共服务满意度杠杆指数为 3. 366。

3. 2014 年上海市基本公共服务满意度评估概要

2014 年，上海市基本公共服务满意度得分 61. 17 分，比 2013 年的 60. 39 分有所提升（见表 2 -3，图 2 -3）。从服务项目看，满意度相对较好的单项基本要素是社保就业和公共安全，得分分别为 64. 10 分和 63. 74 分；其他依次为文化体育、公职服务、医疗卫生、公共交通、城市环境和基础教育，以上各要素得分均超过 60 分。公共住房得分最低，为 54. 38 分。

表 2 -3　上海基本公共服务满意度各要素得分情况

年份	公共交通	公共安全	公共住房	基础教育	社保就业	医疗卫生	城市环境	文化体育	公职服务	总体满意度
2014	61. 73	63. 74	54. 38	60. 77	64. 10	61. 80	61. 30	62. 68	62. 06	61. 17
2013	60. 73	59. 28	54. 76	59. 49	63. 25	62. 42	62. 98	62. 84	59. 69	60. 39

与 2013 年对比，上海公共服务满意度整体排名从第 11 位升至第 3 位，有五项要素得分有所提高，其中公共交通、公共安全、基础教育、社保就业、公职服务五项要素排名在 38 个城市中位列前 3 位。

上海市公共服务满意度上升指数 2014 年为 0. 01298，2013 年为 -0. 08909。GDP 对基本公共服务满意度杠杆指数为 3. 188。

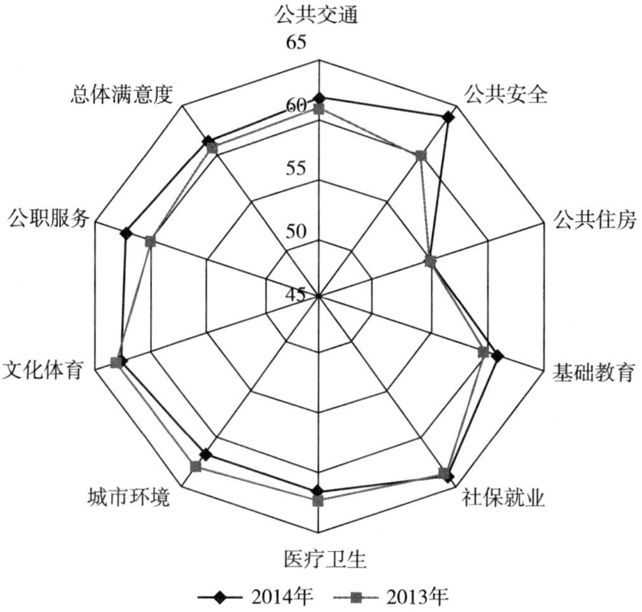

图 2-3　上海基本公共服务满意度各要素得分雷达图

4. 2014 年海口市基本公共服务满意度评估概要

2014 年，海口的公共服务满意度得分 60.63 分，比 2013 年的 62.93 分下降了 2.30 分（见表 2-4，图 2-4）。从服务项目看，2014 年，海口的九项要素中有六项得分在 60 分以上，其中城市环境得分最高，为 65.51 分，在 38 个城市中排名第 2 位，医疗卫生和文化体育两项均排在第 3 位，公职服务处于第 2 位，其他各项除基础教育外均排进前 10 位。

表 2-4　海口基本公共服务满意度各要素得分情况

年份	公共交通	公共安全	公共住房	基础教育	社保就业	医疗卫生	城市环境	文化体育	公职服务	总体满意度
2014	56.93	62.41	55.38	57.94	62.48	61.85	65.51	63.57	62.89	60.63
2013	63.17	60.73	60.98	61.59	62.43	63.60	68.64	64.88	60.34	62.93

与 2013 年对比，海口公共服务满意度整体排名从第 3 位降至第 4 位，整体看发展较稳定。在海口的九项基本公共服务要素中，公共住房得分最低

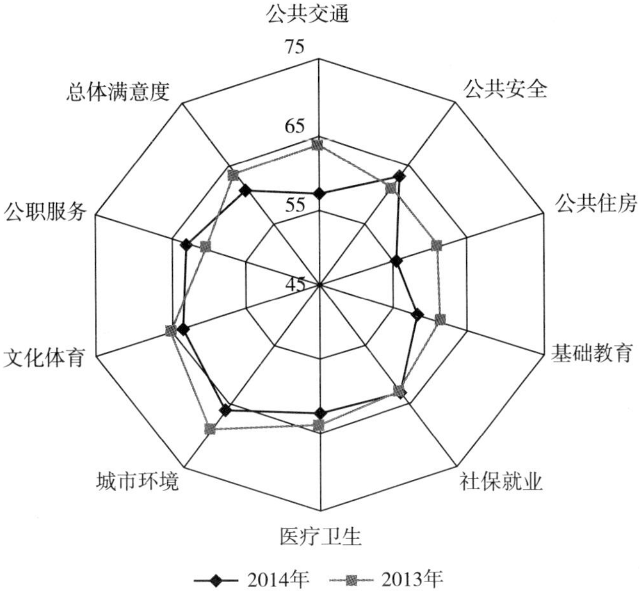

图 2－4　海口基本公共服务满意度各要素得分雷达图

（55.38 分），但该项仍在全国 38 个城市中排名第 2 位，处在相对高满意度水平；而公共交通下降幅度相对稍大，为 6.24 分。

海口市公共服务满意度上升指数 2014 年为 －0.03658，2013 年为 0.06031。GDP 对基本公共服务满意度杠杆指数为 3.785。

5. 2014 年宁波市基本公共服务满意度评估概要

2014 年，宁波市基本公共服务满意度得分 60.23 分，比 2013 年的 61.63 分有所下降（见表 2－5，图 2－5）。从服务项目看，公共交通、公共安全、基础教育、社保就业、医疗卫生和城市环境满意度相对较好，得分均高于 60 分，其中公共安全得分最高，为 64.14 分。而公共住房得分最低，为 50.98 分，公共住房在 38 个城市中排名第 22 位。总体来看，宁波市各项要素得分比较均衡。

表 2－5　宁波基本公共服务满意度各要素得分情况

年份	公共交通	公共安全	公共住房	基础教育	社保就业	医疗卫生	城市环境	文化体育	公职服务	总体满意度
2014	61.04	64.14	50.98	60.60	61.36	61.32	62.04	59.91	59.29	60.23
2013	60.95	61.94	55.65	62.74	61.77	62.43	70.30	59.91	59.11	61.63

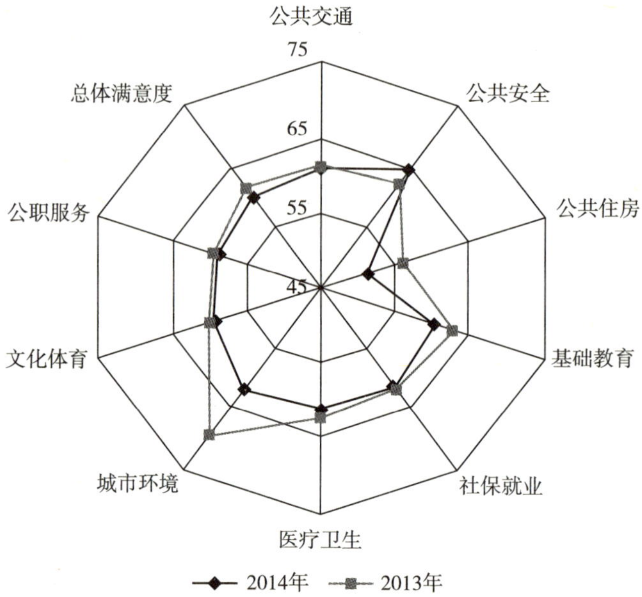

图 2－5　宁波基本公共服务满意度各要素得分雷达图

与 2013 年对比，宁波公共服务满意度整体排名上升了一位，公共交通、公共安全、公职服务三项指标的满意度有所提升；公共住房与城市环境指标有所下降，分别下降了 4.67 分和 8.26 分，其余各项指标与 2013 年相比变化不大。

宁波市公共服务满意度上升指数 2014 年为－0.02273，2013 年为－0.04977。GDP 对基本公共服务满意度杠杆指数为 3.331。

6. 2014 年太原市基本公共服务满意度评估概要

2014 年，太原市基本公共服务满意度得分 59.97 分，比 2013 年的 57.74 分提升 2.23 分，排名升至第 6 位（见表 2－6，图 2－6）。并且近四年来太原市的公共服务满意度得分逐年上升。从服务项目看，太原市的公共安全、社保就业、城市环境、文化体育四项得分均在 60 分以上。太原市得分最高的要素为社保就业，得分为 63.51 分，得分最低的要素为公共住房，得分为 55.60 分。

表 2-6　太原基本公共服务满意度各要素得分情况

年份	公共交通	公共安全	公共住房	基础教育	社保就业	医疗卫生	城市环境	文化体育	公职服务	总体满意度
2014	58.98	62.91	55.60	56.75	63.51	59.83	62.73	61.19	59.03	59.97
2013	56.16	56.51	55.77	57.19	58.68	59.95	60.06	60.38	54.76	57.74

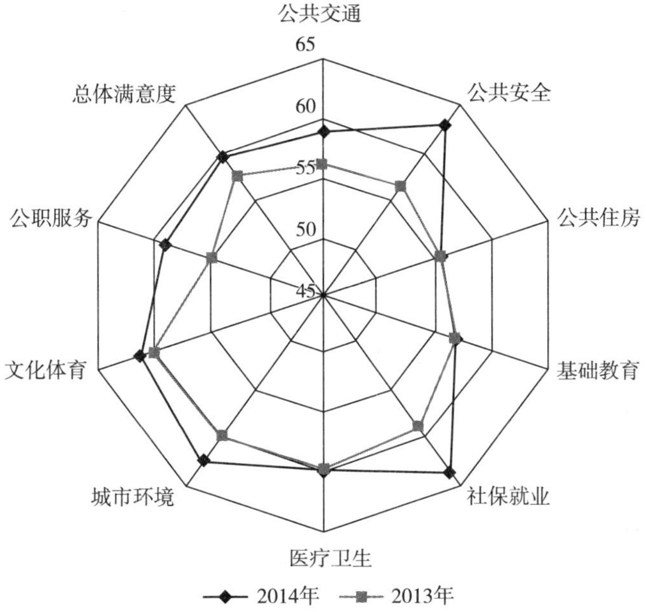

图 2-6　太原基本公共服务满意度各要素得分雷达图

与 2013 年对比，公共交通、公共安全、社保就业、城市环境、文化体育、公职服务六项有所上升，其中上升幅度最大的是公共安全，上升了 6.40 分；公共住房、基础教育、医疗卫生等项有所下降，但变化幅度较小。

太原市公共服务满意度上升指数 2014 年为 0.03864，2013 年为 0.03536；GDP 对基本公共服务满意度杠杆指数为 3.528。

7. 2014 年成都市基本公共服务满意度评估概要

2014 年，成都市基本公共服务满意度得分 59.46 分，比 2013 年的 59.24

分略有提高，但幅度并不明显（见表 2 －7，图 2 －7）。从服务项目看，成都的公共交通、公共安全、社保就业、医疗卫生、城市环境的满意度较高，得分都在 60 分以上，其中城市环境得分最高，为 62. 86 分。公共住房在各要素中得分最低，为 53. 78 分。

表 2 －7　成都基本公共服务满意度各要素得分情况

年份	公共交通	公共安全	公共住房	基础教育	社保就业	医疗卫生	城市环境	文化体育	公职服务	总体满意度
2014	60. 97	60. 79	53. 78	56. 05	61. 97	60. 97	62. 86	58. 69	57. 99	59. 46
2013	59. 23	56. 61	58. 09	57. 06	59. 73	61. 26	61. 07	61. 74	58. 71	59. 24

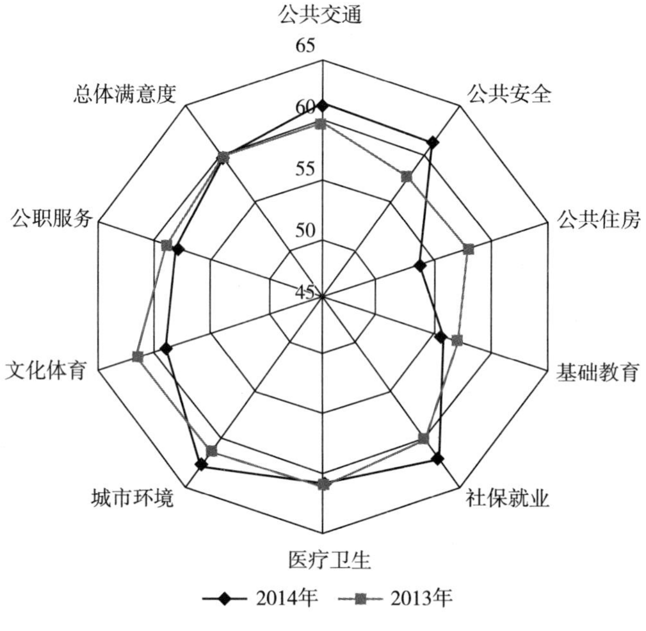

图 2 －7　成都基本公共服务满意度各要素得分雷达图

与 2013 年对比，成都市公共服务满意度排名上升了 10 位，公共交通、公共安全、社保就业和城市环境的满意度均有提高；而公共住房、基础教育、医疗卫生、文化体育和公职服务则有所下降，其中提升幅度最大的是公共安全，得分提高 4. 18 分，下降幅度最大的是公共住房，得分降低 4. 31 分，得分持续较低。

成都市公共服务满意度上升指数 2014 年为 0.00380，2013 年为 0.00972。GDP 对基本公共服务满意度杠杆指数为 3.245。

8. 2014 年厦门市基本公共服务满意度评估概要

2014 年，厦门市公共服务满意度得分 59.40 分，比 2013 年的 62.75 分有所下降（见表 2-8，图 2-8）。从服务项目看，2014 年，厦门市的城市环境要素得分最高，为 65.33 分，比得分最低的公共住房（47.55 分）高了 17.78 分；其余各项得分比较均衡，公共安全、基础教育、社保就业、医疗卫生、公职服务得分均高于 60 分。公共交通、公共住房、文化体育得分相对较低，其中公共住房得分最低，为 47.55 分。

表 2-8　厦门基本公共服务满意度各要素得分情况

年份	公共交通	公共安全	公共住房	基础教育	社保就业	医疗卫生	城市环境	文化体育	公职服务	总体满意度
2014	59.15	62.67	47.55	60.02	62.06	61.32	65.33	57.94	60.48	59.40
2013	63.13	63.18	54.57	58.73	62.42	62.63	77.58	65.65	61.92	62.75

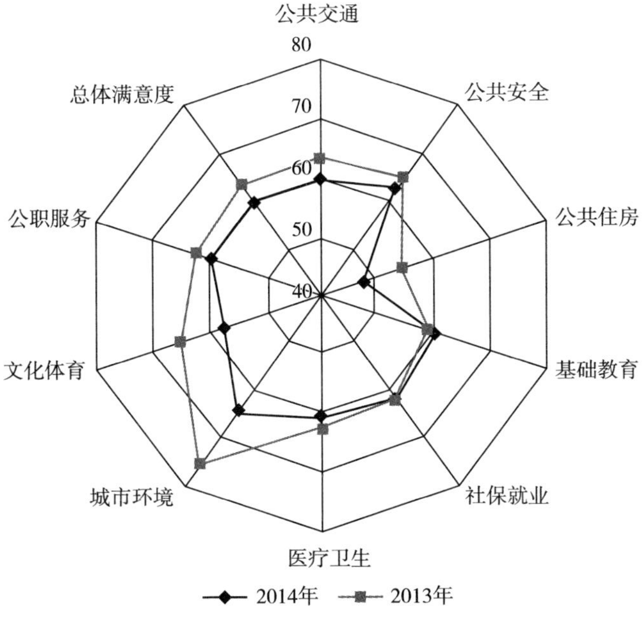

图 2-8　厦门基本公共服务满意度各要素得分雷达图

与2013年对比，除基础教育得分上升之外，其余要素得分均下降，特别是公共住房、城市环境和文化体育三项，分别下降7.02分、12.25分和7.71分。从单项要素指标来看，厦门市在公共安全、基础教育、城市环境三项指标排名在38个城市中居前5位。

厦门市公共服务满意度上升指数2014年为-0.05334，2013年为-0.05770；GDP对基本公共服务满意度杠杆指数为3.449。

9. 2014年重庆市基本公共服务满意度评估概要

2014年，重庆市基本公共服务满意度得分59.38分，比2013年的59.11分略有提高（见表2-9，图2-9）。从服务项目看，重庆公共安全、社保就

表2-9 重庆基本公共服务满意度各要素得分情况

年份	公共交通	公共安全	公共住房	基础教育	社保就业	医疗卫生	城市环境	文化体育	公职服务	总体满意度
2014	57.86	60.65	54.97	58.80	62.95	57.38	63.48	62.24	58.01	59.38
2013	56.34	58.32	57.09	57.15	59.45	61.80	63.76	61.79	56.96	59.11

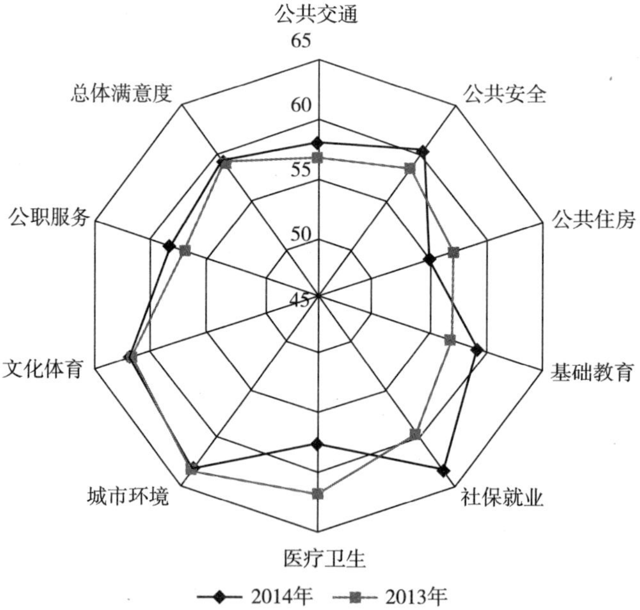

图2-9 重庆基本公共服务满意度各要素得分雷达图

业、城市环境和文化体育相对较好，得分均超过 60 分，其中城市环境得分最高，为 63.48 分；公共交通、公共住房、基础教育、医疗卫生和公职服务相对较差，其中得分最低的公共住房仅 54.97 分。

与 2013 年对比，重庆公共服务满意度在整体排名中有较大的提高，排名从第 19 位升至第 9 位。在单项要素中，公共交通、公共安全、基础教育、社保就业、文化体育和公职服务六项要素满意度有所提升，其余三项满意度有小幅下降，重庆市近几年城市环境满意度在整体中一直保持最高分。

重庆市公共服务满意度上升指数 2014 年为 0.00464，2013 年为 -0.02785。GDP 对基本公共服务满意度杠杆指数为 3.183。

10. 2014 年珠海市基本公共服务满意度评估概要

2014 年，珠海市基本公共服务满意度得分 59.33 分，比 2013 年的 57.04 分有明显提升（见表 2-10，图 2-10）。从服务项目看，公共安全、医疗卫生、城市环境、文化体育和公职服务等要素相对较好，均在 60 分以上，其中城市环境得分最高，为 64.63 分；公共交通、基础教育、社保就业得分稍低，公共住房满意度最差，得分 50.83 分。

表 2-10　珠海基本公共服务满意度各要素得分情况

年份	公共交通	公共安全	公共住房	基础教育	社保就业	医疗卫生	城市环境	文化体育	公职服务	总体满意度
2014	59.27	60.72	50.83	58.72	59.41	61.68	64.63	63.75	60.31	59.33
2013	59.28	56.29	48.53	56.02	55.53	57.25	68.88	59.98	55.45	57.04

与 2013 年对比，城市环境、公共交通略有下降，其余要素均有所提升，并且各要素之间的分布更加均衡，2013 年要素间最低分与最高分之间的分差为 20.35 分，2014 年两者的分差缩减为 13.80 分，总体更加趋于均衡。

珠海市公共服务满意度上升指数 2014 年为 0.04019，2013 年为 -0.05427。GDP 对基本公共服务满意度杠杆指数为 3.568。

11. 2014 年银川市基本公共服务满意度评估概要

2014 年，银川市基本公共服务满意度得分 59.28 分，比 2013 年的 57.53

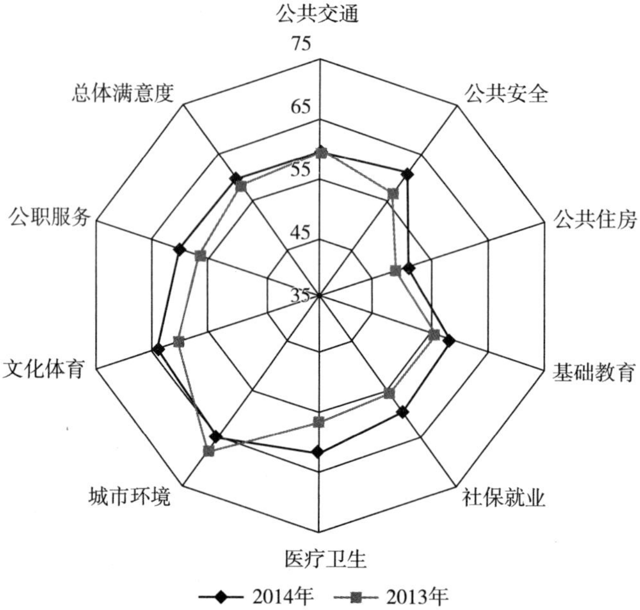

图 2－10　珠海基本公共服务满意度各要素得分雷达图

分有所提升（见表 2－11，图 2－11）。从服务项目看，银川市公共交通、公共安全、社保就业、城市环境、文化体育得分相对较高，均超过了 60 分，其中最高的是城市环境，为 64.78 分。公共住房、公职服务相对较低，分别为 52.78 分和 56.95 分。

表 2－11　银川基本公共服务满意度各要素得分情况

年份	公共交通	公共安全	公共住房	基础教育	社保就业	医疗卫生	城市环境	文化体育	公职服务	总体满意度
2014	61.69	62.06	52.78	57.39	61.68	59.51	64.78	62.23	56.95	59.28
2013	61.12	58.16	47.21	56.09	57.04	59.41	63.95	61.31	52.84	57.53

与 2013 年对比，银川市九项要素得分全部都有提升，其中公共安全、公共住房、社保就业、公职服务四项提升较为明显。公共住房的满意度涨幅最大，上升了 5.57 分，社保就业也提升了 4.64 分，各项要素均有改善尤为难得。

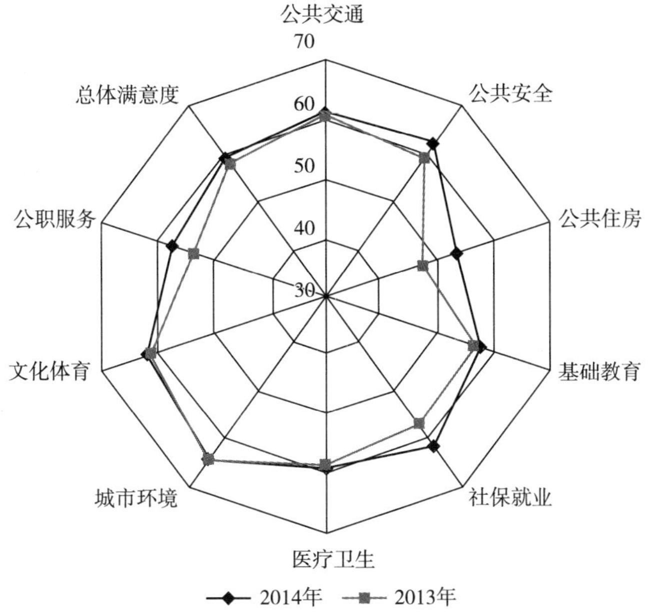

图 2－11　银川基本公共服务满意度各要素得分雷达图

银川公共服务满意度上升指数 2014 年为 0.03042，2013 年为 0.00445。GDP 对基本公共服务满意度杠杆指数为 3.623。

12. 2014 年长沙市基本公共服务满意度评估概要

2014 年，长沙市基本公共服务满意度得分 59.08 分，比 2013 年的 60.70 分有所下降（见表 2－12，图 2－12）。从服务项目看，2014 年，长沙市社保就业、城市环境和公职服务相对较好，得分均在 60 分以上，其中在社保就业方面满意度最高，得分为 63.07 分。而医疗卫生的满意度相对较差，得分为 57.84 分。

表 2－12　长沙基本公共服务满意度各要素得分情况

年份	公共交通	公共安全	公共住房	基础教育	社保就业	医疗卫生	城市环境	文化体育	公职服务	总体满意度
2014	58.80	59.44	54.60	59.01	63.07	57.84	60.72	58.10	60.52	59.08
2013	61.30	58.04	52.26	63.30	61.27	64.54	64.82	65.93	58.50	60.70

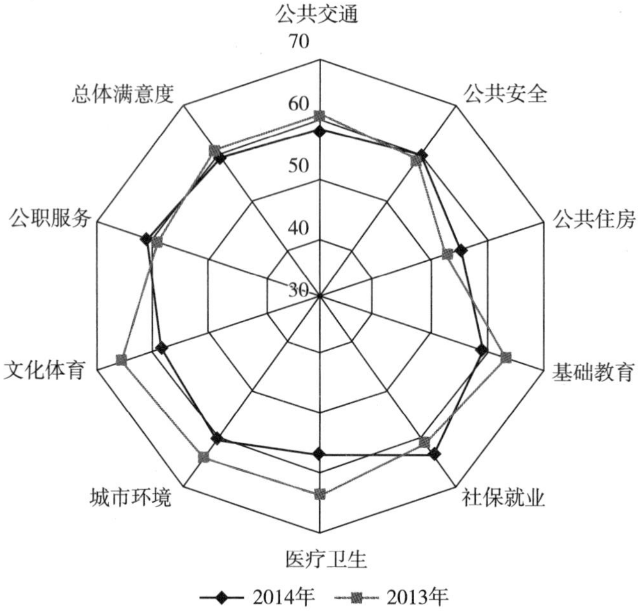

图 2－12　长沙基本公共服务满意度各要素得分雷达图

与2013年对比，长沙公共服务满意度排名稍有下降，从第9位降至第12位。在单项要素中，公共安全、公共住房、社保就业、公职服务满意度均有所提升；而公共交通、基础教育、医疗卫生、城市环境、文化体育得分均呈下降趋势，其中变化最大的是文化体育，满意度得分下降了7.83分。

长沙市公共服务满意度上升指数2014年为－0.02661，2013年为0.02871。GDP对基本公共服务满意度杠杆指数为3.267。

13. 2014年沈阳市基本公共服务满意度评估概要

2014年，沈阳市基本公共服务满意度得分59.03分，比2013年的58.71分有所提升（见表2－13，图2－13）。从服务项目看，公共安全61.97分、社保就业61.91分、医疗卫生60.34分，这三项得分均超过60分，公共交通、公共住房、基础教育、公职服务四项得分在总体满意度得分之下。公共住房、基础教育两项得分较低，分别为53.74分和55.59分。

与2013年对比，在九项基本公共服务要素中，公共安全提升4.17分，升幅较大；公共交通、社保就业和公职服务略有提升，升幅较小。公共住房、基础教育、医疗卫生、城市环境、文化体育略有下降，但总体变化范围不大。

表 2－13　沈阳基本公共服务满意度各要素得分情况

年份	公共交通	公共安全	公共住房	基础教育	社保就业	医疗卫生	城市环境	文化体育	公职服务	总体满意度
2014	58.93	61.97	53.74	55.59	61.91	60.34	59.75	59.13	57.27	59.03
2013	58.30	57.80	53.81	57.07	61.07	61.14	61.48	62.09	56.75	58.71

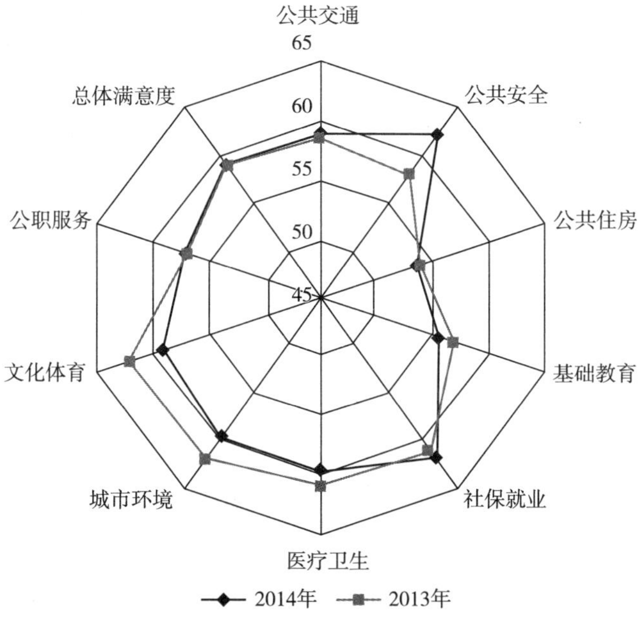

图 2－13　沈阳基本公共服务满意度各要素得分雷达图

沈阳市公共服务满意度上升指数 2014 年为 0.00548，2013 年为 －0.07264。GDP 对基本公共服务满意度杠杆指数为 3.262。

14. 2014 年南京市基本公共服务满意度评估概要

2014 年，南京市的公共服务满意度得分 58.84 分，比 2013 年的 63.75 分略有下降（见表 2－14，图 2－14）。从服务项目看，2014 年，南京市的社保就业、公共安全得分相对较高，分别为62.99分和62.05分，其余各项分数在60分以内；其中公共住房得分最低（51.72分），与得分最高的社保就业（62.99分）相差11.27分，其余要素得分与总体满意度得分基本持平，可见公共住房是影响本次南京总体得分的重要因素。

表2－14　南京基本公共服务满意度各要素得分情况

年份	公共交通	公共安全	公共住房	基础教育	社保就业	医疗卫生	城市环境	文化体育	公职服务	总体满意度
2014	57.98	62.05	51.72	58.07	62.99	59.59	59.70	59.02	59.42	58.84
2013	64.29	62.71	57.02	65.05	65.42	68.18	62.66	66.58	60.45	63.75

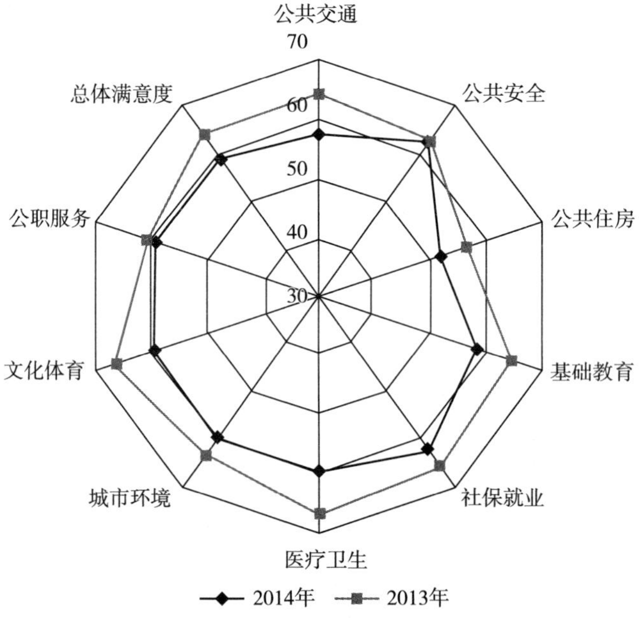

图2－14　南京基本公共服务满意度各要素得分雷达图

与2013年对比，南京市在公共交通、公共住房、基础教育、医疗卫生、文化体育五个要素变化较大，下降幅度都在5分以上；公共安全、公职服务两个要素与去年持平，略有下降，其余要素也出现下降的现象，但是变动幅度较小。

南京市公共服务满意度上升指数 2014 年为 -0.07700，2013 年为 -0.00298。GDP 对基本公共服务满意度杠杆指数为 3.233。

15. 2014 年兰州市基本公共服务满意度评估概要

2014 年，兰州市基本公共服务满意度得分 58.66 分，比 2013 年的 54.75 有明显上升（见表 2-15，图 2-15）。从服务项目看，除了公共住房满意度得分下降了 1.59 分外，其他八项要素均有较大幅度的提升。其中社保就业、医疗卫生、文化体育、公职服务四项要素得分均在 60 分以上，并且较去年均有所提升。

表 2-15　兰州基本公共服务满意度各要素得分情况

年份	公共交通	公共安全	公共住房	基础教育	社保就业	医疗卫生	城市环境	文化体育	公职服务	总体满意度
2014	53.17	58.07	51.46	58.80	60.77	63.23	59.90	63.02	61.88	58.66
2013	52.25	54.12	53.05	54.65	57.88	56.14	56.06	57.35	53.58	54.75

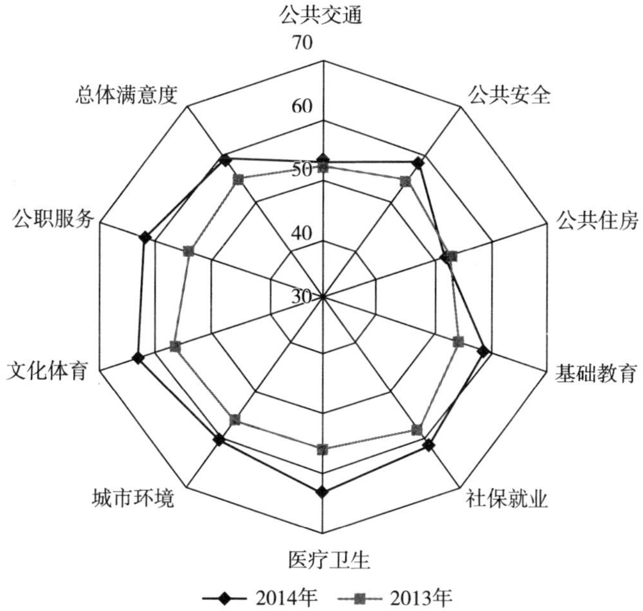

图 2-15　兰州基本公共服务满意度各要素得分雷达图

与2013年对比，兰州市公共服务满意度整体排名变化较大，从第34位上升至第15位。其中公职服务一项满意度得分上升较为明显，上升了8.30分。此外医疗卫生、文化体育也有较大的提升，分别提升7.09分、5.67分。

兰州市公共服务满意度上升指数2014年为0.07149，2013年为 -0.05560。GDP对基本公共服务满意度杠杆指数为3.514。

16. 2014年天津市基本公共服务满意度评估概要

2014年，天津市基本公共服务满意度得分58.37分，比2013年的59.18分略有下降（见表2-16，图2-16）。从服务项目看，天津的公共交通、公

表2-16　天津基本公共服务满意度各要素得分情况

年份	公共交通	公共安全	公共住房	基础教育	社保就业	医疗卫生	城市环境	文化体育	公职服务	总体满意度
2014	60.98	60.71	51.91	56.64	61.97	57.88	57.88	58.60	58.75	58.37
2013	60.21	58.56	53.85	55.96	61.40	61.60	60.52	64.08	57.65	59.18

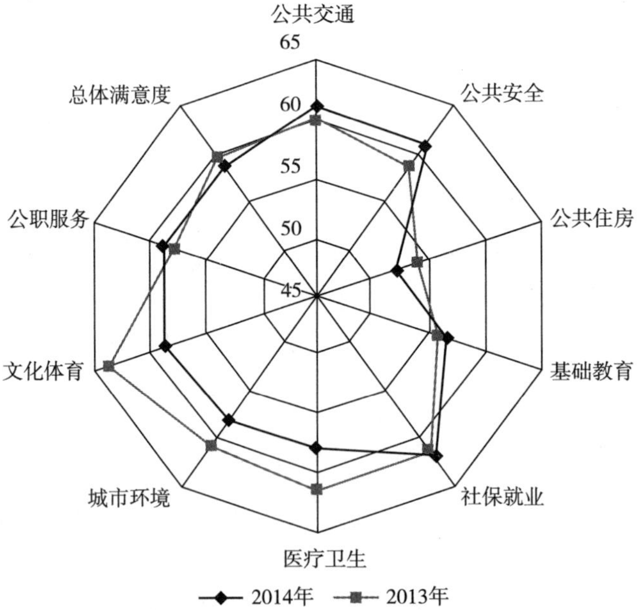

图2-16　天津基本公共服务满意度各要素得分雷达图

共安全、社保就业三项要素得分均超过 60 分，其中社保就业得分最高，为 61.97 分；文化体育、公职服务得分也高于总体满意度，分别为 58.60 分和 58.75 分；而公共住房和基础教育满意度相对较差，其中得分最低的公共住房仅为 51.91 分。

与 2013 年对比，天津公共服务满意度整体排名从第 18 位上升至第 16 位，在单项要素中，公共交通、公共安全、基础教育、社保就业、公职服务五项满意度有小幅提升；公共住房、医疗卫生、城市环境、文化体育则有所下降，其中文化体育下降幅度最大，降低了 5.48 分。

天津市公共服务满意度上升指数 2014 年为 -0.01363，2013 年为 -0.04903。GDP 对基本公共服务满意度杠杆指数为 3.108。

17. 2014 年杭州市基本公共服务满意度评估概要

2014 年，杭州市基本公共服务满意度得分 57.99 分，比 2013 年的 60.60 分下降 2.61 分（见表 2-17，图 2-17）。从服务项目看，2014 年，杭州市公共安全、基础教育、社保就业、医疗卫生、城市环境、文化体育、公职服务得分均在 60 分左右，满意度相对较高，其中社保就业得分最高，为 61.58 分；公共交通、公共住房则相对较差，得分分别为 52.38 分和 53.37 分。

表 2-17 杭州基本公共服务满意度各要素得分情况

年份	公共交通	公共安全	公共住房	基础教育	社保就业	医疗卫生	城市环境	文化体育	公职服务	总体满意度
2014	52.38	60.35	53.37	59.83	61.58	59.17	59.77	60.50	59.56	57.99
2013	60.48	59.62	56.46	58.04	61.29	61.20	68.04	62.62	61.24	60.60

与 2013 年对比，杭州公共服务满意度整体排名从第 10 位下降至第 7 位。在单项要素中公共交通、城市环境下降幅度较大，分别下降了 8.10 分和 8.27 分。其他七项均保持在较高水平，其中公共安全、基础教育、社保就业较上一年均有小幅上升。

杭州市公共服务满意度上升指数 2014 年为 -0.04307，2013 年为 -0.03107。GDP 对基本公共服务满意度杠杆指数为 3.179。

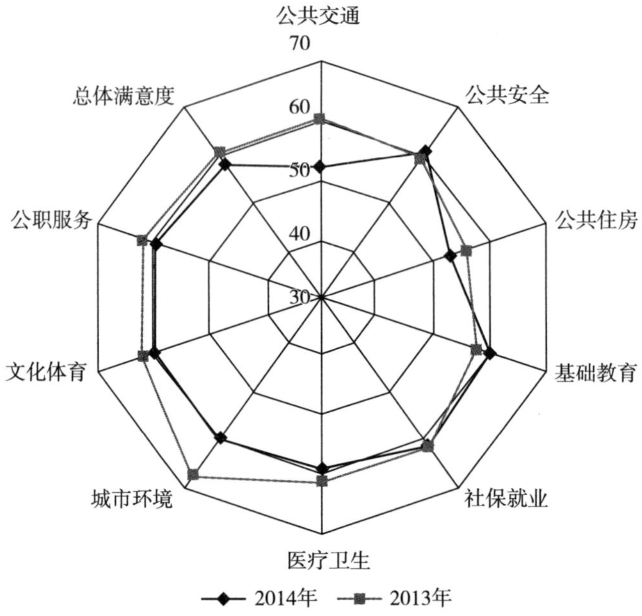

图 2－17　杭州基本公共服务满意度各要素得分雷达图

18. 2014 年长春市基本公共服务满意度评估概要

2014 年，长春的公共服务满意度得分 57. 73 分，比 2013 年的 63. 75 分下降了 6. 02 分，名次下降了 13 位（见表 2－18，图 2－18）。从服务项目看，公共安全、社保就业、城市环境的满意度得分较高，均在 60 分以上；公共住房的得分最低，仅为 52. 93 分。

表 2－18　长春基本公共服务满意度各要素得分情况

年份	公共交通	公共安全	公共住房	基础教育	社保就业	医疗卫生	城市环境	文化体育	公职服务	总体满意度
2014	56. 51	61. 48	52. 93	53. 30	60. 91	57. 09	61. 67	57. 05	59. 15	57. 73
2013	64. 29	62. 71	57. 02	65. 05	65. 42	68. 18	62. 66	66. 58	60. 45	63. 75

与 2013 年对比，长春市公共服务满意度整体排名从第 5 位下降至第 18 位，下降幅度较大。2014 年，长春市的九大要素得分均有下降，除了公共安全、城市环境、公职服务降幅不大外，其他六项要素的得分均有较大幅度

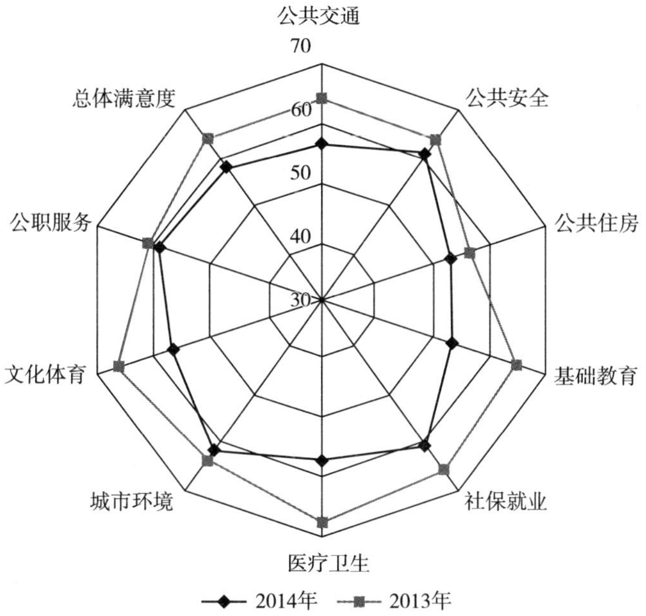

图 2－18　长春基本公共服务满意度各要素得分雷达图

的下降。其中基础教育下降了 11.75 分，医疗卫生下降了 11.09 分，降幅明显。

长春市公共服务满意度上升指数 2014 年为－0.06787，2013 年为 0.02424。GDP 对基本公共服务满意度杠杆指数为 3.256。

19. 2014 年福州市基本公共服务满意度评估概要

2014 年，福州市基本公共服务满意度得分 57.71 分，比 2013 年的 53.65 分提高了 4.06 分（见表 2－19，图 2－19）。从服务项目看，福州市公共安全和社保就业满意度得分相对较高，分别为 61.39 分和 61.46 分；最低分为公共住房 52.32 分。

表 2－19　福州基本公共服务满意度各要素得分情况

年份	公共交通	公共安全	公共住房	基础教育	社保就业	医疗卫生	城市环境	文化体育	公职服务	总体满意度
2014	58.06	61.39	52.32	55.30	61.46	57.29	59.23	55.23	55.97	57.71
2013	53.07	53.63	46.86	52.87	53.77	55.91	60.23	59.29	50.68	53.65

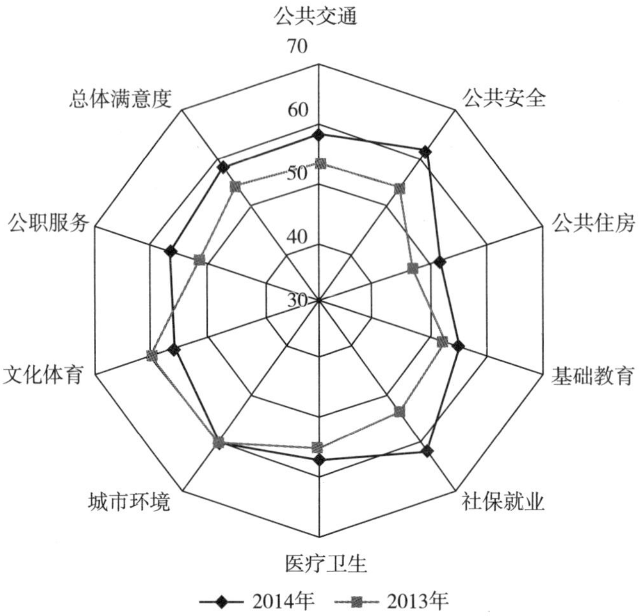

图 2－19　福州基本公共服务满意度各要素得分雷达图

与 2013 年对比，福州公共服务满意度整体排名从第 37 名升至第 19 名。从单项要素来看，福州除了城市环境和文化体育两项略有下降外，其余项目全部都有所上升，其中提升较大的有公共安全、公共住房、社保就业、公职服务四项，分别上升了 7.76 分、5.46 分、7.69 分、5.29 分。其中公共住房较去年 46.86 分的满意度得分有较大的提升，是九项指标中的最低得分。2014 年福州市单项要素最高分和最低分之间的差距缩小至 9.14 分。

福州市公共服务满意度上升指数 2014 年为 0.07562，2013 年为－0.10371；GDP 对基本公共服务满意度杠杆指数为 3.267。

20. 2014 年哈尔滨市基本公共服务满意度评估概要

2014 年，哈尔滨市基本公共服务满意度得分 57.50 分，比 2013 年的 57.37 分略有提高（见表 2－20，图 2－20）。从服务项目看，公共安全、社保就业、城市环境三项得分在 60 分左右，处于“比较满意水平”；其中，得分最高的是社保就业，分值为 61.16 分，公共住房得分最低，为 51.30 分。

表 2-20　哈尔滨基本公共服务满意度各要素得分情况

年份	公共交通	公共安全	公共住房	基础教育	社保就业	医疗卫生	城市环境	文化体育	公职服务	总体满意度
2014	55.72	59.79	51.30	56.55	61.16	58.63	59.31	58.81	57.80	57.50
2013	59.45	58.11	51.96	55.31	58.95	57.75	59.52	59.68	57.34	57.37

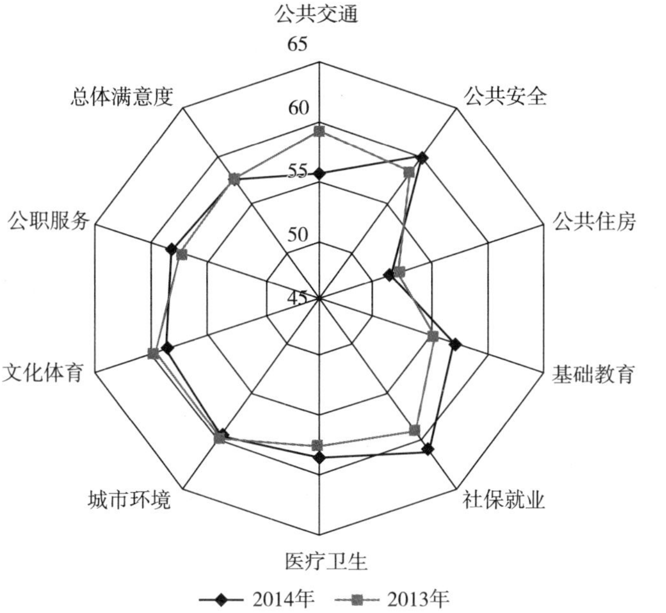

图 2-20　哈尔滨基本公共服务满意度各要素得分雷达图

与 2013 年对比，哈尔滨公共服务满意度整体排名从第 26 位升至第 20 位。从单项要素来看，公共交通、公共住房、城市环境、文化体育四项有不同幅度的下降。公共安全、社保就业、城市环境则保持在相对较高的水平。整体来看哈尔滨两年的满意度得分波动不大。

哈尔滨市公共服务满意度上升指数 2014 年为 0.00237，2013 年为 0.02135；GDP 对基本公共服务满意度杠杆指数为 3.239。

21. 2014 年西宁市基本公共服务满意度评估概要

2014 年，西宁市基本公共服务满意度得分 57.37 分，比 2013 年的 60.83

分有所下降（见表2－21，图2－21）。从服务项目看，西宁市公共安全、社保就业、医疗卫生、城市环境和文化体育五项要素相对较好，得分高于总体满意度分数。公共交通、公共住房、基础教育、公职服务得分相对较低，其中公共住房得分最低，为51.24分。

表2－21　西宁基本公共服务满意度各要素得分情况

年份	公共交通	公共安全	公共住房	基础教育	社保就业	医疗卫生	城市环境	文化体育	公职服务	总体满意度
2014	56.83	57.81	51.24	55.50	60.66	58.68	60.96	58.32	56.74	57.37
2013	60.02	60.03	54.06	62.39	62.38	64.01	63.00	64.12	64.93	60.83

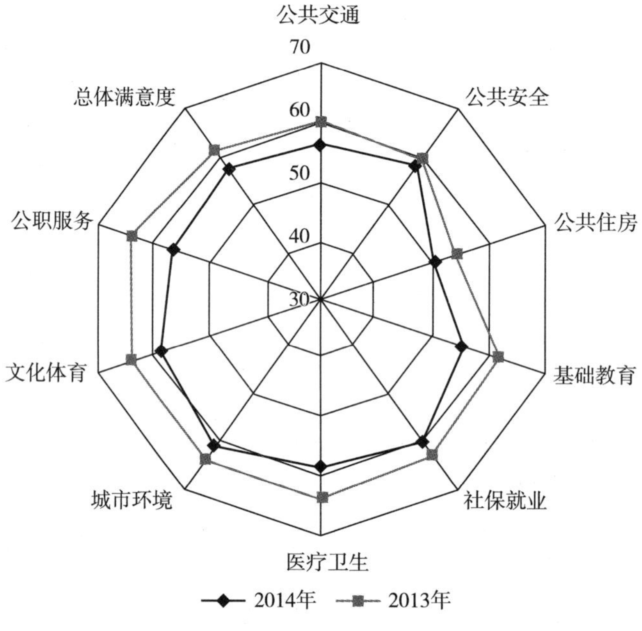

图2－21　西宁基本公共服务满意度各要素得分雷达图

与2013年对比，西宁公共服务满意度整体排名有所下降，在单项要素中，各项要素满意度得分均有所下降，其中公职服务、基础教育和文化体育三项要素下降幅度较大，依次下降了8.19分、6.89分和5.80分，降幅比较明显。

2014 年，西宁的城市公共服务满意度上升指数为 -0.05687，2013 年为 0.07381；GDP 对基本公共服务满意度杠杆指数为 3.564。

22. 2014 年合肥市基本公共服务满意度评估概要

2014 年，合肥市基本公共服务满意度得分 57.08 分，较 2013 年的 57.92 分略有下降（见表 2-22，图 2-22）。合肥近三年来的公共服务满意度比较稳定，从服务项目看，合肥市社保就业要素满意度最高，得分为 60.71 分。另外，公共安全得分也较高，为 59.93 分；满意度最低的是公共住房，得分为 51.30 分。

表 2-22 合肥基本公共服务满意度各要素得分情况

年份	公共交通	公共安全	公共住房	基础教育	社保就业	医疗卫生	城市环境	文化体育	公职服务	总体满意度
2014	54.80	59.93	51.30	58.51	60.71	57.68	57.02	56.96	56.63	57.08
2013	55.36	58.51	54.92	56.93	60.02	59.22	61.45	61.78	56.76	57.92

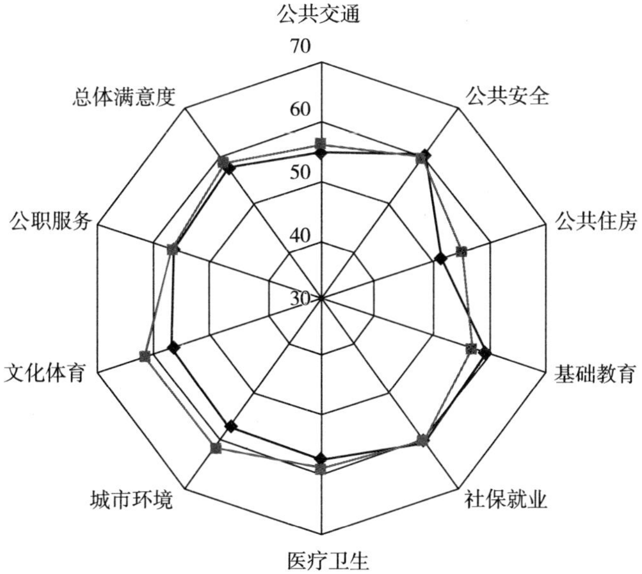

图 2-22 合肥基本公共服务满意度各要素得分雷达图

与2013年对比，合肥市公共服务满意度整体排名仍保持在第22位。在单项要素中公共安全、基础教育、社保就业三项得分有所上升；其他几项都有不同程度的下降，其中下降幅度较大的是文化体育，下降4.82分。

合肥市公共服务满意度上升指数2014年为－0.01452，2013年为0.01893。GDP对基本公共服务满意度杠杆指数为3.232。

23. 2014年贵阳市基本公共服务满意度评估概要

2014年，贵阳市基本公共服务满意度得分为56.98分，比2013年的59.81分下降了2.83分（见表2－23，图2－23）。从服务项目看，贵阳市社

表2－23 贵阳基本公共服务满意度各要素得分情况

年份	公共交通	公共安全	公共住房	基础教育	社保就业	医疗卫生	城市环境	文化体育	公职服务	总体满意度
2014	50.44	57.75	50.77	57.86	59.79	57.20	63.82	59.01	57.40	56.98
2013	53.86	59.69	60.70	59.81	62.74	60.41	64.08	62.70	60.84	59.81

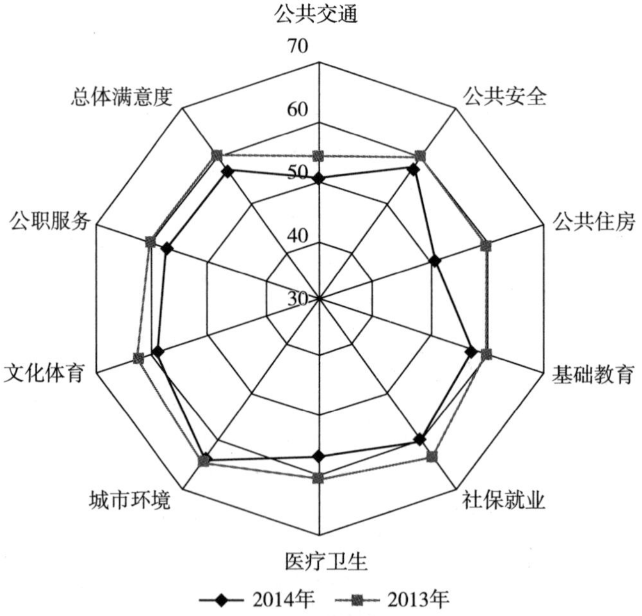

图2－23 贵阳基本公共服务满意度各要素得分雷达图

保就业、城市环境、文化体育的满意度相对较高，其中得分最高的是城市环境的63.82分，该项指标得分在38个城市中排第6位，而公共交通、公共住房则相对欠佳，其中得分最低的公共交通仅为50.44分。

与2013年对比，贵阳公共服务满意度整体排名从第15位降至第23位。在单项要素中，得分均有不同程度下降，其中降低幅度最大的是公共住房（50.77分），降低了9.93分，公共交通（50.44分）得分则一直处于该城市的最低分。

贵阳市公共服务满意度上升指数2014年为-0.04744，2013年为0.03409。GDP对基本公共服务满意度杠杆指数为3.381。

24. 2014年大连市基本公共服务满意度评估概要

2014年，大连市基本公共服务满意度得分56.46分，比2013年的59.98分下降了3.52分（见表2-24，图2-24）。从服务项目看，大连市除了城市环境得分（61.20分）较高之外，其余要素得分都不高，最低分为公共住房要素，分值49.84分，但与上一年相比略有提高。

表2-24 大连基本公共服务满意度各要素得分情况

年份	公共交通	公共安全	公共住房	基础教育	社保就业	医疗卫生	城市环境	文化体育	公职服务	总体满意度
2014	54.38	59.11	49.84	55.12	58.73	57.63	61.20	57.91	56.16	56.46
2013	59.53	58.91	46.90	60.66	60.84	63.16	73.33	64.68	62.01	59.98

与2013年对比，大连公共服务满意度整体排名从第14位下降至第24位。在单项要素中，除城市环境满意度在60分以上，其余八项得分均不高，其中只有公共住房和公共安全的得分略有上升，但满意度仍在最低水平，其他七项要素得分均有不同程度的下降。最高得分的城市环境和最低得分的公共住房相差11.36分，差距较大。

大连市公共服务满意度上升指数2014年为-0.05874，2013年为-0.08360。GDP对基本公共服务满意度杠杆指数为3.110。

25. 2014年北京市基本公共服务满意度评估概要

2014年，北京市的基本公共服务满意度得分56.44分，比2013年的

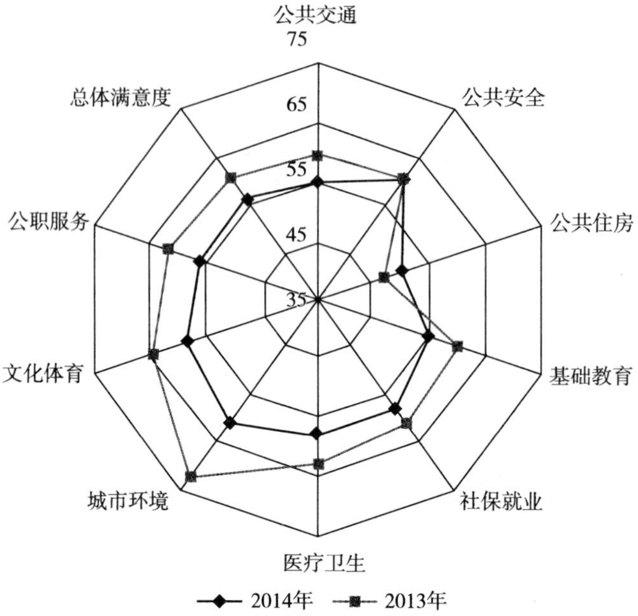

图 2-24　大连基本公共服务满意度各要素得分雷达图

60.27 分有所下降（见表 2-25，图 2-25）。从服务项目看，2014 年，除了公共安全得分有所增加外，其他要素得分都有不同程度的下降。其中公共安全得分最高，为 60.68 分，而公共住房在各项要素中得分最低，仅为 49.79 分，比 2013 年下降 9.03 分。此外文化体育的满意度得分也有较大幅度的下降。

表 2-25　北京基本公共服务满意度各要素得分情况

年份	公共交通	公共安全	公共住房	基础教育	社保就业	医疗卫生	城市环境	文化体育	公职服务	总体满意度
2014	57.19	60.68	49.79	54.81	60.09	57.91	54.10	57.57	56.74	56.44
2013	58.29	58.65	58.82	57.86	61.87	63.97	59.71	65.73	58.44	60.27

北京市 2014 年的整体排名较 2013 年下降了 12 位，名列第 25 位。其中除公共住房、文化体育的满意度有较大幅度降低外，公共交通、基础教育、医疗卫生、公职服务等都有所下降。

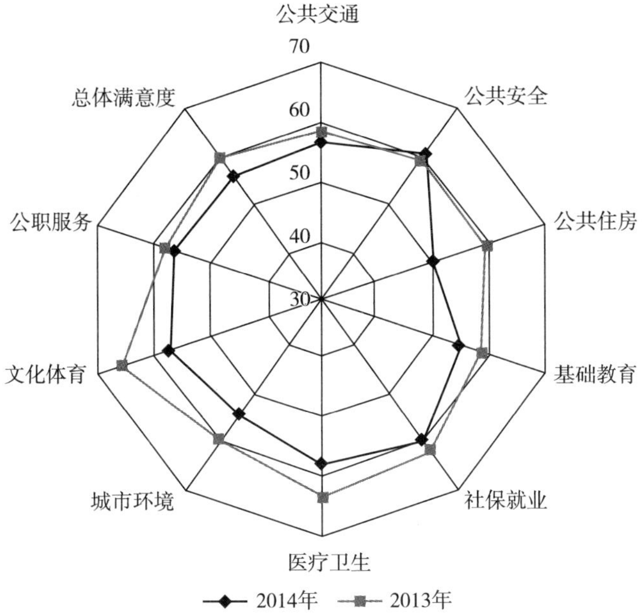

图 2－25　北京基本公共服务满意度各要素得分雷达图

北京市公共服务满意度上升指数 2014 年为 －0.06361，2013 年为 0.00331。GDP 对基本公共服务满意度杠杆指数为 2.957。

26. 2014 年石家庄市基本公共服务满意度评估概要

2014 年，石家庄市基本公共服务满意度得分 56.39 分，比 2013 年的 57.89 分略有下降（见表 2－26，图 2－26）。从服务项目看，石家庄市在公共安全、社保就业、医疗卫生和文化体育方面得分较高，其中文化体育得分最高，为 59.85 分；公共住房、基础教育、城市环境三项要素满意度相对较差，得分最低的是公共住房，为 50.63 分。

表 2－26　石家庄基本公共服务满意度各要素得分情况

年份	公共交通	公共安全	公共住房	基础教育	社保就业	医疗卫生	城市环境	文化体育	公职服务	总体满意度
2014	55.35	58.72	50.63	54.89	59.61	59.51	54.40	59.85	57.47	56.39
2013	57.93	59.20	54.12	56.45	60.01	59.72	56.57	61.49	54.85	57.89

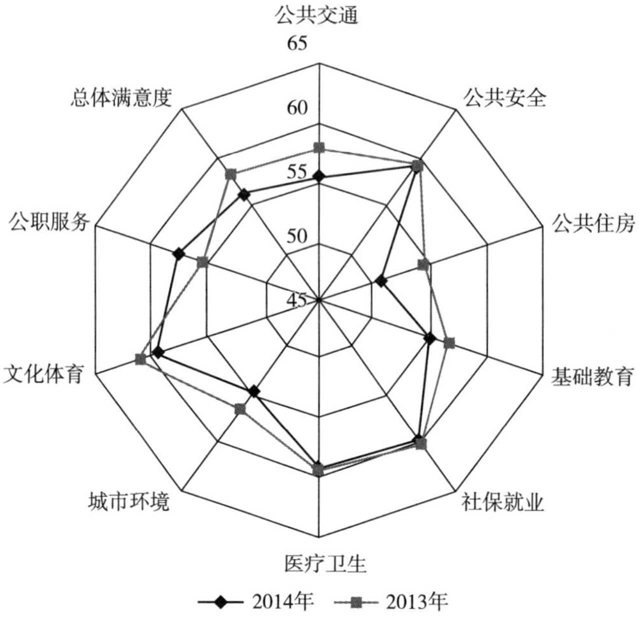

图 2-26　石家庄基本公共服务满意度各要素得分雷达图

与 2013 年对比，在九项基本公共服务要素中，公职服务的满意度得分有所提升，上升了 2.62 分；公共交通、公共住房、城市环境有所下降，分别下降了 2.58 分、3.49 分和 2.17 分；其余各项分数也略有下降。

石家庄市公共服务满意度上升指数 2014 年为 -0.02599，2013 年为 0.00331；GDP 对基本公共服务满意度杠杆指数为 3.186。

27. 2014 年西安市基本公共服务满意度评估概要

2014 年，西安市基本公共服务满意度得分 56.29 分，比 2013 年的 55.84 分略有提升（见表 2-27，图 2-27）。从服务项目看，西安市社保就业得分最高，为 61.22 分，其余要素中公共安全、医疗卫生、城市环境三项要素得分高于总体满意度。公共住房、基础教育得分较低，分别比总体满意度低 5.60 分和 2.92 分。

与 2013 年对比，九项基本公共服务要素中，公共交通、公共安全、社保就业和公职服务这四项的满意度得分有所提高，其中社保就业和公职服务分别

表 2－27　西安基本公共服务满意度各要素得分情况

年份	公共交通	公共安全	公共住房	基础教育	社保就业	医疗卫生	城市环境	文化体育	公职服务	总体满意度
2014	55. 19	57. 32	50. 69	53. 37	61. 22	58. 50	58. 15	56. 20	55. 83	56. 29
2013	54. 02	55. 08	52. 03	55. 80	56. 18	59. 34	58. 98	57. 13	52. 65	55. 84

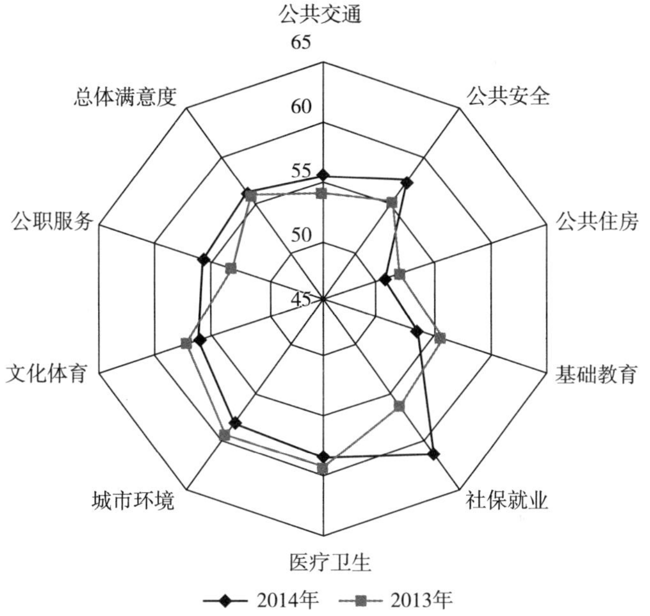

图 2－27　西安基本公共服务满意度各要素得分雷达图

提高了 5. 04 分和 3. 18 分。公共住房、基础教育等其余几项得分有所降低，但降幅较小。

西安市公共服务满意度上升指数 2014 年为 0. 00809，2013 年为－0. 01114；GDP 对基本公共服务满意度杠杆指数为 3. 179。

28. 2014 年济南市基本公共服务满意度评估概要

2014 年，济南市基本公共服务满意度得分 55. 56 分，比 2013 年的 53. 95 分有所上升（见表 2－28，图 2－28）。从服务项目看，九项基本要素的满意度得分全部低于 60 分，其中公共安全相对较好，为 59. 80 分，其余八项要素的得分都不高，而得分最低的要素是公共住房，为 47. 77 分。

表 2-28 济南市基本公共服务满意度各要素得分情况

年份	公共交通	公共安全	公共住房	基础教育	社保就业	医疗卫生	城市环境	文化体育	公职服务	总体满意度
2014	56.12	59.80	47.77	55.77	58.93	56.90	55.02	58.63	54.93	55.56
2013	53.73	55.61	48.69	53.65	55.65	56.18	53.61	57.57	51.15	53.95

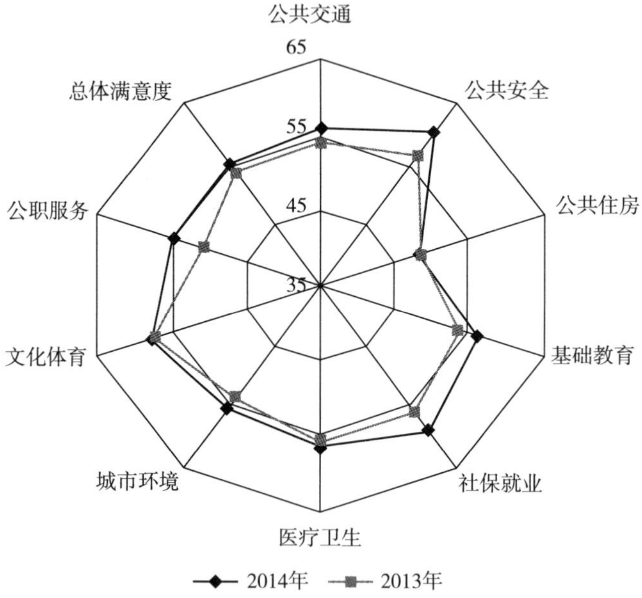

图 2-28 济南基本公共服务满意度各要素得分雷达图

与 2013 年对比，济南市公共服务满意度整体排名从第 35 位上升至第 28 位。在单项要素中，只有公共住房的得分略有下降外，其他均有不同程度上升。其中上升较为明显的是公共安全，上升了 4.19 分。

济南市公共服务满意度上升指数 2014 年为 0.02989，2013 年为 -0.07776。GDP 对基本公共服务满意度杠杆指数为 3.126。

29. 2014 年深圳市基本公共服务满意度评估概要

2014 年，深圳市基本公共服务满意度得分 55.48 分，比 2013 年的 57.34 分有所下降（见表 2-29，图 2-29）。从服务项目看，深圳市仅城市环境一项得分高于 60 分，在其余各要素中，公共交通、公共安全、社保就业、医疗卫生、文化体育、公职服务六项要素得分高于总体满意度得分。公共住房、基础教育两项要素得分较低，其中公共住房得分 45.54 分，公众满意度较低。

表 2－29　深圳基本公共服务满意度各要素得分情况

年份	公共交通	公共安全	公共住房	基础教育	社保就业	医疗卫生	城市环境	文化体育	公职服务	总体满意度
2014	56.95	57.99	45.54	53.42	58.78	57.78	61.06	56.25	56.33	55.48
2013	58.69	55.99	49.12	55.07	57.10	58.73	68.04	61.38	55.70	57.34

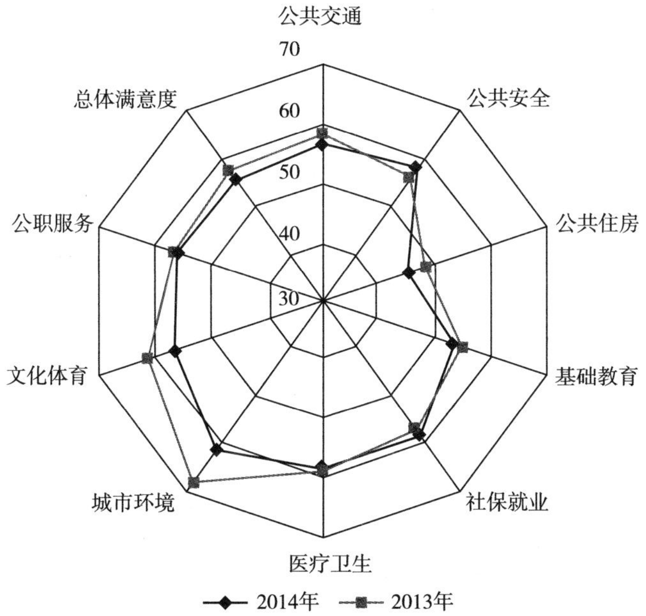

图 2－29　深圳基本公共服务满意度各要素得分雷达图

与 2013 年对比，公共安全、社保就业、公职服务三项要素有所提升，其中公共安全上升 2.00 分，社保就业上升 1.68 分。下降幅度较大的有公共住房、城市环境和文化体育三项要素，分别下降了 3.58 分、6.98 分和 5.13 分。

深圳市公共服务满意度上升指数 2014 年为 －0.03243，2013 年为 －0.01506；GDP 对基本公共服务满意度杠杆指数为 2.952。

30. 2014年武汉市基本公共服务满意度评估概要

2014年，武汉市基本公共服务满意度得分54.71分，比2013年的60.38分下降明显（见表2－30，图2－30）。从服务项目看，武汉市公共安全、社保就业、医疗卫生、文化体育、公职服务要素得分高于总体满意度，但各项要素得分均低于60分；而公共交通、公共住房、基础教育和城市环境均低于总体满意度，其中公共住房得分最低，为49.48分。

表2－30　武汉基本公共服务满意度各要素得分情况

年份	公共交通	公共安全	公共住房	基础教育	社保就业	医疗卫生	城市环境	文化体育	公职服务	总体满意度
2014	51.82	58.05	49.48	53.19	58.12	56.47	53.17	56.79	55.00	54.71
2013	56.25	59.93	58.74	59.61	62.56	63.67	61.59	63.84	61.09	60.38

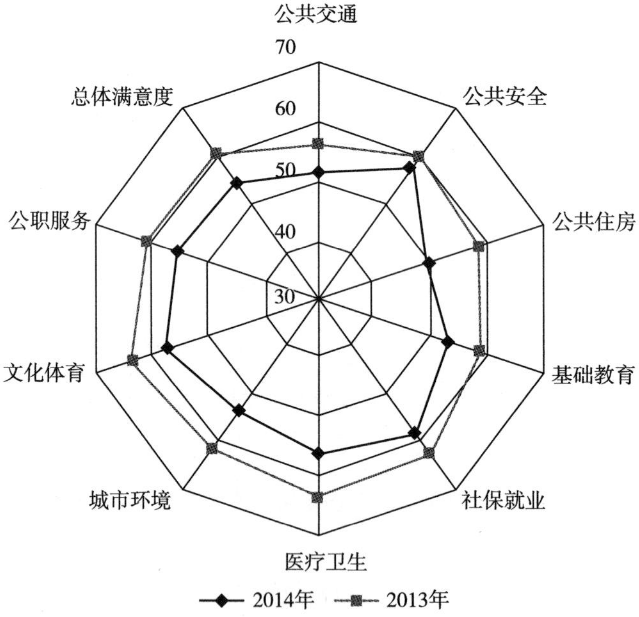

图2－30　武汉基本公共服务满意度各要素得分雷达图

与2013年对比，武汉公共服务满意度整体排名有所下降，在九项基本公共服务要素中，公共住房、基础教育、医疗卫生、城市环境、文化体育、公职服务满意度得分下降的幅度均大于 5 分，其中公共住房下降了 9. 26 分，城市环境下降了 8. 42 分，医疗卫生下降了 7. 20 分，降幅较大，其余几项下降也比较明显。

武汉市公共服务满意度上升指数 2014 年为 -0. 09395，2013 年为 0. 04865。GDP 对基本公共服务满意度杠杆指数为 2. 986。

31. 2014 年昆明市基本公共服务满意度评估概要

2014 年，昆明市基本公共服务满意度得分 54. 59 分，比 2013 年的 55. 54 分略有下降（见表 2 -31，图 2 -31）。从服务项目看，昆明的城市环境要素满意度最高，得分为 59. 53 分，其余各要素得分普遍不高，其中最低分为公共住房的 48. 01 分。

表 2 -31　昆明基本公共服务满意度各要素得分情况

年份	公共交通	公共安全	公共住房	基础教育	社保就业	医疗卫生	城市环境	文化体育	公职服务	总体满意度
2014	53. 81	56. 36	48. 01	53. 39	56. 83	54. 99	59. 53	54. 73	53. 77	54. 59
2013	55. 18	56. 23	46. 34	53. 93	57. 10	57. 55	65. 20	58. 84	51. 05	55. 54

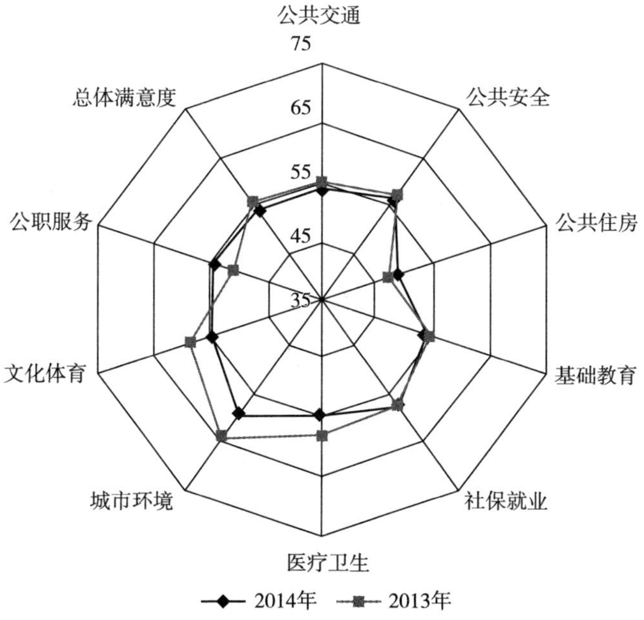

图 2 -31　昆明基本公共服务满意度各要素得分雷达图

与2013年对比，昆明市公共服务满意度整体排名从第32位上升至第31位，变化不大。其中单项要素中公共安全、公共住房、公职服务这三项满意度得分有所提高，但提升幅度不大，其余各要素得分基本与去年持平或略有下降，其中降幅最大的为城市环境，下降了5.67分。

昆明市公共服务满意度上升指数2014年为-0.01721，2013年为-0.04903。GDP对基本公共服务满意度杠杆指数为3.145。

32. 2014年广州市基本公共服务满意度评估概要

2014年，广州市基本公共服务满意度得分53.87分，比2013年的57.02分下降了3.15分（见表2-32，图2-32）。从服务项目看，各项指标的满意度得分都不高，均在58分以下，其中公共住房降至46.04分。

表2-32 广州基本公共服务满意度各要素得分情况

年份	公共交通	公共安全	公共住房	基础教育	社保就业	医疗卫生	城市环境	文化体育	公职服务	总体满意度
2014	54.47	55.56	46.04	50.59	57.22	55.84	55.57	56.15	55.66	53.87
2013	56.50	55.30	54.74	56.71	57.90	58.28	59.18	61.06	58.25	57.02

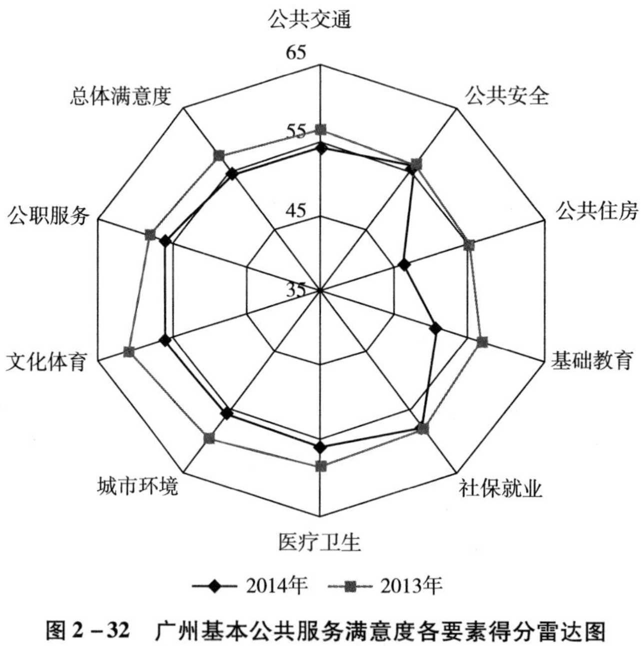

图2-32 广州基本公共服务满意度各要素得分雷达图

与 2013 年对比，广州公共服务满意度整体排名从第 29 位降至第 32 位。从单项要素来看，除了公共安全、社保就业的得分变化不大外，其他七项要素均有不同程度的下降，降幅最大的是公共住房，下降了 8.70 分，是九项要素的最低分。其次是基础教育，下降了 6.12 分。除了公共安全略有提高外，其他几项要素得分均有不同程度的下降。

广州市公共服务满意度上升指数 2014 年为 -0.05523，2013 年为 -0.02666。GDP 对基本公共服务满意度杠杆指数为 2.857。

33. 2014 年郑州市基本公共服务满意度评估概要

2014 年，郑州市基本公共服务满意度得分 53.83 分，比 2013 年的 52.12 分略有提升（见表2 -33，图2 -33）。从服务项目看，郑州市的九项要素得分普遍

表 2 -33　郑州基本公共服务满意度各要素得分情况

年份	公共交通	公共安全	公共住房	基础教育	社保就业	医疗卫生	城市环境	文化体育	公职服务	总体满意度
2014	52.19	56.77	47.56	52.21	57.82	55.75	54.33	54.47	53.51	53.83
2013	49.17	54.74	47.50	51.80	53.87	55.87	51.10	56.23	50.55	52.12

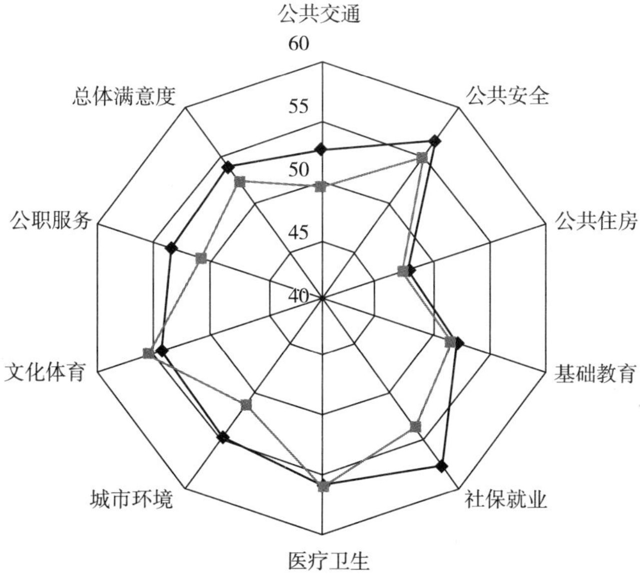

图 2 -33　郑州基本公共服务满意度各要素得分雷达图

较低，各项均在60分以下，基本没有达到公众的期望值。最高分为社保就业57.82分，最低分为公共住房47.56分，其余各项分差不大，基本与总体满意度持平。

与2013年对比，郑州市有七项要素得到改善，其中公共交通、社保就业、城市环境三项增长幅度均在3分以上，公共安全、公共住房、基础教育、公职服务四项也略有提升；另外两项要素得分略有下降，其中文化体育下降了1.76分，医疗卫生下降了0.12分。

郑州市公共服务满意度上升指数2014年为0.03279，2013年为-0.05560；GDP对基本公共服务满意度杠杆指数为3.000。

34. 2014年汕头市基本公共服务满意度评估概要

2014年，汕头市基本公共服务满意度得分53.48分，比2013年的55.09分略有下降（见表2-34，图2-34）。从九项基本要素看，汕头市公共服务满意度得分普遍偏低，各项指标均低于60分，得分最高的城市环境仅为59.08分；得分偏低的有公共交通（50.00分）、文化体育（50.12分），而公共住房得分最低，为45.38分。

表2-34 汕头基本公共服务满意度各要素得分情况

年份	公共交通	公共安全	公共住房	基础教育	社保就业	医疗卫生	城市环境	文化体育	公职服务	总体满意度
2014	50.00	55.30	45.38	54.57	55.56	55.83	59.08	50.12	52.77	53.48
2013	52.92	53.84	49.38	56.40	57.49	58.23	58.92	58.71	53.51	55.09

与2013年对比，公共安全、城市环境两项要素略有提升，公共交通、公共住房、基础教育、社保就业、医疗卫生、文化体育、公职服务七项要素均有所下降，其中文化体育下降较为明显，下降了8.59分。

汕头市公共服务满意度上升指数2014年为-0.02923，2013年为0.01689；GDP对基本公共服务满意度杠杆指数为3.228。

35. 2014年南昌市基本公共服务满意度评估概要

2014年，南昌市基本公共服务满意度得分53.35分，比2013年的58.61

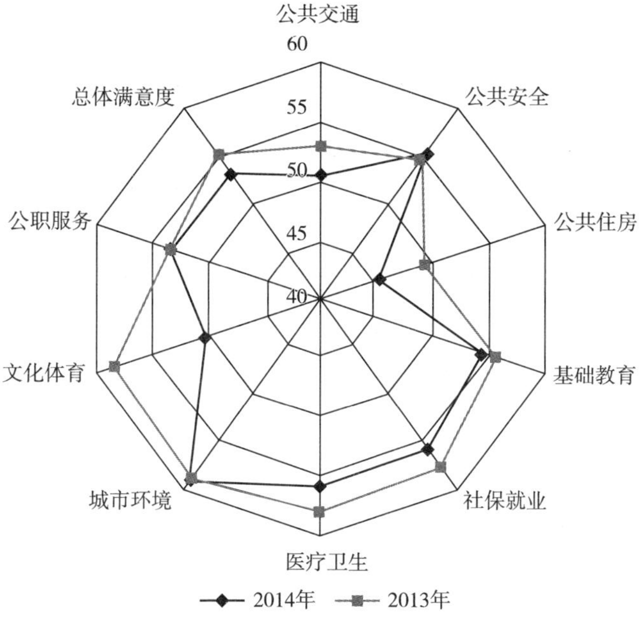

图 2－34　汕头基本公共服务满意度各要素得分雷达图

分下降了 5.26 分（见表 2－35，图 2－35）。从服务项目看，南昌市各要素得分普遍偏低，最高分社保就业也只有 56.22 分；得分最低的是公共住房，为 46.27 分。

表 2－35　南昌基本公共服务满意度各要素得分情况

年份	公共交通	公共安全	公共住房	基础教育	社保就业	医疗卫生	城市环境	文化体育	公职服务	总体满意度
2014	50.87	54.80	46.27	52.78	56.22	54.28	56.17	53.09	52.70	53.35
2013	57.58	57.22	55.81	58.10	59.81	60.81	61.35	59.78	56.90	58.61

与 2013 年对比，南昌市公共服务满意度整体排名从第 21 位下降至第 35 位，九项基本评价要素均有不同程度的下降，其中下降幅度较大的有：公共交通下降了 6.71 分，公共住房下降了 9.54 分，基础教育下降了 5.32 分，医疗卫生下降了 6.53 分，城市环境下降了 5.18 分，文化体育下降了

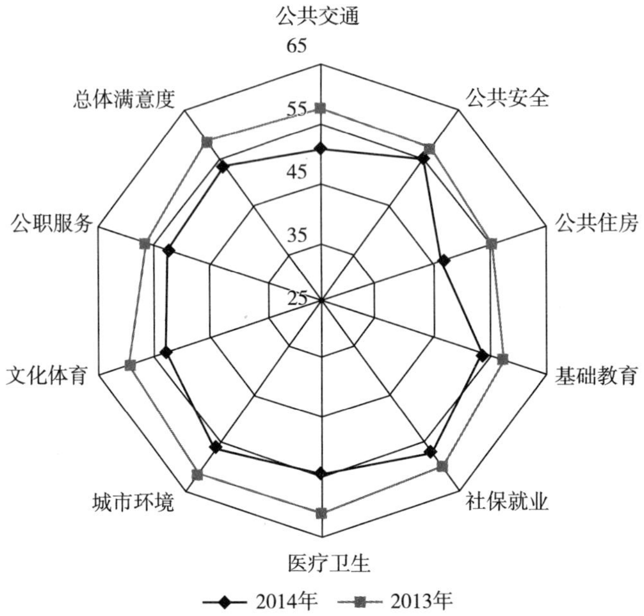

图 2-35　南昌基本公共服务满意度各要素得分雷达图

6.69 分。

南昌市公共服务满意度上升指数 2014 年为 -0.08960，2013 年为 0.05317；GDP 对基本公共服务满意度杠杆指数为 3.080。

36. 2014 年呼和浩特市基本公共服务满意度评估概要

2014 年，呼和浩特市基本公共服务满意度得分 53.26 分，比 2013 年的 59.54 分下降了 6.28 分（见表 2-36，图 2-36）。从服务项目看，多项要素均有较大幅度的下降，其中得分最低的是公共住房，为 45.50 分；最高分为城市环境，得分也仅为 58.88 分。

表 2-36　呼和浩特基本公共服务满意度各要素得分情况

年份	公共交通	公共安全	公共住房	基础教育	社保就业	医疗卫生	城市环境	文化体育	公职服务	总体满意度
2014	48.24	58.42	45.50	55.59	56.49	52.00	58.88	51.76	53.84	53.26
2013	55.21	56.88	54.48	61.30	62.18	62.99	65.74	65.13	61.59	59.54

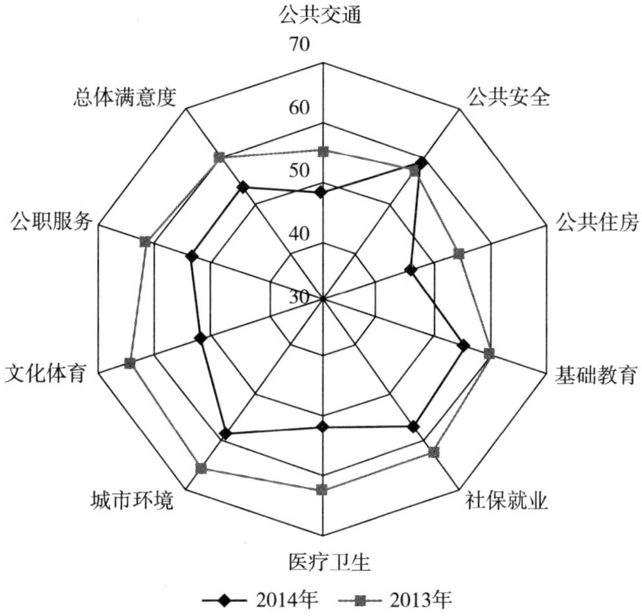

图 2－36　呼和浩特基本公共服务满意度各要素得分雷达图

与 2013 年对比，呼和浩特公共服务满意度整体排名从第 16 位下降至第 36 位，有较大幅度的变化。在单项要素中，除公共安全得分略有上升外，其他八项要素得分均有较大程度的下降。其中下降幅度最大的是文化体育，下降了 13.37 分；其次，下降较多的是医疗卫生和公共住房，分别下降了 10.99 分和 8.98 分。

呼和浩特市公共服务满意度上升指数 2014 年为 －0.10536，2013 年为 0.01878。GDP 对基本公共服务满意度杠杆指数为 3.112。

37. 2014 年南宁市基本公共服务满意度评估概要

2014 年，南宁市基本公共服务满意度得分 51.35 分，比 2013 年的 55.56 分有所下降（见表 2－37，图 2－37）。从九大要素看，社保就业、城市环境、公职服务三项满意度得分虽然相对较高，但均未超过 60 分，其中得分最高的为城市环境，得分 58.78 分；公共交通、公共安全、公共住房、基础教育、医疗卫生、文化体育六项要素满意度得分较低，均未超过 55 分，其中得分最低的为公共住房，得分 42.23 分。

表 2-37 南宁基本公共服务满意度各要素得分情况

年份	公共交通	公共安全	公共住房	基础教育	社保就业	医疗卫生	城市环境	文化体育	公职服务	总体满意度
2014	47.47	54.24	42.23	51.21	55.55	53.21	58.78	53.57	55.22	51.35
2013	53.87	53.03	53.05	57.07	57.83	56.27	59.90	59.41	54.36	55.56

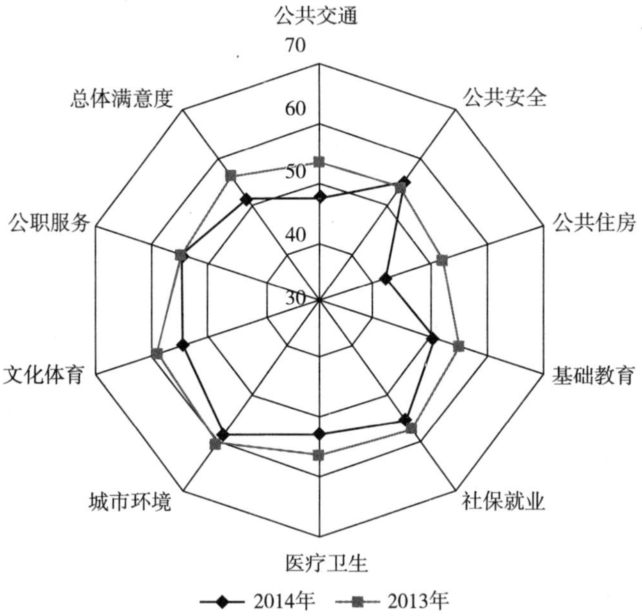

图 2-37 南宁基本公共服务满意度各要素得分雷达图

与2013年对比，南宁市在公共安全和公职服务两项略有提高，但变化幅度不大；公共交通和公共住房两项下降幅度较大，分别下降了6.40分和10.82分，其余要素如基础教育、文化体育也有较大幅度的下降。

南宁市公共服务满意度上升指数2014年为-0.07573，2013年为-0.04549；GDP对基本公共服务满意度杠杆指数为2.995。

38. 2014年乌鲁木齐市基本公共服务满意度评估概要

2014年，乌鲁木齐市基本公共服务满意度得分49.06分，比2013年的53.74分有明显下降（见表2-38，图2-38）。从服务项目看，乌鲁木齐市九项要素得分极其不均衡。公共安全、社保就业、城市环境、公职服务得分在50 分以上，其中社保就业得分最高，为 57.59 分；而公共住房和文化体育得分较低，分别为 43.06 分和 44.92 分。

表 2－38　乌鲁木齐基本公共服务满意度各要素得分情况

年份	公共交通	公共安全	公共住房	基础教育	社保就业	医疗卫生	城市环境	文化体育	公职服务	总体满意度
2014	47.78	51.38	43.06	46.98	57.59	49.69	50.68	44.92	51.77	49.06
2013	45.18	51.60	47.15	68.05	58.41	53.01	65.90	59.52	53.70	53.74

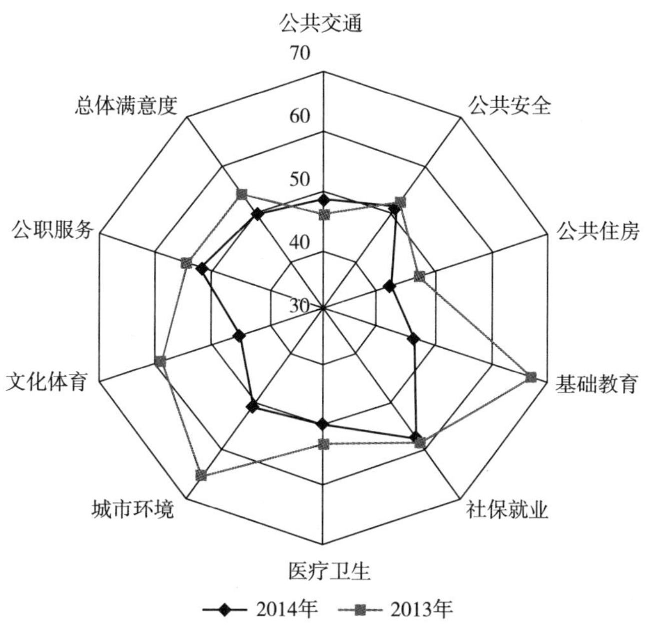

图 2－38　乌鲁木齐基本公共服务满意度各要素得分雷达图

与 2013 年对比，公共交通有所改善，提升 2.60 分，但总分依然不高，基础教育、公共住房、医疗卫生、城市环境、文化体育四项都有较大幅度的下降。

乌鲁木齐市公共服务满意度上升指数 2014 年为 －0.08700，2013 年为 －0.05054；GDP 对基本公共服务满意度杠杆指数为 2.887。

二　城市分类视域中的基本公共服务满意度评估情况对比分析

为了对城市基本公共服务满意度进行更加深入的研究，我们从城市分类的角度出发，对不同区域，不同类型的城市进行了横向的对比分析。

（一）不同区域城市基本公共服务满意度对比分析

经统计分析，总体上东部城市的基本公共服务满意度评价得分要高于中部和西部，这与2013年情况一致（见表2-39）。

表2-39　东、中、西部城市基本公共服务满意度比较情况

经济区域	公共交通	公共安全	公共住房	基础教育	社保就业	医疗卫生	城市环境	文化体育	公职服务	总体满意度得分
东部	57.20	60.53	50.62	57.00	60.69	59.12	59.95	58.77	58.17	57.87
中部	54.96	59.15	51.13	55.29	60.19	57.20	58.14	57.06	56.79	56.66
西部	55.10	58.87	49.82	55.97	60.40	57.61	61.34	57.51	56.95	56.82

根据表2-39，可以绘制我国东、中、西部城市基本公共服务满意度各项要素得分对比图（见图2-39）。

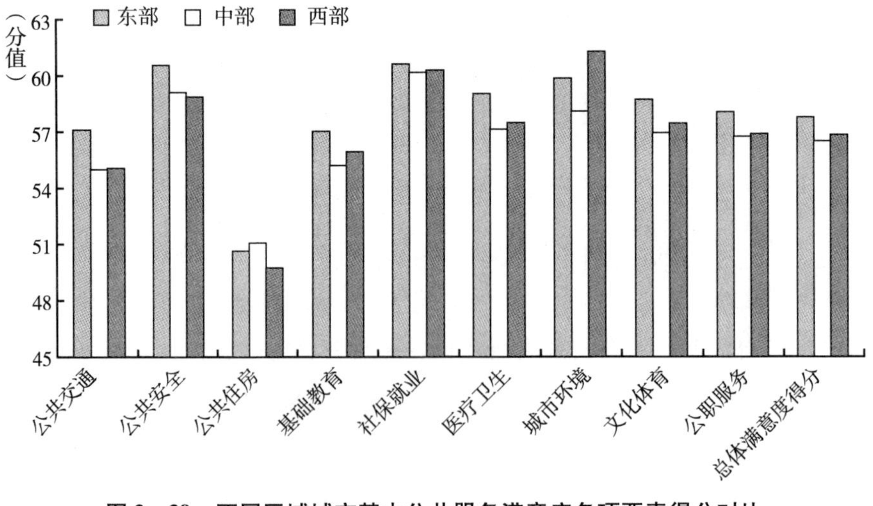

图2-39　不同区域城市基本公共服务满意度各项要素得分对比

2014 年，东部城市的地方政府基本公共服务满意度得分最高，西部次之，中部最低。相比 2013 年，东部区域与中、西部区域之间的基本公共服务满意度综合得分差距稍有增加，东部比西部高 1.05 分，比中部高 1.21 分（去年分别为 0.58 和 0.82 分），但西部区域与中部区域的差异进一步缩小，分差仅为 0.16 分。

2014 年，我国各区域城市地方政府基本公共服务总体满意度得分比 2013 年均有所降低。东部地区 2014 年为 57.87 分，比 2013 年的 59.38 分降低了 1.51 分；中部地区 2014 年为 56.66 分，比 2013 年的 58.56 分降低了 1.90 分；西部地区 2014 年为 56.82 分，比 2013 年的 58.80 分降低了 1.98 分。

以下根据要素逐项进行比较：

（1）公共交通、基础教育、社保就业、医疗卫生、文化体育、公职服务：得分从高到低依次为东部、西部、中部，与上表的总体分布相同。

（2）公共安全：得分从高到低依次是东部、中部、西部。

（3）城市环境：得分从高到低依次为西部、东部、中部。

（4）公共住房：得分从高到低依次为中部、东部、西部。

（二）不同类型城市基本公共服务满意度对比分析

经统计分析，2014 年直辖市的地方政府基本公共服务满意度总体得分要高于计划单列市、经济特区和省会市（见表 2 - 40）。而在 2013 年，总体满意度得分最高的是计划单列市。

表 2 - 40　不同类型城市基本公共服务满意度分项得分情况

城市类型	公共交通	公共安全	公共住房	基础教育	社保就业	医疗卫生	城市环境	文化体育	公职服务	总体满意度
直辖市	59.44	61.45	52.76	57.75	62.28	58.74	59.19	60.27	58.89	58.84
计划单列市	58.05	61.22	49.59	58.51	61.02	59.72	62.62	58.63	58.65	58.56
经济特区	56.34	59.17	47.33	56.68	58.95	59.15	62.52	57.01	57.47	56.92
省会市	55.31	59.31	50.48	55.67	60.36	57.85	59.51	57.64	57.14	56.88
全国城市平均值	56.07	59.72	50.48	56.31	60.49	58.24	60.01	58.01	57.49	57.28

根据表 2－40 的数据，可以绘制不同类型城市基本公共服务满意度分项得分对比图（见图 2－40），以及各类型城市基本公共服务满意度分项得分雷达图（见图 2－41 ~ 图 2－44）。

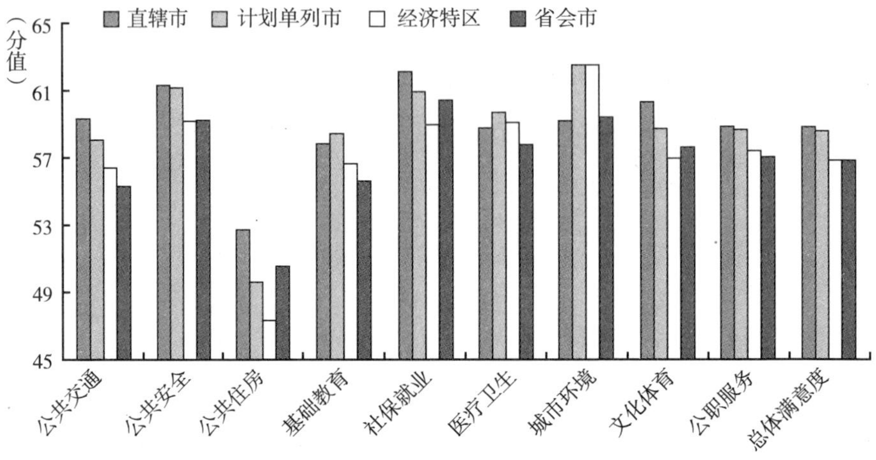

图 2－40　不同类型城市基本公共服务满意度分项得分对比

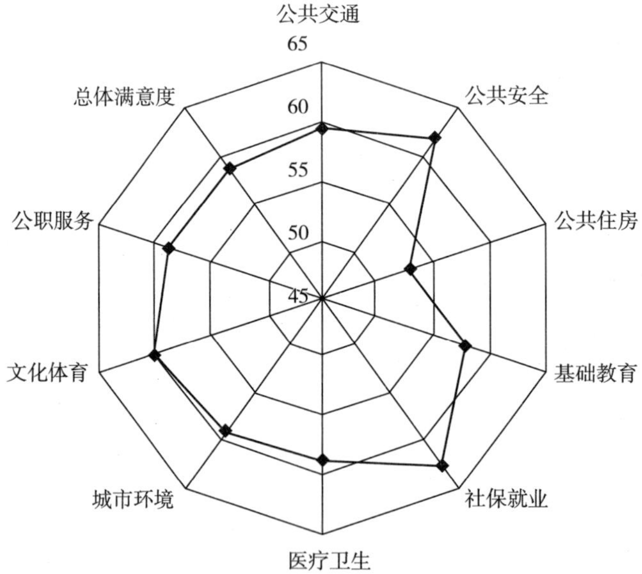

图 2－41　直辖市基本公共服务满意度分项得分雷达图

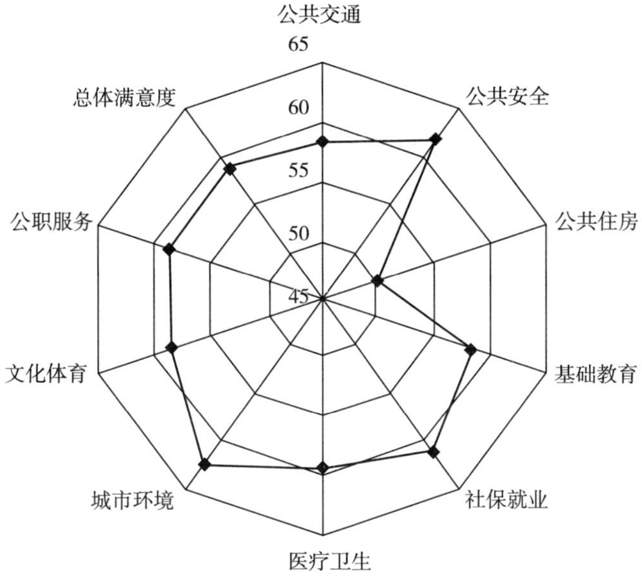

图 2 -42　计划单列市基本公共服务满意度分项得分雷达图

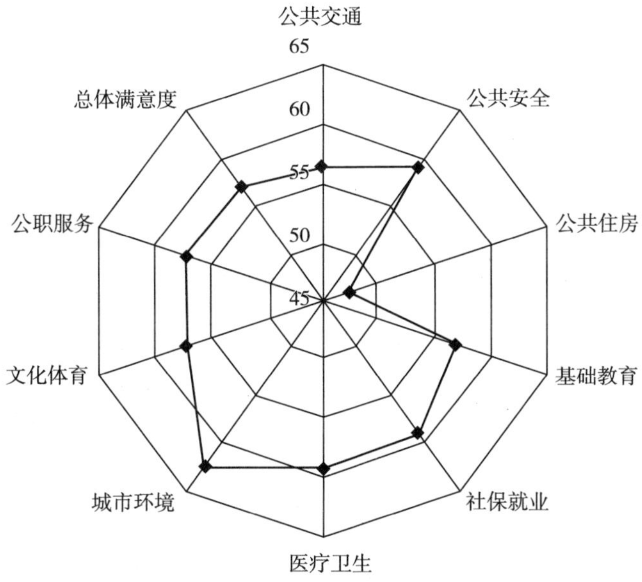

图 2 -43　经济特区基本公共服务满意度分项得分雷达图

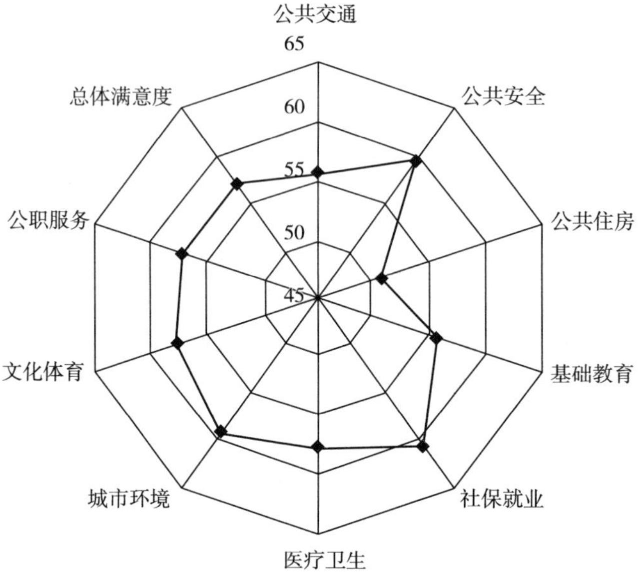

图 2－44　省会市基本公共服务满意度分项得分雷达图

通过图 2－40 并对比四种城市类型的基本公共服务满意度分项得分雷达图，可以得出以下几个结论。

（1）总体来看，直辖市的基本公共服务满意度得分最高，计划单列市次之，经济特区和省会市总体满意度得分相对较低。

（2）直辖市在公共交通、公共安全、公共住房、社保就业、文化体育和公职服务方面，比计划单列市、经济特区和省会市较占优势，亦均高于全国平均水平；但在城市环境方面，直辖市的满意度得分是四类城市中最低的。

（3）计划单列市在基础教育、医疗卫生和城市环境方面较之直辖市、经济特区和省会市表现更佳；但在公共住房方面，计划单列市的满意度得分低于全国平均水平。

（三）四大直辖市政府基本公共服务满意度对比分析

四大直辖市基本公共服务满意度主观评价得分见表 2－41。经统计分析，四大直辖市仅在城市环境方面，满意度得分平均值（59. 19 分）低于全国平均值（60. 01 分），其他八项要素得分均高于全国平均值，可见直辖市在基本公共服务满意度方面，相对于全国大多数城市具有一定优势（见图 2 – 45）。但相较 2013 年，优势明显缩小。

以下对四大直辖市的公共服务满意度逐项进行分析。

表 2 – 41　四大直辖市基本公共服务满意度分项得分比较一览

城市	公共交通	公共安全	公共住房	基础教育	社保就业	医疗卫生	城市环境	文化体育	公职服务	总体满意度
北京	57. 19	60. 68	49. 79	54. 81	60. 09	57. 91	54. 10	57. 57	56. 74	56. 44
重庆	57. 86	60. 65	54. 97	58. 80	62. 95	57. 38	63. 48	62. 24	58. 01	59. 38
上海	61. 73	63. 74	54. 38	60. 77	64. 10	61. 80	61. 30	62. 68	62. 06	61. 17
天津	60. 98	60. 71	51. 91	56. 64	61. 97	57. 88	57. 88	58. 60	58. 75	58. 37
直辖市平均值	59. 44	61. 45	52. 76	57. 75	62. 28	58. 74	59. 19	60. 27	58. 89	58. 84
全国城市平均值	56. 07	59. 72	50. 48	56. 31	60. 49	58. 24	60. 01	58. 01	57. 49	57. 28

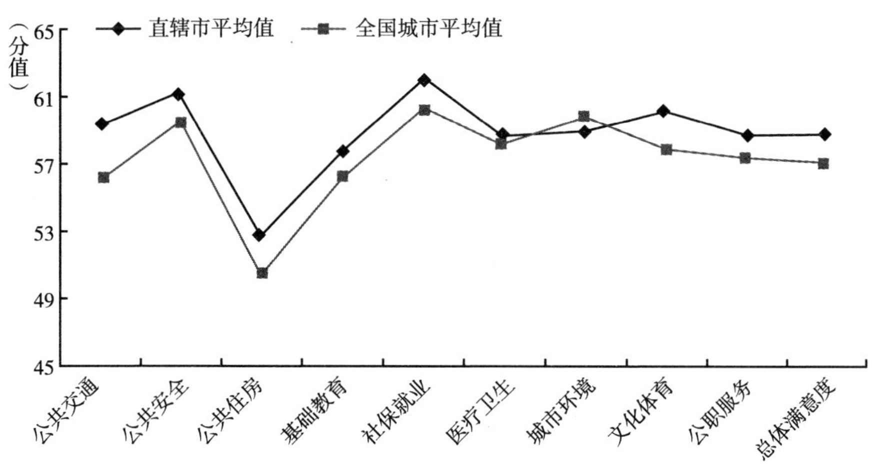

图 2 – 45　直辖市平均值与全国城市平均值对比

1. 公共交通

根据2014年四大直辖市公共交通方面的数据，绘制雷达图（见图2－46）。

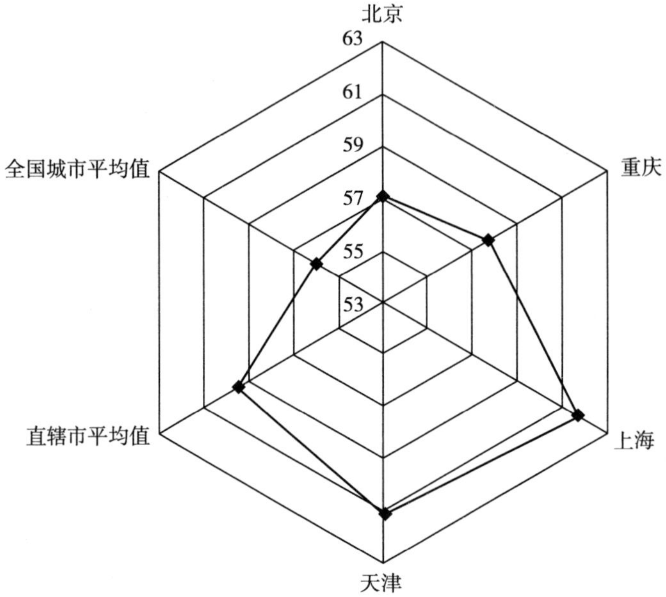

图2－46　四大直辖市公共交通满意度得分雷达图

在公共交通方面，四个直辖市满意度得分平均值为59.44分，高于2013年的58.89分，说明四大直辖市的公共交通满意度整体有所提升。其中北京的得分有所下降，比2013年的58.29分下降了1.10分，而重庆、上海、天津则分别上升了1.52分、1.00分和0.77分。2014年全国城市公共交通平均得分为56.07分，低于2013年的57.88分，这表明我国38个主要城市在公共交通方面的满意度整体有所下降。

2. 公共安全

根据2014年四大直辖市公共安全方面的数据，绘制雷达图（见图2－47）。

在公共安全方面，四个直辖市平均得分为61.45分，高于全国38个城市的平均值。其中上海表现优秀，得分比全国38个城市的平均值高了4.02分；

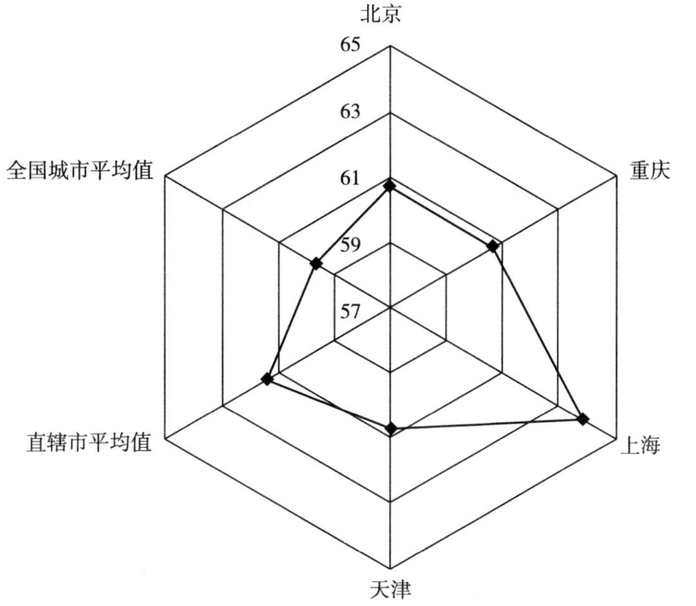

图 2-47　四大直辖市公共安全满意度得分雷达图

而北京、天津和重庆得分无明显差异，但与2013年相比，四个直辖市的公共安全满意度均有所上升，得分的提升幅度都在2分以上，特别是上海提高了4.46分。总体来说，2014年，四大直辖市在公共安全满意度方面相较其他城市总体满意度仍具有一定优势。

3. 公共住房

根据2014年四大直辖市公共住房方面的数据，绘制雷达图（见图2-48）。

在公共住房方面，四大直辖市的平均得分为52.76分，较2013年的56.13分下降了3.37分，降幅明显，但仍高于全国平均值50.48分。其中，重庆和上海公共住房满意度得分分别为54.97分和54.38分，高于直辖市平均水平，但与2013年相比，分别下降了2.12分和0.38分；而北京和天津的公共住房满意度相对较低，特别是北京，从2013年的58.82分下降到49.79分，下降了9.03分，天津较之去年则下降了1.94分。

4. 基础教育

根据2014年四大直辖市基础教育方面的数据，绘制雷达图（见图2-49）。

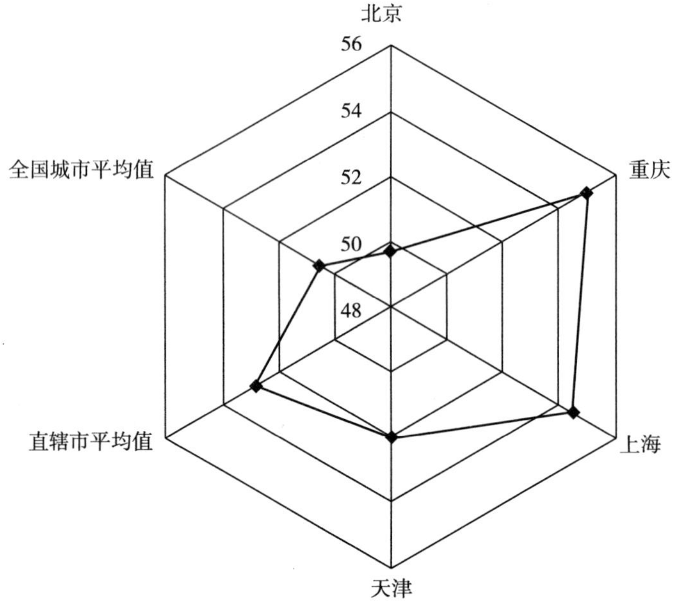

图 2-48　四大直辖市公共住房满意度得分雷达图

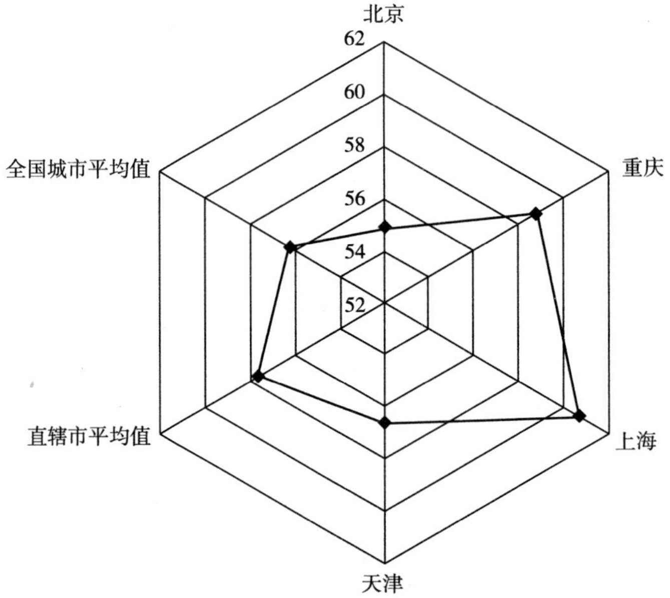

图 2-49　四大直辖市基础教育满意度得分雷达图

在基础教育方面，上海和重庆的得分分别为60.77分和58.80分，高于四大直辖市的平均得分57.75分，北京和天津的得分则低于平均分。与2013年相比，四大直辖市中，上海、天津和重庆的基础教育满意度有所上升，分别提升了1.28分、0.68分和1.65分，仅北京的满意度下降了3.05分。整体来看，2014年四大直辖市基础教育满意度得分较全国平均值高了1.44分，而在2013年四大直辖市比全国平均值低0.70分，这表明，2014年四大直辖市的基础教育整体满意度相对于其他城市来说略有提升。

5. 社保就业

根据2014年四大直辖市社保就业方面的数据，绘制雷达图（见图2－50）。

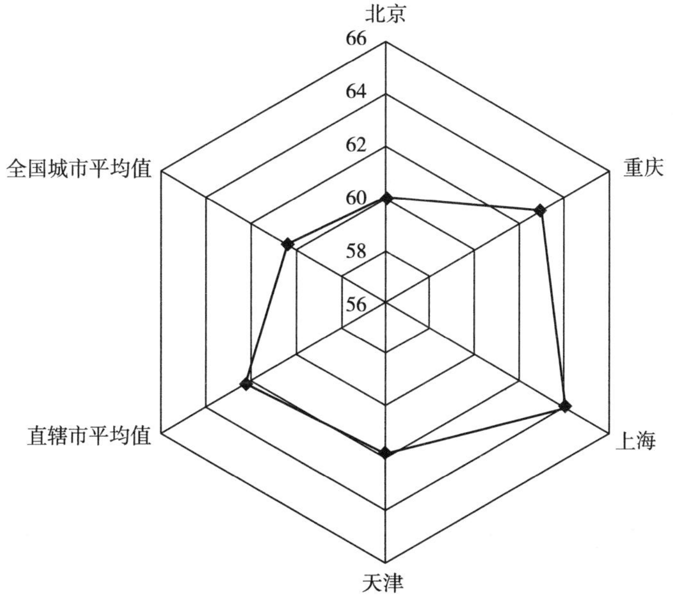

图2－50　四大直辖市社保就业满意度得分雷达图

社保就业是四大直辖市在九项基本公共服务要素中平均得分最高的要素，2014年四大直辖市的该要素得分均在60分以上，平均分为62.28分，高于2013年的61.49分，亦高于今年的全国城市平均值60.49分。其中，只有北京市的满意度较去年有所下降，上海仍是得分最高的城市，重庆则是进步最大的城市，满意度得分比上年提高了 3. 50 分。总体来看，直辖市的民众对所在城市的社保就业工作满意度比全国其他城市相对有优势。

6. 医疗卫生

根据 2014 年四大直辖市医疗卫生方面的数据，绘制雷达图（见图 2 –51）。

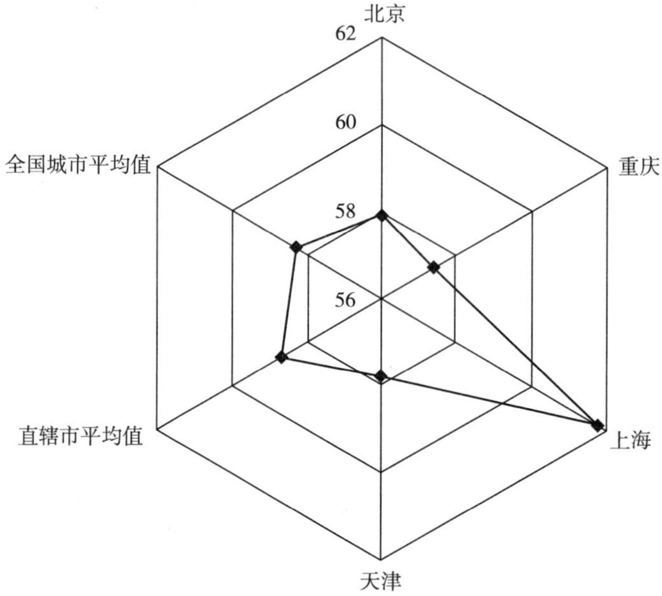

图 2 –51　四大直辖市医疗卫生满意度得分雷达图

在医疗卫生方面，四大直辖市的平均得分为 58. 74 分，略高于全国城市平均值，但其中只有上海比全国 38 个城市平均满意度水平高出 3. 56 分，北京、天津和重庆均低于全国平均水平 58. 24 分，说明这三个城市的市民对本市的医疗卫生服务水平较不满意。与 2013 年相比，北京市医疗卫生满意度得分下降了 6. 06 分，上海市下降了 0. 62 分，天津市下降了 3. 72 分，重庆市下降了 4. 42 分。

7. 城市环境

根据 2014 年四大直辖市城市环境方面的数据，绘制雷达图（见图 2 –52）。

在城市环境方面，四大直辖市的平均得分为 59. 19 分，低于全国城市平均值 60. 01 分。其中，北京满意度得分 54. 10 分，比上年下降了 5. 61 分，天津满意度得分则比上年降低了 2. 64 分，上海和重庆得分也略有下降。这说明四大直辖市在城市环境方面不具有优势，仍需着力改善。

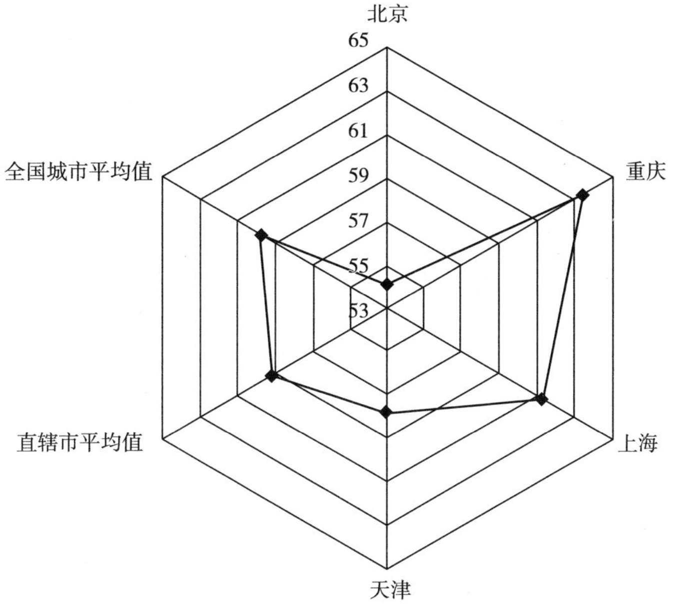

图 2-52　四大直辖市城市环境满意度得分雷达图

8. 文化体育

根据 2014 年四大直辖市文化体育方面的数据，绘制雷达图（见图 2-53）。

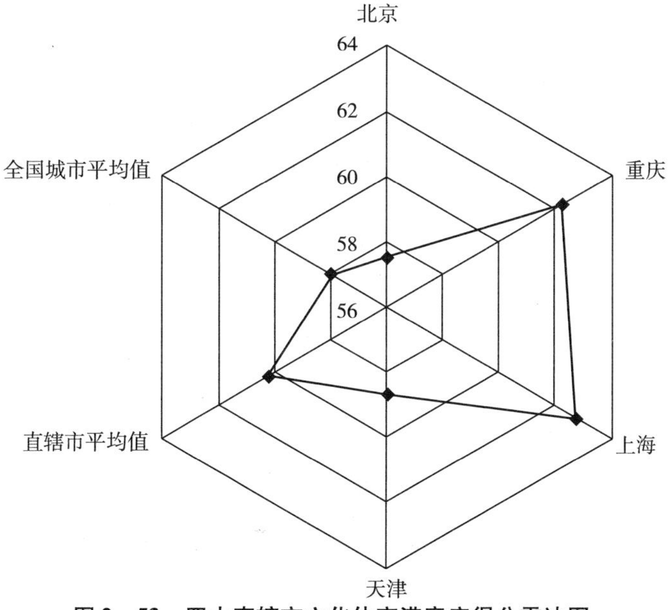

图 2-53　四大直辖市文化体育满意度得分雷达图

在文化体育方面，四大直辖市的平均得分为60.27分，比全国城市平均值高出2.26分，其中上海的满意度得分最高，为62.68分；其次为重庆，得分62.24分。北京和天津的满意度得分则有明显下降，特别是北京，比2013年下降了8.16分。总体来看，直辖市在文化体育方面较其他类型城市还是稍占优势。

9. 公职服务

根据2014年四大直辖市公职服务方面的数据，绘制雷达图（见图2-54）。

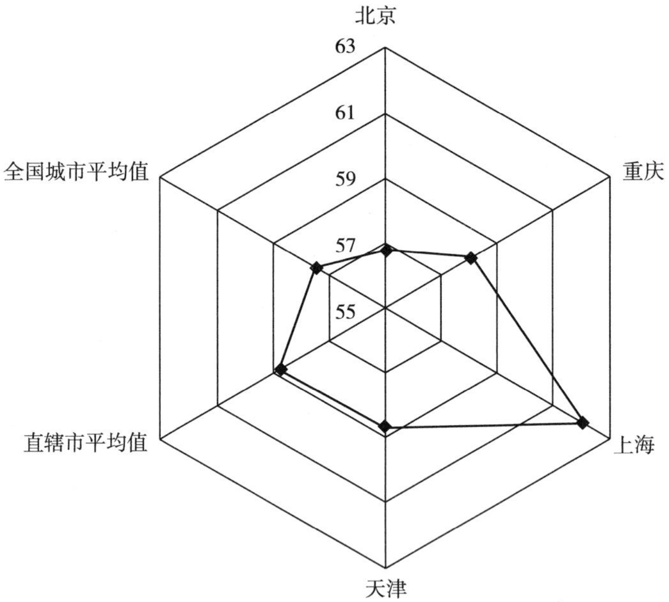

图2-54　四大直辖市公职服务满意度得分雷达图

在公职服务方面，四大直辖市的平均得分为58.89分，比2013年上升了0.71分，略有进步；比全国城市平均值高了1.40分。其中，除北京满意度得分比2013年下降了1.70分外，其余三个城市均有所提升，特别是上海，提升了2.37分，说明公众对这三个城市的公职服务水平满意度稍有改善。

（四）27个省会城市基本公共服务满意度对比分析

根据27个省会城市（包括省会和自治区首府）的地理位置分布，我们把27个城市分为东部城市（8个）、中部城市（8个）及西部城市（11个）三个区域进行比较。

总体上看，2014 年东、中、西三大地区省会城市的基本公共服务满意度得分相差不大，得分最高的东部仅比得分最低的西部高了 0. 92 分。从要素上来看，九大基本公共服务评价要素中，东部地区省会城市除了城市环境满意度平均得分低于西部地区省会城市的平均得分以外，其余 8 项均高于中、西部地区省会城市；西部地区省会城市在城市环境方面的满意度得分为三大区域省会城市中最高，超出得分最低的中部地区 3. 00 分；而中部地区省会城市的各项要素满意度得分没有特别突出的单项（见图 2 – 55）。

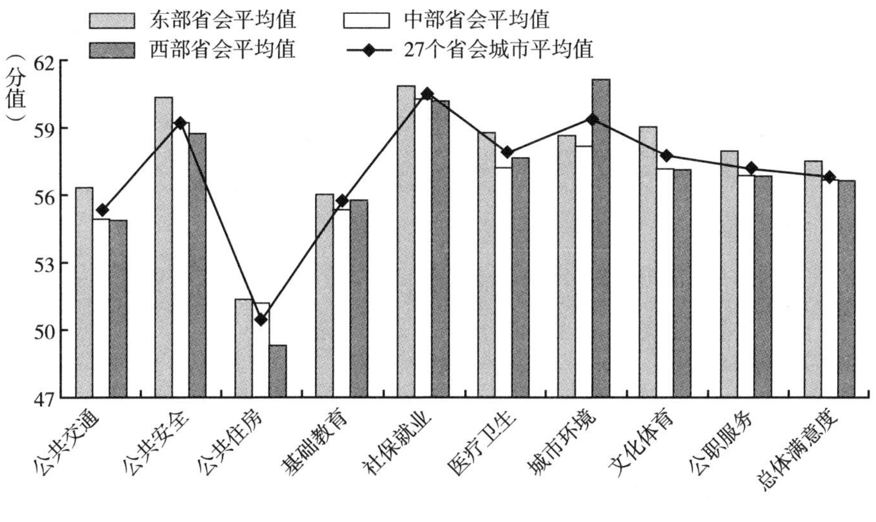

图 2 – 55　不同地区省会城市基本公共服务满意度分项得分对比图

1. 东部省会城市

东部省会城市基本公共服务满意度分项得分见表 2 – 42。

表 2 – 42　东部省会城市基本公共服务满意度分项得分一览

城　市	公共交通	公共安全	公共住房	基础教育	社保就业	医疗卫生	城市环境	文化体育	公职服务	总体满意度
福　州	58. 06	61. 39	52. 32	55. 30	61. 46	57. 29	59. 23	55. 23	55. 97	57. 71
广　州	54. 47	55. 56	46. 04	50. 59	57. 22	55. 84	55. 57	56. 15	55. 66	53. 87
海　口	56. 93	62. 41	55. 38	57. 94	62. 48	61. 85	65. 51	63. 57	62. 89	60. 63

续表

城　市	公共交通	公共安全	公共住房	基础教育	社保就业	医疗卫生	城市环境	文化体育	公职服务	总体满意度
杭　州	52.38	60.35	53.37	59.83	61.58	59.17	59.77	60.50	59.56	57.99
济　南	56.12	59.80	47.77	55.77	58.93	56.90	55.02	58.63	54.93	55.56
南　京	57.98	62.05	51.72	58.07	62.99	59.59	59.70	59.02	59.42	58.84
沈　阳	58.93	61.97	53.74	55.59	61.91	60.34	59.75	59.13	57.27	59.03
石家庄	55.35	58.72	50.63	54.89	59.61	59.51	54.40	59.85	57.47	56.39
东部省会城市平均值	56.28	60.28	51.37	56.00	60.77	58.81	58.62	59.01	57.89	57.50
27个省会城市平均值	55.31	59.31	50.48	55.67	60.36	57.85	59.51	57.64	57.14	56.88

根据表2－42的具体数据分析，可以得出以下几点结论。

（1）2014年，东部省会城市基本公共服务整体满意度得分为57.50分，较2013年的58.56分下降了1.06分，其中仅有海口一个城市的满意度得分在60分以上。

（2）东部省会城市的基本公共服务满意度得分离散度相比2013年有所下降，总体满意度得分最高的是海口60.63分，最低的是广州53.87分，差值为6.76分。

（3）在九项基本公共服务要素中，东部省会城市在公共住房方面的满意度情况最差，8个城市平均得分为51.37分，与总体满意度57.50分的得分相差为6.13分；在社保就业和公共安全方面，东部省会城市表现较好，平均得分在60分以上，说明公众对这两个方面评价相对“比较满意”；而在城市环境方面，是唯一一个满意度得分低于27个省会城市平均值的要素。

2. 中部省会城市

中部省会城市基本公共服务满意度分项得分见表2－43。

根据表2－43的具体数据分析，可以得出以下几点结论。

（1）2014年，我国8个中部省会城市的基本公共服务满意度平均分为56.66分，与得分最高的东部相差0.84分，比得分最低的西部高0.08分，差距不明显。其中武汉、郑州、南昌三个城市的总体满意度得分要低于27个省会城市的总体满意度平均值。

表 2 - 43 中部省会城市基本公共服务满意度分项得分一览

城 市	公共交通	公共安全	公共住房	基础教育	社保就业	医疗卫生	城市环境	文化体育	公职服务	总体满意度
长 春	56.51	61.48	52.93	53.30	60.91	57.09	61.67	57.05	59.15	57.73
长 沙	58.80	59.44	54.60	59.01	63.07	57.84	60.72	58.10	60.52	59.08
哈尔滨	55.72	59.79	51.30	56.55	61.16	58.63	59.31	58.81	57.80	57.50
合 肥	54.80	59.93	51.30	58.51	60.71	57.68	57.02	56.96	56.63	57.08
南 昌	50.87	54.80	46.27	52.78	56.22	54.28	56.17	53.09	52.70	53.35
太 原	58.98	62.91	55.60	56.75	63.51	59.83	62.73	61.19	59.03	59.97
武 汉	51.82	58.05	49.48	53.19	58.12	56.47	53.17	56.79	55.00	54.71
郑 州	52.19	56.77	47.56	52.21	57.82	55.75	54.33	54.47	53.51	53.83
中部省会城市平均值	54.96	59.15	51.13	55.29	60.19	57.20	58.14	57.06	56.79	56.66
27 个省会城市平均值	55.31	59.31	50.48	55.67	60.36	57.85	59.51	57.64	57.14	56.88

（2）在 8 个城市中，基本公共服务总体满意度得分最高的是太原 59.97 分，最低的是南昌 53.35 分，差值为 6.62 分。总体来看，2014 年中部城市的满意度得分平均值比 2013 年低，没有一个城市满意度得分超过 60 分，这说明中部省会城市在基本公共服务力方面的公众认可度不高，亟待改善、提升。

（3）在九项基本公共服务要素中，中部省会城市的社保就业要素满意度得分最高，公共住房要素满意度得分最低，两者相差 9.06 分；而城市环境要素满意度得分与 27 个省会城市的平均得分差距最大，低了 1.37 分；只有公共住房要素满意度得分高于 27 个省会城市的平均值。

3. 西部省会城市

西部省会城市基本公共服务满意度分项得分见表 2 - 44。

根据表 2 - 44 的具体数据分析，可以得出以下几点结论。

（1）2014 年，我国 11 个西部省会城市的基本公共服务满意度平均分为 56.58 分。其中得分最高的仍然是拉萨，为 66.11 分，其在 38 个城市中也是位列榜首；而得分最低的是乌鲁木齐，仅为 49.06 分，其在 38 个城市中同样排名最后。总体满意度得分高于 27 个省会城市平均值的有成都、贵阳、拉萨、兰州、西宁和银川。

表 2-44 西部省会城市基本公共服务满意度分项得分一览

城市	公共交通	公共安全	公共住房	基础教育	社保就业	医疗卫生	城市环境	文化体育	公职服务	总体满意度
成都	60.97	60.79	53.78	56.05	61.97	60.97	62.86	58.69	57.99	59.46
贵阳	50.44	57.75	50.77	57.86	59.79	57.20	63.82	59.01	57.40	56.98
呼和浩特	48.24	58.42	45.50	55.59	56.49	52.00	58.88	51.76	53.84	53.26
昆明	53.81	56.36	48.01	53.39	56.83	54.99	59.53	54.73	53.77	54.59
拉萨	67.75	71.64	53.35	66.69	69.37	65.92	74.26	65.41	64.01	66.11
兰州	53.17	58.07	51.46	58.80	60.77	63.23	59.90	63.02	61.88	58.66
南宁	47.47	54.24	42.23	51.21	55.55	53.21	58.78	53.57	55.22	51.35
乌鲁木齐	47.78	51.38	43.06	46.98	57.59	49.69	50.68	44.92	51.77	49.06
西安	55.19	57.32	50.69	53.37	61.22	58.50	58.15	56.20	55.83	56.29
西宁	56.83	57.81	51.24	55.50	60.66	58.68	60.96	58.32	56.74	57.37
银川	61.69	62.06	52.78	57.39	61.68	59.51	64.78	62.23	56.95	59.28
西部省会城市平均值	54.85	58.71	49.35	55.71	60.17	57.63	61.14	57.08	56.85	56.58
27 个省会城市平均值	55.31	59.31	50.48	55.67	60.36	57.85	59.51	57.64	57.14	56.88

（2）在九项基本公共服务要素中，西部省会城市的城市环境要素满意度得分最高，公共住房要素满意度得分最低，两者相差 11.79 分；并且只有城市环境和基础教育要素满意度得分高于 27 个省会城市的平均值。

（3）总体来看，11 个西部城市的各要素满意度得分离散度较高，特别是在城市环境、公共交通、公共安全和文化体育方面，得分最高和最低的城市之间的差值均超过 20 分。与前两年相同，11 个西部省会城市的城市环境满意度得分均值在三个区域的省会城市中最高，但不同的西部省会城市之间差距很大，如呼和浩特、南宁、西安和乌鲁木齐四个城市的得分都低于 27 个省会城市的平均值。

（五）5 个计划单列市基本公共服务满意度对比分析

经过统计分析可知，五个计划单列市的各项平均得分除公共住房要素之外，均高于全国平均水平（见图 2-56），其中城市环境和基础教育满意度得分高出全国平均水平 2 分以上。九项基本公共服务要素中，5 个计划单列市平均满意度最高的是城市环境，得分 62. 62 分，满意度最低为公共住房，得分为 49. 59 分，比全国平均水平还低 0. 89 分（见表 2 －45），这一情况与去年一致。

表 2 －45　5 个计划单列市基本公共服务满意度水平评价一览

城市	公共交通	公共安全	公共住房	基础教育	社保就业	医疗卫生	城市环境	文化体育	公职服务	总体满意度
大连	54. 38	59. 11	49. 84	55. 12	58. 73	57. 63	61. 20	57. 91	56. 16	56. 46
宁波	61. 04	64. 14	50. 98	60. 60	61. 36	61. 32	62. 04	59. 91	59. 29	60. 23
青岛	58. 75	62. 21	54. 06	63. 39	64. 17	60. 54	63. 47	61. 15	60. 99	61. 26
深圳	56. 95	57. 99	45. 54	53. 42	58. 78	57. 78	61. 06	56. 25	56. 33	55. 48
厦门	59. 15	62. 67	47. 55	60. 02	62. 06	61. 32	65. 33	57. 94	60. 48	59. 40
计划单列市平均值	58. 05	61. 22	49. 59	58. 51	61. 02	59. 72	62. 62	58. 63	58. 65	58. 56
全国城市平均值	56. 07	59. 72	50. 48	56. 31	60. 49	58. 24	60. 01	58. 01	57. 49	57. 28

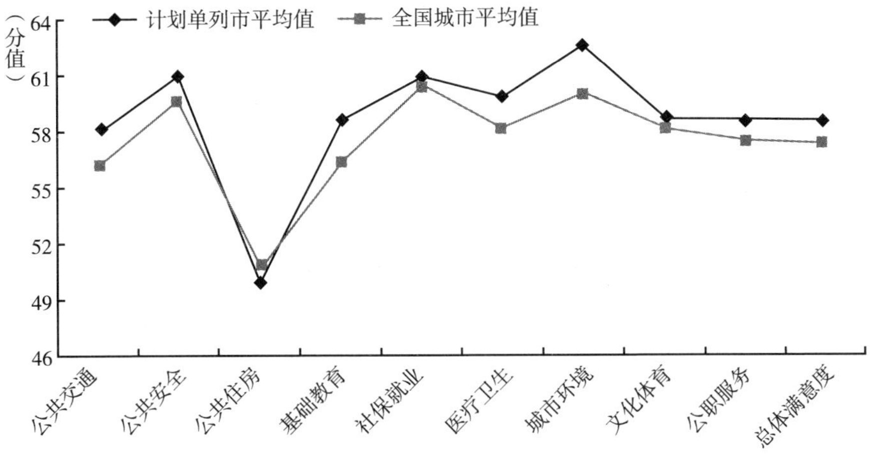

图 2 －56　计划单列市平均值与全国城市平均值对比

以下对 5 个计划单列市公共服务满意度进行分项分析。

1. 公共交通

根据 2014 年计划单列市公共交通方面的数据，绘制雷达图（见图 2 －57）。

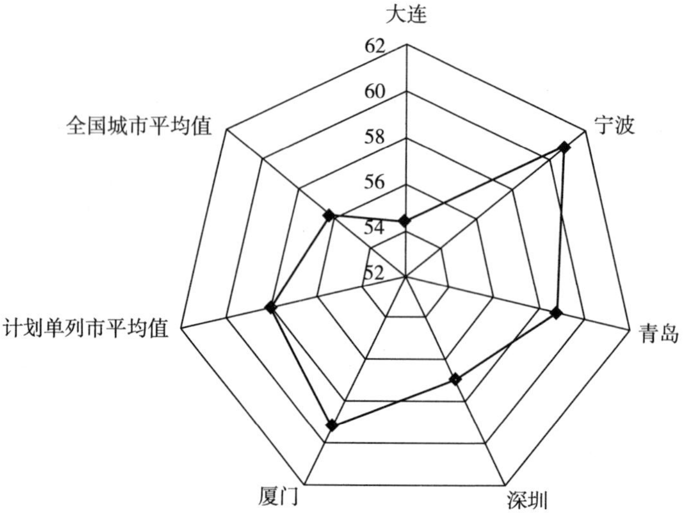

图 2－57　计划单列市公共交通满意度得分雷达图

5 个计划单列市在公共交通方面满意度得分平均值为 58.05 分，低于 2013 年的 60.92 分，但比全国平均水平高 1.98 分，其中宁波和厦门两市位居全国 38 个主要城市公共交通方面的前 10 位，表现优秀。但是，与 2013 年相比，除宁波之外的 4 个计划单列市满意度得分均有不同程度的下降，值得注意。

2. 公共安全

根据 2014 年计划单列市公共安全方面的数据，绘制雷达图（见图 2－58）。

在公共安全方面，2014 年 5 个计划单列市的满意度平均得分为 61.22 分，高于全国平均值的 59.72 分。其中宁波满意度得分最高，为 64.14 分，且位居全国 38 个主要城市第 2 位；厦门和青岛的表现同样优秀，排名在全国前 10 位；大连和深圳虽然得分不具优势，但比 2013 年均有明显进步。

3. 公共住房

根据 2014 年计划单列市公共住房方面的数据，绘制雷达图（见图 2－59）。

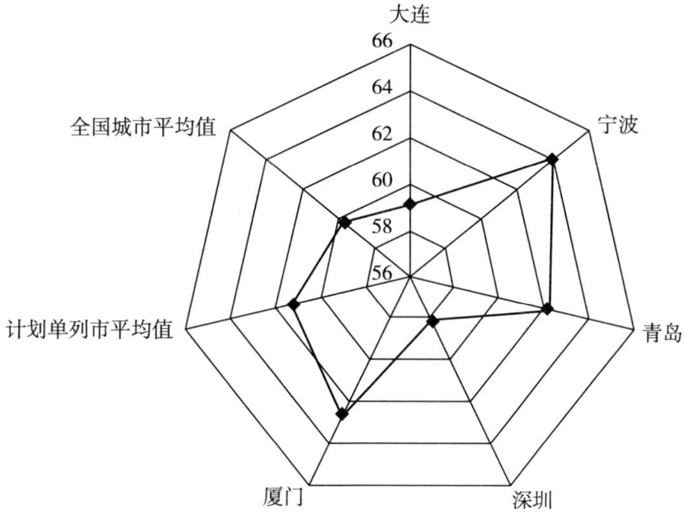

图 2－58　计划单列市公共安全满意度得分雷达图

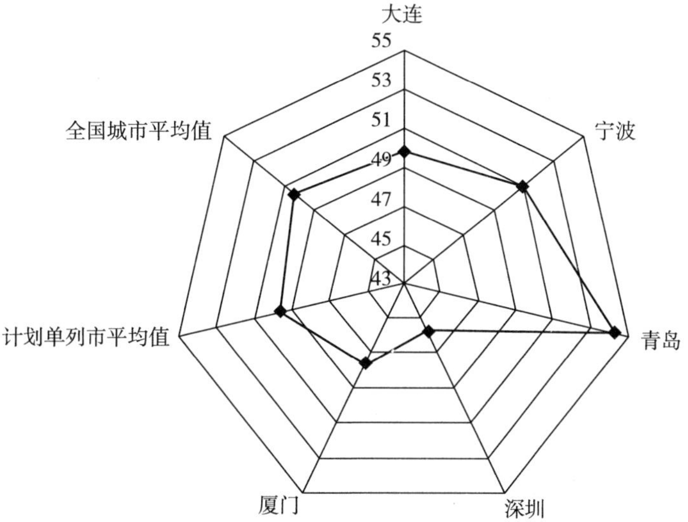

图 2－59　计划单列市公共住房满意度得分雷达图

在公共住房方面，计划单列市的满意度得分平均值为 49. 59 分，比全国 38 个城市的公共住房满意度得分平均值低 0. 89 分，这一差距比 2013 年有所减小。5 个计划单列市中，青岛表现最佳，公共住房满意度排名位列 38 个城市前10位；宁波其次，满意度得分比全国平均值50.48分高出0.50分；而大连、厦门和深圳则亟须改善提升。与2013年一样，公共住房是计划单列市在九大要素中唯一一项低于全国平均水平的要素。

4. 基础教育

根据2014年计划单列市基础教育方面的数据，绘制雷达图（见图2－60）。

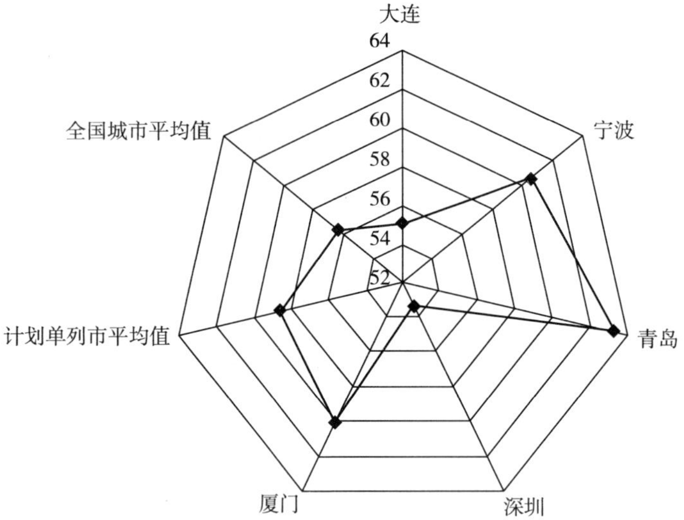

图2－60 计划单列市基础教育满意度得分雷达图

5个计划单列市的基础教育满意度平均得分为58.51分，在四种类型的城市中评价情况最好，比全国城市平均值高了2.20分。其中，满意度得分最高的是青岛，为63.39分，位居全国38个主要城市第2位；宁波和厦门的得分均超过60分；但大连和深圳则表现相对欠佳。

5. 社保就业

根据2014年计划单列市社保就业方面的数据，绘制雷达图（见图2－61）。

在社保就业方面，计划单列市的满意度得分平均值为61.02分，比2013年稍有提升，也高于全国城市平均值0.53分。其中，青岛得分为64.17分，位居全国该项排行榜的第2位；厦门和宁波的表现也持续优秀。

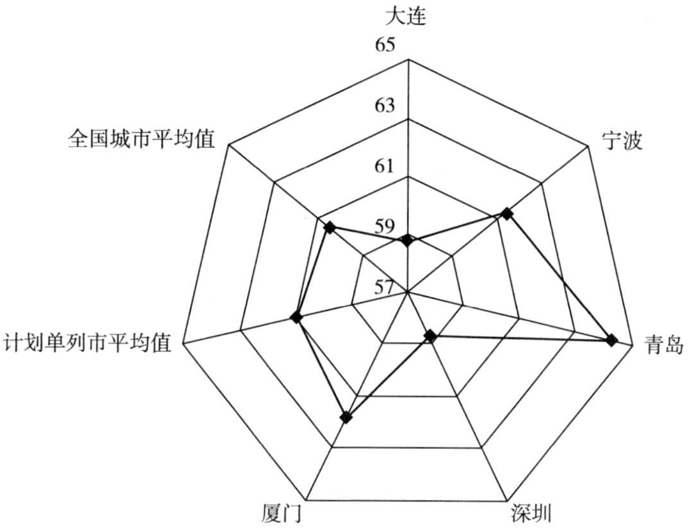

图 2－61　计划单列市社保就业满意度得分雷达图

6. 医疗卫生

根据2014 年计划单列市医疗卫生方面的数据，绘制雷达图（见图 2－62）。

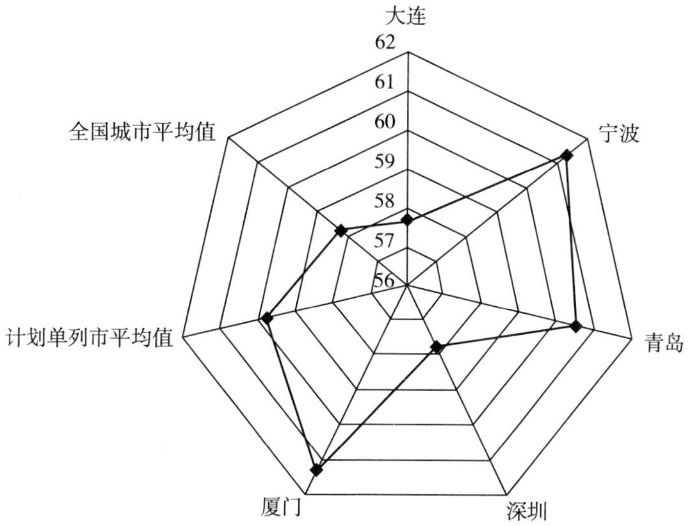

图 2－62　计划单列市医疗卫生满意度得分雷达图

在医疗卫生方面，计划单列市领先于其他类型城市的平均水平，满意度得分为59.72分，比全国城市平均值高1.48分。其中，宁波、厦门和青岛均位居38个城市前10位，满意度得分也高于60分（2013年也是如此），说明这3个城市的市民对于本城市医疗卫生服务的满意度持续稳定在较高水平。

7. 城市环境

根据2014年计划单列市城市环境方面的数据，绘制雷达图（见图2－63）。

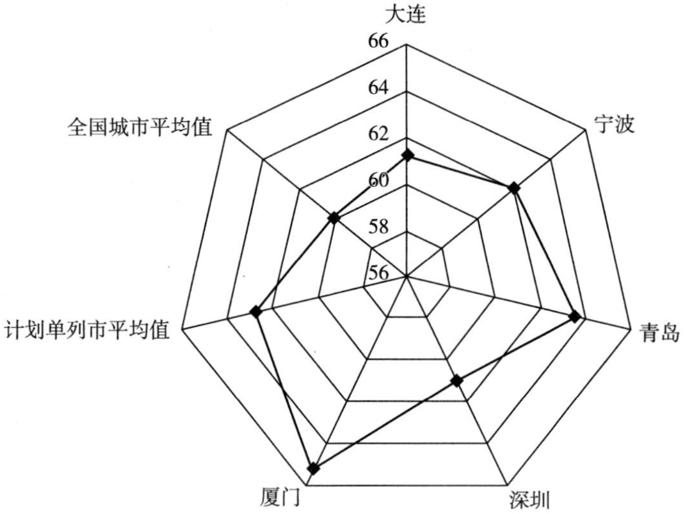

图2－63　计划单列市城市环境满意度得分雷达图

在城市环境方面，计划单列市的满意度得分平均值和2013年一样继续领先其他类型城市，分值为62.62分。5个城市虽然得分均超过该项全国城市的平均值，但较之2013年优势稍有减弱。其中，厦门的城市环境满意度得分为65.33分，位居38个城市第3位；青岛得分63.47分，排名位居38个城市第8位。

8. 文化体育

根据2014年计划单列市文化体育方面的数据，绘制雷达图（见图2－64）。

在文化体育方面，计划单列市的满意度得分平均值为58.63分，比全国城市平均值高0.62分。其中，得分最高的青岛以61.15分在全国38个城市中位居第9位，宁波的得分同样高于全国城市平均值，但厦门、大连和深圳的得分则低于全国平均值，说明计划单列市的文化体育满意度方面不具有明显优势。

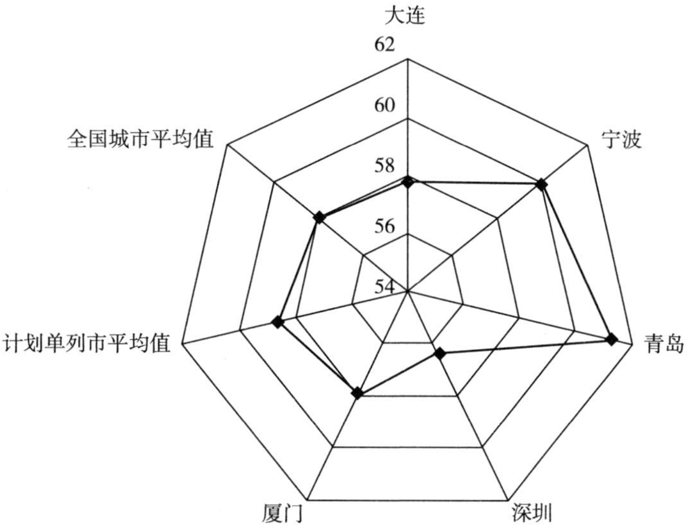

图 2－64　计划单列市文化体育满意度得分雷达图

9. 公职服务

根据2014 年计划单列市公职服务方面的数据，绘制雷达图（见图 2－65）。

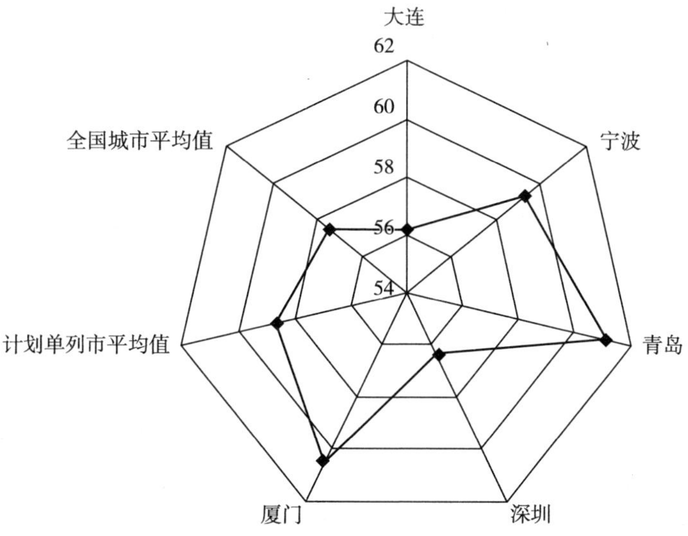

图 2－65　计划单列市公职服务满意度得分雷达图

在公职服务方面，计划单列市的满意度得分平均值为58.65分，比全国城市平均值高出1.16分。其中，满意度得分较高的两个城市是青岛和厦门，分别为60.99分和60.48分，分别位居全国38个城市第5位和第7位。

（六）四大经济特区城市基本公共服务满意度对比分析

2014年，四大经济特区的基本公共服务总体满意度得分平均值为56.92分，比全国38个城市的总体满意度得分平均值低0.36分，这一差距较2013年有所减小（见表2－46）。四大经济特区城市在公共交通、基础教育、医疗卫生和城市环境四项要素方面的满意度平均值高于全国38个城市的平均值，较之2013年情况有所改善。其中，城市环境要素比全国平均值高出2.51分，医疗卫生高出0.91分，基础教育高出0.37分，公共交通高出0.27分，其他各项则低于全国平均值（见图2－66）。总的来看，四大经济特区之间在公共服务满意度方面差距较大，表现较好的厦门和珠海总体满意度排名位居38个城市的前10位，而深圳和汕头则排到倒数10位之内，亟须有针对性地进行改善、提升。

表2－46　四大经济特区基本公共服务满意度分项得分一览

城市	公共交通	公共安全	公共住房	基础教育	社保就业	医疗卫生	城市环境	文化体育	公职服务	总体满意度
汕头	50.00	55.30	45.38	54.57	55.56	55.83	59.08	50.12	52.77	53.48
深圳	56.95	57.99	45.54	53.42	58.78	57.78	61.06	56.25	56.33	55.48
厦门	59.15	62.67	47.55	60.02	62.06	61.32	65.33	57.94	60.48	59.40
珠海	59.27	60.72	50.83	58.72	59.41	61.68	64.63	63.75	60.31	59.33
经济特区平均值	56.34	59.17	47.33	56.68	58.95	59.15	62.52	57.01	57.47	56.92
全国城市平均值	56.07	59.72	50.48	56.31	60.49	58.24	60.01	58.01	57.49	57.28

以下对四大经济特区的公共满意度进行逐项分析。

1. 公共交通

根据2014年四大经济特区公共交通满意度评价得分，绘制雷达图（见图2－67）。

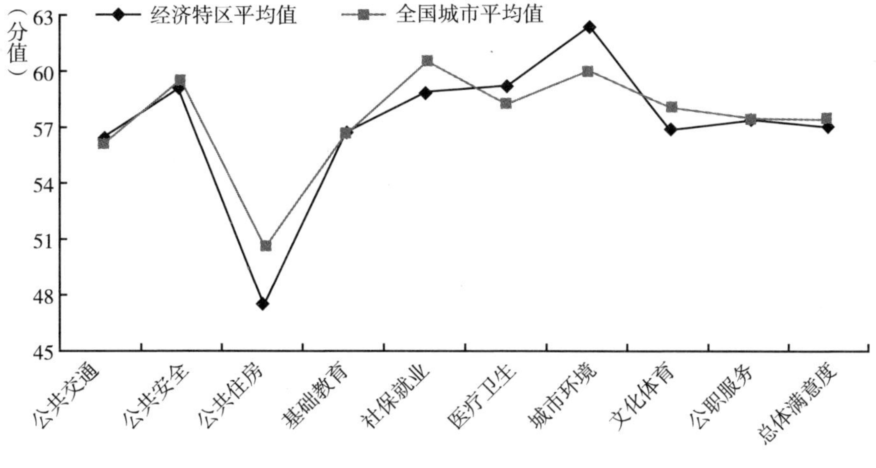

图 2－66　四大经济特区平均值与全国城市平均值对比

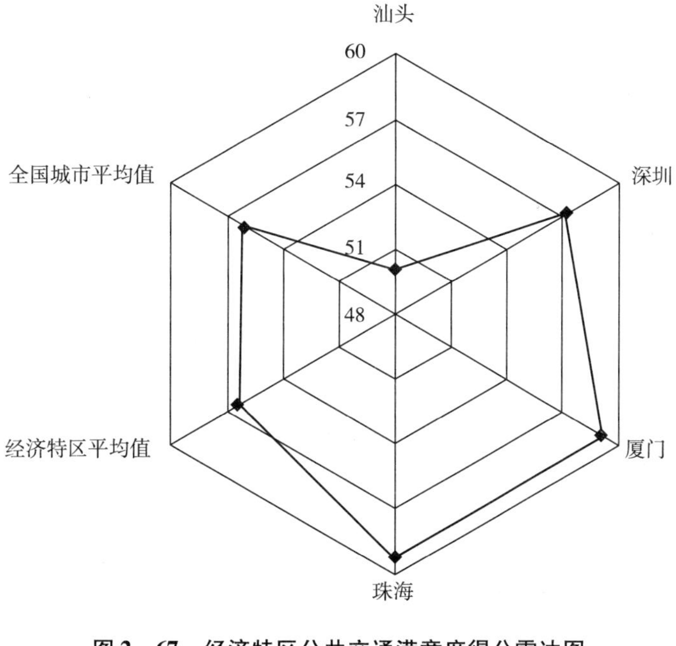

图 2－67　经济特区公共交通满意度得分雷达图

在公共交通方面，四个经济特区城市的公共交通满意度平均得分为56.34，略高于全国城市平均值。但四大经济特区内部满意度得分情况较不均衡，珠海以59.27分排名全国38个城市第7位，厦门以59.15分紧随其后，但汕头则排到了全国第35位，得分仅为50.00分，比全国38个城市的公共交通平均水平低6.07分。

2. 公共安全

根据2014年四大经济特区公共安全满意度评价得分，制作雷达图（见图2－68）。

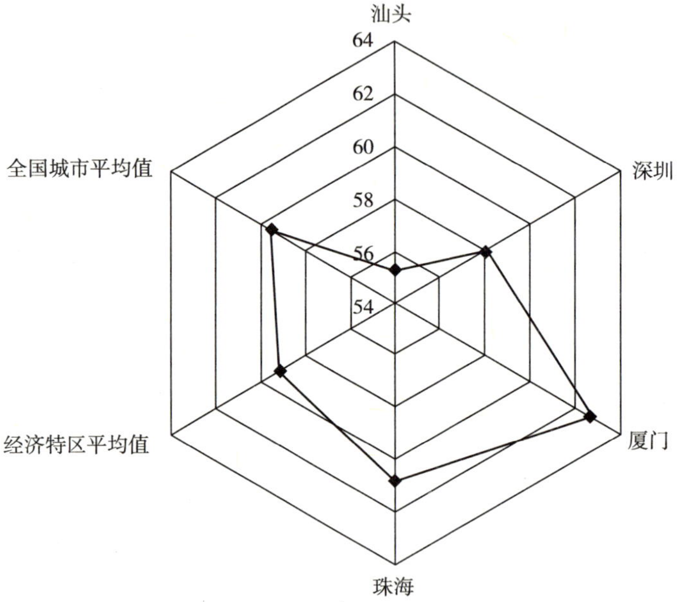

图2－68　经济特区公共安全满意度得分雷达图

四大经济特区公共安全满意度得分平均值为59.17分，低于全国城市平均值59.72分。四大经济特区内部满意度得分情况同样差距较大，得分最高的厦门（62.67分）比得分最低的汕头（55.30分）高出7.37分，且前者的全国排名为第5位，后者则为第35位。

3. 公共住房

根据2014年四大经济特区公共住房满意度评价得分，制作雷达图（见图2－69）。

四大经济特区的公共住房满意度得分平均值仅为47.33分，比全国城市平均值50.48分低了3.15分。除了珠海市得分50.83分，略高于全国平均水平

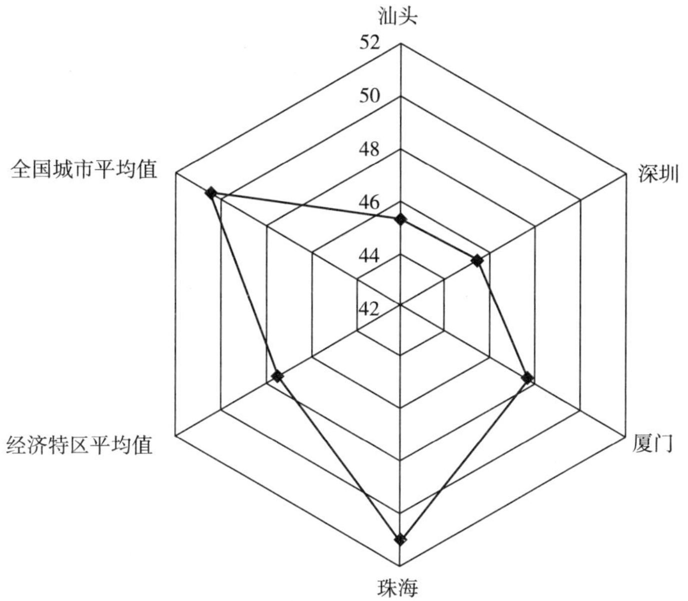

图 2－69　经济特区公共住房满意度得分雷达图

之外，其他 3 个城市的得分均低于 50 分，与全国平均水平有较大差距。四大经济特区的公共住房要素是九项基本公共服务要素中与全国 38 个城市平均水平差距最大的一项，这与 2013 年的情况一样，说明四大经济特区在公共住房方面亟须着力改善。

4. 基础教育

根据 2014 年四大经济特区基础教育满意度评价得分，制作雷达图（见图 2－70）。

四大经济特区的基础教育满意度平均得分为 56.68 分，略高于 2013 年的得分，亦高于今年的全国城市平均值 56.31 分。其中，得分最高的厦门以 60.02 分排名全国 38 个城市第 5 位，比四个经济特区城市中得分最低的深圳（53.42 分）高了 6.60 分。珠海的得分也比全国城市平均值高出 2.41 分，而汕头则比全国平均值低了 1.74 分，这说明四大经济特区在基础教育方面同样表现不均衡。

5. 社保就业

根据 2014 年四大经济特区社保就业满意度评价得分，制作雷达图（见图 2－71）。

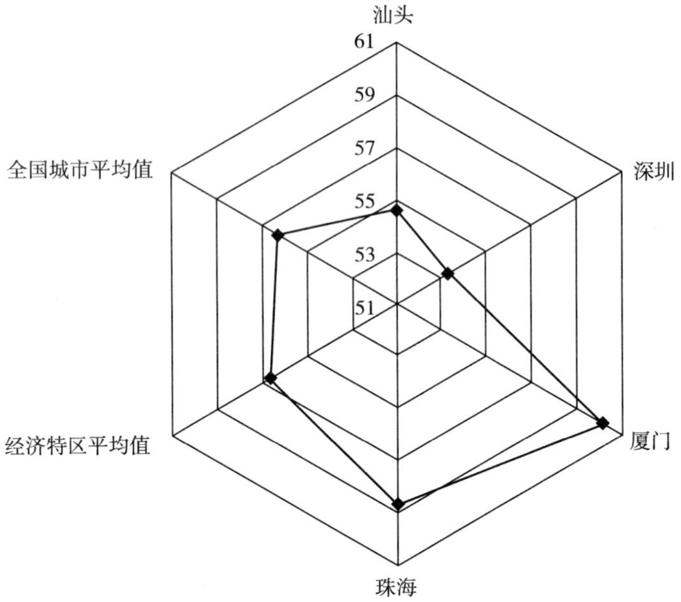

图 2－70　经济特区基础教育满意度得分雷达图

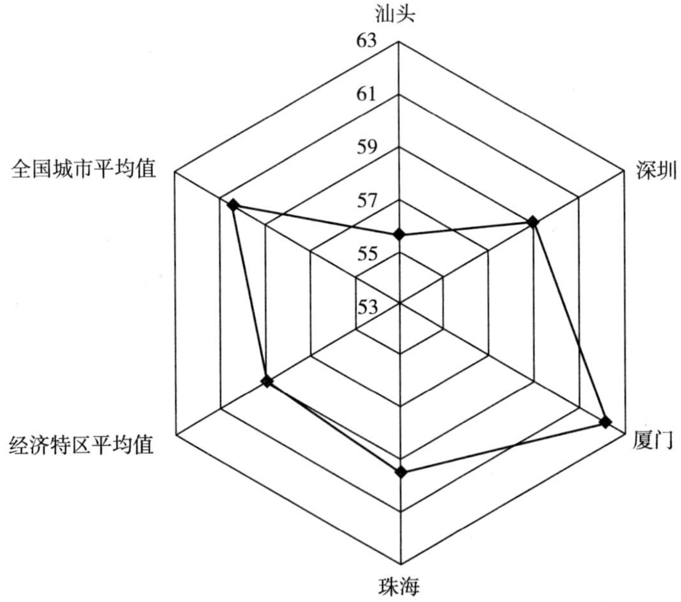

图 2－71　经济特区社保就业满意度得分雷达图

在社保就业方面，四大经济特区除了厦门得分在 60 分以上之外，其他 3 个城市均表现欠佳，平均分为 58.95 分，比全国城市平均值（60.49）低了 1.54 分，表明经济特区的市民对本城市的社保就业服务评价多为“一般”，政府在这方面的工作仍需着力提升。并且，四大经济特区在社保就业方面也存在发展不平衡的现象，厦门位居全国第 9 位，汕头却排到第 37 位。

6. 医疗卫生

根据 2014 年四大经济特区医疗卫生满意度评价得分，制作雷达图（见图 2－72）。

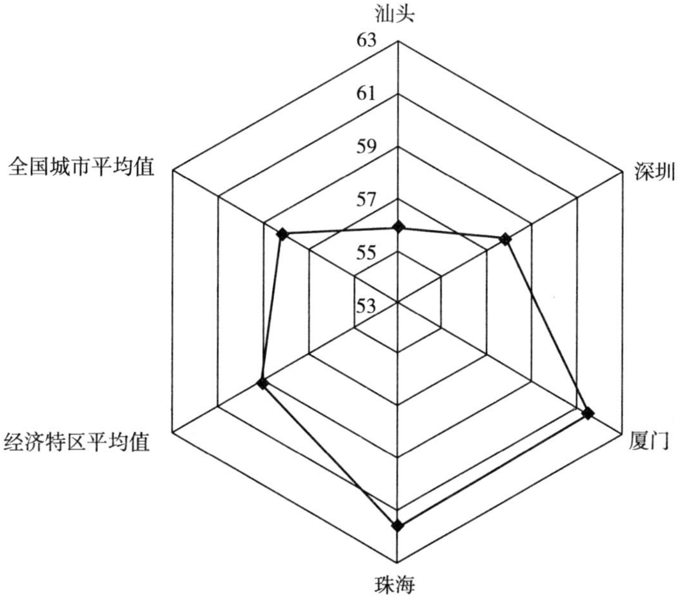

图 2－72 经济特区医疗卫生满意度得分雷达图

四大经济特区的医疗卫生满意度得分 59.15 分，高于全国城市平均值 58.24 分。其中，珠海和厦门得分均高于 60 分，分别为 61.68 分和 61.32 分，排在 38 个城市的第 5 位和第 7 位；但深圳和汕头的得分分别为 57.78 分和 55.83 分，均低于全国平均水平。

7. 城市环境

根据 2014 年四大经济特区城市环境满意度评价得分，制作雷达图（见图 2－73）。

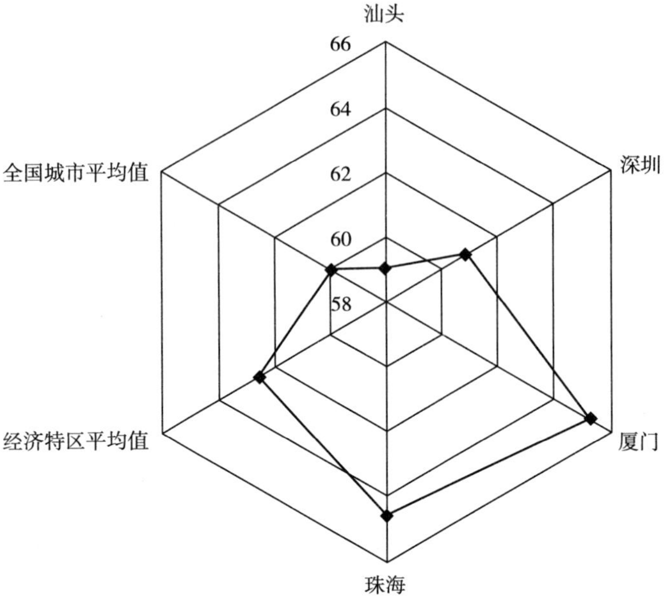

图 2－73　经济特区城市环境满意度得分雷达图

城市环境是九项要素中四大经济特区平均满意度得分最高的一项，为 62.52 分，高出全国平均水平 2.51 分。其中，厦门和珠海以 65.33 分和 64.63 分位居全国 38 个城市的第 3 位和第 5 位；深圳得分 61.06 分，比全国城市平均值高出 1.05 分；而汕头仍然是经济特区城市中得分最低的，仅为 59.08 分。

8. 文化体育

根据 2014 年四大经济特区文化体育满意度评价得分，制作雷达图（见图 2－74）。

在文化体育方面，四大经济特区满意度得分平均值为 57.01 分，略低于全国城市平均值 58.01 分，比 2013 年亦有下降，且各城市之间的差距变大。其中，得分最高的珠海为 63.75 分，在 38 个城市中排名第 2 位，是唯一一个高于全国城市平均值的经济特区城市，比厦门、深圳和汕头在文化体育方面具有明显优势，特别是比汕头高了 13.63 分。

9. 公职服务

根据 2014 年四大经济特区公职服务满意度评价得分，制作雷达图（见图 2－75）。

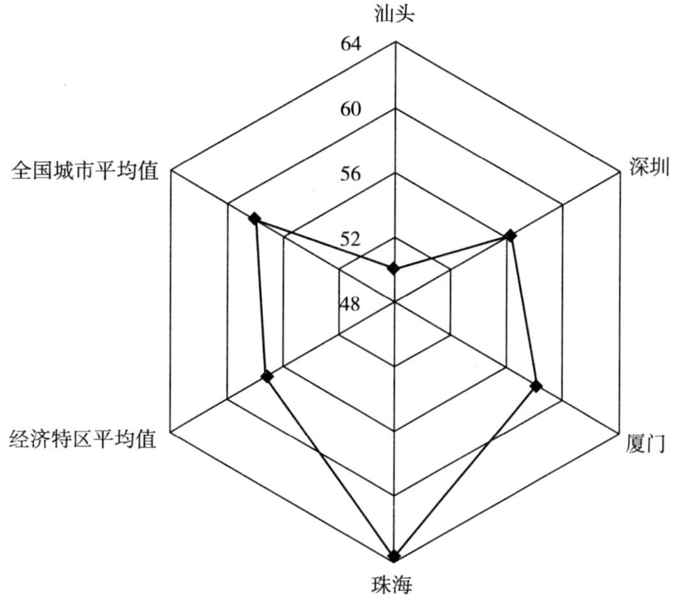

图 2-74　经济特区文化体育满意度得分雷达图

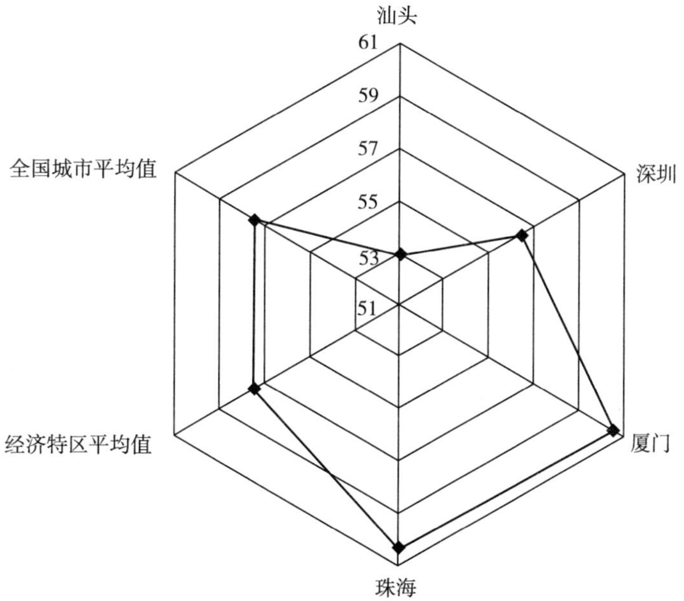

图 2-75　经济特区公职服务满意度得分雷达图

四大经济特区的公职服务满意度得分平均值为 57.47 分，比 2013 年略有提升，并与 2014 年的全国城市平均值基本持平。其中，厦门和珠海得分分别为 60.48 分和 60.31 分，在 38 个城市中排名第 7 位和第 8 位，均与得分最低的汕头分差超过 7.50 分；而深圳得分 56.33 分，亦低于全国平均水平。

B.3

2014 年公共服务基本要素满意度单项评价报告*

摘　要：

本报告对公共交通、公共安全、公共住房、基础教育、社保就业、医疗卫生、城市环境、文化体育、公职服务9个公共服务的基本要素进行满意度单项分析，对满意度总体排名进行研究，对要素年度评价情况进行分析，公布满意度前10位城市排行，关注要素发展指数情况，并进行区域比较和优秀城市点评。

关键词：

公共服务力　要素发展指数　基本要素满意度

一　公共交通篇

2014 年公共交通要素满意度得分为 56.07 分，比 2013 年该要素满意度得分 57.88 分下降了 1.81 分。2014 年该要素满意度排名前 3 位的城市为拉萨、上海和银川，其中拉萨市得分最高，为 67.75 分（见图 3－1、表 3－1）。

（一）横向对比

2014 年，全国 38 个主要城市的公共交通要素满意度平均得分为 56.07 分，在基本公共服务九项要素中排名第 8 位。其中，满意度得分排名前 3 位的城市为拉萨、上海和银川，得分分别为 67.75 分、61.73 分和 61.69 分。

* 执笔：罗紫罗兰、刘志昌、于广昌、张华玲、闫鸿儒；统稿：钟君。

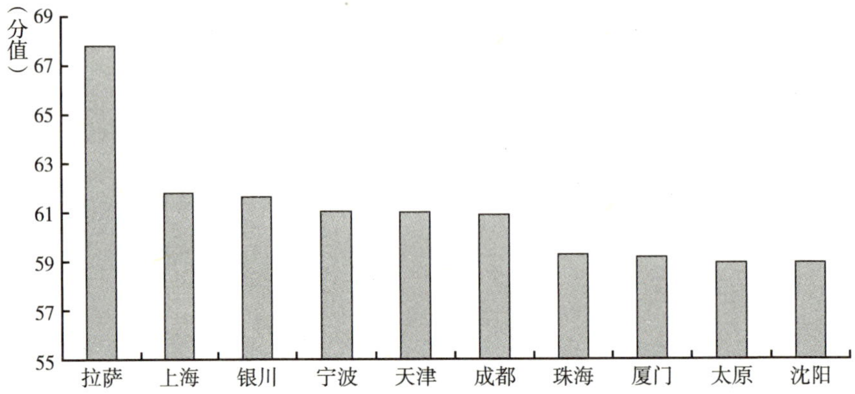

图 3-1 2014 年公共交通要素满意度前十城市得分

表 3-1 2014 年 38 城市公共交通要素满意度总体排名

城　　市	得分	排名	城　　市	得分	排名
拉　　萨	67.75	1	长　　春	56.51	20
上　　海	61.73	2	济　　南	56.12	21
银　　川	61.69	3	哈 尔 滨	55.72	22
宁　　波	61.04	4	石 家 庄	55.35	23
天　　津	60.98	5	西　　安	55.19	24
成　　都	60.97	6	合　　肥	54.80	25
珠　　海	59.27	7	广　　州	54.47	26
厦　　门	59.15	8	大　　连	54.38	27
太　　原	58.98	9	昆　　明	53.81	28
沈　　阳	58.93	10	兰　　州	53.17	29
长　　沙	58.80	11	杭　　州	52.38	30
青　　岛	58.75	12	郑　　州	52.19	31
福　　州	58.06	13	武　　汉	51.82	32
南　　京	57.98	14	南　　昌	50.87	33
重　　庆	57.86	15	贵　　阳	50.44	34
北　　京	57.19	16	汕　　头	50.00	35
深　　圳	56.95	17	呼和浩特	48.24	36
海　　口	56.93	18	乌鲁木齐	47.78	37
西　　宁	56.83	19	南　　宁	47.47	38
全国要素满意度	56.07				

（二）纵向对比

1. 2014 年 38 个城市公共交通满意度要素发展指数

2014 年公共交通要素发展指数为 -0.03135，在 38 个城市中，有 14 个城市的公共交通要素发展指数为正数，其余 24 个城市的公共交通要素发展指数为负值。其中指数最高的为福州，0.09416，说明该市市民在过去一年对于本市的公共交通满意度提升较大；最低的是杭州，-0.13388（见表 3-2）。

表 3-2　2014 年 38 城市公共交通满意度要素发展指数排行

城　　市	发展指数	排名	城　　市	发展指数	排名
福　　州	0.09416	1	广　　州	-0.03594	20
郑　　州	0.06134	2	长　　沙	-0.04080	21
乌鲁木齐	0.05763	3	石 家 庄	-0.04462	22
太　　原	0.05012	4	西　　宁	-0.05314	23
济　　南	0.04447	5	汕　　头	-0.05527	24
成　　都	0.02946	6	青　　岛	-0.05675	25
重　　庆	0.02705	7	哈 尔 滨	-0.06273	26
西　　安	0.02166	8	厦　　门	-0.06315	27
兰　　州	0.01747	9	贵　　阳	-0.06346	28
上　　海	0.01635	10	拉　　萨	-0.07374	29
天　　津	0.01284	11	长　　春	-0.07826	30
沈　　阳	0.01081	12	武　　汉	-0.07875	31
银　　川	0.00927	13	大　　连	-0.08661	32
宁　　波	0.00156	14	南　　京	-0.09814	33
珠　　海	-0.00018	15	海　　口	-0.09884	34
合　　肥	-0.01006	16	南　　昌	-0.11649	35
北　　京	-0.01876	17	南　　宁	-0.11881	36
昆　　明	-0.02476	18	呼和浩特	-0.12629	37
深　　圳	-0.02966	19	杭　　州	-0.13388	38
全国要素发展指数	-0.03135				

2. 2014 年与 2013 年公共交通满意度前 10 个城市对比

2014 年公众对我国 38 个主要城市的公共交通总体满意度呈下降趋势，满意度排名前10位城市的得分明显低于2013年前10位城市的得分（见图3－2，表3－3）。这说明，相比公众对于公共交通状况的期待，实际改善程度还远远不够，各地政府仍需保持重视，多方采取有效措施以提升。

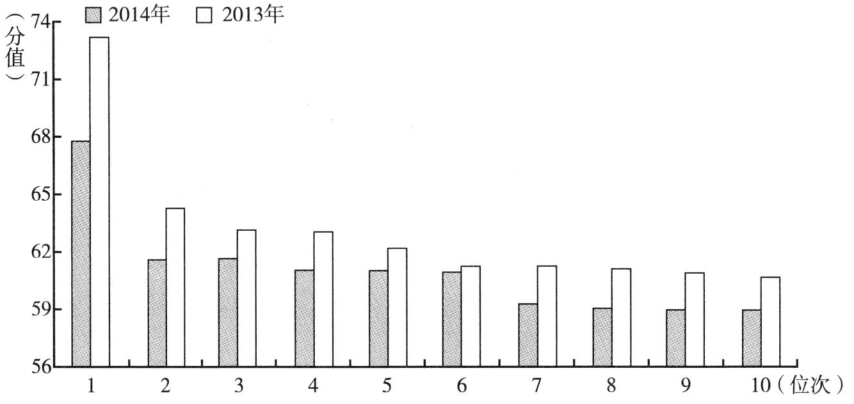

图3－2　2014年与2013年公共交通满意度排名前10个城市对比

表3－3　2014年与2013年公共交通满意度前10个城市得分情况

2014年排名			2013年排名		
城　市	得分	排名	城　市	得分	排名
拉　萨	67.75	1	拉　萨	73.15	1
上　海	61.73	2	南　京	64.29	2
银　川	61.69	3	海　口	63.17	3
宁　波	61.04	4	厦　门	63.13	4
天　津	60.98	5	青　岛	62.29	5
成　都	60.97	6	长　春	61.31	6
珠　海	59.27	7	长　沙	61.30	7
厦　门	59.15	8	银　川	61.12	8
太　原	58.98	9	宁　波	60.95	9
沈　阳	58.93	10	上　海	60.73	10
全国要素满意度得分	56.07		全国要素满意度得分	57.88	

3. 2014年与2013年公共交通要素关注度对比

大众对公共交通的关注度一直维持在较高水平，2014年的关注度排名同

2013 年一样在九项基本公共服务要素中排名第 2 位（见图 3 -3）。公共交通持续较高的被关注度，不仅因为它与公众的日常生活息息相关，更说明我国城市公共交通体系建设与公众日益增长的出行需求及对出行便捷度、舒适度的要求仍存在较大差距。城市中时常可见的交通拥堵、打车难等现象显示出我国城市整体公共出行性价比相对较低、公共交通服务质量不高等诸多问题。

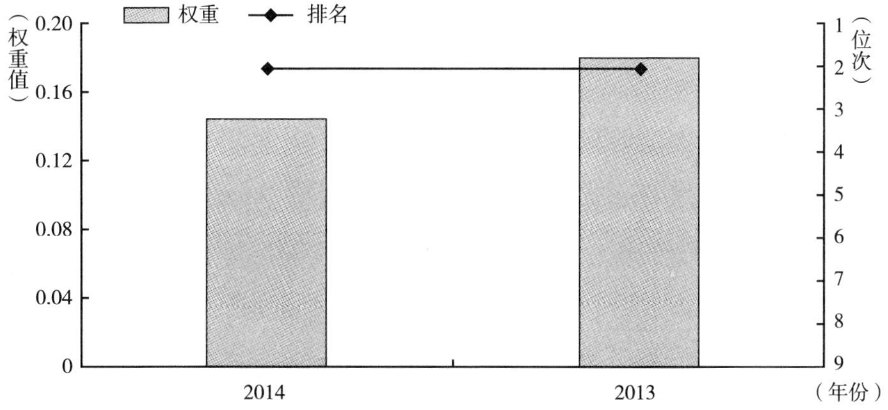

图 3 -3　2014 年与 2013 年公共交通要素关注度对比

（三）结果分析

2014 年，我国公共交通满意度有所下降，这说明我国在治理交通拥堵、改善公共交通状况方面做出的努力仍未达到广大公众的期待程度，38 个主要城市公共交通满意度得分平均值仍未达到 60 分，说明我国的公共交通状况尚未达到使群众“满意”的水平。

1. 城市公共交通拥堵状况持续

我国各级政府一直致力于加强城市交通设施建设，出台了多项促进公共交通发展、改善公共交通状况的政策，但由于建设速度和改善程度滞后于机动车辆和交通流量的增长，以及公众出行需求的增长，城市交通拥堵和交通环境问题并未得到明显改善，甚至在部分城市有加剧现象。

2. 城市公共交通发展不充分，公交服务水平有待提升

公共交通网由骨干交通、区域交通和接驳交通三方面组成，在中心城区，骨干交通先是轨道交通，其次是地面公交。从目前的交通工具使用情况看，对于轨道交通，要看有没有条件再加密一点；但地面公交随着轨道交通发展后，很多线路与轨道交通重复，已经不适应百姓出行需求，需要进行调整。随着城市的快速发展，优化调整公共交通线网布局、提升公共资源的使用效率是亟待解决的重要问题之一。但在多数情况下，这一过程相比民众需求的变化情况较为滞后，从而导致市民出行不便。同时，线网覆盖不全或重复、公交盲点的存在等情况，也影响了市民对公共交通的满意度。

（四）优秀城市经验推介——上海市

2014 年的城市基本公共服务满意度调查中，上海市以 61.73 分位列公共交通服务分项满意度第 2 位，2013 年上海市该指标的排名为第 10 位，这体现了上海市在这一指标上的高服务水平。

1. 坚持“交通先行一步”， 解决“最后一公里”问题

通过顶层设计发展公交优先，可以解决大城市的交通拥堵问题。上海在顶层设计和硬件建设上已经具备一定的条件。目前，上海中心城区 680 平方公里，中心城的建筑总量基本稳定，包括世博会前大规模的轨道交通建设，使得中心城区形成完善的路网体系已经具备一定的硬件条件。而 2014 年 3 月出台的“上海市交通发展白皮书”又提出了 15 个方面 176 条具体行动，对市民关心的对外交通、公共交通，小客车、停车，交通设施、交通环境、交通文明、交通保障等问题提前进行了顶层设计。

根据规划，到“十二五”期末，上海将力争实现约 900 条次公交线路进入枢纽站；至 2022 年形成 800 公里以上的轨道交通运营网络，轨道交通站点出口 50 米以内至少配套一个公共汽（电）车站点；同时，推进公交优先道建设和优先信号系统建设，试点 路中式 公交专用道，力争在 2022 年形成 500 公里规模公交专用道，内环线内公共交通站点 300 米半径全覆盖，内外环间、新城、新市镇实现公共交通站点 500 米半径全覆盖，所有行政村公交通达率达到 100%。

2. 重视便捷度和吸引力，提升公共交通分担率

便捷度和吸引力的指标是公共交通分担率。当前，上海市公共交通的分担率除去步行只有 43%。但根据上海市交通委的计划，到 2015 年，公共交通分担率在市中心达到 50%，到 2017 年达到 60%。提高中心城区公共交通分担率的方式是盘活存量，即对轨道交通和地面交通资源进行整合，提高百姓出行效率，控制居民上下班平均出行时间。根据规划，到 2020 年，上海将围绕轨道交通这一骨干，形成地面交通网遍布的格局。

（五）结论与建议

（1）建立合理的交通规划和城市土地利用规划，建立综合交通体系，使交通体系适应社会和城市的发展。

（2）建立智能化的公共交通运营管理体系，提高公共交通运营水平。

（3）提高公共交通环境质量和服务水平，打造便捷公交、舒适公交和满意公交。

（六）重要新闻链接

《沪 52 条新辟公交线征询民意 方便“最后一公里”接驳》

上海市交通委日前下发《2014～2015 年“最后一公里”公交线网计划》《2014～2015 年方便大型居住区及新村小区等出行公交线网计划》，征询公众意见至 10 月 1 日。前者涉及公交线路 53 条，其中新辟 51 条，调整 2 条；后者涉及 30 条线路，其中新辟 1 条，调整 29 条。

据交通部门人士介绍，此次征询市民意见中，新辟线路较多，且多为“10××路”的穿梭巴士，路程都在 3～5 公里，方便接驳居民小区及地铁站，是目前市民最需要的公交线路。

记者看到，此次公交线网调整优化中，不少公交线路是各区建交委以及人大、政协等在听取当地居民意见后提出的，针对性很强。如宝山将调整 727 路走向，以解决该地块内星福家园、聚丰景都、上大附属学校乘车难，同时填补丰翔路公交空白。为解决徐汇区平福路公交空白，将新辟平福路至云锦路、龙耀路“12××路”穿梭巴士。而针对浦东周康航大型居住区人口导入快的现状，周浦东站将开出至周秀路（公交枢纽站）的穿梭巴士，方便市民换乘地铁16号线。

（东方网，http：//sh. eastday. com/m/20140924/u1ai8358190. html，2014年9月24日）

二 公共安全篇

2014年公共安全要素满意度得分为59.72分，较之2013年该要素满意度得分58.08分上升了1.64分。2014年公共安全要素满意度排名前3位的城市为拉萨、宁波和上海，其中拉萨市在该要素的满意度最高，为71.64分。

（一）横向对比

图3－4和表3－4反映了2014年38城市公共安全要素满意度评估的基本情况。

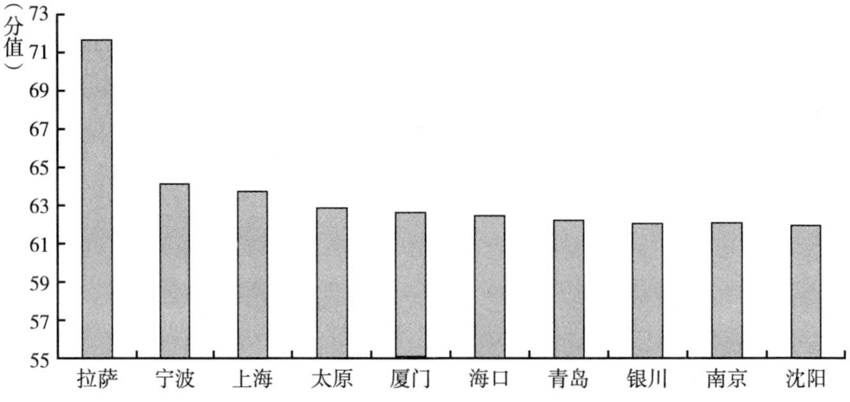

图3－4 2014年公共安全要素满意度前10位城市得分情况

表 3-4 2014 年 38 城市公共安全要素满意度总体排名

城　　市	得分	排名	城　　市	得分	排名
拉　　萨	71.64	1	济　　南	59.80	20
宁　　波	64.14	2	哈 尔 滨	59.79	21
上　　海	63.74	3	长　　沙	59.44	22
太　　原	62.91	4	大　　连	59.11	23
厦　　门	62.67	5	石 家 庄	58.72	24
海　　口	62.41	6	呼和浩特	58.42	25
青　　岛	62.21	7	兰　　州	58.07	26
银　　川	62.06	8	武　　汉	58.05	27
南　　京	62.05	9	深　　圳	57.99	28
沈　　阳	61.97	10	西　　宁	57.81	29
长　　春	61.48	11	贵　　阳	57.75	30
福　　州	61.39	12	西　　安	57.32	31
成　　都	60.79	13	郑　　州	56.77	32
珠　　海	60.72	14	昆　　明	56.36	33
天　　津	60.71	15	广　　州	55.56	34
北　　京	60.68	16	汕　　头	55.30	35
重　　庆	60.65	17	南　　昌	54.80	36
杭　　州	60.35	18	南　　宁	54.24	37
合　　肥	59.93	19	乌鲁木齐	51.38	38
全国要素满意度	59.72				

2014 年，38 个主要城市公共安全要素满意度为 59.72 分。38 个城市中共有 21 个城市的该项得分超过 59.72 分。拉萨、宁波和上海 3 个城市得分分别为 71.64 分、64.14 分和 63.74 分，位列该项排名前 3 位。此外，排名进入前 10 位的城市还包括太原、厦门、海口、青岛、银川、南京、沈阳，得分分别为 62.91 分、62.67 分、62.41 分、62.21 分、62.06 分、62.05 分、61.97 分，除了拉萨得分保持大幅领先之外，其他城市之间的分差比去年明显缩小。此外，该项排名进入前 10 位的城市仍然以东部城市居多，共有 7 个，中、西部城市分布较少，其中西部城市 2 个，而中部城市仅有太原 1 个。

（二）纵向对比

1. 2014 年 38 个城市公共安全满意度要素发展指数

2014 年公共安全要素发展指数为 0.02815，说明 2014 年公共安全要素满意度较之2013年有一定的提升，38个城市中共有29个城市该项要素发展指数为正数，表明2014年大多数城市民众对该要素的满意度是提升的。38个城市中共有17个城市该项要素发展指数高于0.02815，不到38个城市总数的一半，说明城市间的发展幅度仍然存在差距，且这种差距正在拉大。2014年，福州市公共安全单项要素的发展指数最高，为0.14478；此外，排名前三城市还包括太原和珠海（见表3-5）。

表3-5 2014年38城市公共安全满意度要素发展指数排行

城 市	发展指数	排名	城 市	发展指数	排名
福 州	0.14478	1	汕 头	0.02710	20
太 原	0.11341	2	合 肥	0.02424	21
珠 海	0.07871	3	青 岛	0.02420	22
济 南	0.07551	4	长 沙	0.02417	23
上 海	0.07526	5	南 宁	0.02273	24
成 都	0.07384	6	长 春	0.01361	25
兰 州	0.07288	7	杭 州	0.01226	26
沈 阳	0.07218	8	广 州	0.00470	27
银 川	0.06693	9	大 连	0.00347	28
西 安	0.04073	10	昆 明	0.00244	29
重 庆	0.03995	11	拉 萨	-0.00002	30
郑 州	0.03711	12	乌鲁木齐	-0.00433	31
天 津	0.03676	13	石家庄	-0.00804	32
深 圳	0.03568	14	厦 门	-0.00808	33
宁 波	0.03557	15	南 京	-0.01053	34
北 京	0.03467	16	武 汉	-0.03134	35
哈尔滨	0.02891	17	贵 阳	-0.03252	36
海 口	0.02773	18	西 宁	-0.03707	37
呼和浩特	0.02719	19	南 昌	-0.04219	38
全国要素发展指数	0.02815				

2. 2014年与2013年公共安全要素满意度前10位城市对比

2014年公共安全要素满意度得分为59.72分，与2013年该项的得分58.08分相比有明显提升。拉萨、宁波、厦门、海口、青岛、南京6个城市连续两年进入前10位（见图3-5，表3-6）。

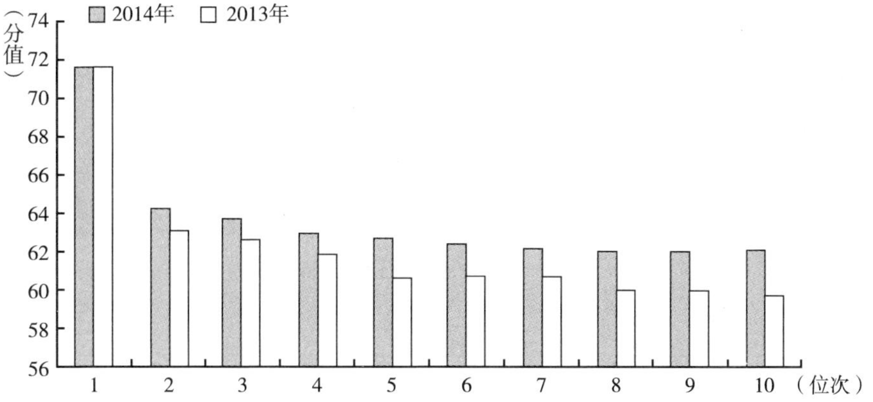

图 3－5　2014 年与 2013 年公共安全要素满意度前 10 位城市对比

表 3－6　2014 年与 2013 年公共安全要素满意度前 10 位城市得分情况

2014 年排名			2013 年排名		
城　市	得分	排名	城　市	得分	排名
拉　萨	71.64	1	拉　萨	71.65	1
宁　波	64.14	2	厦　门	63.18	2
上　海	63.74	3	南　京	62.71	3
太　原	62.91	4	宁　波	61.94	4
厦　门	62.67	5	青　岛	60.74	5
海　口	62.41	6	海　口	60.73	6
青　岛	62.21	7	长　春	60.65	7
银　川	62.06	8	西　宁	60.03	8
南　京	62.05	9	武　汉	59.93	9
沈　阳	61.97	10	贵　阳	59.69	10
全国要素满意度得分	59.72		全国要素满意度得分	58.08	

3. 2014 年与 2013 年公共安全要素关注度对比

2014 年公众对公共安全的绝对关注度有所下降。2013 年该项要素的关注度为 0.13217，在九项要素中排名第 4 位；2014 年关注度则下降为 0.11855，在九项要素中排名第 5 位（见图 3－6）。

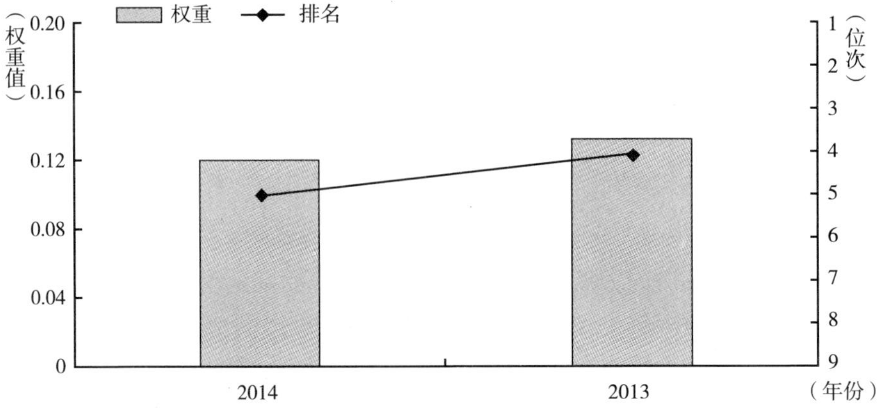

图 3－6　2014 年与 2013 年公共安全要素关注度比较

（三）结果分析

1. 政府公共安全服务水平逐步提升，公共安全满意度上升

2014 年，38 个主要城市公共安全要素满意度为 59.72 分，其中有 21 个城市在该项的得分超过 59.72 分。而 2013 年这两个数字分别为 58.08 分和 20 个城市，这表明 2014 年公共安全满意度有所提升。

近年来，世界各国围绕加强政府和社会的合作，建立多方参与机制，推进公共安全治理进行了大量有益的实践。中国也在这方面做了大量的探索，积极创立政府主导、社会参与、优势互补、协同合作的公共安全治理体系，不断提升公共安全治理水平。随着公众对公共安全问题的日益关注，政府通过宣传教育提高民众公共安全意识，加大公共安全投入，完善公共安全设施，建立健全公共安全应急防御机制，加强和创新社会管理，建立对公共安全的监督机制，逐步提升公共安全服务。

2. 城市间公共安全满意度情况不平衡，突发性公共安全事件影响较大

2014 年公共安全满意度得分最高的城市是拉萨，分值为 71.64；得分最低的是乌鲁木齐，分值为 51.38，两者分差超过 20 分，显示出较大的差异性。同时，公共安全满意度较高的城市仍然大多数分布在东部地区。

2014 年，公共安全满意度得分较低的部分城市均发生过突发性公共安全事件，严重影响了当地公众对公共安全的主观感受，如乌鲁木齐、广州、昆明。

（四）优秀城市经验推介——太原市

2014 年，太原市公共安全单项满意度排名为第 4 位，要素发展指数排名为第 2 位，表现出太原市在该公共服务单项上取得长足进步，公众满意度也较高。

2010 年《太原市公共安全视频图像信息系统管理办法》颁布实施，要求太原市涉及公共安全的场所、区域均应安装视频监控系统，且监控覆盖面必须延伸至单位大门外 50 米处。据了解，12 类涉及公共安全应安装视频监控系统的场所和区域，包括广播电台、电视台、电信、邮政、通信枢纽、大型电子信息中心等单位的重要部位或者经营场所，博物馆、档案馆、纪念馆、展览馆、重点文物保护单位的重要部位，危险物品生产、销售、储存场所的重要部位，金融机构的营业大厅及货币、有价证券、重要票据、贵重物品、账簿集中存放的场所，大型或者具备相应规模的旅馆、饭店、公共娱乐场所、互联网上网服务场所的大厅、通道、出入口等重要部位，机场、大型车站、停车场，高速公路、城市主干道、主要交通路口、城市主要出入口以及隧道、大型桥梁、过街天桥、地下通道的重要部位，大型能源动力和城市供水、供电、供气等单位的重要部位，江河堤防、水库、人工湖、重点防洪排涝区域及其他重要水利工程等单位的重要部位，大型物资储备单位、大中型商贸中心、商业街和大型农贸市场的重要部位，体育比赛场馆、公园、大型广场、医院、学校、幼儿园等公众活动和聚集场所的重要部位，住宅小区的出入口和周界，城市公共交通、客运车辆等公共交通工具，法律规定需要建设的其他场所和区域。这一法规有效提升了太原市的公共安全水平。此外，太原市连续多年举办社会公共安全防范产品展览会，推动当地安防行业与技术的发展，增强社会安防意识。

（五）结论与建议

面对日益复杂严峻的公共安全形势，必须在国家治理现代化的大背景下，进一步加强政府与社会的合作，密切政社互动，不断完善社会有序参与，建成各方密切合作的公共安全治理体系。

（1）加强社会参与，制定相关法律法规。近年来，中国不断制定修订有关的法律法规，用法律来保障全社会有序参与公共安全治理工作。

（2）开展全社会公共安全教育。中国把公共安全知识纳入干部培训和国民教育体系，广泛开展企业从业人员安全知识和应对技能培训，将每年的5月12日设为全国防灾减灾日，开展公共安全知识进企业、进社区、进村组活动，普及预防避险自救互救减灾等应急防护科学知识，增强公民安全意识和社会责任意识，提高应对灾害的综合素质。

（3）建立公共安全突发事件应急机制，健全公共安全体系，有效预防暴力恐怖类事件。

（4）积极发展社会组织，推进基层社区公共安全建设。加强对交通、食品药品、信息维护等公共安全事件频发领域的监管，切实维护公众的生命及财产安全。

（六）重要新闻链接

《昆明火车站严重暴力恐怖事件》

时间：2014年3月1日晚9时左右

地点：云南昆明火车站

事件：10余名统一着装的暴徒蒙面持刀在昆明火车站广场、售票厅等处砍杀群众。民警当场击毙4名暴徒、抓获1人。

伤亡：已致29人遇难，143人受伤，其中重伤73人，轻伤70人。伤员分别收治在昆明的11家医院。

调查：2014年3月6日，涉及作案的女暴徒已经被抓获与招供，她们如实交代了作案的动机和作案全过程。但有关该暴徒的作案动机，因涉及国家和社会稳定，并未公开。昆明市政府新闻办认定，这是一起由新疆分裂势力一手策划组织的严重暴力恐怖事件。

（来源：中国新疆网，http：//www. chinaxinjiang. cn/zt2014/05/8/t20140302_ 1149330. htm，2014年3月2日）

《2014 年新疆暴恐案事件盘点新疆 2014 年暴恐案》

2014 年 7 月 28 日凌晨，莎车县发生一起严重暴力恐怖袭击案件，造成数十名维汉族群众伤亡，31 辆车被打砸，其中 6 辆车被烧。

2014 年 6 月 21 日，一伙暴徒驾驶车辆冲撞喀什地区叶城县公安局办公大楼，并引爆爆炸装置。民警果断处置，击毙 13 名暴徒，3 名民警受轻伤，无群众伤亡。

2014 年 5 月 22 日，7 时 50 分许，有 2 辆无牌汽车在新疆乌鲁木齐市沙依巴克区公园北街一早市冲撞群众，此后 2 辆车发生爆炸起火。截至发稿时已造成 31 人死亡，90 余人受伤。

2014 年 4 月 30 日，在乌鲁木齐火车南站出站口接人处施爆。案件造成 3 人死亡，其中 1 名系无辜群众，2 名犯罪嫌疑人当场被炸死。

（深港在线，http：//news. szhk. com/2014/08/11/282881751341772_ 2. html，2014 年 8 月 11 日）

三　公共住房篇

2014 年公共住房要素满意度得分为 50. 48 分，比 2013 年该要素满意度得分 53. 61 分降低了 3. 13 分，下降幅度较大。2014 年该要素满意度排名前 3 位的城市为太原、海口和重庆，其中太原市得分最高为 55. 60 分。

（一）横向对比

2014 年度公共住房满意度得分为 50. 48 分，在公共服务九项要素中位列最后一位。其中，公共住房满意度得分排名前 3 位的城市分别为太原、海口和重庆，得分分别为 55. 60 分、55. 38 分和 54. 97 分。排在最后 3 位的城市分别是汕头、乌鲁木齐和南宁，得分分别为 45. 38 分、43. 06 分和 42. 23 分（见图 3 -7，表 3 -7）。

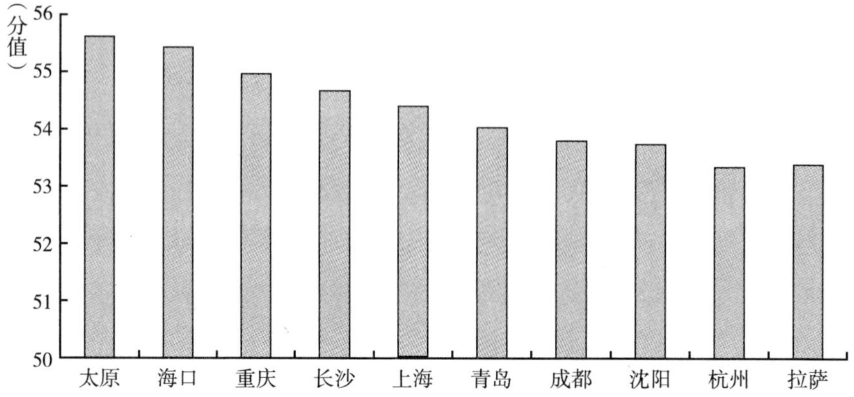

图 3－7 2014 年公共住房要素满意度前 10 位城市得分情况

表 3－7 2014 年 38 个城市公共住房要素满意度总体排名

城　　市	得分	排名	城　　市	得分	排名
太　原	55.60	1	宁　波	50.98	20
海　口	55.38	2	珠　海	50.83	21
重　庆	54.97	3	贵　阳	50.77	22
长　沙	54.60	4	西　安	50.69	23
上　海	54.38	5	石家庄	50.63	24
青　岛	54.06	6	大　连	49.84	25
成　都	53.78	7	北　京	49.79	26
沈　阳	53.74	8	武　汉	49.48	27
杭　州	53.37	9	昆　明	48.01	28
拉　萨	53.35	10	济　南	47.77	29
长　春	52.93	11	郑　州	47.56	30
银　川	52.78	12	厦　门	47.55	31
福　州	52.32	13	南　昌	46.27	32
天　津	51.91	14	广　州	46.04	33
南　京	51.72	15	深　圳	45.54	34
兰　州	51.46	16	呼和浩特	45.50	35
哈尔滨	51.30	17	汕　头	45.38	36
合　肥	51.30	18	乌鲁木齐	43.06	37
西　宁	51.24	19	南　宁	42.23	38
全国要素满意度	50.48				

（二）纵向对比

1. 2014 年 38 个城市公共住房满意度要素发展指数

2014 年公共住房的要素发展指数为 -0.05840，发展指数在公共服务九项要素中排名第 8 位。38 个城市中公共住房发展指数有 30 个为负值，这表明公共住房在这些城市的满意度都在下降。其中，银川、福州、大连 3 个城市的公共住房要素发展指数排名前 3 位，分值分别 0.11788、0.11643、0.06254，排名最低的为南宁，发展指数为 -0.20403（见表 3-8）。

表 3-8　2014 年 38 城市公共住房满意度要素发展指数排行

城　市	发展指数	排名	城　市	发展指数	排名
银　川	0.11788	1	石家庄	-0.06450	20
福　州	0.11643	2	合　肥	-0.06585	21
大　连	0.06254	3	拉　萨	-0.06957	22
青　岛	0.05658	4	深　圳	-0.07290	23
珠　海	0.04751	5	成　都	-0.07428	24
长　沙	0.04475	6	汕　头	-0.08098	25
昆　明	0.03603	7	宁　波	-0.08378	26
郑　州	0.00127	8	乌鲁木齐	-0.08672	27
沈　阳	-0.00141	9	海　口	-0.09176	28
太　原	-0.00308	10	南　京	-0.09282	29
上　海	-0.00702	11	厦　门	-0.12872	30
哈尔滨	-0.01258	12	北　京	-0.15357	31
济　南	-0.01900	13	武　汉	-0.15771	32
西　安	-0.02589	14	广　州	-0.15880	33
兰　州	-0.02995	15	贵　阳	-0.16359	34
天　津	-0.03594	16	呼和浩特	-0.16477	35
重　庆	-0.03712	17	南　昌	-0.17098	36
西　宁	-0.05219	18	长　春	-0.17404	37
杭　州	-0.05477	19	南　宁	-0.20403	38
全国要素发展指数	-0.05840				

2. 2014 与 2013 年公共住房要素满意度前 10 位城市对比

2014 年度 38 个城市的公共住房满意度得分为 50.48，其中太原市以 55.60 分位列排行榜之首，成为本年度公共住房满意度最高的城市（见图 3-8）。

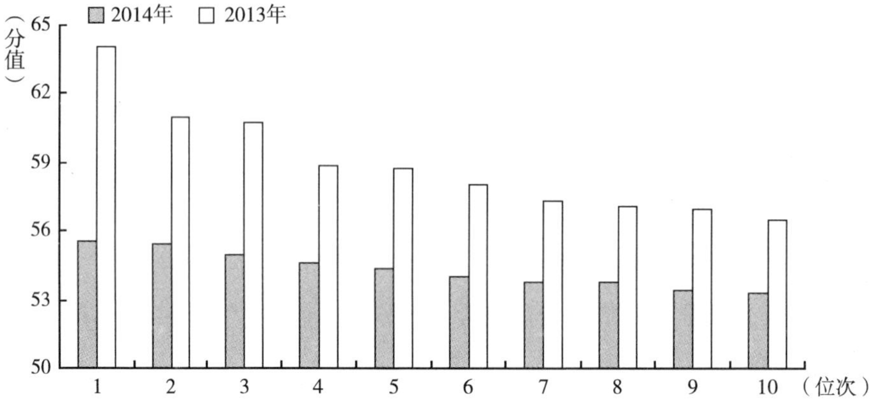

图3－8　2014年与2013年公共住房要素满意度排名前10位城市对比

表3－9　2014年与2013年公共住房要素满意度前十城市得分情况

2014年排名			2013年排名		
城　市	得分	排名	城　市	得分	排名
太　原	55.60	1	长　春	64.09	1
海　口	55.38	2	海　口	60.98	2
重　庆	54.97	3	贵　阳	60.70	3
长　沙	54.60	4	北　京	58.82	4
上　海	54.38	5	武　汉	58.74	5
青　岛	54.06	6	成　都	58.09	6
成　都	53.78	7	拉　萨	57.34	7
沈　阳	53.74	8	重　庆	57.09	8
杭　州	53.37	9	南　京	57.02	9
拉　萨	53.35	10	杭　州	56.46	10
全国要素满意度得分	50.48		全国要素满意度得分	53.61	

根据国家统计局公布的房价指数，2014年8月我国70个大中城市中，大部分城市新建商品住宅（不含保障性住房）价格和二手住宅价格房价环比下降，但变动幅度不大。公众仍面临着极大的购房压力，这是2014年公共住房满意度继续下降的主要原因。

2014年度公众对住房的总体满意度比2013年度出现了大幅度下降，专家认为，出现这种情况的原因主要是商品房价格出现下跌趋势，但价格水平仍处于高位，而公众的购房能力短时间内难以大幅度提高，因此中低收入人群的住房需求主要面向保障房市场，而现阶段保障性住房建设增速低于保障性住房需求的增速。因此公众对于公共住房的满意度较上年继续下降，这正是保障房供需矛盾的真实反映。

3. 2014年与2013年公共住房要素关注度对比

图3－9反映了过去两年内公众对住房关注度的变化。可以看出，2014年比上一年度住房的权重由0.15561下降至0.13517。但排名仍旧为全国第3位。这表明公众对住房的关注度略有降低。

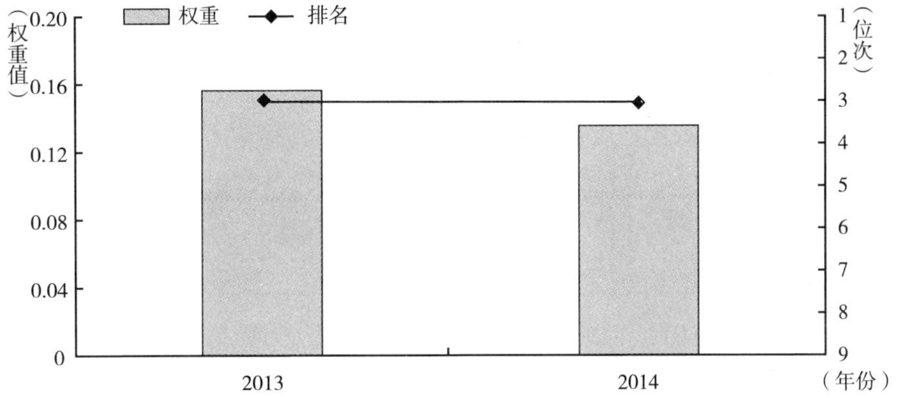

图3－9　2014年与2013年公共住房要素关注度比较

（三）结果分析

1. 楼市普遍遇冷，但房价下降有限且仍高位运行，公众仍面临极大购房压力

2014年我国主要城市房价有所下降，但由于下降空间有限，公众购房能力的提高又是一个相对长期的过程，因此楼市的“微冷”并不能有效解决公众的住房需求，公众对公共住房的需求仍然十分旺盛。在公众对公共住房需求热度不减的情况下，政府供给公共住房的能力有限，公共住房供需矛盾的不断加深严重影响到公共住房的公众满意度，因此政府在房价调控方面的压力仍不容乐观。

根据国家统计局公布的房价指数，2014年8月全国70个大中城市中新建商品住宅（不含保障性住房）、二手住宅价格与上月相比，环比下降的城市分别为68个和67个；与2013年8月相比，同比上涨的城市分别有1个和37个。全国房地产市场价格呈继续下跌态势，但变动幅度不大，其中北京、上海、广州、深圳4个一线城市的价格也均呈环比轻微下跌、同比微涨的态势，房价的下降空间有限，仍处于高位运行。

2. 房价调控政策成效微弱

早在2013年12月24日举行的全国住房城乡建设工作会议上，时任住房和城乡建设部部长的姜伟新在部署2014年工作时，明确表示："继续抓好房地产市场调控和监管工作。"

2013年2月20日国务院常务会议确定的五项加强房地产市场调控的政策措施，即"新国五条"。住房城乡建设部政策研究中心主任秦虹认为"此次调控思路不变，要抑制房地产市场投机投资、支持自住需求、促进房地产市场平稳健康发展"。2013年3月1日《国务院办公厅关于继续做好房地产市场调控工作的通知》，即"新国五条"的细则。2014年3月28日，国务院法制办就《城镇住房保障条例（征求意见稿）》公开征求意见，该意见稿就保障房购买及退出进行规定。2014年楼市"微冷"，初步显现房价调控的效果，但效果并不明显。

（四）优秀城市经验推介——海口市

海口市连续两年的公共住房满意度均在38个主要城市中排名第2位，表现出海口市在公共住房单项上具有较高的满意度，服务水平也较高。

近年来，海口市房地产开发投资稳步上升，房地产业支撑作用明显，海口市生态环境优良，发展旅游房地产具有先天优势，总体来看海口市房地产市场发展健康平稳。海口市公共住房满意度得分位居38个城市第2位，得益于近年来海口市政府积极进行宏观调控，加大住房保障建设工作的推进。

1. 全方位的宏观调控政策，确保房地产市场平稳发展

近年来，海口市实施了积极的全方位的宏观调控政策，主要包括新建住房价格增长目标、税收及信贷政策、用地管理、限购等方面，这对于房地产市场的平稳发展具有促进作用。

2011年2月23日，海口市人民政府办公厅发布了《进一步做好我市房地产市场调控工作的实施意见》（以下简称《实施意见》），其中明确提道，为贯彻落实《国务院办公厅关于进一步做好房地产市场调控工作有关问题的通知》精神，切实稳定海口市住房价格，巩固和促进房地产市场平稳健康发展，对进一步做好房地产市场调控工作提出实施意见，包括“明确新建住房价格增长控制目标，2011 年根据市经济发展目标、人均可支配收入增长速度和居民住房支付能力，合理确定本年度新建住房价格控制目标，将房价控制在合理水平”。将房价控制目标与人均可支配收入增长速度和居民住房支付能力挂钩。《实施意见》还包括“严格执行国家相关税收政策、强化差别化住房信贷政策”“强化住房用地管理”“合理引导住房消费”等内容，其中“合理引导住房消费”在户籍、住房套数、纳税和社保缴费等方面做了详细规定，即为限购政策。

2014 年 6 月 3 日，海口市人民政府发布了《海口市人民政府关于促进房地产市场健康发展的若干意见》（以下简称《若干意见》），包括“增加商品房有效供给”“实施购房入户政策”等内容，“实施购房入户政策”实际上是对限购政策的松绑。

2. 加大保障性住房建设力度

在《实施意见》中，涉及保障性住房等政策内容，如“加大保障性住房建设力度”。根据已编制的《海口市 2011～2015 年住房保障规划》，“十二五”规划期间，海口市新增保障性住房共计 50218 套，2010～2012 年建设保障性住房 39724 套；财政预算安排土地出让净收益不低于 10% 的部分、住房公积金增值净收益用于保障性住房建设，并采取引进社会资金参与等方式，补充保障性住房建设资金。

在《若干意见》中，同样涉及保障性住房等政策内容，如“合理调整限价商品房申购条件”。自 2014 年 6 月 1 日起，在海口市行政区域内购买单套建筑面积在 120 平方米（含）以上的新建商品住房（含产权式酒店），购房合同已备案的海南省籍购房人，可在所购住房所在地申请登记本人、配偶及其共同居住生活的父母和符合计划生育的未婚子女的户口，申请登记户口人数总计不能超过 5 人。

（五）结论与建议

第一，加强居住用地管理，保证土地的有效供给。通过对居住用地的管理，加强对企业土地市场准入资格的审查，明确开工建设时间、开发进度，可以减少土地闲置以及拖延开发周期等问题，保障土地的有效供给。

第二，明确房价增长控制目标，并与居民支付能力相匹配。在分析本地区经济发展速度和收入增长速度的基础上，新建住房价格增长应与人均可支配收入的增长速度和居民住房支付能力挂钩，保证房地产市场的健康持续发展。

第三，大力发展保障性住房建设，着力解决中低收入群体的住房需求。鼓励企业、社会组织参与保障性住房的建设，增加保障性住房的供给主体。通过吸引民间资本的方式，丰富资金来源渠道，增加保障房供给。丰富保障性住房类型、严格审核及退出制度、合理规划布局、完善基础设施建设、保证保障性住房建设质量等是未来保障性住房建设中亟待解决的问题。

第四，推进不动产登记制度。目前不动产登记制度正在推进过程中：经过与有关部门和基层实践人员、专家学者的研究交流，目前已初步形成不动产登记簿册样式，下一步工作是选择多地对登记簿册进行试填试用，不动产登记体系的基本形成尚待时日。不动产登记制度被寄予厚望，被认为是在全国内开征房产税的基础，同时也将一部分存量房推向市场，增加市场供给。

（六）重要新闻链接

《北京最便宜自住房3栋楼不达标　开发商将重建》

记者从大兴区住房城乡建设委获悉，北京最便宜自住房——大兴采育当代满庭春自住房项目6、7、8号楼已建部分的局部，经检测主体结构达不到设计要求，全部返工重建。这也是北京首个因自住房质量不合格，返工重建的自住房项目。

此前，该项目开发企业北京当代摩码置业有限公司、施工企业北京市第三建筑工程有限公司、监理单位建研凯勃建设工程咨询有限公司发现部分混凝土测试数据不达标，已主动停工。大兴区住房城乡建设委第一时间下发停工通知，督促项目参建各方以最快的速度，完成整改方案。如因返工造成延期交付，北京当代摩码置业有限公司承诺按照《商品房预售买卖合同》第十四条之约定，向业主支付违约金。

据了解，下一步，大兴区住房和城乡建设委将督促项目施工方，尽快公布检测情况和下一步采取的措施，按照整改方案监督落实整改，并将该项目列入重点监管名单，每周不少于两次现场巡查，直至项目结构主体完工。成立专项执法检查组，对项目责任主体履职情况、工作决策程序、安全质量主体责任、材料设备采购等各环节进行调查核实，依法依规对责任主体进行严肃处理。

（《京华时报》2014 年 9 月 19 日）

四　基础教育篇

2014 年基础教育满意度平均得分为 56.31 分，较 2013 年的 58.31 分下降 2 分，在公共服务九项要素中排名第 7 位。2014 年该要素满意度排名前 3 位的城市为拉萨、青岛和上海，其得分分别为 66.69 分、63.39 分和 60.77 分。

（一）横向对比

2014 年，38 个主要城市的基础教育要素满意度平均分为 56.31 分，最高分为 66.69 分，最低分为 46.98 分；排名进入前 10 位的城市依次为拉萨、青岛、上海、宁波、厦门、杭州、长沙、兰州、重庆和珠海，其中东部城市占到 6 个，西部城市有 3 个，中部城市有 1 个，呈现出比较明显的区域差别特征。东部城市是基础教育发展比较好的区域，中西部地区基础教育状况有待改善和加强。38 个城市中共有 18 个城市在该项的得分超过全国平均得分（见图 3－10，表 3－10）。

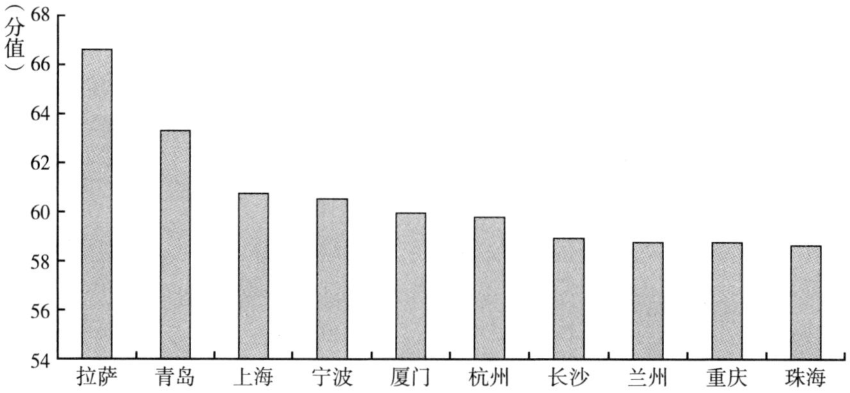

图 3-10　2014 年基础教育要素满意度前 10 位城市得分

表 3-10　2014 年 38 城市基础教育要素满意度总体排名

城　市	得分	排名	城　市	得分	排名
拉　萨	66.69	1	济　南	55.77	20
青　岛	63.39	2	沈　阳	55.59	21
上　海	60.77	3	呼和浩特	55.59	22
宁　波	60.60	4	西　宁	55.50	23
厦　门	60.02	5	福　州	55.30	24
杭　州	59.83	6	大　连	55.12	25
长　沙	59.01	7	石 家 庄	54.89	26
兰　州	58.80	8	北　京	54.81	27
重　庆	58.80	9	汕　头	54.57	28
珠　海	58.72	10	深　圳	53.42	29
合　肥	58.51	11	昆　明	53.39	30
南　京	58.07	12	西　安	53.37	31
海　口	57.94	13	长　春	53.30	32
贵　阳	57.86	14	武　汉	53.19	33
银　川	57.39	15	南　昌	52.78	34
太　原	56.75	16	郑　州	52.21	35
天　津	56.64	17	南　宁	51.21	36
哈 尔 滨	56.55	18	广　州	50.59	37
成　都	56.05	19	乌鲁木齐	46.98	38
全国要素满意度	56.31				

（二）纵向对比

1. 2014 年 38 个城市基础教育满意度要素发展指数

2014 年基础教育要素发展指数均值为 -0.03429，在公共服务九项要素中排名第 5 位。38 个城市中，有 15 个城市的发展指数为正数，其余 23 个城市该要素的发展指数为负数，表明我国城市基础教育满意度较之 2013 年有所下降；与全国要素发展指数相比较，共有 24 个城市的该项要素发展指数高于 -0.03429，其中最高的兰州市为 0.07599，最低的为 -0.30964，相差 0.38563，说明我国不同城市的基础教育发展水平存在较大差距（见表 3 -11）。

表 3 -11 2014 年 38 城市基础教育满意度要素发展指数排行

城市	发展指数	排名	城市	发展指数	排名
兰州	0.07599	1	石家庄	-0.02760	20
珠海	0.04818	2	深圳	-0.02992	21
福州	0.04586	3	汕头	-0.03235	22
济南	0.03959	4	贵阳	-0.03251	23
杭州	0.03078	5	宁波	-0.03406	24
重庆	0.02871	6	西安	-0.04364	25
合肥	0.02772	7	北京	-0.05263	26
拉萨	0.02329	8	海口	-0.05930	27
银川	0.02315	9	长沙	-0.06785	28
哈尔滨	0.02239	10	长春	-0.09046	29
厦门	0.02194	11	大连	-0.09125	30
上海	0.02153	12	南昌	-0.09156	31
青岛	0.01835	13	呼和浩特	-0.09315	32
天津	0.01210	14	南宁	-0.10268	33
郑州	0.00782	15	南京	-0.10727	34
太原	-0.00785	16	武汉	-0.10782	35
昆明	-0.01005	17	广州	-0.10796	36
成都	-0.01777	18	西宁	-0.11035	37
沈阳	-0.02589	19	乌鲁木齐	-0.30964	38
全国要素发展指数	-0.03429				

2. 2014 年与 2013 年基础教育要素满意度前十城市对比

2014 年基础教育要素满意度得分与 2013 年相比降低了 2.00 分（见图 3 -

11，表 3－12），2013 年基础教育满意度前十位的城市中有 4 个城市再次入榜，它们分别是拉萨、宁波、长沙和青岛。对比两年来的前 10 个城市的得分情况，可以看出，2014 年各城市间的满意度整体降低；2014 年该项要素排名前 10 位的城市中，东部城市有 6 个，西部城市有 3 个，中部城市有 1 个，与 2013 年 5 个东部城市、4 个西部城市，1 个中部城市的分布格局相比，在一定程度上表明我国不同区域城市在基础教育方面发展依然存在差距，中、西部城市的水平需要进一步提升。

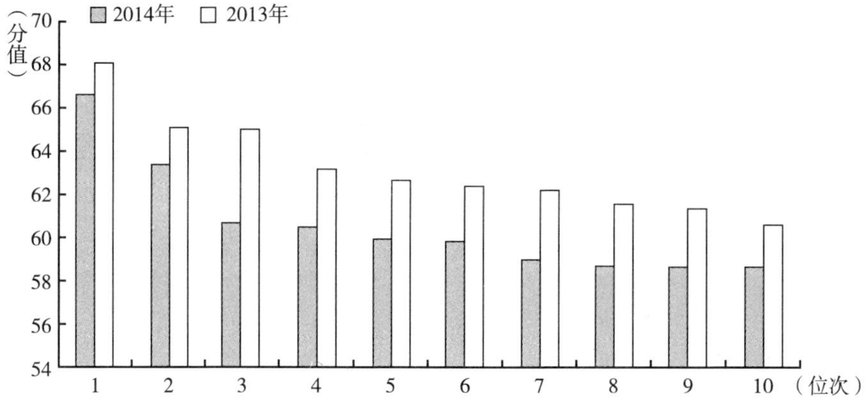

图 3－11　2014 年与 2013 年基础教育满意度前 10 位城市对比

表 3－12　2014 年与 2013 年基础教育满意度前 10 位城市得分情况

2014 年排名			2013 年排名		
城　　市	得分	排名	城　　市	得分	排名
拉　　萨	66. 69	1	乌鲁木齐	68. 05	1
青　　岛	63. 39	2	拉　　萨	65. 17	2
上　　海	60. 77	3	南　　京	65. 05	3
宁　　波	60. 60	4	长　　沙	63. 3	4
厦　　门	60. 02	5	宁　　波	62. 74	5
杭　　州	59. 83	6	西　　宁	62. 39	6
长　　沙	59. 01	7	青　　岛	62. 25	7
兰　　州	58. 80	8	海　　口	61. 59	8
重　　庆	58. 80	9	呼和浩特	61. 3	9
珠　　海	58. 72	10	大　　连	60. 66	10
全国要素满意度得分	56. 31		全国要素满意度得分	58. 31	

3. 2014 年与 2013 年基础教育要素关注度对比

2014 年公众对基础教育的关注度与 2013 年相比有所上升，排名保持不变。

2014 年的基础教育关注度为 0.09940，在九项要素中排名第 7 位；而 2013 年该项要素的关注度为 0.07870，在九项要素中排名第 7 位（见图 3－12）。

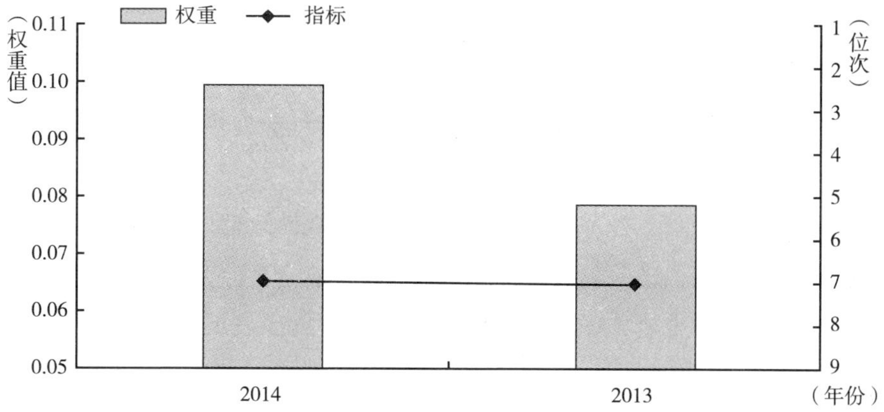

图 3－12　2014 年与 2013 年基础教育要素关注度比较

（三）结果分析

自 1986 年《中华人民共和国义务教育法》颁布以来，各级政府依法实施九年义务教育并取得了显著的成绩。我国基础教育普及程度不断加深，站在了迈向更高水平、更高质量和更加均衡的新起点。2014 年我国基础教育呈现出以下几点特征：

1. 进一步推进基础教育服务均等化

2014 年年初，教育部部长袁贵仁在全国教育工作会议上的讲话指出："公平正义是社会主义本质要求，教育公平是社会公平的重要基础。要在教育公平上多想办法、多做实事，用教育公平重新审视体制机制，重新评估政策措施，通过规则调整和制度创新，不断提高教育公平水平。"

保障每一个孩子都有学上，要抓好贫困地区教育，统筹城乡义务教育资源均衡配置。加快发展农村教育，改善办学条件，提高教育质量。增加对农村义务教育薄弱学校改造资金投入，提高农村中小学生均公用经费基准定额。促进教育公平，为提高教育质量做出贡献。计划 2014 年在全国 80% 以上中小学校要实现“宽带网络校校通”，奠定教育信息化基础；推进“优质资源班班通”，使优质数字教育资源通达具备条件的每一个班级，促进信息技术与教学活动深度融合。加快教育管理信息化建设与应用，在 2013 年有 1.5 亿学生数据入库的基础上，实现全国各级各类学校学生学籍全覆盖。

2. 调整基础教育结构，促进各级各类教育的协调发展

2014 年不断调整优化教育结构，是适应经济社会发展、推动经济转型升级的要求，也是政府教育宏观调控的重要内容。

鼓励社会力量兴办教育。要全面清理各类歧视性政策，创造统一开放、公平竞争的发展环境，进一步激发民间投资活力。在 2012 年出台《教育部关于鼓励和引导民间资金进入教育领域促进民办教育健康发展的实施意见》的基础上，又起草了《关于进一步鼓励社会力量兴办教育的若干意见》，进一步解决民办学校分类管理、法人属性、产权归属、教师保障、财政扶持等问题。要根据党的十八届三中全会要求，积极探索运用政府补贴、政府购买服务、助学贷款、基金奖励、捐资激励等制度，鼓励社会力量兴办教育，推动民间资本进入教育领域。

3. 社会发挥教育评价作用，参与支持监督基础教育

2014 年，我国在基础教育方面加快整合国家教育监测评估机构和资源，在开展专业化监测评价方面有了进一步改善。推行教育质量标准，将教育质量监测结果和教育督导报告向社会公开；要公开违法违规事件查处结果；对各级各类学校，要把办学条件能力、质量水平等信息向社会公开，让社会了解。积极公开群众关注的信息，对学校重大决策、政策及时宣传，赢得社会理解；对突发事件要及时回应，掌握舆论主动权，树立和维护学校的良好形象和声誉。

（四）优秀城市经验推介——青岛市

2014 年的城市基本公共服务满意度调查中，青岛市以 63.39 分位居基础教育分项排行榜第 2 位，连续三年稳步提升，有着明显的进步和发展。

1. 以体制机制创新为重点，深化基础教育综合改革

青岛市以深化招生和考试制度改革为重点。坚持义务教育免试就近入学，完善学区制招生，探索九年一贯制对口招生。取消普通高中择校生，扩大优质普通高中指标生比例。全市统一实行初中英语口语和听力人机对话考试，统一实行初中学业考试网上阅卷。

多项举措推进国家普通中小学教育质量综合评价改革实验工作。贯彻落实《教育部关于推进中小学教育质量综合评价意见》，建立青岛中小学教育质量综合评价指标框架、评价标准和相关配套政策。建立普通中小学生课业负担、普通中小学生身心健康和普通中小学教学质量三项监测公告制度。

在深化基础教育课程改革方面狠抓落实，研究制定深化基础教育课程改革进一步提高教育质量的规划，全面提升全市基础教育课程实施水平。鼓励有条件的中小学进行整合、优化课程资源，探索长短课时的教学模式，提高综合实践活动课程开设质量，试行体育、艺术等课程弹性课时制度。鼓励义务教育学校整合德育课程教学内容和课时。

推进普通高中多样化发展。加强特色课程管理，支持特色高中增加选修课程比例；推进创新人才培养工作。积极推动高校与特色高中联合育人，在大学先修课上力争有所突破。扩大“创新人才培养·高中学校联盟”范围，加强各学校创建拔尖创新人才培养实验班指导，探索建立义务教育阶段创新潜质突出学生的早期发现、管理和个性化培养机制。

2. 坚持立德树人，加强德育和共青团工作

青岛市贯彻落实“培育和践行社会主义核心价值观”。将社会主义核心价值体系融入中小学教育教学的全过程。全面推行全员育人导师制、教师一岗双责制度；完善中华优秀传统文化教育。完善家校沟通机制，建立中小学班级教导会制度，形成以班主任为核心、班级任课教师参与、家委会代表参加的班级教导会，定期研讨解决班级和学生中存在的问题；深化家长学校教学研究，健全家长委员会运行机制；依托青岛市家校合作促进会，扩大市内三区小学生学校托管试点范围，力争80%以上的小学实施托管工作。加强社会实践和志愿服务；推进学生生涯规划指导实验，探索开展学生职业规划测评工作；依托学农、学工等社会实践基地和社会课堂，组织学生开展生产劳动、社区服务、参观考察等社会实践活动，以及加强中学生志愿服务工作，打造有影响力的志愿服务品牌。

3. 促进教育公平，推进基础教育优质均衡发展

（1）加快推进普通中小学现代化学校创建工作。定期召开调度会和现场会，指导区市完善年度现代化学校创建计划，健全投入机制，加大过程性指导和评估。

（2）积极推进中小学小班化教育。印发《青岛市普通中小学小班化教育实施方案》，指导各区（市）政府印发区（市）普通中小学小班化教育实施方案，明确推进小班化教育的时间表和路线图。探索适应小班化教育要求的教学方式和设施场地、教师、经费保障体系。

（3）全面推进“国家义务教育发展基本均衡县”创建工作。召开调度会和现场会，督促和指导尚未参加省和国家督导认定的区（市），排查存在问题，制定整改方案和计划，加大投入力度，力争各区（市）提前通过国家督导认定。

（4）深化中小学扩大优质教育资源改革。继续推出一批集团化办学、一体化发展、高校和科研院所辐射中小学等改革成果，探索学区制管理改革。积极推进优质学校跨区域办学，保障外来务工就业人员子女平等接受教育，出台《青岛市教育局外来务工就业人员子女教育管理办法》，保障符合青岛市入学条件的外来务工就业人员子女与本地学生平等接受教育。

（五）结论与建议

1. 实现更高水平的普及基础教育，形成惠及全民的公平教育

全面普及学前教育、巩固提高九年义务教育水平；普及高中阶段教育，争取入学率达到更高的水平；高等教育大众化水平进一步提高，扫除青壮年文盲。

坚持教育的公益性和普惠性，保障人民享有接受良好教育的机会；建成覆盖城乡的基本公共教育服务体系，实现基本公共教育服务均等化，缩小区域差距；努力办好每一所学校，教好每一个学生，不让一个学生因家庭经济困难而失学；切实解决进城务工人员子女平等接受义务教育问题；保障残疾人受教育权利。

2. 提供更加丰富的优质教育

实现基础教育质量整体提升，使教育现代化水平明显提高；不断扩大优质教育资源总量，使接受高质量教育的需求得到更大满足；加强综合素质教育，使学生思想道德素质、科学文化素质和健康素质得到明显提高；提供丰富的优质教育，使各类人才服务国家、服务人民和参与国际竞争的能力显著增强。

3. 健全充满活力的基础教育体制

进一步解放思想，更新观念，深化改革，提高基础教育开放水平；全面形成与社会主义市场经济体制和全面建成小康社会目标相适应的充满活力、富有效率、更加开放、有利于科学发展的基础教育体制机制，办出具有中国特色、世界水平的现代基础教育。

（六）重要新闻链接

《浙江浦江：父母献血超 4000 毫升 子女中考可加分》

2014 年 9 月，浙江金华浦江网友的一条微博，引来众多网友关注："为了政策，我也算是拼命了！对将来的儿子说一句：放心中考吧，爸已经帮你拿到加分政策了！"这条微博的背景是，早在今年 7 月，浦江县出台政策，无偿献血超过 4000 毫升，直系子女参加中考可获得加分。其中，献血 4000 毫升加 1 分，6000 毫升加 2 分，超过 8000 毫升加 3 分。

如果这项政策能够鼓励更多的人加入到无偿献血的队伍，这就是一件好事。在笔者看来，就是能"鼓励"更多人无偿献血，这也不是一件好事，而是地方政府滥用行政权力，增加中考加分项目。我国中高考加分项目泛滥，就是由于行政主导，把加分和一些地方行政、利益因素结合在一起发生的变异。国家从 2010 年起，已经开始整顿高考加分，现在一些地方政府还在自己可操控的领域制订加分土政策，这必须加以清理。

目前，我国以很大的力度，几乎采取一刀切的方式，在清理高考加分。然而，对于地方中考加分的清理和整顿，目前还没有说法。这也应该提上议事日程，要针对地方中考加分乱象，清理违规加分项目，同时追究地方政府滥用职权破坏中考公平的责任。更重要的是，要建立健全教育民主决策机制，避免行政力量对教育公平的破坏和干扰。

（新华网，2014 年 9 月 24 日）

《兰州正式启动村小教学点办学水平提升行动计划》

2014 年 9 月，兰州市开始启动农村小学、教学点办学水平提升行动计划，提出到 2016 年，全市所有教学点实现办学条件标准化、教学手段现代化、教学效益优质化、教学点管理规范化。

据介绍，未来 3 年，兰州将实施"定标准，增设备，全配套"教育装备计划，为农村小学、教学点配备基本的常规通用设备、学科专用教学设备、现代教育技术设备和必要的办公生活安全设备等，保证农村小学、教学点正常的教育教学需要；实施教学点标准化建设工程，从办学条件、学校发展、教师发展、学生发展 4 个方面出发，加强农村小学、教学点的标准化建设，将农村小学、教学点全部建成标准化教学点。

此外，兰州市将提高教学点教师工资待遇，并在职称评聘、评优选先等方面向长期在农村小学、教学点任教的教师倾斜。

（《中国教育报》2014 年 9 月 26 日）

五　社保就业篇

2014 年社保和就业要素满意度得分为 60.49 分，在公共服务九项要素中排名第 1 位，该要素满意度得分比 2013 年得分 60.07 分高 0.42 分。2014 年该要素满意度排名前 3 位的城市为拉萨、青岛、上海，得分分别为 69.37 分、64.17 分、64.10 分。

（一）横向对比

2014 年度，38 个主要城市社保和就业要素满意度平均分为 60.49 分，最高分为 69.37 分，最低分为 55.55 分（见图 3－13，表 3－13）。该项得分排名进入全国前 10 位的城市依次为拉萨、青岛、上海、太原、长沙、南京、重庆、海口、厦门和成都，其中东部城市有 5 个，西部城市有 3 个，中部城市有 2 个，38 个城市中共有个 24 城市在该项的得分超过平均分。

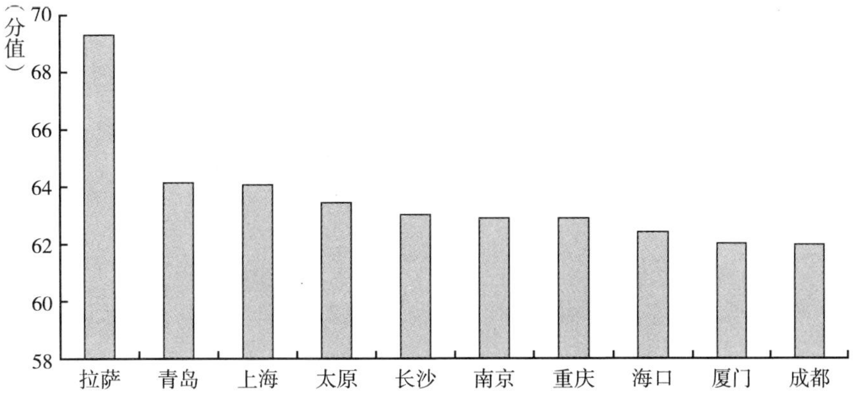

图 3－13　2014 年社保就业要素满意度排名前 10 位城市得分

表 3－13　2014 年 38 个城市社保就业要素满意度总体排名

城　市	得分	排名	城　市	得分	排名
拉　萨	69. 37	1	兰　州	60. 77	20
青　岛	64. 17	2	合　肥	60. 71	21
上　海	64. 10	3	西　宁	60. 66	22
太　原	63. 51	4	北　京	60. 09	23
长　沙	63. 07	5	贵　阳	59. 79	24
南　京	62. 99	6	石家庄	59. 61	25
重　庆	62. 95	7	珠　海	59. 41	26
海　口	62. 48	8	济　南	58. 93	27
厦　门	62. 06	9	深　圳	58. 78	28
成　都	61. 97	10	大　连	58. 73	29
天　津	61. 97	11	武　汉	58. 12	30
沈　阳	61. 91	12	郑　州	57. 82	31
银　川	61. 68	13	乌鲁木齐	57. 59	32
杭　州	61. 58	14	广　州	57. 22	33
福　州	61. 46	15	昆　明	56. 83	34
宁　波	61. 36	16	呼和浩特	56. 49	35
西　安	61. 22	17	南　昌	56. 22	36
哈尔滨	61. 16	18	汕　头	55. 56	37
长　春	60. 91	19	南　宁	55. 55	38
全国要素满意度	60. 49				

（二）纵向对比

1. 2014 年 38 个城市社保和就业满意度要素发展指数

2014 年社保就业要素发展指数均值为 0.00702。在 38 个城市中有 20 个城市的发展指数为正数，其余 18 个城市该要素的发展指数为负数，表明我国城市社保就业总体满意度比 2013 年略有改善；与平均值相比，共有 18 个城市的该项要素发展指数高于平均值，其中指数最高的福州市为 0.14311，最低的呼和浩特市为 -0.09161，相差 0.23472，说明我国不同城市的社会保障与就业的发展水平存在较大的差距。同时，2013 年的社保就业要素发展指数排行中，最高的武汉为 0.141，而福州最低，为 -0.118，说明社保就业要素的发展存在一定波动性（见表 3-14）。

表 3-14　2014 年 38 个城市社保就业满意度要素发展指数排行

城　市	发展指数	排名	城　市	发展指数	排名
福　州	0.14311	1	海　口	0.00076	20
西　安	0.08956	2	昆　明	-0.00482	21
太　原	0.08223	3	厦　门	-0.00575	22
银　川	0.08124	4	石家庄	-0.00656	23
郑　州	0.07342	5	宁　波	-0.00669	24
珠　海	0.06995	6	广　州	-0.01171	25
重　庆	0.05890	7	乌鲁木齐	-0.01394	26
济　南	0.05883	8	拉　萨	-0.02007	27
兰　州	0.04995	9	西　宁	-0.02747	28
成　都	0.03753	10	北　京	-0.02879	29
哈尔滨	0.03749	11	汕　头	-0.03354	30
深　圳	0.02942	12	大　连	-0.03468	31
长　沙	0.02928	13	南　京	-0.03715	32
青　岛	0.02212	14	南　宁	-0.03951	33
沈　阳	0.01384	15	长　春	-0.04676	34
上　海	0.01350	16	贵　阳	-0.04694	35
合　肥	0.01139	17	南　昌	-0.05996	36
天　津	0.00917	18	武　汉	-0.07110	37
杭　州	0.00463	19	呼和浩特	-0.09161	38
全国要素发展指数	0.00702				

2. 2014 年与 2013 年社保就业要素满意度排名前 10 位城市对比

2014 年社会保障就业要素满意度得分与 2013 年相比有小幅提升，2013 年社保就业满意度排名前 10 位的城市中有 6 个于 2014 年再次排入前 10 位，分别是拉萨、青岛、上海、南京、海口、厦门。其中，拉萨以 69.37 分的得分位居 38 个城市之首。2014 年社保就业要素满意度排名前 10 位的城市中，东部城市有 5 个、中部城市有 2 个、西部城市有 3 个（见图 3－14，表 3－15），与 2013 年有 5 个东部城市、2 个中部城市、3 个西部城市相比，在一定程度上表明我国城市在社会保障和就业方面各区域间发展更为均衡，中、西部城市的社保就业水平继续提升。

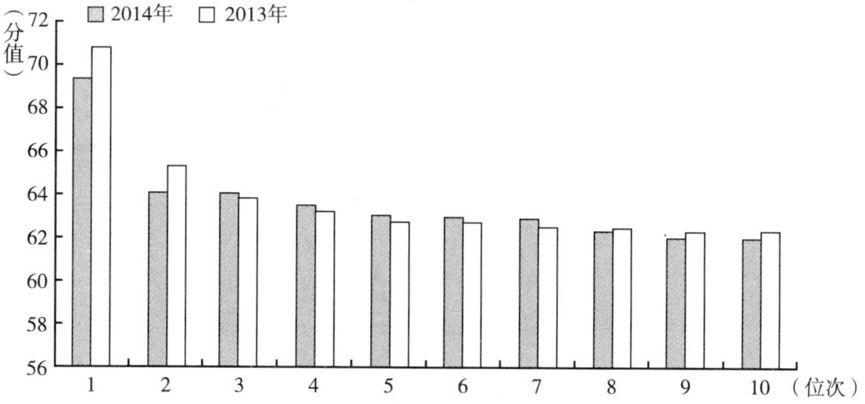

图 3－14　2014 年与 2013 年社保就业满意度排名前 10 位城市对比

表 3－15　2014 年与 2013 年社保就业要素满意度排名前 10 位城市得分情况

2014 年排名			2013 年排名		
城　　市	得分	排名	城　　市	得分	排名
拉　　萨	69.37	1	拉　　萨	70.79	1
青　　岛	64.17	2	南　　京	65.42	2
上　　海	64.10	3	长　　春	63.90	3
太　　原	63.51	4	上　　海	63.25	4
长　　沙	63.07	5	青　　岛	62.78	5
南　　京	62.99	6	贵　　阳	62.74	6
重　　庆	62.95	7	武　　汉	62.56	7
海　　口	62.48	8	海　　口	62.43	8
厦　　门	62.06	9	厦　　门	62.42	9
成　　都	61.97	10	西　　宁	62.38	10
全国要素满意度得分	60.49		全国要素满意度得分	60.07	

3. 2014 年与 2013 年社保就业要素关注度对比

2014 年公众对社会保障和就业仍保持较高的关注度。2014 年公众对社保就业的关注度为 0.12815，在 9 项公共服务要素中排名第 4 位，较 2013 年上升一位（见图 3－15）。2013 年公众对社保就业要素关注度为 0.10939，在 9 项要素中排名第 5 位。这表明社会保障和就业仍然是近年来人民群众较为关注的民生问题。

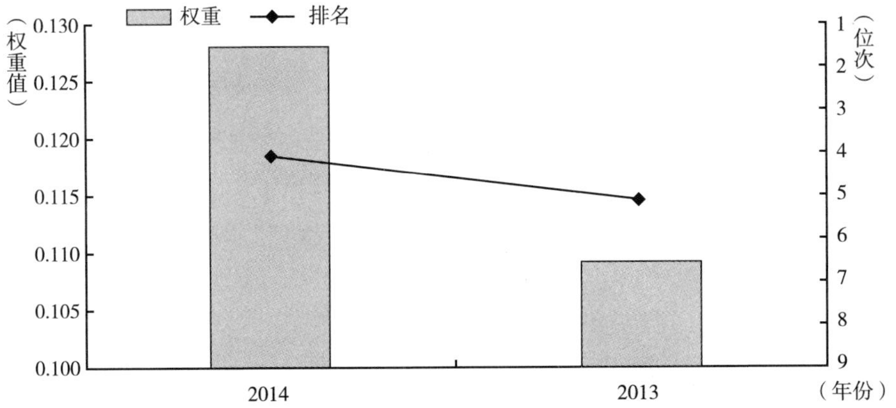

图 3－15　2014 年与 2013 年社保就业要素关注度比较

（三）结果分析

2014 年社保就业要素满意度得分为 60.49 分，在公共服务九项要素中排名第 1 位，该要素满意度得分比 2013 年得分 60.07 分高 0.42 分，比 2013 年排名第 4 位提升了 3 位。同时，2014 年社保就业满意度平均得分较 2012 年的 59.49 分也提高 0.58 分。说明社会保障和就业公众满意度持续提升。2014 年社保就业要素发展指数均值为 0.00702。在 38 个城市中有 20 个城市的发展指数为正数，其余 18 个城市该要素的发展指数为负数，表明我国城市社会保障和就业满意度比 2013 年总体略有改善。

社保就业要素满意度的持续提升，与我国近年来不断完善是社会保障和稳增长促就业的基本政策和具体实践紧密相关，既反映了近年来我国社会保障不断完善和发展的实际情况，也反映了近年来我国实施促进就业的基本政策以及经济持续稳定增长的宏观经济环境，也说明这些政策的实施，取得了一定的成效，促进了社保就业公众满意度的持续提升。

（四）优秀城市经验推介——青岛市

青岛市 2014 年和 2013 年均位列社保就业满意度前 10 位，继 2013 年以 62.78 分在 38 个城市中排名第 5 位之后，2014 年以 64.17 分在 38 个城市中排名第 2 位，2014 年较 2013 年要素满意度得分增长 1.39 分，排名提升了 3 位。表明青岛市在社会保障和就业方面的工作得到了市民的认可。

1. 健全政策体系，积极促进就业

青岛市 2014 年上半年全市实现城乡就业 20.7 万人，完成全年目标的 82.7%，城镇登记失业率控制在 4% 以内。主要采取的措施有：一是健全政策体系。在实施城乡一体化就业扶持政策基础上，出台了《关于进一步促进创业带动就业的实施意见》，使城乡创业者在创业不同阶段均可享受到资金、培训、场地等扶持政策，构建起全民参与的大创业扶持体系。二是大力推动素质就业。加快推进职业培训资源整合，深入实施“金蓝领”培养计划，启动“名师带徒”计划、重点项目对接计划，开展技能创新大赛等。上半年培训各类劳动者 6 万人，同比增长 15.4%。三是打造均等化的公共就业服务体系。开工建设青岛市（市北）灵活务工综合服务中心（零工市场）。加强基层公共就业服务平台规范化建设，将信息网络、服务事项等下沉到基层社区，打造城区一刻钟就业服务圈、农村半小时服务圈。四是大力开展以创业带动就业活动。市政府安排“双 10 亿元资金”（10 亿元的市级创业带动就业扶持资金和 10 亿元的小额担保贷款基金）鼓励以创业带动就业；开工建设青岛市家庭服务业就业创业广场，启动“2014 年青岛市大学生创业精英 BEST 计划”，完善青岛创业大学体制机制。上半年全市发放创业补贴 2868 万元，发放小额贷款 3.5 亿元，政策性扶持创业 1.05 万人，同比增长 56%。五是扶持重点群体就业。整合政府、高校、用人单位等多方资源，成立大学生就业联盟，为毕业生、用人单位搭建供需桥梁，上半年接收非师范类高校毕业生 39425 人，同比增长 6.23%。集中开展就业援助月活动，针对 1.1 万余名就业困难人员实施重点帮扶，就业率达 88% 以上。

2. 加快社会保险制度建设步伐

2014 年上半年，全市征缴企业社会保险基金 141 亿元，完成市政府年度目标的 54%，各项基金征缴率均达到 96% 以上。一是创新政策。积极稳妥推进新型农村合作医疗与城镇基本医疗保险的整合工作，起草《青岛市社会医疗保险办法》，确保制度平稳过渡，参保人医疗保障待遇不受影响。开展工伤预防试点工作，推进预防、康复、补偿“三位一体”的制度体系建设。二是拓宽征缴扩面渠道。落实国家《劳务派遣暂行规定》，将在青岛市用工的跨地区劳务派遣人员纳入全市社会保险覆盖范围。调整完善城乡居民养老保险个人缴费档次，提高基金积累水平。三是创新经办模式。制定“智慧医保”建设方案，引入第三方服务，创新经办服务模式，该试点工作将于近期启动。四是提高社会保障水平。连续第10次提高企业退休人员养老金，为全市61.2万名退休人员每月人均增加养老金275元。大病医疗制度已累计救助8.9万人次，支出2.44亿元，享受长期医疗护理保险待遇人员累计达到3万多人，支出基金3.5亿元，有效减轻了大病、重病患者及老年人经济负担。作为市办实事之一，调整城乡居民基本医疗保险财政补助标准，各区市城乡居民参加基本医疗保险财政补助标准每人达到340元。五是加大基金监管力度。建立了省、市、区三级纵向网络监督工作模式，稽核力度不断加大。

3. 完善协调劳动用工关系

一是完善政策。出台特殊工时审批管理试行办法，发布企业劳动规章制度示范文本，规范企业管理和员工行为。制定青岛市用人单位劳动保障守法诚信等级评价办法，为构建和谐劳动关系打下基础。二是加强企业工资分配宏观调控。调整企业最低工资标准，6个区月最低工资标准由1380元调整为1500元，增幅为8.7%，4个市（县级市）月最低工资标准由1220元调整为1350元，增幅10.7%。发布2014年企业工资指导线，上线为增长21%，下线为增长5%。三是完善劳动关系协调机制。将企业评先评优等同企业劳动工资网上备案、落实工资指导线实施方案备案等挂钩，加强企业劳动关系建设。四是加大劳动维权力度。全市处结劳动人事争议案件3852起，按期结案率99%，全市立案查处违法案件2816件，按期结案率100%。

（五）结论与建议

1. 基本养老保险制度一体化

2005年以来，我国开始推进基本养老保险制度一体化。首先，于2006年统一了城镇所有企业职工基本养老保险缴费政策、基本养老金计发办法。其次，逐步统一城乡居民社会养老保险制度。2013 年上半年，山东省将城镇居民基本养老保险和“新农保”合并实施，实行城乡统筹一体化的居民社会养老保险制度，参保农村居民和城镇居民的养老保险待遇实现同步发放、同步增长。最后，统一基本养老保险管理机构。2007 年，劳动和社会保障部、民政部联合印发文件，将新农保划归社会保障部门统一管理。下一步仍要大力推进基本养老保险制度的一体化。

2. 推进事业单位改革，明确养老保险制度整合的方向

2008 年，国务院常务会议讨论并原则通过了《事业单位工作人员养老保险制度改革试点方案》，确定在山西、上海、浙江、广东、重庆 5 个省市先期开展试点，与事业单位分类改革配套推进。2012 年制定了《社会保障“十二五”规划纲要》，提出在试点的基础上积极稳妥地推动机关事业单位养老保险制度改革，明确将事业单位养老保险制度改革、研究制定公务员和参照《中华人民共和国公务员法》管理单位的工作人员养老保险办法作为“十二五”时期社会保障制度建设专项行动之一。人力资源和社会保障部提出，在推进事业单位分类改革的基础上，同步推进机关事业单位社会保险制度改革，实现企业与机关事业单位各项社会保险制度的有效衔接，实现新老制度的平稳过渡，是下一步改革完善企业和机关事业单位社会保险制度的方向。

3. 健全体制机制，促进就业公平

以体制机制来促进就业公平，一是健全公平就业的法律体系和监督机制，进一步完善反对就业歧视的法规政策，加大违法行为的惩处力度，营造公平公正的市场环境。二是规范招人用人制度。在公务员考录方面，要继续坚持实行“凡进必考”、公平竞争的机制；在事业单位招聘方面，要完善和落实事业单位公开招聘人员规定，严厉惩处违规违纪行为；在国有企业招聘人员方面，要全面推行分级分类的公开招聘，切实做到信息公开、过程公开、结果公开。三是创新劳动关系协调机制。全面推行劳动合同制度。以工资集体协商为重点，积极扩大集体协商和集体合同覆盖面，推动建立职工工资正常增长机制和劳动条件改善机制。四是进一步健全面向全体劳动者的职业培训制度，完善就业技能培训、岗位技能提升培训和创业培训工作机制，完善相关政策和措施，创新技能人才培养模式，搭建技能人才职业发展通道，构建适合劳动者职业生涯发展不同阶段需求的终身职业培训体系。

4. 促进高校毕业生就业

我国实施高校扩招计划以来，每年进入就业市场的高校毕业生持续较大幅度增加。妥善解决以高校毕业生为重点的青年就业问题是世界各国面临的共同课题，更是当前和今后一个时期我国就业工作的突出问题和首要任务。要着力发展科技含量高、吸纳就业能力强的智力密集型、技术密集型产业，大力发展先进制造业、高新技术产业以及现代服务业、现代农业等，开发更多适合高校毕业生的就业岗位。二是通过政府购买基层公共管理和社会服务岗位，更多用于吸纳高校毕业生就业。三是通过健全鼓励高校毕业生到基层工作的服务保障机制，鼓励引导高校毕业生到城乡基层、中西部地区、艰苦边远地区和中小企业就业。四是实行激励高校毕业生自主创业政策和高校毕业生就业促进计划。

5. 促进“零就业”家庭自主创业

没有就业就没有收入，也难以增加社会财富。要积极促进“零就业”家庭自主创业。对于城镇就业困难人员，“零就业”家庭有自主创业意愿的，可通过税费减免为其减轻负担；对创业开业资金缺乏的，给予小额担保贷款扶持。同时，还要鼓励发挥各方资源优势，为自主创业者提供场地便利、创业孵化和跟踪服务。

（六）重要新闻链接

《国务院印发关于建立统一的城乡居民基本养老保险制度的意见》

2014 年 2 月 26 日，国务院印发《关于建立统一的城乡居民基本养老保险制度的意见》，部署在全国范围内建立统一的城乡居民基本养老保险制度，提出到“十二五”末，在全国基本实现“新农保”和“城居保”制度合并实施，并与职工基本养老保险制度相衔接；2020 年前，全面建成公平、统一、规范的城乡居民养老保险制度，与社会救助、社会福利等其他社会保障政策相配套，充分发挥家庭养老等传统保障方式的积极作用，更好保障参保城乡居民的老年基本生活。

（新华网，2014 年 2 月 26 日）

《推进社会救助法治化的重要举措——深刻理解和把握〈社会救助暂行办法〉》

党的十八大以来，以习近平同志为总书记的党中央提出了“守住底线、突出重点、完善制度、引导舆论”的民生工作思路。习近平同志指出，凡属重大改革都要于法有据。社会救助是一项保民生、促公平的托底性、基础性制度安排，需要以法治方式不断推进。2014 年 2 月，国务院颁布了《社会救助暂行办法》，自 2014 年 5 月 1 日起施行。《社会救助暂行办法》是我国第一部统筹各类社会救助制度的行政法规，首次将救急难、疾病应急救助、临时救助等方针政策纳入法制安排，是我国统筹构建社会救助制度体系的标志，具有重大现实意义和深远历史意义。

（中央政府门户网站，2014 年 4 月 29 日）

六　医疗卫生篇

2014 年医疗卫生要素满意度得分为 58.24 分，比 2013 年该要素满意度得分 60.48 分降低了 2.24 分。2014 年该要素满意度排名前 3 位的城市为拉萨、兰州和海口，其中拉萨市得分最高，为 65.92 分。

（一）横向对比

2014 年度，38 个主要城市医疗卫生要素满意度平均分为 58.24 分，在公共服务九项要素中排名第 4 位，其中最高分为 65.92 分，最低分为 49.69 分。该项得分排名进入全国前 10 位的城市依次为拉萨、兰州、海口、上海、珠海、宁波、厦门、成都、青岛、沈阳，得分分别为 65.92 分、63.23 分、61.85 分、61.80 分、61.68 分、61.32 分、61.32 分、60.97 分、60.54 分、60.34 分，其中东部城市有 7 个，西部城市有 3 个，38 个城市中共有 14 个城市在该项的得分超过平均分（见图 3－16，表 3－16）。

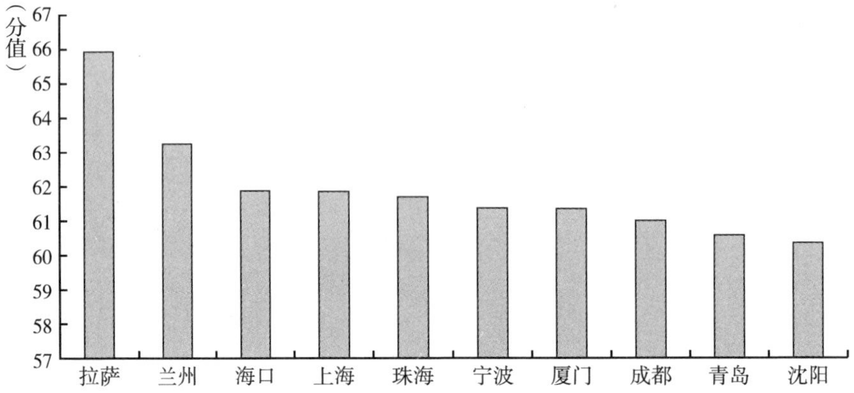

图 3-16　2014 年医疗卫生要素满意度排名前 10 位城市得分

表 3-16　2014 年城市医疗卫生要素满意度总体排名

城　　市	得分	排名	城　　市	得分	排名
拉　　萨	65.92	1	天　　津	57.88	20
兰　　州	63.23	2	长　　沙	57.84	21
海　　口	61.85	3	深　　圳	57.78	22
上　　海	61.80	4	合　　肥	57.68	23
珠　　海	61.68	5	大　　连	57.63	24
宁　　波	61.32	6	重　　庆	57.38	25
厦　　门	61.32	7	福　　州	57.29	26
成　　都	60.97	8	贵　　阳	57.20	27
青　　岛	60.54	9	长　　春	57.09	28
沈　　阳	60.34	10	济　　南	56.90	29
太　　原	59.83	11	武　　汉	56.47	30
南　　京	59.59	12	广　　州	55.84	31
银　　川	59.51	13	汕　　头	55.83	32
石 家 庄	59.51	14	郑　　州	55.75	33
杭　　州	59.17	15	昆　　明	54.99	34
西　　宁	58.68	16	南　　昌	54.28	35
哈 尔 滨	58.63	17	南　　宁	53.21	36
西　　安	58.50	18	呼和浩特	52.00	37
北　　京	57.91	19	乌鲁木齐	49.69	38
全国要素满意度	58.24				

（二）纵向对比

1. 2014 年 38 个城市医疗卫生满意度要素发展指数

2014 年医疗卫生要素发展指数均值为 -0.03713。在 38 个城市中仅有兰州、珠海、福州、哈尔滨、兰州、珠海 6 个城市的医疗卫生要素发展指数为正数，其余 32 个城市该要素的发展指数皆为负数，这表明全国城市医疗卫生公共服务满意度比 2013 年有所下降。与平均值相比，在 38 个城市中共有 21 个城市该项要素发展指数高于平均值，其中指数最高为兰州市的 0.12618，最低为 -0.17441，相差 0.30059，说明各城市医疗卫生发展水平仍然存在较大的不平衡（见表 3 -17）。

表 3 -17　2014 年 38 个城市医疗卫生满意度要素发展指数排行

城　　市	发展指数	排名	城　　市	发展指数	排名
兰　　州	0.12618	1	杭　　州	-0.03318	20
珠　　海	0.07733	2	青　　岛	-0.03636	21
福　　州	0.02475	3	长　　春	-0.04118	22
哈 尔 滨	0.01533	4	汕　　头	-0.04122	23
济　　南	0.01281	5	广　　州	-0.04193	24
银　　川	0.00160	6	昆　　明	-0.04437	25
太　　原	-0.00195	7	贵　　阳	-0.05310	26
郑　　州	-0.00224	8	南　　宁	-0.05435	27
石 家 庄	-0.00360	9	天　　津	-0.06050	28
成　　都	-0.00471	10	乌鲁木齐	-0.06267	29
上　　海	-0.00999	11	重　　庆	-0.07165	30
沈　　阳	-0.01304	12	西　　宁	-0.08327	31
西　　安	-0.01422	13	大　　连	-0.08756	32
深　　圳	-0.01615	14	北　　京	-0.09472	33
宁　　波	-0.01776	15	长　　沙	-0.10389	34
厦　　门	-0.02093	16	南　　昌	-0.10745	35
拉　　萨	-0.02117	17	武　　汉	-0.11313	36
合　　肥	-0.02589	18	南　　京	-0.12589	37
海　　口	-0.02755	19	呼和浩特	-0.17441	38
全国要素发展指数	-0.03713				

2. 2014 年与 2013 年医疗卫生要素满意度排名前 10 位城市对比

2014 年医疗卫生要素满意度得分与 2013 年该项得分相比降低幅度较大，

2014 年要素满意度得分为 58.24 分，2013 年为 60.48 分，下降了 2.24 分。拉萨、海口、青岛 3 个城市连续两年排名进入前 10 位（见图 3－17，表 3－17）。2014 年，在该项排名前 10 位的城市中，东部城市有 7 个，西部城市有 3 个，与 2013 年东部城市有 5 个，中部城市有 2 个，西部城市有 3 个的分布格局相比，2014 年进入前 10 位的东部城市数量增加 2 个，中部相应减少 2 个，西部城市数量相同。2014 年的数据显示出区域间的医疗卫生满意度水平平衡性下降。

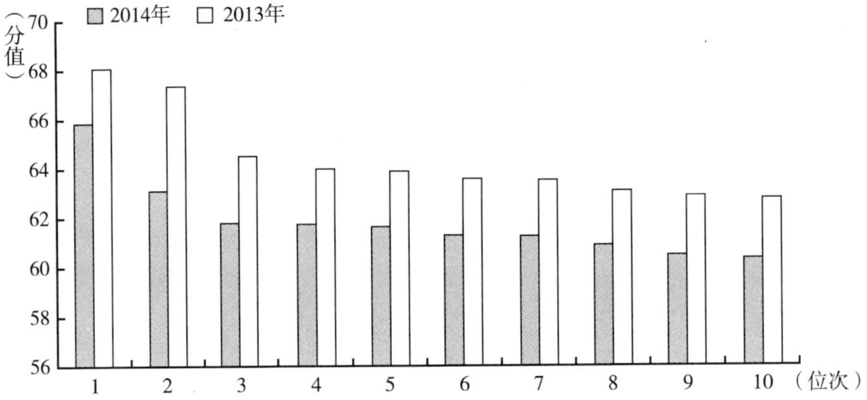

图 3－17　2014 年与 2013 年医疗卫生要素满意度排名前 10 位城市对比

表 3－18　2014 年与 2013 年医疗卫生要素满意度排名前 10 位城市得分情况

2014 年排名			2013 年排名		
城　　市	得分	排名	城　　市	得分	排名
拉　　萨	65.92	1	南　　京	68.18	1
兰　　州	63.23	2	拉　　萨	67.34	2
海　　口	61.85	3	长　　沙	64.54	3
上　　海	61.80	4	西　　宁	64.01	4
珠　　海	61.68	5	北　　京	63.97	5
宁　　波	61.32	6	武　　汉	63.67	6
厦　　门	61.32	7	海　　口	63.60	7
成　　都	60.97	8	大　　连	63.16	8
青　　岛	60.54	9	呼和浩特	62.99	9
沈　　阳	60.34	10	青　　岛	62.83	10
全国要素满意度得分	58.24		全国要素满意度得分	60.48	

3. 2014 年与 2013 年医疗卫生要素关注度对比

2014 年公众对医疗卫生仍保持极高的关注度（见图 3 - 18）。2014 年公众对医疗卫生的关注度为 0. 16479，在九项公共服务要素中排名第 1 位；2013 年该项要素关注度为 0. 19804，在九项要素中同样排名第 1 位。这表明医疗卫生是近年来人民群众高度关注的民生问题。

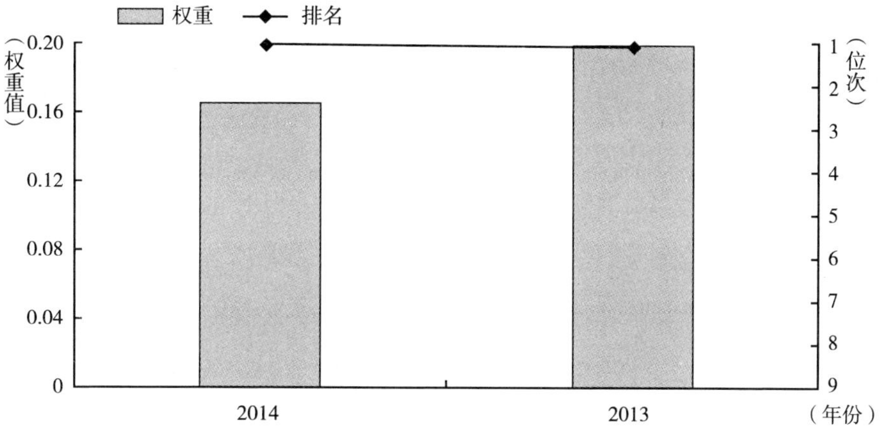

图 3 - 18　2014 年与 2013 年医疗卫生要素关注度比较

（三）结果分析

1. 医疗卫生持续成为公众最为关心的公共服务领域

医疗卫生的关注度自 2013 年由 2012 年的第 2 位上升到第 1 位以来，2014 年仍然保持着第 1 位，继续位居公共服务九项要素关注度之首，说明医疗卫生已持续成为公众最为关心的公共服务领域。持续的高关注度说明在加强医疗卫生建设的同时，也表明了人民群众对医疗卫生建设的热切期待。

医疗卫生服务关系到人民群众的基本健康权益，关系到人民群众的切身利益。看病难、看病贵仍然是大部分群众面对的生活难题。有些地方在医疗改革之后，虽然药价有所下降，但是床位费、护理费上涨明显，因此就结果而言，病人尤其是自费患者的医疗负担变得更加沉重。同时，仍然存在的医保覆盖率过低、社区医疗点医技水平低下、大医院“一号难求”等现实矛盾，小病大看现象仍然存在，也是城市居民切实感受到的问题。此外，2013 年层出不穷的医患冲突让医患矛盾成为无法回避的话题，进一步增加了公众的关注度。

2. 医疗卫生服务满意度下降

2014 年医疗卫生满意度分值与关注度的持续提升相反，满意度却持续下降，从 2012 年的 64. 32 分下降到 2013 年的 60. 48 分，再到 2014 年的 58. 24 分。医疗卫生要素满意度得分近两年降低幅度较大，2013 年较 2012 年下降 3. 84 分，2014 年较 2013 年下降 2. 24 分。

近年来，各地尽管积极推进医疗卫生体制改革，推进新型农村合作医疗等基本医疗保险覆盖人群扩面等工作，人民群众在医疗卫生服务上得到了更多的实惠，但在医疗卫生领域，仍然存在医疗卫生资源配置不均衡，仍然存在城乡、区域和群体差距，普通群众抱怨看病难、看病贵，同时医患之间信任不足、关系紧张，医患纠纷时有发生。从世界各国的经验和中国的历史经验来看，这并不是医疗卫生领域的必然现象。新时期，实现党和政府提出的病有所医、病有所防的目标，进一步推进医疗卫生体制改革，改善医疗卫生服务水平，仍然是医疗卫生服务的紧迫任务。

3. 医疗卫生满意度区域分布不平衡

2014 年，在该项排名前 10 位的城市中，东部城市有 7 个，西部城市有 3 个，与 2013 年东部城市有 5 个，中部城市有 2 个，西部城市有 3 个的分布格局相比，2014 年进入前 10 位的东部城市数量增加 2 个，中部相应减少 2 个，西部城市数量相同。2014 年的数据显示出区域间的医疗卫生满意度水平平衡性下降。

（四）优秀城市经验推介——海口市

2014 年，海口市医疗卫生要素满意度得分为 61. 85 分，名列第 3 位；2013 年，海口市该项得分为 63. 6 分，名列第 7 位。海口市连续两年在该项在该项得分排名进入前 10 位，进步明显，表现优异。

1. 医改多个方面领先全国提前完成

海口市医疗卫生服务取得的成绩，反映了海南医改在多个方面领先全国提前完成的成就。例如实现了基本医疗卫生保障制度全覆盖，全面解决了从未参保的企业退休人员基本医疗保障问题，新农合在全省 18 个市县全部开展了门诊统筹，将白内障患者复明手术纳入报销范围，在全国率先提高了儿童白血病、先天性心脏病等 6 种儿童重大疾病的新农合补偿标准，等等。直到 2013

年年底，海南先后与山西、黑龙江等 7 个省份的省本级和 10 余个市本级统筹区建立了异地就医结算合作关系。

2. 基本公共卫生服务推行“5 +9”模式

海南基本公共卫生服务推行“5 +9”模式，代表 5 项重大公共卫生服务和 9 项基本公共卫生服务。“无论是接种疫苗、儿童保健、老年慢性病管理、孕产妇保健，还是建立健康档案，都是海南省基本公共卫生服务的重要内容，全部是由政府出资，老百姓无偿享受。”

3. 村村有卫生室，国家基本药物制度全覆盖

目前，海南已建成遍布全省的基层卫生网络，有 2476 个建制村全部设有卫生室，并配备一名乡医，实现了“村村有卫生室、村村有医生”的目标。计划到 2015 年年底前，实现标准化村卫生室全省覆盖为农村居民提供安全有效、方便价廉的基本医疗卫生服务。

2011 年 12 月 1 日，国家基本药物制度在海南全省村卫生室启动实施，海口市率先在市内 6 个社区卫生服务中心和服务站试点基本药物制度。

（五）结论与建议

化解医疗难题，建立城乡一体化的居民基本医疗保险制度是基础，巩固完善基本药物制度，推进公立医院综合改革，则有利于进一步缓解看病难、看病贵，化解医患矛盾。

1. 建立城乡一体化的居民基本医疗保险制度

目前，我国已建立包括职工基本医保、城镇居民基本医保和新型农村合作医疗的基本医疗保险制度体系。无论从制度覆盖，还是从人口覆盖上说，“全民医保”已基本实现。但同时，现有的基本医疗保险制度体系三项制度是分城乡、分人群、分职业建立起来的，存在制度分割，导致了诸多问题。对于整合城乡居民基本医疗保险制度，国务院早在 2013 年 3 月下发的《国务院机构改革和职能转变方案》中就有所明确，将分属不同部门管理的三项基本医疗保险和城乡居民社会医疗救助制度进行整合，交由一个部门统一管理，可以较好地解决个人重复参保、财政重复补助的问题，有利于城乡居民根据实际需要选择参加不同档次的社会医疗保险，将目前的“三险一助”模式发展成基本医疗保险“一站式”服务的保障模式，真正体现制度公平性。

2. 巩固完善基本药物制度

建立基本药物制度，有利于减轻群众用药负担，保障群众基本用药权益，转变“以药补医”机制，推动卫生事业健康发展。“基本药物”指的是能够满足基本医疗卫生需求，既对症，又便宜；既能保证供应，基层又能够配备，百姓能够公平获得的药品。它是由国家专业机构对所有上市的药品进行适当的遴选，编制出基本药物目录而成。基本药物制度除了制定目录，还包括基本药物的生产、供应、使用、定价、报销等政策。基本药物全部纳入政府定价范围，全部纳入基本医疗保障药品报销目录，报销比例明显高于非基本药物。我国于2009年正式启动建立基本药物制度。根据改革规划，到2011年，初步建立国家基本药物制度；到2020年，全面实施规范的、覆盖城乡的国家基本药物制度。

3. 扩大公立医院综合改革试点

2009年，我国启动新医改，公立医院改革，成为新医改的重要突破口。2012年，国务院办公厅印发《关于县级公立医院综合改革试点意见》的通知，进一步推进县级基层医疗卫生机构改革。改革的重点是改革“以药补医”机制，鼓励探索医药分开的多种形式；取消药品加成政策，将试点县级医院补偿由服务收费、药品加成收入和政府补助三个渠道改为服务收费和政府补助两个渠道。破除“以药补医”机制是医院坚持公益性质的关键环节，也是我国在“十二五”医改规划中公立医院改革攻关方向。

（六）重要新闻链接

《把“锯腿自救”“刻章救妻”锁入历史》

这是新华网2014年2月10日的一则国务院医改办下发《关于加快推进城乡居民大病保险工作的通知》的新闻报道，文件明确要求尚未开展试点的省份，要在2014年6月底前启动试点工作。报道指出，无法承受巨额费用而“锯腿自救”“刻章救妻”的极端事件，有望自此从现实中消失，被锁入历史。

（新华网，2014年2月10日）

《英报：中国过度开药致死人数超过交通事故》

外媒称，据中国红十字会估计，“医疗损害事件”每年导致40万中国人非正常死亡，而造成这一灾难性后果的正是该国饱受开错药、多开药和贪腐困扰的医疗体制。有资深中国学者表示，这一数字肯定低估了问题的严重性。不管怎么说，有一个残酷的指标已经被这个数字远远抛在了身后——处方药致死人数已经超过了交通事故致死人数。

据英国《泰晤士报》网站9月9日报道，北京协和医院的主任药师张继春发出了愤怒的警告，认为世界第二大经济体是不安全用药的“重灾区”。张继春参与设计了一个调查项目，他们收集到170万份反馈，经过统计发现只有11%的受访者对不安全用药的危险性有最基本的认识。

这些数字向不同利益团体发出了不同的信息。对中国的改革者而言，这些数字确凿无疑地证明，问题百出的医疗体制在效能方面有极大的潜力可挖，而且必须从现在开始改变，以免这些问题汇聚成一场拖累中共的危机。

（参考消息网，2014年9月11日）

七　城市环境篇

2014年城市环境要素满意度得分为60.01分，较2013年的63.65分降低了3.64分，在公共服务九项要素中位列第2位。2014年该要素满意度排名前3位的城市依次为拉萨、海口、厦门，得分分别为74.26分、65.51分、65.33分。

（一）横向对比

2014年，38个主要城市的城市环境单项满意度平均分为60.01分，最高分为74.26分，最低分为50.68分，呈现出不同城市间的环境满意度方面存在较大差距。该项得分排名进入前10位的城市依次为拉萨、海口、厦门、银川、珠海、贵阳、重庆、青岛、成都、太原，其中东部城市占到4个，西部城市5

个，中部城市1个。38个城市中共有17个城市在该项的得分超过全国平均分（见图3-19，表3-19）。

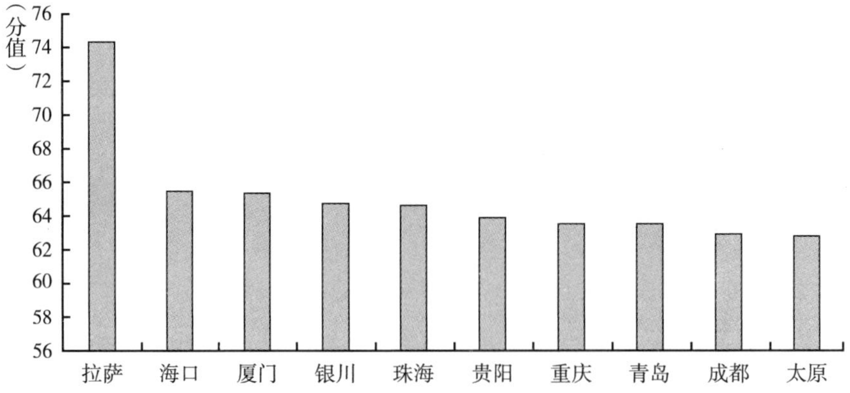

图3-19　2014年城市环境要素满意度前10位城市得分情况

表3-19　2014年38个城市环境要素满意度总体排名

城　市	得分	排名	城　市	得分	排名
拉　萨	74.26	1	沈　阳	59.75	20
海　口	65.51	2	南　京	59.70	21
厦　门	65.33	3	昆　明	59.53	22
银　川	64.78	4	哈尔滨	59.31	23
珠　海	64.63	5	福　州	59.23	24
贵　阳	63.82	6	汕　头	59.08	25
重　庆	63.48	7	呼和浩特	58.88	26
青　岛	63.47	8	南　宁	58.78	27
成　都	62.86	9	西　安	58.15	28
太　原	62.73	10	天　津	57.88	29
宁　波	62.04	11	合　肥	57.02	30
长　春	61.67	12	南　昌	56.17	31
上　海	61.30	13	广　州	55.57	32
大　连	61.20	14	济　南	55.02	33
深　圳	61.06	15	石家庄	54.40	34
西　宁	60.96	16	郑　州	54.33	35
长　沙	60.72	17	北　京	54.10	36
兰　州	59.90	18	武　汉	53.17	37
杭　州	59.77	19	乌鲁木齐	50.68	38
全国要素满意度	60.01				

（二）纵向对比

1. 2014年38个城市环境满意度要素发展指数

2014年城市环境要素发展指数为 -0.05721，在公共服务九项要素中排名第7位，较2013年有明显的下滑。在38个城市中，仅有7个城市的发展指数为正数，其余31个城市该要素的发展指数为负数，表明我国城市环境满意度较之2013年在总体上下降较大；与全国要素发展指数相比较，共有20个城市的该项要素发展指数高于该值，其中指数最高的兰州市为0.06839，最低的为乌鲁木齐市 -0.23101，相差0.29940，说明我国不同城市的环境质量与环保成效存在较大的差距（见表3-20）。

表3-20　2014年38个城市环境满意度要素发展指数排行

城　市	发展指数	排名	城　市	发展指数	排名
兰　州	0.06839	1	南　京	-0.04723	20
郑　州	0.06318	2	广　州	-0.06100	21
太　原	0.04446	3	珠　海	-0.06172	22
成　都	0.02935	4	长　沙	-0.06318	23
济　南	0.02617	5	合　肥	-0.07210	24
银　川	0.01303	6	长　春	-0.07360	25
汕　头	0.00270	7	南　昌	-0.08436	26
哈尔滨	-0.00354	8	昆　明	-0.08701	27
贵　阳	-0.00404	9	拉　萨	-0.09102	28
重　庆	-0.00439	10	北　京	-0.09398	29
西　安	-0.01407	11	深　圳	-0.10258	30
福　州	-0.01654	12	呼和浩特	-0.10436	31
南　宁	-0.01877	13	宁　波	-0.11746	32
上　海	-0.02671	14	青　岛	-0.12013	33
沈　阳	-0.02812	15	杭　州	-0.12159	34
西　宁	-0.03232	16	武　汉	-0.13662	35
石家庄	-0.03833	17	厦　门	-0.15792	36
天　津	-0.04361	18	大　连	-0.16533	37
海　口	-0.04561	19	乌鲁木齐	-0.23101	38
全国要素发展指数	-0.05721				

2. 2014年与2013年城市环境要素满意度前10位城市对比

2014年城市环境要素满意度得分与2013年相比下降了3.64分，下降幅度较大。2013 年城市环境满意度前十名的城市中有五个再次成功入榜，分别是拉萨、厦门、海口、青岛、珠海。其中拉萨以 74.26 分的得分高居榜首，厦门、海口、青岛、珠海四个城市也均高于 63 分，体现出这几个城市在环境方面的优异表现。2014 年该项要素排名前十的城市中，东部城市有 4 个，西部城市 5 个，中部城市 1 个（见图 3－20，表 3－21）。与 2013 年 9 个东部城市、1 个西部城市的分布格局相比，有了较大的改变，说明西部城市的环境满意度有了较大的提升。

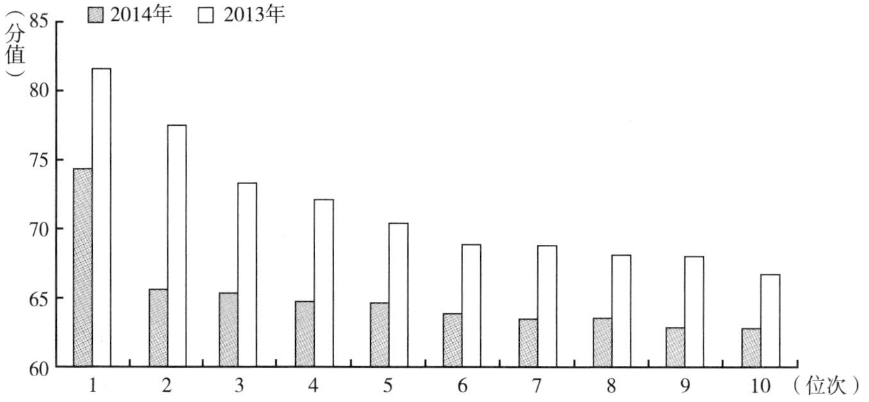

图 3－20　2014 年与 2013 年城市环境满意度前 10 位城市对比

表 3－21　2014 年与 2013 年城市环境满意度排名前 10 位城市得分情况

2014 年排名			2013 年排名		
城　市	得分	排名	城　市	得分	排名
拉　萨	74.26	1	拉　萨	81.69	1
海　口	65.51	2	厦　门	77.58	2
厦　门	65.33	3	大　连	73.33	3
银　川	64.78	4	青　岛	72.14	4
珠　海	64.63	5	宁　波	70.3	5
贵　阳	63.82	6	珠　海	68.88	6
重　庆	63.48	7	海　口	68.64	7
青　岛	63.47	8	杭　州	68.04	8
成　都	62.86	9	深　圳	68.04	9
太　原	62.73	10	长　春	66.57	10
全国要素满意度得分	60.01		全国要素满意度得分	63.65	

3. 2014 年与 2013 年城市环境要素关注度对比

2014 年公众对城市环境的关注度与 2013 年相比有所提升，但排名保持不变。

2014 年的城市环境关注度为 0. 11564，在九项要素中排名第 6 位（见图 3 - 21）；2013 年该项要素的关注度为 0. 09769。

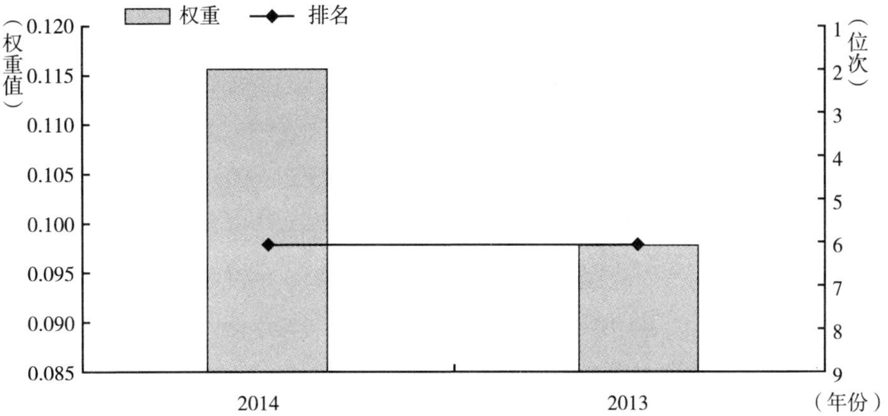

图 3 - 21　2014 年与 2013 年城市环境要素关注度比较

（三）结果分析

1. 重点治理污染，攻坚空气污染

2014 年我国计划淘汰燃煤小锅炉 5 万台，推进燃煤电厂脱硫、脱硝、除尘改造分别为 1500 万千瓦、1. 3 亿千瓦、1. 8 亿千瓦，淘汰黄标车和老旧车 600 万辆，在全国供应国四标准车用柴油。大气污染防治进入关键的一年，工业烟气治理、移动污染源治理投资机会将持续增加。

2. 不断优化能源结构，污染治理由治标向治本转变

2014 年在能源结构调整方面狠下功夫，标本兼治。粗放的生产方式和失衡的能源结构是环境污染的根源。加大节能减排和推进能源结构优化成为我国当期产业结构调整的主线。随着大气污染防治力度不断加大，政策重点将逐渐向治本转变。光伏、风电、生物质能等清洁能源将迎来新的增长机遇，重点区域天然气替代燃煤的步伐也不断加快。

3. 市场化制度建设推动节能环保市场升级

我国政府一直致力于推进资源性产品价格改革、探索生态补偿机制，建立生态文明制度体系。环保的市场化机制将逐渐完善，节能量、碳排放权、排污权、水权交易市场逐步升级，合同环境服务等创新模式都得到更大范围的推广。

（四）优秀城市经验推介——海口市

2014 年的城市基本公共服务满意度调查中，海口市以 65.51 分的城市环境要素得分位居榜单第 2 位。海口市连续三年在该项的排名中稳步提升，展现出海口市在环境保护方面的成效。

1. 不断加强基础设施建设，构建系统性宏观治污体系

随着国家对环境保护重视程度的提升，海口市在环保基础设施建设方面快速提升，城市污水收集处理和生活垃圾、工业固废、危险废物等处理收集系统建设力度不断加大。其中城市生活污水集中处理率和生活垃圾无害化处理率均达到 95% 以上。

在污水处理，污水收集方面狠下功夫，提升污水处理能力，加强排水专业规划和污水处理系统专业规划指导。在生活垃圾处理方面，垃圾场扩容、新建以及改造等问题上不断改善，全市层面的科学规划和统筹管理不断完善。

2. 全面加强饮用水安全保障

实施南渡江龙塘和永庄水库饮用水源地整治。将龙塘和永庄水库水源地一级保护区土地征为国有。完成对饮用水源地一级保护区内与供水设施及保护水源无关项目的清拆整治，关闭龙塘和永庄水源地原二级保护区内排污企业。全面禁止保护区内水产养殖、餐饮、旅游、化学品使用等一切与饮用水源地保护功能无关的活动。完成南渡江龙塘镇污水收集支管网建设。加大南渡江上游采砂作业监管力度，降低水土流失对饮用水源造成的负面影响。

3. 不断强化机动车污染防控

2013 年海口市修订关于《海口市机动车排气污染防治办法》，明确新车、在用车、车用燃料等环节污染防治、污染检测、监督管理、职能分工、法律责任等内容。全面推行机动车环保检验合格标志管理制度，划定机动车限行范围并组织开展区域限行。加快淘汰老旧车辆，于 2014 年年底前基本淘汰 2005 年以前注册的不符合机动车安全技术检验或机动车尾气环保检测要求的机动车。

4. 持续加强大气面源污染控制

近几年海口市不断加强对挥发性有机污染的控制。新建加油站、储油库必须按国家有关排放标准建设，同时配备油气回收设施。逐步实施全市加油站和储油库的油气回收工程，使空气质量有明显的改进。

（五）结论与建议

环境问题是民生问题的重要方面，老百姓迫切地期待改善环境质量。政府要进一步加强防治力度、依法监督，企业也要履行自己的社会责任，公民也要积极参与，形成合力，这样环保工作才会有成效。

（1）要认真落实《环境保护法》的相关规定，全面建构环保生态体系，完善环境保护理论体系，理顺健全环境保护职能和组织系统。

（2）全面提高环境保护监督管理水平，着力解决影响科学发展和损害群众健康的环境问题，改革创新环境保护工作的体制机制。要严格执行环境影响评价制度，继续加强主要污染物总量减排，强化环境执法监管，有效防范环境风险和妥善处置突发环境事件。要切实加强重金属污染防治，严格化学品环境管理，确保核辐射安全。健全环境管理体制和工作机制，强化对环境保护工作的领导和考核。

（3）落实贯彻“节能减排”工作部署，大力推广“低碳环保”生活方式。加强水泥、化工、汽车制造等行业的氮氧化物、挥发性有机物的污染治理，加强对燃煤设施、机动车尾气、工业企业、施工工地扬尘和渣土运输的环境监管，淘汰老旧车辆，实行垃圾分类，推广清洁能源，建设开放式街区公园，改善居民生活区域公共服务设施、公共场所转租、黄土露天、私搭乱建、经营扰民五类突出的问题。

（六）重要新闻链接

《兰州市威立雅水务集团公司出厂水及自流沟水样中苯含量严重超标》

2014 年 4 月 11 日，新闻报道兰州市威立雅水务集团公司出厂水及自流沟水样中苯含量严重超标。记者走访兰州市各大超市发现，市民争相抢购矿泉水，不少超市货架已售空。同时，兰州市西固区已停水。

威立雅水务集团公司公司检测显示，4 月 10 日 17 时出厂水苯含量高达 118 微克/升，22 时自流沟（自来水一分厂与二分厂之间中间段）苯含量为 170 微克/升，11 日凌晨 2 时检测值为 200 微克/升，均远超出国家限值的 10 微克/升。

（人民网，2014 年 4 月 11 日）

《2014 年两会期间，李克强总理提出“我们要像对贫困宣战一样，坚决向污染宣战”》

政府工作报告要求出重拳强化污染防治，尤其突出当前大气污染防治的紧迫性。报告重申“大气十条”，并量化 2014 年任务：今年要淘汰燃煤小锅炉 5 万台，推进燃煤电厂脱硫、脱硝、除尘改造分别为 1500 万千瓦、1.3 亿千瓦、1.8 亿千瓦，淘汰黄标车和老旧车 600 万辆，在全国供应国四标准车用柴油。2014 年将是大气污染防治的关键一年，工业烟气治理、移动污染源治理投资机会仍将持续。

（新华网，2014 年 3 月 6 日）

《环境保护部发布 2014 年上半年重点区域和 74 个城市空气质量状况》

2014 年上半年 74 个城市总体空气质量有所改善，京津冀区域空气质量有所改善，但上半年空气质量相对较差的前 10 位城市京津冀仍占 8 席。

与去年同期相比，随着《大气污染防治行动计划》相关措施的陆续落实和受到气象条件利好影响，74 个城市总体空气质量有所改善，平均达标天数比例由 58.7% 上升为 60.3%，提高 1.6 个百分点，PM2.5、PM10、SO_2、CO 等污染物浓度均不同程度下降。其中，京津冀区域空气质量有所改善，13 个城市达标天数比例提高 3.2 个百分点；长三角区域和珠三角区域空气质量达标天数比例比去年略有下降。空气重污染发生的频次、持续的时间和污染的强度均明显降低。

（环保部网站，2014 年 7 月 21 日）

八　文化体育篇

2014 年，全国 38 个主要城市文化体育要素满意度得分为 58.01 分，在公共服务九项要素中排名仍居于第 4 位，较 2013 年下降两位。文化体育要素发展指数为 -0.06288，在公共服务九项要素中排名第 9 位。在 38 个城市中，拉萨、珠海、海口 3 个城市的文化体育要素满意度得分排名前 3 位，得分分别为 65.41 分、63.75 分、63.57 分；而兰州、珠海、济南 3 个城市的该项要素发展指数排名前 3 位，指数分别为 0.09903、0.06294、0.01830。

（一）横向对比

2014 年度，38 个主要城市文化体育单项满意度平均分为 58.01 分。最高分为 65.41 分，最低分为 44.92 分。38 个城市中共有 21 个城市在该项的得分超过平均分。文化体育满意度得分排名前 3 位的城市分别为拉萨、珠海、海口，得分分别为 65.41 分、63.75 分和 63.57 分。此外，排名进入前 10 位的城市还包括海口、兰州、上海、重庆、银川、太原、青岛和杭州，得分分别为 63.57 分、63.02 分、62.68 分、62.24 分、62.23 分、61.19 分、61.15 分、60.50 分（见图 3 -22，表 3 -22）。

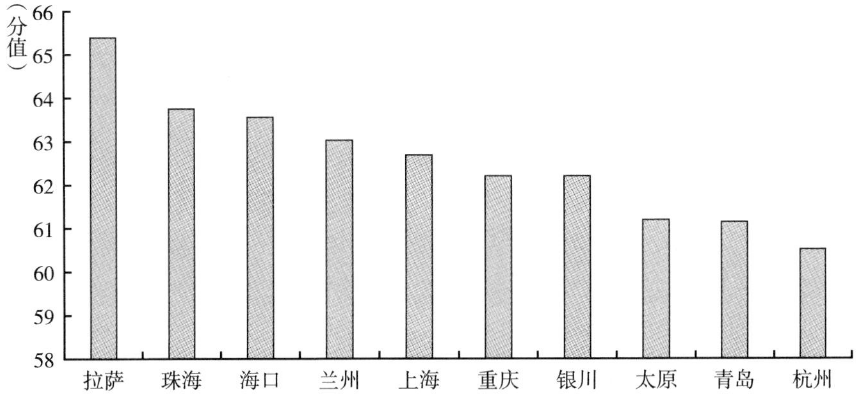

图 3 -22　2014 年文化体育要素满意度前 10 位城市得分

表 3－22　2014 年 38 城市文化体育要素满意度总体排名

城　　市	得分	排名	城　　市	得分	排名
拉　萨	65.41	1	西　宁	58.32	20
珠　海	63.75	2	长　沙	58.10	21
海　口	63.57	3	厦　门	57.94	22
兰　州	63.02	4	大　连	57.91	23
上　海	62.68	5	北　京	57.57	24
重　庆	62.24	6	长　春	57.05	25
银　川	62.23	7	合　肥	56.96	26
太　原	61.19	8	武　汉	56.79	27
青　岛	61.15	9	深　圳	56.25	28
杭　州	60.50	10	西　安	56.20	29
宁　波	59.91	11	广　州	56.15	30
石家庄	59.85	12	福　州	55.23	31
沈　阳	59.13	13	昆　明	54.73	32
南　京	59.02	14	郑　州	54.47	33
贵　阳	59.01	15	南　宁	53.57	34
哈尔滨	58.81	16	南　昌	53.09	35
成　都	58.69	17	呼和浩特	51.76	36
济　南	58.63	18	汕　头	50.12	37
天　津	58.60	19	乌鲁木齐	44.92	38
全国要素满意度	58.01				

（二）纵向对比

1. 2014 年 38 个城市文化体育满意度要素发展指数

2014 年全国 38 个城市文化体育要素发展指数为 －0.06288，较 2013 年略有下降，其中指数最高的为兰州市（0.09903），最低的为乌鲁木齐市（－0.24518）。相对于 2013 年，这一降幅有所扩大，表明文化体育整体上满意度并不稳定。这也说明我国的文化体育事业与人们对文化体育事业的需求之间还存在一定的差距（见表 3－23）。

表 3-23　2014 年 38 城市文化体育满意度要素发展指数排行

城　　市	发展指数	排名	城　　市	发展指数	排名
兰　　州	0.09903	1	昆　　明	-0.06979	20
珠　　海	0.06294	2	合　　肥	-0.07793	21
济　　南	0.01830	3	广　　州	-0.08037	22
银　　川	0.01501	4	青　　岛	-0.08359	23
太　　原	0.01343	5	深　　圳	-0.08360	24
重　　庆	0.00727	6	天　　津	-0.08550	25
宁　　波	0.00009	7	西　　宁	-0.09046	26
上　　海	-0.00250	8	长　　春	-0.09122	27
哈 尔 滨	-0.01469	9	南　　宁	-0.09840	28
西　　安	-0.01636	10	大　　连	-0.10469	29
海　　口	-0.02029	11	武　　汉	-0.11046	30
石 家 庄	-0.02664	12	南　　昌	-0.11188	31
郑　　州	-0.03142	13	南　　京	-0.11359	32
杭　　州	-0.03386	14	厦　　门	-0.11751	33
拉　　萨	-0.03415	15	长　　沙	-0.11877	34
沈　　阳	-0.04768	16	北　　京	-0.12413	35
成　　都	-0.04939	17	汕　　头	-0.14635	36
贵　　阳	-0.05881	18	呼和浩特	-0.20530	37
福　　州	-0.06852	19	乌鲁木齐	-0.24518	38
全国要素发展指数	-0.06288				

2. 2014 年与 2013 年文化体育要素满意度前十城市对比

2014 年文化体育要素满意度得分与 2013 年该项得分相比有所下降，2014 该要素满意度得分为 58.01 分，2013 年为 61.91 分，下降了 3.90 分。拉萨、青岛、海口三个城市连续两年排名进入前 10 位（见图 3-23）。

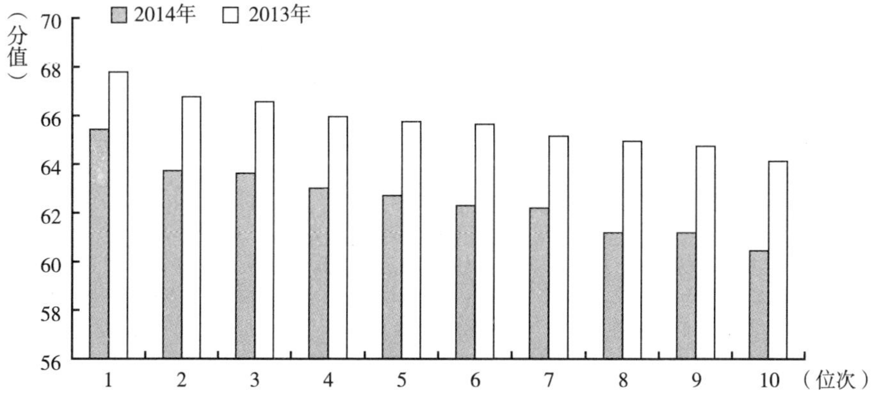

图 3-23　2014 年与 2013 年文化体育要素满意度前 10 位城市对比

2014 年度公众对文化体育的满意度得分与上一年度相比有明显下降（见表 3－24）。一方面，伴随着我国经济水平的不断提升，人们对物质精神文化生活的要求越来越高，越来越多的人日益重视对体育文化的消费；另一方面，我国文化体育方面建设以及发展水平相对较低，特别是体育文化场馆的建设要受到客观条件的限制，一些老城区、居民区受前期规划、场地等原因限制，无论是新增场馆还是场馆改造都有一定难度，这就与广大公众的需求存在差距增大的现象。

表 3－24　2014 年与 2013 年文化体育要素满意度前 10 位城市得分情况

2014 年排名			2013 年排名		
城　　市	得分	排名	城　　市	得分	排名
拉　　萨	65.41	1	拉　　萨	67.72	1
珠　　海	63.75	2	青　　岛	66.73	2
海　　口	63.57	3	南　　京	66.58	3
兰　　州	63.02	4	长　　沙	65.93	4
上　　海	62.68	5	北　　京	65.73	5
重　　庆	62.24	6	厦　　门	65.65	6
银　　川	62.23	7	呼和浩特	65.13	7
太　　原	61.19	8	海　　口	64.88	8
青　　岛	61.15	9	大　　连	64.68	9
杭　　州	60.50	10	西　　宁	64.12	10
全国要素满意度	58.01		全国要素满意度	61.91	

3. 2014 年与 2013 年文化体育要素关注度对比

通过统计被调查者对公共服务九项要素的提及率而得出的要素关注度。2014 年公众对文化体育的关注度进一步提升，但在九项要素中关注度排名未发生变化。

2014 年该项要素的关注度为 0.04806，而 2013 年关注度为 0.03053；与 2013 年相比，2014 年文化体育的关注度排名未发生变化，仍排在第 8 位，但关注度值有所提升，这体现了人们对文化体育的需求日益提高（见图 3－24）。

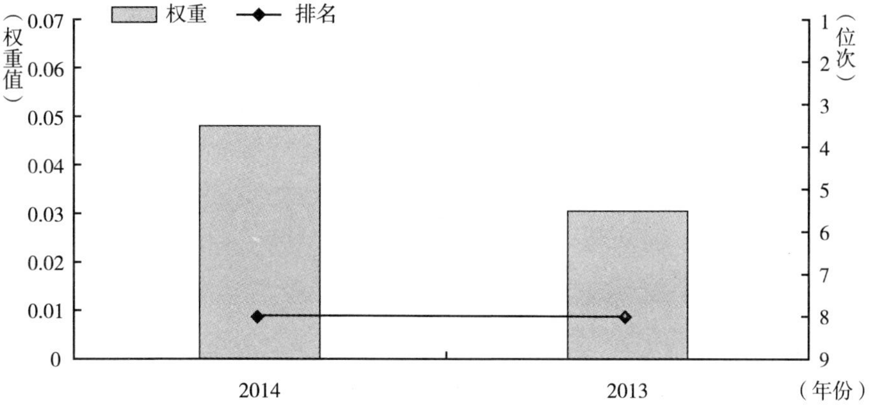

图 3－24　2014 年与 2013 年文化体育要素关注度比较

（三）结果分析

2013 年和 2014 年我国文化体育公众满意度下降幅度有所增加。关注度排名均位居第 8 位，但 2014 年发展指数 －0.06288，仍为负值，并且下降幅度有所扩大。这表明我国文化体育事业的发展与人们的需求之间还存在一定差距，并且这种差距有所扩大。究其原因，可能受以下因素影响。

1. 相关基础设施落后，与人们日益增长的物质文化需求存在差距

近些年我国的城市化水平不断提高，文体场馆所覆盖的人群数量也不断增加，虽然众多的文化、体育设施建设不断加速，文体艺术活动也越来越多，但与人民群众日益增长的物质文化需求之间还存在不小的差距。一方面我国的文体场馆基础设施还比较落后，根据 2012 年年底发布的《“十二五”公共体育设施建设规划》，到 2015 年中国人均体育场地面积将达到 1.5 平方米以上，基本实现“县县都有公共体育场”。根据现有资料，这一 1.5 平方米的目标，不足美国现有数量的 1/10，不足日本的 1/12。另一方面是不同城市之间，同一城市不同区域之间的文体设施严重不均衡，一些城市的老居民区受客观条件限制无法扩建体育文化设施；新城区虽有相关场馆，但生活人口不足，反而出现文体场馆闲置的现象。

2. 文体事业市场化不足，缺乏科学管理与引导

近年来，我国的文体事业发展迅速，国家也出台了一系列相关政策支持相关行业的发展，但总体而言，我国的文体事业还存在大而不强的情况，除一线和二线城市文体活动比较丰富外，很多地方存在活动较少、市场化不足的问题。一方面文体活动的开展涉及多个管理部门，一些地方管理较为粗放，影响了文体活动的市场化进程，管理服务机制有待改善。另一方面必须提高文体活动管理的科学性，建立文化安全预警机制，预防由于市场经济的功利性而导致的不良文化沉渣泛起的现象。总之，必须加大力度发展文化生产力，加强对文体产业的投入，尽快丰富我国的文化产品市场；同时要建立文化安全机制，保障我国的文化安全。

3. 基层文体活动公众参与度不高

大型赛事很多人无法参与，而基层文化活动又不能满足公众的文化需求，公众参与度不高。2013 年的一项调查显示，公众对文化场馆（档案馆、基层图书室、文化站、文化馆等）年均光顾不超过 5 次的受访者比例超过了 90%，有超过五成的人从不参与公共文化活动。有些社区活动形式较为单一，下棋、打球等传统形式对年轻人及青少年吸引力较弱，而一些自发的文体活动如广场舞，目前还存在一些争议，有待于进一步引导。

（四）优秀城市经验推介——海口市

近几年，海口市城市建设快速发展，特别是海口城市西拓项目加速，使得海口文体产业的发展格局日益凸显。按照“海口新中心”的规划与展望，政府对西海岸的功能定位为“一带三中心”，即西海岸黄金旅游带，旅游度假中心、海上休闲运动中心和高尚娱乐中心。西海岸文化体育中心建设是西海岸建设的重点工程，近 3000 亩奥体主题文化中心，涵盖了 20 万平方米的奥体场馆，可以承办国际化综合赛事；10 万平方米的西海岸国际文化中心建设，包括音乐厅、广电中心、展览中心；50 万平方米的文体主题商业中心，是海口市民及外来游客休闲购物的好去处，为海南省文体产业提供了发展平台。

海口市文体事业的发展与海南省对文体产业的重视密不可分。2013 年，海南省累计建设完成 280 个行政村文体活动室，深入推进省市县博物馆、纪念馆免费对外开放，“三网融合”三方协议正式签订，三沙卫视顺利开播，“十二五”广播电视村村通工程通过验收；农村公益电影放映 33068 场次；2695 家农家书屋纳入了信息监管系统；完成全省 203 个行政村农民体育健身工程的布点和资金下拨任务，安装 65 条全民健身路径。

2014 年，海南省文体厅计划完成 300 个行政村（社区）文化室和市县“两馆”达标建设，冯小刚、长影、海南电影公社三大产业园建设，南海渔船通广播电视工程建设，农垦系统广播进村工程建设，全省地面数字电视工程建设，海南体育娱乐视频电子即开型彩票落地销售建设等 93 项重点文体项目建设。

海口市文化体育发展的另一个特点就是总体规划，《海口市文化体育发展（2009～2013 年）五年规划纲要》中明确提出，到 2013 年，通过实施精品带动战略、人才兴文战略、公共文化推进战略、产业突破战略、文化创新战略，努力把海口建设成与其经济地位相适应、古代文化与现代文明交相辉映的文化大市。

（五）结论与建议

（1）制定总体规划，将文体事业的发展与城市功能定位相结合，打造集行政服务、总部经济、文化会展、旅游度假、休闲娱乐等多种功能于一体的综合服务区。

（2）加强基础设施建设，特别是建立健全城乡社区服务体系，重视打造类型多样的群众性文体活动，提高活动的参与度和活动效果。

（六）重要新闻链接

《青少年校外锻炼缺乏指导　成年人体育健身人数增加》

国家体育总局对我国 6～69 岁城乡居民体育健身活动及体质状况进行抽样调查，获取有效样本 90929 例。针对 6～19 岁儿童青少年，调查涵盖了体育课、课外体育活动、校外体育锻炼情况以及体育健身活动的参与度等方面内容。

调查数据表明，喜欢参加体育课、课外体育活动、校外体育锻炼的儿童青少年比例均超过90%。在被调查的儿童青少年中，达到“每周参加体育锻炼频度3次及以上，每次体育锻炼持续时间30分钟及以上，每次体育锻炼的运动强度达到中等及以上”标准的比例为81.7%。而在参加校外体育锻炼的儿童青少年中，达到这一标准的比例仅为28.6%。每周达到3次以上及1小时大强度体育锻炼的儿童青少年比例仅有8.9%，38.5%，儿童青少年体育锻炼强度小。由此可见，我国儿童青少年体育锻炼的有效负荷有待提高。

值得注意的是，调查结果显示目前我国儿童青少年参加校外体育锻炼时主要是“自己练”，有指导的人数比例仅为21.9%。78.1%的儿童青少年在参加校外体育锻炼时未得到指导。

针对20~69岁城乡居民的日常体育健身活动状况调查，围绕体育健身活动的参与度、体育健身意识与锻炼项目、体育健身活动的场所、体育锻炼的消费、体育赛事观赏、对体育公共服务体系建设的需求等方面展开。

（《中国体育报》2014年8月7日）

《国家发展改革委 国家体育总局关于印发“十二五”公共体育设施建设规划的通知》

到2015年，公共体育设施建设有较大发展，人均体育场地面积达到1.5平方米以上，有条件的市（地）、县（区）、街道（乡镇）、社区（行政村）普遍建有体育场地，各类体育设施的综合利用率和运营能力有较大提高，开放时间明显增加，初步形成布局合理、互为补充、覆盖面广、普惠性强的公共体育设施网络。

——在条件适宜的地区，基本实现“县县都有公共体育场”；

——50%以上的县（市、区）建有“全民健身活动中心”；

——50%以上的街道（乡镇）、社区（行政村）建有便捷、实用的体育健身设施；

——有条件的公园、绿地、广场建有体育健身设施。

（发展改革委网站·政策发布中心·通知，2012 年 7 月 19 日）

九　公职服务篇

2014 年，公职服务要素满意度得分为 57.49 分，2013 年该项要素满意度得分为 57.27 分，2014 年较之 2013 年满意度得分有所提升。2014 年，该项要素满意度得分前 3 位的城市为拉萨、海口和上海，其中拉萨市得分最高，为 64.01 分。

（一）横向对比

2014 年，38 个主要城市公职服务要素满意度均分为 57.49 分，得分最高为拉萨市，分值为 64.01 分；最低分为乌鲁木齐，为 51.77 分。该项得分排名进入前 10 位的城市依次为拉萨、海口、上海、兰州、青岛、长沙、厦门、珠海、杭州、南京，得分分别为 64.01 分、62.89 分、62.06 分、61.88 分、60.99 分、60.52 分、60.48 分、60.31 分、59.56 分、59.42 分，在地区分布上东部城市为主，中、西部城市较少。38 个城市中共有 17 个城市在该项的得分超过要素满意度平均分（见图 3－25，表 3－25）。

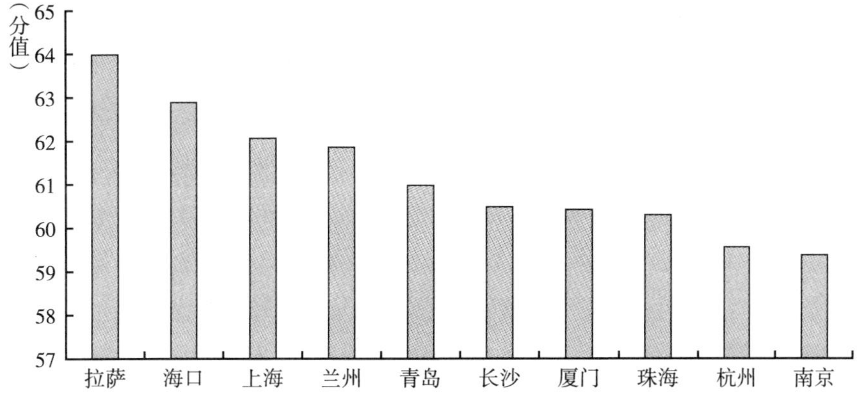

图 3－25　2014 年公职服务要素满意度前 10 位城市得分

表 3－25　2014 年 38 城市公职服务要素满意度总体排名

城　市	得分	排名	城　市	得分	排名
拉　萨	64.01	1	沈　阳	57.27	20
海　口	62.89	2	银　川	56.95	21
上　海	62.06	3	西　宁	56.74	22
兰　州	61.88	4	北　京	56.74	23
青　岛	60.99	5	合　肥	56.63	24
长　沙	60.52	6	深　圳	56.33	25
厦　门	60.48	7	大　连	56.16	26
珠　海	60.31	8	福　州	55.97	27
杭　州	59.56	9	西　安	55.83	28
南　京	59.42	10	广　州	55.66	29
宁　波	59.29	11	南　宁	55.22	30
长　春	59.15	12	武　汉	55.00	31
太　原	59.03	13	济　南	54.93	32
天　津	58.75	14	呼和浩特	53.84	33
重　庆	58.01	15	昆　明	53.77	34
成　都	57.99	16	郑　州	53.51	35
哈尔滨	57.80	17	汕　头	52.77	36
石家庄	57.47	18	南　昌	52.70	37
贵　阳	57.40	19	乌鲁木齐	51.77	38
全国要素满意度	57.49				

（二）纵向对比

1. 2014 年 38 个城市公职服务满意度要素发展指数对比

2014 年度公职服务要素发展指数为 0.00399，数值由 2013 年的负数转正。38 个城市中，共有 22 个城市个城市要素发展指数为正数（2013 年为 8 个），依次是兰州、福州、珠海、太原、银川、济南、西安、郑州、昆明、青岛、石家庄、海口、上海、长沙、拉萨、天津、重庆、南宁、深圳、沈阳、哈尔滨、宁波，其余 16 个城市该要素的发展指数为负数，表明 2014 年我国城市公职服务平均满意度较 2013 年有所提升。这种提升表现为两个方面，一个是要素发展指数由负转正，表明公职服务能力的整体提高；另一个是发展指数为正的城市数量由 2013 年的 8 个增加到 2014 年的 22 个，表明了这种提升具有普遍性。

38 个城市中共有 21 个城市该项要素发展指数高于均值，最高为 0.15475，最低为 -0.12614，得分最低的城市相比 2013 年跌幅也有所收窄（见表 3-26）。

表 3-26　2014 年各城市公职服务满意度要素发展指数排行

城　市	发展指数	排名	城　市	发展指数	排名
兰　州	0.15475	1	沈　阳	0.00921	20
福　州	0.10436	2	哈尔滨	0.00799	21
珠　海	0.08769	3	宁　波	0.00313	22
太　原	0.07795	4	合　肥	-0.00235	23
银　川	0.07776	5	成　都	-0.01233	24
济　南	0.07388	6	汕　头	-0.01380	25
西　安	0.06032	7	南　京	-0.01710	26
郑　州	0.05872	8	厦　门	-0.02338	27
昆　明	0.05312	9	杭　州	-0.02750	28
青　岛	0.04945	10	北　京	-0.02906	29
石家庄	0.04770	11	长　春	-0.03581	30
海　口	0.04223	12	乌鲁木齐	-0.03583	31
上　海	0.03969	13	广　州	-0.04444	32
长　沙	0.03455	14	贵　阳	-0.05653	33
拉　萨	0.02736	15	南　昌	-0.07390	34
天　津	0.01897	16	大　连	-0.09443	35
重　庆	0.01855	17	武　汉	-0.09963	36
南　宁	0.01574	18	呼和浩特	-0.12594	37
深　圳	0.01140	19	西　宁	-0.12614	38
全国要素发展指数	0.00399				

2. 2014 年与 2013 年公职服务要素满意度前十城市对比

2014 年公职服务要素满意度得分与 2013 年该项得分相比略有提升，2014 要素满意度得分为 57.49 分，2013 年为 57.27 分，提升了 0.26 分。拉萨、厦门、杭州、南京 4 个城市连续两年排名进入前 10 位，其中拉萨、杭州、南京在 2012 年也位居前 10 位。2014 年该项排名前 10 位的城市中，有 7 个城市位于东部，表明 2014 年东部地区公职服务满意度提升较大，区域间的公职服务发展水平差距有所扩大（见图 3-26，表 3-27）。

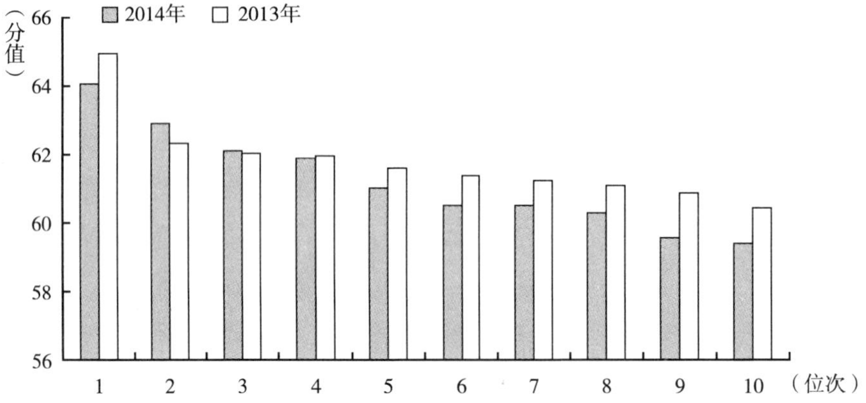

图 3－26　2014 年与 2013 年公职服务要素满意度前 10 位城市对比

表 3－27　2014 年与 2013 年公职服务要素满意度前 10 位城市得分情况

2014 年排名			2013 年排名		
城　市	得分	排名	城　市	得分	排名
拉　萨	64.01	1	西　宁	64.93	1
海　口	62.89	2	拉　萨	62.31	2
上　海	62.06	3	大　连	62.01	3
兰　州	61.88	4	厦　门	61.92	4
青　岛	60.99	5	呼和浩特	61.59	5
长　沙	60.52	6	长　春	61.34	6
厦　门	60.48	7	杭　州	61.24	7
珠　海	60.31	8	武　汉	61.09	8
杭　州	59.56	9	贵　阳	60.84	9
南　京	59.42	10	南　京	60.45	10
全国要素满意度	57.49		全国要素满意度	57.27	

3. 2014 年与 2013 年公职服务要素关注度对比

2014 年公众对公职服务的关注度排名与 2013 年持平，在九项公共服务基本要素中位居第 9 位。2014 年公众对公职服务的关注度为 0.04579，2013 年该要素的关注度为 0.01662，关注度值明显上升，可见公众对公职服务的关注度越来越高（见图 3－27）。

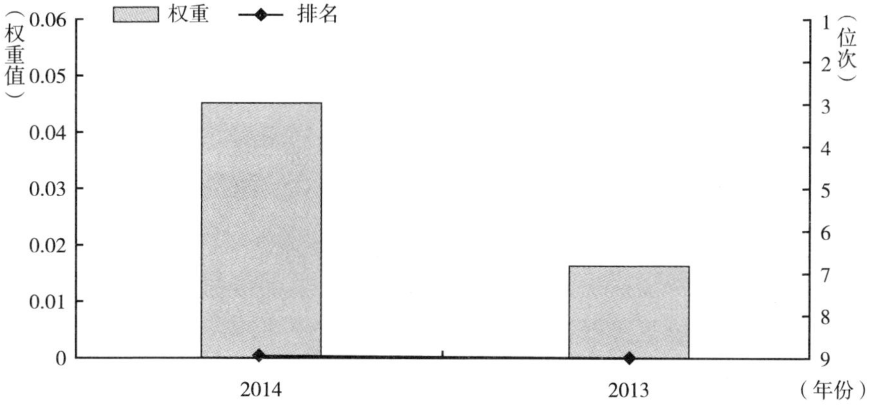

图 3-27　2014 年与 2013 年公职服务要素关注度比较

（三）结果分析

1. 公职服务满意度提升

2014 年公职服务满意度分值为 57.49 分，相较于 2013 年的 57.27 分略有提升，并且分布更加合理，发展指数为正的城市明显增多。

中共中央政治局在 2012 年 12 月 4 日召开的会议上，一致同意关于改进工作作风、密切联系群众的八项规定。八项规定实施以来，中央严格要求，各地区各部门的工作力度也不断加大，中央纪委在 31 个省份和新疆生产建设兵团、59 个中央和国家机关建立了落实中央八项规定精神情况月报制度。自八项规定实施以来，成效有目共睹，提升了人民的满意程度。

2. 简政放权，激发市场活力

建设服务型政府是推动社会与经济发展的内在要求。以往一些政府部门习惯于审批盖章、决策处分，权力高度集中，公职人员不作为或是违规执法、以权谋私、服务意识淡薄，服务态度恶劣的新闻频发，加大了公众对公职服务的不满。在过去一年中，李克强总理多次在不同场合强调简政放权、放管结合，进一步激发市场活力；反腐倡廉的深入，以上政府部门的不良作风有很大的改进。

3. 预防庸政、懒政现象的发生

“八项规定”及审批制度改革以来，各项政策措施有效推进，但是也存在一些现象值得警惕。媒体报道，公车改革之后，一些公务员声称“车补这么低，以后不出差了”，心中毫无服务意识，而中央督导政策落实情况时也发现，确实存在部分政策落实环节多、进度慢，一些地方和部门重布置轻落实，存在推诿扯皮现象；部分干部缺乏责任意识，遇到困难“躲着走”、不作为、不担当，懒政松懈，还存在搞选择性落实、象征性执行等现象。如果这些现象改善了，我国的公职服务水平必将走上一个新的台阶。

（四）优秀城市经验推介——杭州市

公职服务涉及人民生活的方方面面，生活中很多人接触公职服务大多局限在某一个领域或某一个部门，对公职服务的情况难有全面的认识，因此公职服务变化情况的评价难度较高，杭州市的公职服务单项指标连续三年排名前10位，可见杭州市在公职服务方面所做的工作受到了市民的广泛认可。

2014年杭州市政府围绕人民群众广泛关心的问题，提出2014年要为人民群众办理的10件实事，并提出“十件实事，掷地有声”，表明了对工作目标实现的自信态度。这10件实事涵盖了公民生活的方方面面，主要有：持续改进公民出行条件、加强雾霾治理、提升饮用水质量、提升城市河道水质、加强食品药品安全监管、提高社会保障水平、推进养老助残服务、丰富城乡文体生活、优化小区居住环境、简历便民E邮站。每一项均有明确的工作目标，牵头部门和责任单位，以及每件实事的进展情况，以专题的形式列在政府网站做了链接，进度清晰明了。

杭州市政府将2014年定位为改革创新年、项目推进年和服务优化年。市委办公厅、市政府办公厅专门印发了《关于深入整治社区（村）“牌子多”等问题的通知》，纳入第二批群众路线教育实践活动专项整治的范围，全面开展社区（村）机构牌子多、考核多、台账多、盖章多等问题专项整治，规范工作事项进社区（村）准入制度，切实减轻基层负担，为社区（村）组织腾出时间和精力服务于群众营造良好环境。

清理后，社区（村）组织机构牌子从52块减少到5块，进社区（村）的工作任务从85项减少到29项，盖章证明事项从49项减少到22项。同时整合社区（村）各类考核评比，原来对社区（村）的各类单项考核有62项，现全市仅保留和谐（文明、平安）社区（村）考核评比。依托“智慧杭州”建设，建立健全全市统一的“智慧社区”综合管理服务平台。这一系列举措对基层管理组织来说做了减法，改善了由于权力下放而导致的基层功能繁杂的状况，让基层管理者有更多的时间和精力做好服务工作，有效提高了服务质量。

（五）结论与建议

提升公职服务满意度，必须坚持权为民所用，利为民所谋，真正为群众办实事：

（1）围绕群众关心的热点问题，坚持为群众办实事。做到目标明确、权责一致，狠抓落实，真正办好为人民服务的几件大事，切切实实改善服务质量。明确政府部门之间业务及责任分工，加大对相关责任人的处罚力度，增加权力的监管力度，避免“踢皮球”现象产生，提高执法的效率以及公职服务的质量。

（2）做好简政放权。坚决贯彻中央关于简政放权的一系列决定，结合本地实际，做到权力下放与基层职责减负相结合，提升基层组织的服务质量与服务水平。

（3）提高政务工作的透明度，构建信息公布平台，使得民众能够及时了解政府工作的进度进程，提升服务效率，加强公民参与，形成与人民的良好互动。同时充分利用现有技术手段，引导全民参与建设服务型政府。

（六）主要新闻链接

《国务院审改办：一年取消和下放 7 批共 632 项行政审批事项》

新一届国务院组成以来，把加快转变政府职能、简政放权作为开门第一件大事，把深化行政审批制度改革作为重要抓手和突破口。李克强总理提出本届政府任期内要把原有审批事项削减 1/3 以上，并做出一系列重要批示指示。一年多来，经过各方面共同努力，简政放权、政府职能转变工作取得重要阶段性成果。

一是行政审批制度改革深入推进。一年多来，先后取消和下放 7 批共

632 项行政审批等事项。修订了政府核准的投资项目目录，改革工商登记制度，减少、整合财政专项转移支付项目，大力减少行政事业性收费，清理并取消资质资格许可事项和评比达标表彰项目。全面摸清并公布了国务院各部门正在实施的行政审批事项，开展了非行政许可审批事项清理工作，印发了严格控制新设行政许可的通知。

二是市场监管工作进一步加强。在大力简政放权的同时，将政府管理由事前审批更多地转为事中事后监管，切实加大监管力度。国务院先后出台了促进市场公平竞争维护市场正常秩序的若干意见，颁布了企业信息公示暂行条例、社会信用体系建设规划纲要（2014～2020 年），推动建设统一开放、竞争有序、诚信守法、监管有力的市场监管体系。

三是宏观管理水平持续提升。转变职能、减少微观事务管理后，各部门腾出了更多精力管宏观、抓大事、议长远、谋全局，进一步创新思路、创新机制，统筹做好稳增长、促改革、调结构、惠民生各项工作。创新宏观调控方式，更加重视发挥市场配置资源的决定性作用和更好发挥政府作用，注重统筹优化生产力布局，改进和加强公共服务和民生保障。

四是行政效能明显改进。持之以恒推进政风建设，严格控制财政供养人员规模，严禁新建政府性楼堂馆所，严格压缩“三公”经费。今年 6～7 月，国务院派出 8 个督察组，分别对稳增长促改革调结构惠民生的相关政策措施落实情况进行督促检查，有力推动了各项政策措施的全面落实。

（新华网·时政，2014 年 9 月 10 日）

调查报告

Investigation Report

B.4

城市基本公共服务热点问题调查报告*

摘　要：

本报告结合调查结果，选取了基本公共服务满意度调查中群众最关心的交通拥堵、打车难、涉毒问题、色情监管、暴力恐怖、食品安全、房价调控、计划生育、空气质量、政府作风、公共信息服务、公共交通费和户籍制度十三个核心问题进行了深入评价，并发布排行榜。从问题的提出、问题的设置、调查的结果、原因分析和对策建议等方面进行深入分析，力图从保障和改善民生的角度对提高政府的公共服务力提出政策建议和决策参考。

关键词：

城市基本公共服务　基本公共服务满意度　公共服务力

---

* 执笔：钟君、刘志昌、刘须宽、罗紫罗兰、张华玲；统稿：钟君。

热点问题一　交通拥堵

1. 问题提出

交通拥堵已经成为迈达斯灾祸（城市病）的主要表征之一，一直是各国城市发展的“头号难题”。随着城市化的快速发展，由于城市基础设施建设相对于机动车的快速增长相对滞后，城市规划和管理科学性不足，城市“摊大饼”式的空间扩张、公共交通不发达、不文明的交通行为等原因，致使拥堵现象严重。

2. 调查问题设置

问题 B1　您外出时，通常情况下感觉路上拥堵吗？

（1）非常堵　　（2）比较堵，但还能承受

（3）有点堵车　　（4）不堵车，但车辆缓行

（5）很顺畅

3. 调查结果

运用权重分析法，选择第一项赋 1 分，选择第二项赋 2 分，以此类推，最后加权计算最后得分。表 4－1 是全国 38 个城市 2014 年与 2013 年交通拥堵状况排行榜，分数越高代表该城市交通拥堵程度越低。图 4－1 是 2014 年交通畅通情况排名前十的城市得分图。表 4－2 是交通畅通情况排名前 10 位城市在 B1 题各选项上的样本分布表。

表 4－1　主要城市交通畅通情况满意度得分排行榜

城　市	2014 年		2013 年	
	分值	排序	分值	排序
拉　萨	66.64	1	70.47	1
长　沙	56.92	2	55.16	5
银　川	56.62	3	54.15	6
太　原	54.67	4	45.56	29
珠　海	54.55	5	56.94	3
成　都	54.17	6	53.65	9
天　津	53.89	7	48.34	25

续表

城　市	2014 年		2013 年	
	分值	排序	分值	排序
福　州	53.05	8	43.16	33
南　京	52.29	9	54.09	7
青　岛	52.05	10	48.69	23
长　春	52.00	11	52.73	12
上　海	51.61	12	50.33	15
海　口	51.01	13	59.54	2
西　宁	50.28	14	55.40	4
西　安	49.88	15	44.54	30
深　圳	49.85	16	50.04	18
汕　头	49.53	17	49.03	20
宁　波	49.41	18	52.42	13
沈　阳	48.97	19	50.06	17
重　庆	48.93	20	48.29	26
厦　门	48.36	21	53.33	10
济　南	48.20	22	40.61	35
哈尔滨	47.71	23	54.07	8
昆　明	46.71	24	41.99	34
石家庄	46.33	25	50.08	16
广　州	45.61	26	48.79	21
合　肥	45.55	27	48.64	24
大　连	45.14	28	53.30	11
乌鲁木齐	44.67	29	36.94	38
北　京	44.23	30	49.53	19
杭　州	43.65	31	50.53	14
南　宁	43.14	32	46.15	28
武　汉	41.74	33	46.83	27
郑　州	41.44	34	38.81	37
南　昌	40.89	35	48.70	22
呼和浩特	40.36	36	44.26	31
兰　州	38.11	37	43.18	32
贵　阳	37.87	38	40.16	36

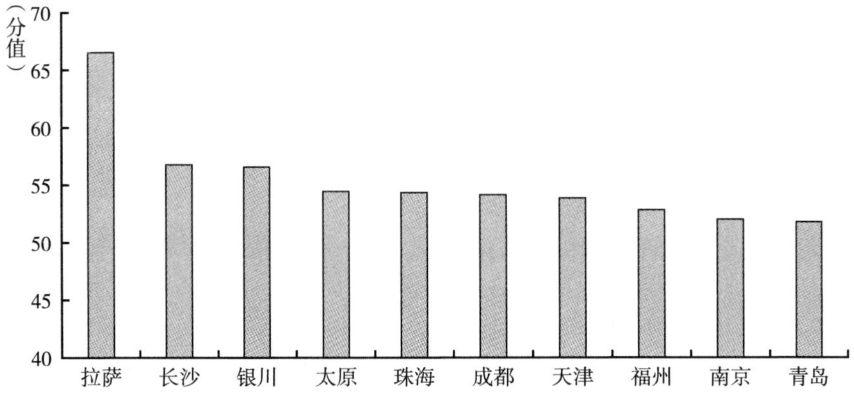

图 4-1　交通畅通情况满意度排名前 10 位城市得分

表 4-2　交通畅通情况满意度排名前 10 位城市在 B1 题各选项的样本分布

单位：%

城　市	非常堵	比较堵，但还能承受	有点堵车	不堵车，但车辆缓行	很顺畅
拉　萨	8.81	10.51	38.31	23.39	18.98
长　沙	7.62	29.73	35.67	24.39	2.59
银　川	6.83	27.70	44.60	17.27	3.60
太　原	14.78	30.61	32.19	11.35	11.08
珠　海	10.04	29.03	43.01	13.98	3.94
成　都	13.58	31.27	30.63	19.78	4.74
天　津	12.12	33.00	36.03	11.03	7.83
福　州	10.96	38.69	26.81	21.21	2.33
南　京	13.05	32.63	37.33	13.81	3.19
青　岛	13.34	36.59	28.34	19.94	1.79
全国总样本	19.34	36.69	29.24	11.72	3.02

4. 调查结果分析

由表 4-1 可见，2014 年拉萨市交通最为通畅，得分最高，为 66.64，并与第二名保持较大差距。从整体数据可见，2014 年主要城市交通拥堵问题得分较 2013 年整体下降，拉萨、银川、珠海、南京连续三年排名进入前 10 位，说明以上城市交通状况相对乐观。与 2013 年相比，太原、天津、福州 3 个城市的进步幅度最大，表明这3个城市2014年公共交通拥堵状况较之2013年得到较大改善。

从总的样本来看，2014年，有19.34%的被访者认为“非常堵”，有36.69%的被访者认为“比较堵，但还能承受”，有29.24%被访者选择“有点堵车”，11.72%被访者选择“不堵车，但车辆缓行”，仅有3.02%被访者选择“很顺畅”。可见，有56.03%的调查对象认为非常拥堵和比较拥堵，较之2013年的调查结果（55.54%），此数据上升0.49个百分点，表明中国城市的拥堵状况依然存在，并且较上年的拥堵程度有所加重。

5. 原因分析

（1）机动车过快增长，车流量急剧增大。根据公安部通报：2013年我国车辆和驾驶人保持快速增长，至2013年年底，全国机动车数量突破2.5亿辆，机动车驾驶人近2.8亿人。其中，汽车达1.37亿辆，扣除报废量，增加了1651万辆，增长了13.7%；汽车驾驶人为2.19亿人，扣除注销量，增加了1844万人，增长了9.2%。2003～2013年，我国汽车保有量增长迅速，从2003年的2400万辆增长到2013年的1.37亿辆，年均增加1100多万辆，增长了4.7倍，占全部机动车的比率达到了54.9%，比10年前提高了29.9个百分点。机动车增量快、车流量大，而道路建设远远落后于汽车的增长速度，是造成交通拥堵的直接原因。

（2）职住不平衡、配套不健全等新城建设问题导致交通“潮汐现象”。以北京为例，据统计，北京四环路以内早高峰进城交通量是出城的2倍，其中轨道交通超过了4倍。主要就业区域与居住密集区之间的交通支撑不足，新增产业园区与周边居住区之间缺乏有效的就业和住房供给对接机制，难以实现小范围的就近平衡。街道社区配套服务设施不完善，不能有效满足居民日益增长的日常生活需求，跨地区中长距离的餐饮购物、休闲娱乐、就学就医等交通出行比例高居不下。

（3）城市路网和公共交通体系不完善，交通管理设施建设水平有待提高。长期以来在路网规划建设中，各城市往往只重视快速路和主干道路网的规划建设，忽视城市次干道路网的规划建设，导致我国城市路网等级级配不尽合理。城市路网密度低、系统性差，大量的非机动车与机动车要同时使用同一道路系统，导致交叉路口的通行效率低下。

（4）市民的交通素质有待提高。交通公德意识差，有些时候起到加剧交通拥堵的作用，成为造成交通拥堵的直接原因。行人不遵守交通规则，乱闯红灯、横穿马路；非机动车越线闯红灯、逆向行驶；司机不遵守秩序驾车乱闯、乱停放等原因致使道路通行效率下降。由于不遵守交通规则以及交通道德的缺失，此起彼伏的剐蹭、追尾，一起事故就会导致交通堵塞几个小时。“中国式过马路”也是导致交通拥堵的主要原因。

6. 对策建议

（1）坚持贯彻优先发展公共交通战略，提高公共交通出行比例。优先发展城市公共交通是提高交通资源利用效率，缓解交通拥堵的重要手段。优先发展公共交通，应着力做好以下几个方面。

第一，完善公共交通基础设施建设，合理规划设置场站和配套设施，加强城市交通换乘枢纽建设。

第二，优化公共交通运营结构：大力发展公共汽（电）车，适度发展快速公共汽车系统，有序发展城市轨道交通。

第三，严格保障公共交通的道路优先使用权，调整公共交通车辆与其他社会车辆的路权使用分配关系，提高公共交通车辆运营速度和道路资源利用率。

第四，科学合理地核定公共交通票价，发挥客运价格的导向和杠杆作用，对公共交通实行经济补贴、补偿，以低票价最大限度地吸引客流，提高公共交通工具的利用率，各种公共交通方式之间也要建立合理比价关系，实现优势互补，提高整个公共交通系统的运行效率。

（2）加强机动车存量以及流量调控，并引导合理使用。在存量控制方面，如北京制定小客车年增长数量和配置比例，按摇号方式无偿分配小客车配置指标，牌照通过摇号无偿分配；再如上海，为了抑制汽车保有量过快增长，通过实行私车额度拍卖政策对汽车总量进行控制。在流量调控方面，如北京实施的单双号限行、尾号限行等措施，停车收费调整计时单位由原来半小时改为15分钟等。这些措施都是缓解交通拥堵的有效措施。

（3）借鉴国外经验，通过征收拥堵费、调整停车费等措施，合理运用价格杠杆调解机动车存量，缓解交通拥堵。公共道路属于公共资源，在道路供给不足、资源紧张的情况下，公众对这一公共物品的使用具有竞争性，这在一定程度上会导致交通拥挤加剧。运用价格杠杆征收拥堵费，将公共资源暂时转变为“私人物品”是解决交通拥堵的一种思路。

第一，在运用价格杠杆治理交通拥堵方面，一些国外的经验值得借鉴。例如，英国伦敦为了缓解交通拥堵实行交通拥堵收费制度，在周一至周五凡驾车经过伦敦市中心必须交纳每天 5 英镑的费用。与此同时，伦敦市政府新增了 600 辆公交车。结果收费地区交通拥堵的程度减少了 30%。在韩国首尔，将汽油税提高一倍，并征收道路使用费。一是征收“交通拥挤费”，每辆车收 2000 韩元；二是对乘员 3 人以上的车辆进行免费。这一规定出台后，汽车通行量减少了 9%，其中小轿车减少 53%，通行速度提高一倍。

可见价格杠杆分流的办法对治理交通拥堵的作用是明显的。我国也可以考虑在某些路段交通高峰时段对过路的车辆收取一定数量的交通拥堵费，其他时间则不收费。出台相应的措施，比如像首尔一样，小轿车达到一定数量的乘员不予征收拥堵费，从而鼓励民间自发“拼车”，提高轿车的使用效率等。

第二，在制定具体措施时存在一些需要解决的问题，比如收费对象是谁，对收费区域内过路车辆收费是否对收费区域内居民同等收费；比如，在哪里征收，如何确定征费区域；怎么征收，如何避免在现有交费形势下，交费办理等待时间可能会加重交通拥堵的状况；收取多少费用能够有效地影响居民驾车行为等。

第三，制定合理的停车收费机制，根据不同性质、不同类型的停车场分别定价；遵循“道路停车”高于“路外停车”，“地上停车”高于“地下停车”的原则进行定价等。

（4）加快道路交通基础设施建设，提高道路交通管理的信息化水平。全面推进中心城区干道路网系统建设以及国家高速公路网和市级干道公路网，从而增加道路资源供应量，提升城市交通的循环能力以及道路承载能力；加大对道路交通管理的科技投入，提高道路交通管理科学化、信息化水平，实现城市道路交通智能化管理，并建立起完善的公路网主要节点、省际和市际交界处、事故多发路段等的公安交通监控网络，以及主要公路全程监控网络，实时发布路况信息及交通引导，从而提高公路运营效率。因地制宜，加快建设合理和充足的停车设施：增加基本停车位供给，缓解停车难；鼓励社会投资建设经营性停车设施。

（5）广泛开展文明交通的宣传教育，在提高市民公交素质上下功夫；同时运用行政和法律规范措施，加大交通违规处罚力度，从而规范司机和行人的出行。

7. 相关新闻链接

《北京限行拥堵降70%，限行效果明显获市民赞赏》

昨日是APEC调休放假第二天，机动车单双号限行，全天道路畅通。昨日，北京市交通委主任周正宇介绍了APEC期间北京交通服务保障情况。他表示，11月3日单双号限行以来，城市道路交通拥堵指数下降70%，单双号限行效果明显。目前，相关部门正在对限行后的交通和环保数据进行监测，此次限行结束后将发布相关报告。

据介绍，此次启动机动车单双号限行以来，城市道路交通拥堵指数降低了70%。公交客流增加了10%，地铁客流增加了5%。为应对公共交通客流增加，公交车增加了400辆，地铁也增加了班次。

周正宇介绍，放假首日，高速进出京客流为125万人次，相比较黄金周首日下降30%，属于完全畅通状态。周正宇表示，这种“完全畅通”状态将保持到12日。

他表示，目前，相关部门正在监测此次单双号限行对交通以及环保的影响数据，具体的监测内容，交通方面主要是拥堵指数，更多的是对环境影响的监测。与2008年相比，北京车辆增加40%，人口也有所增加，这次周边省份采取了最高级别的大气污染防控级别，因此此次单双号限行需要考虑和分析的因素也相对复杂。此次北京单双号结束之后，相关部门会发布一份详细的报告，从交通和环保方面详细分析单双号的影响。

（《新京报》2014年11月9日）

《道路堵不堵？先查“指数”再出门》

今后，杭州市民能像接收天气预报一样，通过网络、手机、电话等手段，实时查询动态的“交通预报”——杭州道路交通拥堵指数。

昨天下午，“杭州交通拥堵指数的发布与应用”系统经住建部测试后正式验收。杭州将成为继北京之后，第二个完成道路交通拥堵指数研究和发布的城市。

需要提醒的是，项目虽通过验收了，但正式发布应用要到今年上半年。负责该项目研发的杭州市综合交通研究中心表示，目前有不完善的地方，将吸收市民意见逐步改进。

从2011年年底开始，杭州市委市政府就着手交通拥堵指数建设。所谓交通拥堵指数，就是用最简单、最直观的数值变动，来描述复杂的路网拥堵状况。

昨天，记者在会场提前“尝鲜”。手机登录网址后，页面跳出“交通实况”“分区域交通”“历史数据分析”等板块。

点击进入“分区域交通”，页面会出现各区域路段当时的拥堵指数和拥堵等级。当时正值晚高峰，页面显示，整个西湖景区处于一片繁忙之中，拥堵指数9级。

杭州交通拥堵指数取值范围为0～10，数值越高，表明此时间节点的交通拥堵状况越严重，平均耗费在路上的出行时间越长。其中0～2对应等级为畅通，2～4为基本畅通，4～6为轻度拥堵，6～8为中度拥堵，8～10则为严重拥堵，各等级对应颜色分别为绿色、淡绿色、黄色、橙色、红色。

目前，拥堵指数发布范围仅限于杭州市区（北至石祥路、东至沪杭高速公路、南至钱塘江、西至紫金港路），不包括滨江、下沙、余杭、萧山等地。

这个实时交通拥堵指数平台的数据来源和准确性如何？据杭州交研中心透露，数据来源于两方面，一是利用市区近万辆出租车的GPS数据，每20秒发射一个信息到平台上；二是杭州300个路口的道路建设中同步设置的微波检测器数据，能及时反馈道路拥堵信息。

整个平台的工作原理，就是通过数据的挖掘分析，先计算全路网所有小路段的实时行程车速，判定其拥堵程度，然后根据各个路段的长度、宽度、等级、交通流量等的差异换算权重后进行累加，来综合计算整个路网的拥堵里程比例，再结合市民的感受计算出全路网拥堵指数。

（《青年时报》2013 年 3 月 4 日）

热点问题二　打车难

1. 问题提出

2012 年本书对 38 个城市的打车状况进行了调查，结果显示，全国有 53.77% 的人打车需要等候 10 分钟以上，打车难成为人们生活中较为普遍的问题。在“2012 年蓝皮书”发布会后，打车难问题引起了社会的广泛关注，中央电视台、中国青年报、中新社等媒体对北京等地的打车难问题进行了跟踪报道。打车难问题引起了中央及地方领导同志的高度重视。

2. 调查问题设置

问题 B4　您在本城市打车时，等待出租车的时间一般大概是多久？

（1）30 分钟以上　　（2）20 ~ 30 分钟

（3）10 ~ 20 分钟　　（4）5 ~ 10 分钟

（5）5 分钟以内

3. 调查结果

运用权重分析法，选择第一项赋 1 分，选择第二项赋 2 分，以此类推，最后加权计算最后得分。表 4 – 3 是全国 38 个城市 2014 年与 2013 年打车状况排行榜，分数越高代表该城市打车越容易。图 4 – 2 是 2014 年打车状况排名前 10 位的城市得分图。表 4 – 4 是打车状况排名前 10 位城市在 B4 题各选项上的样本分布表。

表 4-3 主要城市打车状况满意度得分排行榜

城 市	2014 年		2013 年	
	分值	排序	分值	排序
上 海	71.47	1	68.34	2
成 都	60.48	2	60.88	12
拉 萨	58.21	3	65.87	3
银 川	57.59	4	62.95	9
哈尔滨	57.55	5	56.92	21
天 津	57.31	6	71.27	1
兰 州	57.28	7	50.86	36
合 肥	57.15	8	49.55	37
石家庄	56.81	9	54.90	27
重 庆	56.39	10	59.63	16
沈 阳	56.25	11	58.57	19
厦 门	55.45	12	59.35	17
宁 波	54.78	13	60.44	14
大 连	54.72	14	64.97	5
南 昌	54.58	15	62.80	10
太 原	53.81	16	56.41	23
郑 州	52.20	17	52.48	33
北 京	52.12	18	59.74	15
南 京	51.35	19	63.81	7
广 州	51.35	20	52.23	35
济 南	51.20	21	53.03	31
深 圳	51.11	22	65.67	4
长 春	50.77	23	56.12	24
呼和浩特	50.76	24	53.27	30
南 宁	50.34	25	59.09	18
昆 明	50.17	26	57.29	20
福 州	49.60	27	55.36	26
武 汉	49.05	28	62.23	11
长 沙	49.04	29	64.44	6
青 岛	48.86	30	63.02	8
西 安	48.48	31	55.53	25
杭 州	48.35	32	52.45	34
贵 阳	46.28	33	54.20	29
珠 海	46.19	34	54.82	28
西 宁	45.33	35	56.72	22
海 口	45.23	36	60.54	13
汕 头	44.88	37	52.84	32
乌鲁木齐	42.37	38	48.83	38

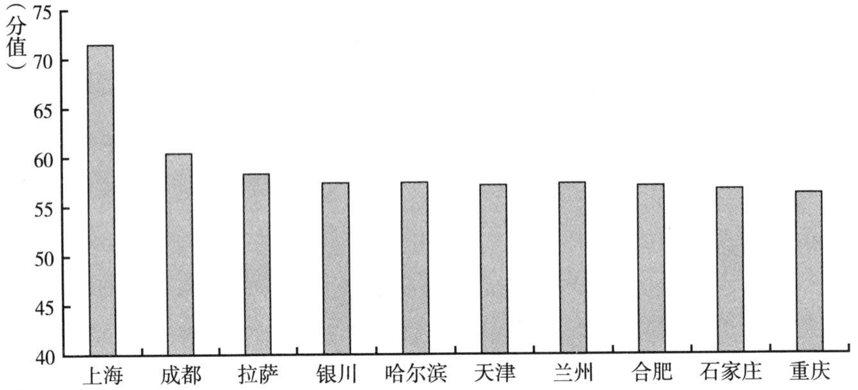

图4-2　打车状况满意度排名前10位城市得分

表4-4　打车状况满意度排名前10位城市在B4题各选项的样本分布

单位：%

城市＼选项	30分钟以上	20~30分钟	10~20分钟	5~10分钟	5分钟以内
上　海	5.08	19.23	12.72	39.24	23.73
成　都	8.19	34.59	16.93	27.23	13.06
拉　萨	13.57	26.07	28.21	20.00	12.14
银　川	10.58	36.13	20.07	21.17	12.04
哈尔滨	9.72	36.25	20.53	23.53	9.96
天　津	10.29	39.88	16.90	18.87	14.07
兰　州	11.73	39.20	13.33	22.40	13.33
合　肥	10.87	38.90	18.38	17.30	14.55
石家庄	9.98	34.43	25.67	21.41	8.52
重　庆	10.65	34.96	22.59	25.40	6.40
全国总样本	13.34	40.74	18.53	18.90	8.50

4. 调查结果分析

从2014年的全国总样本来看，当被问及“您在本城市打车时，等待出租车的时间一般大概是多久”时，有超过54%的被访者等候时间超过20分钟，较之2012年提高近20个百分点，这表明，从全国来看，打车难现象非但没有缓解，反而更为严重。上海市在打车方面得分最高，为71.47。上海、拉萨、天津3个城市连续两年保持在前10位。

在38个城市中，北京在打车方面的得分排名2012年为第28位，2013年6月初北京市调整出租车价格，出租汽车价格调整为3公里以内13元，基本单价每公里2.3元。燃油附加费标准调整为每运次1元。同时，调高早晚高峰期间低速行驶费和等候费，及预约叫车服务费。北京运用价格手段缓解打车难取得明显成效，2013年北京市在打车方面的排名上升为第15位。2014年排名略有下滑，至第18位，但相比于2012年的第28位，打车难的情况呈现明显好转的趋势。

5. 原因分析

不考虑管理等因素，打车难的主要原因有以下三点。

（1）出租车绝对数量供给不足，即出租车数量满足不了国家标准。出租车数量的国家标准为“大城市每万人不宜少于20辆”。但实际上，在直辖市中，当前北京现有出租车6.6万辆，人均保有量约为33辆/万人；上海约为22辆/万人，天津约为27辆/万人，均超过国家标准。只有重庆约为10辆/万人，少于国家标准。

（2）出租车相对数量供给不足。这是个摩擦性问题，其根本原因在于信息不对称。通俗地说就是想打车的人不知道哪里有车，同时出租车不知道哪里有人打车。简言之就是人找不到车，车也找不到人。表现为空驶率高和打车难并存的怪现象。打车难的现象在北京非常突出，但北京的出租车空驶率又在40%左右。这充分说明，出租车相对数量供给不足是打车难的一个重要原因。

（3）出租车利益供给不足，部分司机选择性停运。通俗说就是出租车司机挣不到钱，不愿出车或选择性出车，导致道路上行驶的出租车数量少。出租车司机挣不到钱的原因主要有三个：一是“份子钱”高，交出去的多，成本高；二是道路拥堵，时间成本高，出车效益低；三是出租车大多只上缴“强制保险”，只保第三方，因此暴雨、暴雪等恶劣天气，出车风险大，相对收益低。出租车司机收益相对不高，是导致出租车选择性停运，引发打车难的根本原因。

6. 对策建议

要解决打车难问题，需要因地制宜，具体问题具体分析，综合运用政策、技术、市场和社会动员等多种方式，缓解打车难。

（1）依靠市场和政府两只手解决好出租车利益供给不足的问题，切实增加出租车司机收入，提高出车积极性。

第一，通过浮动价格的机制解决拥堵期收入低的问题。一是可在高峰时段收取打车拥堵费，弥补出租车因拥堵造成的高昂的时间成本，即机会成本。美国纽约的出租车管理经验可资借鉴。北京 2013 年 6 月初实行的出租车价格调整就是运用了这个思路。北京在调高出租车基本运价的同时，为了鼓励出租车司机在高峰拥堵时段出车运营，将高峰时段（每天的早七点到九点，下午五点到七点）低速等候费由每 5 分钟加收 1 公里租价调整为每 5 分钟加收 2 公里租价。这意味着出租车司机的堵车成本有所降低，实际收入有所增加，从而增加出租车司机在拥堵时期上路的积极性，增加了出租车数量，减少了打车难。二是可根据城市道路状况对出租车进行分类，将城市划分为拥堵区域和非拥堵区域，拥堵区域运行的出租车价格是非拥堵区域的二到三倍，以此来提高出租车的拥堵收入。香港的出租车管理经验可资借鉴。

第二，通过落实职工工资集体协商制度，适当降低“份子钱”，促使出租车的“份子钱”保持在合理范围。工资集体协商，是指用人单位与本单位职工以集体协商的方式，根据法律、法规、规章的规定，就劳动报酬、工作时间、休息休假、劳动安全卫生、职业培训、保险福利等事项，签订集体的书面协议。要对工资集体协商制度进行适度修改，确保出租车司机的议价权利和谈判权利。

第三，探索设立出租车专用保险，适当高于“交强险”，但低于一般商业车险，保险费用由出租车公司和司机按比例分摊，从而解决恶劣天气出车风险大，出租车不愿出车，导致发生打车难的问题。

（2）要依靠技术解决打车信息不对称，出租车相对数量不足的问题。当前，网络技术和定位技术已经非常发达，微信、微博的定位技术已经非常成熟，因此通过运用网络技术和定位技术，设计简单好用的招车软件完全可行，当前市场上流行的快的、滴滴打车等软件就是解决打车难的技术应用。在运用打车软件解决打车难问题时，要特别注意加强对打车软件的监管，要防止个别司机把打车软件作为变相涨价的工具。针对出租车绝对数量不足的问题，需要根据国家标准进行配套建设，量力而行，少则补之。

（3）解决打车难，还不能仅仅考虑出租车供给的问题，还要考虑需求的问题。要通过优化公交优先战略，分流部分出租车客源到公交系统。还可以借鉴欧美等发达国家的做法，允许市民自愿无偿“拼车”出行，减少对出租车的需求。

总之，除了对出租车进行依法依规严格监管之外，解决打车难要靠对难点、难度、难为的深入分析，要靠创新思路和因地制宜，要靠政策、市场、技术和社会的协同配合。唯有如此，解决“打车难”才能破题。

7. 相关新闻链接

《广州拟投放近3000辆“约租车”缓解“打车难”》

据中国之声《新闻纵横》报道，昨天，广州市交通委员会举行“约租车”听证会，计划投放近3000辆“约租车”，以缓解“打车难”。

“约租车”的外表看起来就是普通的私家车，但它们不在马路上巡游，只提供电话或软件约车服务，统一停候在固定站点。它们由企业自主运营，司机作为企业员工，提供驾驶服务，而交通部门负责发放营运证，并进行监管。

有听证代表认为，“约租车”应该与出租车有价格差别，以减少对出租车行业的冲击；同时希望“约租车”统一标识，以加强区分黑车。总之，不管是出租车，还是“约租车”，希望在有关部门的努力之下，大家都能打得着车、放心打车。

（《中国广播网》2014年11月8日）

《政府屡屡干预 叫车软件为啥却越来越火?》

近日，一款名为“微微拼车”的软件受到关注。在APEC期间，车主每单可获得30元补贴，乘客在首次使用平台完成订单时可享受“一元拼车”的优惠。

互联网时代应声而起的“民间打车软件”一直饱受“把黑车洗白”的争议，各地也相继出台了相应的政策法规。在此背景下，“微微拼车”软件“顶风作案”，此举是对政策的拷问，还是顺应了市场需求?

各地政府部门对打车软件各持己见，大致分为三派：“监管派”“取缔派”“中立派”。

以北京、成都为代表的“监管派”从行车安全的角度出发，出台针对性政策禁止“加价”；上海则从运营秩序的角度出台《上海市出租汽车调度服务管理规范》对打车软件进行监管；而沈阳市交通局“滴滴专车属非法运营”一语便将自身归为“取缔派”的行列；“中立派”以广州、杭州等地为代表，表示在打车软件不扰乱市场秩序的前提下，持不反对态度。

打车软件“应景”而生，屡屡被规定是为何？中国青年网指出，上海市交通委工作人员在接受采访时表示，打车软件争议很大，两款打车软件抢占市场的竞争行为，扰乱了社会秩序；沈阳市交通局则以“未取得出租车汽车经营许可”为名，整治或取缔“滴滴专车”服务。

从各地政府因打车软件相继出台规定看，南京的哥的联合抵制行动等现象，可谓“一石激起千层浪”。但是面对政策的限制，打车软件却有“屡禁不止、愈演愈烈”的迹象，究其原因，市场供需占主因。

“加上滴滴送红包，算下来比上街打车便宜，作为街上叫车之外的另一种选择，为什么不行呢?”“雾霾天、阴雨天早早订车便于回家。”面对《新京报》的采访刘女士和李小姐如是说。

《人民日报》则发表评论指出，有需求的东西，很难因“叫停”而消失，别忽略市场需求。城市生活中，“乘车难”“停车难”早已不是什么新鲜话题，打车软件在一定程度上缓解了乘车难题，给乘客和司机带来了方便。

11 月 10 日，中国青年网刊发知名 IT 和知识产权律师关于上海出台《上海市出租汽车调度服务管理规范》的评论称：“交管部门禁止打车软件显示目的地，根本目的在于解决高峰时段打车难的问题。但打车难的根源在于供需之间存在矛盾，并非打车软件所致。”打车软件不仅没有给高峰时段打车难带来压力，反而部分缓解高峰时段打车难的问题。

两大打车软件——“快的”和“滴滴”叫车烧钱似的竞争方式被指破坏了市场秩序。但是一个市场中存在两个或两个以上的供应商才是竞争的市场，竞争促使优胜劣汰，使资源得到优化配置。如果此时政府出台各项规定以切割软件某些功能或遏制事物发展，结果也许是事倍功半的效果。

“微微拼车”软件的出现恰恰证实，简单“叫停”不能从根本上解决问题。新事物的出现，往往利弊共存。在此情况下，行业管理者不能墨守成规，监管部门要包容新事物成长过程中的弊端，在实践过程中加以调整完善才是解决之道，切勿“一刀切”。

（《新京报新媒体》2014 年 11 月 10 日）

热点问题三　毒品防治

1. 问题提出

《人民日报》2014 年 6 月 26 日报道：“在 2013 年，全国共破获毒品犯罪案件 15.1 万起，抓获毒品犯罪嫌疑人 16.8 万名，同比分别上升 23.9% 和 26.8%。”面对严峻的贩毒吸毒现象，摸清广大市民对所居住城市的吸毒贩毒感受，为政府提供意见非常必要。当前毒品犯罪与涉枪涉黑犯罪合流并生，滥用毒品不仅导致人间悲剧、家庭破裂，造成全国每年数千亿元的经济损失，而“以枪护毒”更是直接影响公共安全。据公安部门统计，一些地方六成至八成的“两抢一盗”案件系涉毒人员所为，八成吸毒女从事卖淫活动，全国现存活的艾滋病感染者和病人中，有近两成是注射吸毒所致。就公共安全而言，吸毒贩毒、卖淫嫖娼、赌博滋事、打架斗殴、暴力恐怖，都是重大的影响因素。随着经济条件变好，在基本物质需求得到满足之后，有些人开始寻求一些出格的刺激行为。近年来，影视圈名人吸毒事件此起彼伏，对社会产生极大的负面影响。对于名人也许因为影响力大，其吸毒事件报道后尽人皆知，而对于普通市民来说，身边发生的吸毒贩毒事件又如何呢？听听 38 个主要城市的市民的心声，也许更能捕捉到目前我国主要城市的吸毒贩毒的线索。

2. 调查问题设置

问题 C1 –7　过去一年，您或您认识的人曾经在所居住城市遭遇过或看见过吸毒贩毒现象吗？

（1）经常　　（2）偶尔

（3）从未遇过

3. 调查结果

运用权重分析法，选择第一项赋 1 分，选择第二项赋 2 分，依此类推后进行加权计算该问题得分。表 4－5 是全国 38 个城市 2014 年度毒品防治得分排行榜。分数越低代表该城市吸毒贩毒问题越严重。图 4－3 是 2014 年度吸毒贩毒问题较轻的前 10 位城市得分情况图。

表 4－5　38 个城市毒品防治得分排行榜

排名	城　　市	得分	排名	城　　市	得分
1	呼和浩特	97.73	20	上　　海	89.27
2	宁　　波	95.90	21	杭　　州	88.96
3	合　　肥	95.89	22	长　　沙	88.48
4	兰　　州	95.18	23	南　　昌	88.46
5	拉　　萨	94.71	24	长　　春	88.21
6	青　　岛	93.13	25	银　　川	87.85
7	哈 尔 滨	93.11	26	深　　圳	86.30
8	南　　京	92.93	27	沈　　阳	86.26
9	石 家 庄	92.90	28	昆　　明	85.53
10	太　　原	92.52	29	大　　连	85.44
11	重　　庆	92.35	30	西　　宁	85.35
12	珠　　海	92.33	31	福　　州	84.62
13	北　　京	92.07	32	南　　宁	84.50
14	天　　津	91.61	33	汕　　头	84.26
15	海　　口	91.40	34	广　　州	84.25
16	厦　　门	90.76	35	贵　　阳	84.15
17	郑　　州	90.57	36	成　　都	84.08
18	武　　汉	90.25	37	西　　安	82.47
19	济　　南	89.55	38	乌鲁木齐	73.67

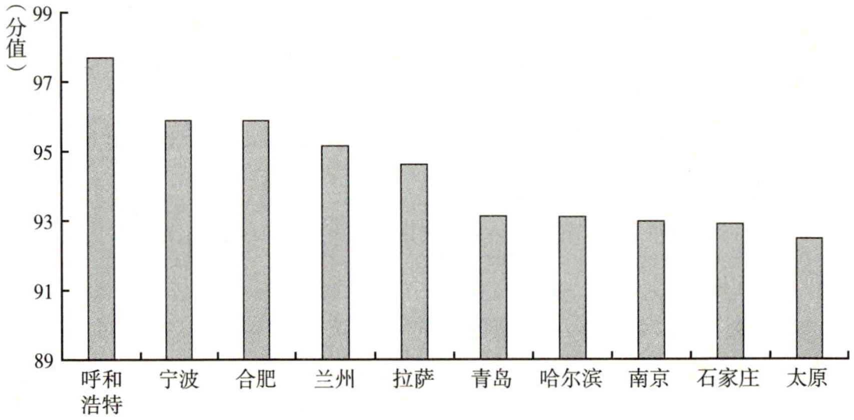

图 4－3　毒品防治效果较好前 10 位城市得分情况

4. 调查结果分析

根据调查显示：呼和浩特、宁波、合肥、兰州、拉萨、青岛、哈尔滨、南京、石家庄和太原10个城市在毒品防治问题上表现良好，乌鲁木齐、西安、成都、贵阳、广州、汕头、南宁、福州、西宁和大连10个城市则是情况较为严重的区域。如果比较一下防治吸毒贩毒情况较好的前5个城市和情况较为糟糕的后5个城市，能够明显看出呼和浩特市民与乌鲁木齐市民在“从未遇过”的选项中，相差58.21个百分点。前5名城市就“遭遇过或看见吸毒贩毒”的比例都在13.95%以下，而后5名城市则最低也在28.36%。乌鲁木齐“经常遭遇过或看见吸毒贩毒”则高达14.70%（见表4－6）。

表4－6　毒品防治较好城市与较差城市在C1－7题各选项的样本分布

单位：%

名次	城　　市	经常	偶尔	从未遇过
1	呼和浩特	0.72	5.38	93.91
2	宁　　波	0.89	10.52	88.59
3	合　　肥	0.72	5.38	93.91
4	兰　　州	0.26	13.95	85.79
5	拉　　萨	1.38	13.10	85.52
34	广　　州	9.01	29.23	61.76
35	贵　　阳	9.59	28.36	62.05
36	成　　都	6.29	35.19	58.52
37	西　　安	7.48	37.65	54.87
38	乌鲁木齐	14.70	49.61	35.70
	全国总样本	4.44	23.55	72.01

5. 毒品防治形势严峻的原因分析

破解吸毒贩毒问题困局，首先需要对这一公共安全难题做一些原因的梳理，就当前我国主要城市存在吸毒贩毒的问题来看，有以下一些原因。

（1）毒品之所以沉渣泛起，根源在于欲望和利益。经济条件的改善，使得有些人已经不能满足于一般感官欲望的满足，而是不断突破寻求猎奇的刺激方式。贩毒者因为贪恋巨额的利润，敢于铤而走险，顶风作案。在需要和供给之间形成了无形的网络通道，彼此因为利益共生，吸毒者获得感官刺激，贩毒者获得利益的满足，彼此形成较为稳固的利益同盟。使得禁毒打击总有鞭长莫及的时候，外加毒品交易的隐蔽性，侦破的成本高昂，线索获取艰难，以及贩毒者的智慧博弈，反侦查能力不断提升，甚至配备高级武装，有恃无恐，更是加剧了打击难度。

（2）乌鲁木齐、西安、成都、贵阳和广州等城市，禁毒形势之所以严峻，不能简单理解为当地公安机关不作为或失职渎职。要辩证客观地看待，这 5 个城市，还有汕头、南京、福州、西宁与大连等禁毒形势严峻的 10 个城市，大都处于沿海、沿边境城市，且绝大部分经济发展势头良好，作为沿海城市和边境城市，往往是境外毒品非法入境的第一站。特别是来自“金三角”地区的毒品，从印度、尼泊尔—西藏—四川过境的毒品运输通道日渐形成，这种过境压力也给成都这样的腹地城市造成很大压力。来自“金三角”的海洛因经中国云南、广东，或者通过老挝、越南等国，然后经海路贩运至广东、福建，而欧洲的摇头丸等通过旅客携带及邮递等渠道进入中国广东和福建等地。中国成为“金三角”毒品的主要中转国，然后通过中国被非法贩运到国际市场，从而加剧了沿海沿边区域的吸毒贩毒形势。

（3）由于毒品过境原因，使得“瘾君子”闻风而动，相对聚集到沿海沿边城市，寻找更多货源，或寻求更低的价格，从而也造成以上城市的禁毒形势比全国其他地方较为严峻。据公安部统计，截至 2014 年 4 月，全国登记在册的吸毒人员已经达到了 258 万人，还有很多没有登记、未被查处的人，足见这个数字的庞大。

（4）名人吸毒释放的示范效应更是加剧了禁毒难度。2008 年 3 月 5 日，联合国发表一份报告，对名人吸毒现象提出批评。报告指出，名人吸毒会影响青少年成长，给青少年传递错误信息，破坏各国政府减少吸毒人口的努力。2009 年，“吸毒事件”让奥运会 8 枚金牌得主菲尔普斯深陷旋涡，他用过的烟枪居然被拍卖到 10 万美元的高价。近年来，我国名人吸毒不断增多，名人吸毒的危害远远大于其个体吸毒本身，作为青少年“偶像”级别的名人，其释放的示范效应是巨大的，而名人对于吸毒的态度更是让人担忧。

6. 加大毒品防治问题的应对建议

严肃面对吸毒贩毒问题，才能输出高质量有品位讲尊严的公共服务。应对吸毒贩毒，如何加大打击力度，我们有如下建议。

（1）公安部门应强化铁腕执法，加大反毒禁毒的打击力度，从源头上阻止毒品对大家的荼毒，这是王道。可以借鉴当年死刑案件的核准权下放的做法，对于吸毒贩毒形势严峻的省份进行相关禁毒权的下放。1996 年 3 月到 1997 年 6 月，最高人民法院先后决定将毒品犯罪死刑案件的核准权先后单独授权给云南、广东、广西、四川、甘肃、贵州六个省份的高级人民法院行使。对于毒品过境省份给予更多的快速办案特权，提高打击力度不失为一种方法。

（2）加大重点区域，形势严重地区的挂牌督办力度。对于毒品主要集散地和流通走廊，必须进行运动性经常性打击。特别是广州、贵阳等地。比如广东陆丰甲子镇，是中国贩毒重镇，早在 1999 年就被国家禁毒委列为第一批挂牌整治地区，2011 年 7 月，国家禁毒委再次对其进行挂牌整治。在 2013 年“12·29”行动清剿陆丰博社“堡垒村”时，就一次捣毁制毒工厂 77 个，查获冰毒成品半成品近 3 吨。如果能针对这些重点区域，异地抽调警力，不定期严打，打破地方上有可能存在的保护伞，就一定能收到非常好的效果。

（3）加大对毒品危害的宣传力度。在全国登记在册吸毒人员 258 万人中，35 岁以下青少年占 75%，可见对于青壮年劳动力是一个极大的伤害，间接经济损失预估到万亿元。面对毒品从生理、精神、物质财富三个方面侵蚀人和社会，让迷恋毒品的人认清毒品的危害，吸毒者一旦中断毒源或者经济条件不具备，会引起各种社会并发症，或由于痛苦难忍而自杀；或者抢劫杀人以获得毒资，扰乱了社会治安，给社会安定带来巨大威胁；使家庭陷入经济破产、亲属离散，甚至家破人亡的困难境地。让潜在的吸毒者通过影视作品、社区宣传栏、禁毒专项活动深化对毒品危害的认识。

（4）加大对公众人物的自律引导和惩罚手段。公众人物影响力广泛，拥有成千上万的“粉丝”和崇拜者，其中又以青少年群体为主。这一群体的价值观和人生观都处于形成阶段，喜欢模仿偶像的着装、发型，也会模仿明星吸毒，或者因偶像沉沦而人生迷茫。一方面要引导演艺圈等名人场域的公序良俗，形成积极向上的氛围；另一方面，需要通过公开曝光，甚至停赛、停演，给名人签约公司施压，对吸毒的名人、明星依照恶劣程度实行停止参加电影、电视、广告代理等活动，不得再在各类媒体、宣传平台表演等规定，不给他舞台就是最大的惩罚。

（5）面对境外毒品渗透加剧，境内制贩毒活动猖獗，应该积极参与国际合作，联手打击制毒贩毒。据《人民日报》报道，2013 年 4 月 20 日至 6 月 20 日，中国、老挝、缅甸、泰国四方开展“平安航道”联合扫毒行动，共破获涉及湄公河流域毒品犯罪案件 1784 起，抓获犯罪嫌疑人 2534 名，缴获各类毒品 9781.3 千克。对于广州、贵州、福建、云南、新疆、成都这些重灾区，都与跨境贩毒有关，只有强化国际合作，多国联动，才能收到更好的打击效果。

7. 相关新闻链接

《广东三千警力清剿毒品堡垒村》（节选）

2013 年 12 月 29 日，广东多地警方联合行动，“清剿”涉毒严重的“第一大村”陆丰市博社村，一举摧毁以陆丰籍大毒枭为首的 18 个特大制贩毒犯罪团伙，抓捕嫌疑人 182 名，缴获冰毒近 3 吨、制毒原料 23 吨。

当天凌晨，省公安厅协调省武警总队、省边防总队和汕头、惠州、梅州、河源 4 市公安局出动警力，组成 109 个抓捕小组，启动警用直升机、边防快艇，配备防暴犬，对博社村内外 18 个制贩毒团伙 69 个重点目标展开集中清剿收网行动。

省公安厅禁毒局政委邱伟说，陆丰涉毒问题由来已久，1999 年和 2011 年两次被国家禁毒委列为涉毒重点整治地区。近三年，陆丰冰毒占全国份额已超过三分之一。博社村是该地涉毒严重的“第一大村”，村内有两成以上家庭直接或参股从事制贩毒活动，近几年村内制贩毒犯罪成恶性蔓延态势。

省公安厅副厅长郭少波说，此次统一收网行动，是广东省有史以来打击毒品犯罪用警规模最大、抓捕对象最多、打击震慑效果最好的一次标志性战例，对解决陆丰、汕尾以及全省，乃至全国制贩毒突出问题具有重要意义。

此次行动是广东省“雷霆扫毒”专项行动的标志性战役。该专项行动自 2013 年 7 月 30 日开展以来，广东警方共破获毒品案件 9311 宗，抓获嫌疑人 10836 名，缴获各类毒品 8135 千克。

（南方网・地市新闻，2014 年 1 月 3 日）

《北京42家经纪机构演出团体承诺不录用涉毒艺人》

近期，多位娱乐圈明星因吸食毒品被警方查获。8月13日，北京42家经纪机构、演出团体签订了《北京市演艺界禁毒承诺书》，承诺“不录用、不组织涉毒艺人参加演艺活动，净化演艺界队伍”。

“倡议书”三点承诺：各大演艺公司签订的承诺书中保证，一项为严格依法选、用演艺人员，不录用、不组织涉毒演艺人员参加演艺活动，净化演艺界队伍，不为他们以涉毒为噱头进行炒作提供平台。另外两点承诺则分别是面向演艺人员开展经常性法律法规宣传教育活动，不断提高法律意识，举办积极、健康、向上的演艺活动，为青少年的健康成长发挥正确引导作用。

据介绍，这份倡议书的内容是根据《中华人民共和国禁毒法》、国务院《营业性演出管理条例》、《娱乐场所管理条例》等有关要求推出的。

（《南宁晚报》2014年8月15日）

热点问题四　色情监管

1. 问题提出

藏污纳垢场所往往是滋生公共安全隐患的温床，卖淫嫖娼等色情问题正如吸毒贩毒一样，也是一个利益链条使然。卖淫与嫖娼导致的不仅仅是失足妇女的问题，更严重的是滋生腐败、伤风败俗、破坏家庭、疾病传播、破坏公序良俗、影响社会稳定。2014年三个标志性事件让全国对卖淫嫖娼有了更多的直观感受。一是全国“扫黄打非”工作小组办公室、国家互联网信息办公室、工业和信息化部、公安部决定联手的“扫黄打非·净网2014”专项行动，严厉打击利用互联网制作传播淫秽色情信息行为。二是2014年2月因媒体曝光而导致官方大规模、大面积扫除娱乐场所色情业的“东莞扫黄”事件。东莞市委、市政府和公安部门在2014年2月9日下午，共出动6525名警力，清查涉黄场所，并随后在广东全省范围内开展一次为期 3 个月的“扫黄”行动，全面清剿娱乐场所涉黄活动。三是演员黄海波嫖娼被抓、导演王安全招嫖被抓。从常规到网络，从即时通信工具招嫖到娱乐营业场所，这场声势浩大的“扫黄打非”具有积极的风向标意义。摸清全国主要城市市民对于居住地卖淫嫖娼的直观感受，为地方政府对公共安全治理提供参考是我们涉猎这一问题的初衷。

2. 调查问题设置

问题 C1－8 过去一年，您或您认识的人曾经在所居住城市遭遇过或看见过卖淫嫖娼现象吗？

（1）经常　　（2）偶尔

（3）从未遇过

3. 调查结果

运用权重分析法，选择第一项赋 1 分，选择第二项赋 2 分，依此类推后进行加权计算该问题得分。表 4－7 是全国 38 个城市 2014 年度色情治理情况前 20 位的得分排行榜。得分越高，说明该城市卖淫嫖娼情况越轻微，而分数越低则代表该城市卖淫嫖娼情况在市民感觉中越严重。图 4－4 是 2014 年度卖淫嫖娼现象较少的 10 个城市得分图。在色情治理问题上，表现较好 10 个城市依次是呼和浩特、兰州、拉萨、合肥、太原、石家庄、南京、哈尔滨、珠海和宁波。

表 4－7　38 个主要城市色情治理情况前 20 位

排名	城　市	得分	排名	城　市	得分
1	呼和浩特	96.18	11	天　津	89.67
2	兰　州	96.14	12	青　岛	88.74
3	拉　萨	95.19	13	重　庆	88.71
4	合　肥	92.32	14	长　沙	88.52
5	太　原	92.11	15	海　口	88.29
6	石家庄	91.58	16	武　汉	86.87
7	南　京	91.57	17	北　京	86.68
8	哈尔滨	91.56	18	郑　州	86.51
9	珠　海	90.41	19	杭　州	85.69
10	宁　波	90.36	20	上　海	85.42

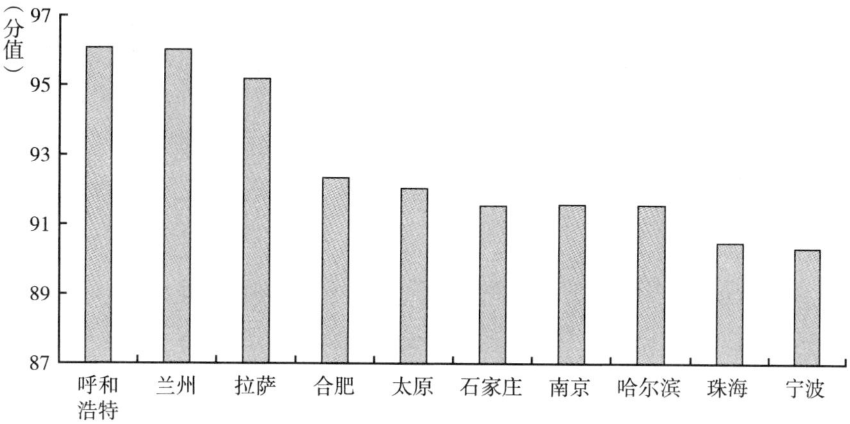

图4－4　色情治理效果较好的前10位城市得分情况

4. 调查结果分析

调查结果显示，中国主要城市在色情治理方面始终保持对卖淫嫖娼等问题的严打态势，成效显著。在调查的38个主要城市中，有64.15%的被访者认为从未遇到过卖淫嫖娼的现象，有28.71%的被访者偶尔遇到卖淫嫖娼的现象，只有7.15%的被访者经常遇到卖淫嫖娼现象（见表4－8）。

表4－8　卖淫嫖娼问题较不严重5个城市在C1－8题各选项的样本分布

单位：%

名次	城　市	经常	偶尔	从未遇过
1	呼和浩特	1.43	8.60	89.96
2	兰　州	1.32	8.95	89.74
3	拉　萨	1.72	11.00	87.29
4	合　肥	3.03	16.97	80.00
5	太　原	3.42	16.84	79.74
	全国总样本	7.15	28.71	64.15

5. 色情问题蔓延的原因分析

卖淫嫖娼是老问题，但不是历史遗留问题，在新中国成立后我们曾经成功限制了黄赌毒。今天之所以死灰复燃，是有深层原因的。

（1）卖淫嫖娼泛滥还是利益至上观念驱动的结果。有需求就有供给，经济发展，生活变好，有些人饱暖之后思淫欲。不管需求是否合法，总有人铤而走险，不管社会大义，只顾私人的蝇头小利，酿成“性交易”繁荣，甚至倡导笑贫不笑娼的歪理邪说。

（2）打击力度不够，管理不力是卖淫嫖娼泛滥的制度性原因，甚至在某些地方上升为“性产业”得到默许。东莞色情业泛滥局面的造成，与当地政府公安机关的宽容甚至是纵容是密不可分的。地方政府以色情产业来聚集人气，增加服务业收入，“刺激”吸引投资，玷污了 GDP。

（3）像广州、深圳、东莞这样的外来务工人口较多的移民城市，外来务工人员一无夫妻同行，二缺少健康文娱活动，三业余生活枯燥，四工作压力大，这些因素成为某些城市发展性产业堂而皇之的借口。

（4）价值底线退守，是卖淫嫖娼泛滥促成因素。在一个正常社会和良好的道德氛围中，人与人之间是比谁更好，更优秀，更有道义。在一个公序良俗受到破坏的社会，就可能变成人与人争着比谁更坏，甚至成为某些成功人士的标志，导致很多人争相效仿。一说到扫黄，彻查 KTV，净网行动，就立即表现出不屑和鄙夷，转移视线、偷换概念，说腐败之害甚于色情，贪官比嫖客小姐更坏，结论就是卖淫嫖娼不算个事，相关部门小题大做。这正是这种“比坏心态”“比丑心理”的存在，把“丑”“坏”理解成“好”“棒”是卖淫嫖娼屡禁不止的根源。越是价值观念多元化，就越是显得社会道德底线的弥足珍贵。

6. 加大色情治理问题的对策建议

加大色情治理，打击卖淫嫖娼是一个多方位全景式的立体行为，需要网上网下联动、制度教育联手、惩罚预防并举。

（1）加大持续打击力度，谨防死灰复燃和地方保护主义抬头。在深刻汲取东莞涉黄问题教训后，应该进一步健全完善娱乐场所管理机制和扫黄责任制，东莞的《关于进一步加强和规范娱乐服务场所管理的意见》的“房、床、锁、灯、窗、铃、影、人、照、证”的十字策略值得在全国推广。房：即场所内不得设置封闭式套间；床：即沐足美容美体房间内不得放置按摩床；锁：指房间内不得安装门锁、插销等阻碍他人自由进出房间的装置；灯：指房间、包厢内不得安装可调节亮度的照明灯，并且在营业时间内不能关闭；窗：指房间、包厢房门上安装的透明门窗高度尺寸须符合要求且不得设置遮挡物；铃：指服务场所不得设置用于逃避、阻碍日常检查的信号灯、响铃等遥控装置及设备；影：指在服务场所出入口、接待大堂、收银台等安装视频监控并联网公安系统后台；人：指从业人员衣着整齐大方，不能有伤风化，职员实行实名制登记管理；照：指娱乐场所需要到工商部门办理营业执照；证：指服务场所需按照相关法律法规办理公共场所卫生许可证等后才能营业。如果能从这10个方面持续监管，问题一定会有很大改观。

（2）加强社会主义核心价值观教育，强化社会主义荣辱观宣传，匡复社会风气，明确是非界限，厘清在“性交易”问题上的模糊认识。卖淫嫖娼在任何一个社会和文明体中都是不光彩的行为，这一共识是社会道德底线，混淆不得。

（3）领导干部必须率先垂范，以身作则，起到示范效用。加强党纪教育，特别是对党的领导干部涉及有关男女不正当关系方面的问题要按党纪严肃处理，使一些“有贼心”的领导干部不敢再有“贼胆”。

（4）用舆论讨伐、经济制裁让名人、影视明星等公正人物回归洁身自好。明星作为公众人物，应当严于律己，做社会公序良俗的实践者和捍卫者。比如黄海波和王安全嫖娼事件，通过铺天盖地的报道，形成舆论攻势，让当事人自惭形秽，让那些杂音不敢出声，向经纪公司施压，向电视广告喊禁，从名誉和金钱两个方面去打击他们。

（5）净化网络空间。目前我国网民人数已经突破6亿，中国互联网络信息中心近期公布的《第34次中国互联网络发展状况统计报告》中几个数据值得关注。一是10～19岁和20～29岁的网民分别占我国网民总数的24.5%和30.7%；二是在我国网民的职业分布中，学生占据了25.1%。网络淫秽色情信息严重毒害社会风气、严重危害青少年身心健康。端正对卖淫嫖娼的态度，需要从青少年抓起，更应该通过互联网净化，让网络空间清朗起来，是打击卖淫嫖娼的基础性工作，也是长期性工作。管理好智能终端，强化对手机网络、博客、微博，社交网站、即时通信工具的监管，注重运用云端、大数据、互联网、手机等新媒体，通过网站、微博、微信、客户端等传播平台，开展立体化、互动式的宣传抵制，营造风清气正、健康向上的网络环境势在必行。要从非法利益链条入手，从运营商、广告商、代理商、网络端口、基站等多个环节切入，追根溯源、深挖彻究，打掉整个利益链条。让利欲熏心而放任淫秽色情信息泛滥者付出代价。随着“净网”专项行动的深入开展，网络淫秽色情的社会危害性必将为更广大群众所认识，也会给那些存在错误观念的人以教育、以警醒。

7. 相关新闻链接

《以东莞扫黄为契机解决一些深层次问题》

近日，央视突如其来高调曝光业已辉煌20年的东莞色情业，引得舆论一片哗然。赞誉者固然有之，但批评之声似乎更多。为什么看似正义的事情，会招致如此不满呢？我以为，其中一个重要的原因，就是央视的关注点太过表层，关注的现象路人皆知而现象之后的诸多问题却未曾触及。所以，如果想让这场战役真正得到民众支持，央视、地方政府及有关部门还应以此为契机推动解决一些深层次问题。

比如，文化问题。包括信仰的迷茫，礼义廉耻等传统道德观的丢失，拜金主义的盛行，急功近利的当代中国社会浮躁病的泛滥等，都呼唤从根本上思考和重塑民族的人文根基。

比如，民生问题。人并非生而不知廉耻，生存才是硬道理。大量女青年无处就业是色情业遍地开花的重要原因，而大量离乡背井的青壮年男子性需求得不到满足又强化了买方市场。就业问题不解决，死灰早晚复燃。

比如，腐败问题。色情业能够明目张胆地存在，必然是得到了一定的保护和支持。金额不菲的高档消费，恐怕也不是工薪族可以负担。从制度上砍掉保护伞、斩断利益链、约束新贵族，也是铲除色情业土壤的必要举措。

此外，还有最根本的人性问题。色情业之所以古今中外屡禁不绝，是因为它与复杂的人性密切相关。这不是一个拍脑袋就能解决的问题，而是需要深入思考、理性讨论。

批评不可怕，反弹不可怕，可怕的是治标不治本。

（人民政协网，2014年2月17日）

热点问题五　暴恐事件预防

1. 问题提出

昆明“3·01”、乌鲁木齐“4·30”、乌鲁木齐“5·22”、北京“10·28”等多起暴力恐怖袭击案件依旧历历在目，但这一串数字不是暴力恐怖的终点，恰恰是中国暴力恐怖事件集中爆发的表现，未来一段时间，依旧极大地威胁着广大民众的人身安全。百姓对于自己所居住城市的安全感受，与他们的幸福指数密切相关，也是城市安保部署的风向标。按照我国《关于加强反恐怖工作有关问题的决定（草案）》的解释，恐怖活动是指以制造社会恐慌、胁迫国家机关或者国际组织为目的，采取暴力、破坏、恐吓或者其他手段，造成或者意图造成人员伤亡、重大财产损失、公共设施损坏、社会秩序混乱等严重社会危害的行为，通常表现为针对平民的爆炸、袭击和劫持人质（绑架）等形式。煽动、资助或者以其他方式协助实施上述活动的，也属于恐怖活动。中国也有极端组织存在，特别是新疆的极端组织往往以境外恐怖主义团体关联密切，是影响我国稳定的最不确定性因素。

2. 调查问题设置

问题 C2－6　在本城市，您是否担心暴力恐怖事件的发生：

（1）非常担心　　（2）担心

（3）还好　　（4）放心

（5）非常放心

3. 调查结果

运用权重分析法，选择第一项赋 1 分，选择第二项赋 2 分，依此类推后进行加权计算该问题得分。表 4－9 是全国 38 个城市居民对暴恐预防的社会反应得分排行榜，得分越高，说明该城市居民对暴力恐怖活动情况的心理压力越轻微，而分数低则代表该城市居民对暴力恐怖事件发生情况担心。图 4－5 是 2014 年市民主观感受暴力恐怖情况较少的前 10 位城市得分图。

表 4－9 全国 38 个城市居民对暴恐预防的社会反应得分排行榜

排名	城 市	得分	排名	城 市	得分
1	乌鲁木齐	37.69	20	长 沙	58.69
2	昆 明	41.30	21	济 南	59.86
3	广 州	47.79	22	武 汉	59.93
4	贵 阳	50.58	23	合 肥	61.09
5	南 昌	52.37	24	上 海	61.61
6	大 连	53.72	25	沈 阳	62.17
7	太 原	54.71	26	呼和浩特	62.22
8	深 圳	54.74	27	重 庆	62.29
9	天 津	55.95	28	成 都	62.96
10	南 宁	56.02	29	海 口	64.01
11	郑 州	56.39	30	银 川	64.10
12	汕 头	56.72	31	兰 州	65.44
13	北 京	56.76	32	长 春	66.61
14	西 宁	56.82	33	福 州	66.98
15	西 安	57.12	34	珠 海	67.48
16	石家庄	57.28	35	青 岛	67.59
17	哈尔滨	58.04	36	宁 波	68.34
18	杭 州	58.24	37	拉 萨	68.46
19	厦 门	58.36	38	南 京	68.85

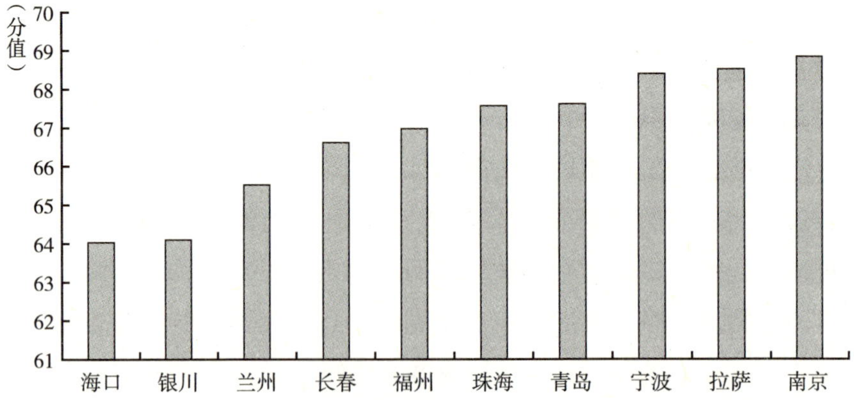

图 4－5 市民主观感受暴恐事件预防较好的前 10 位城市得分情况

4. 调查结果分析

市民主观感受暴恐事件预防较好的10个城市分别是：南京、拉萨、宁波、青岛、珠海、福州、长春、兰州、银川和海口。市民主观感受暴力恐怖情况较严重的10个城市分别是：乌鲁木齐、昆明、广州、贵阳、南昌、大连、太原、深圳、天津和南宁。对比市民主观感受暴恐事件预防较好的前5个城市与情况较严重的5个城市的样本分布（见表4－10），可以看到，乌鲁木齐与昆明的受访对象中“非常担心”暴力恐怖事件发生的比例都在40%以上；而市民主观感受较好的5个城市，这一选项比例在1.40%～6.80%之间；全国总样本这一选项比例是14.01%，乌鲁木齐高出平均比例32.97个百分点，昆明高出26.35个百分点。在接受调查的市民中，选择“非常放心”的比例，乌鲁木齐、昆明和南昌最低，分别是1.31%、2.52%和2.35%，而全国平均样本中该选项则是10.69%。在“放心”选项上，前5名城市和后5名城市分化也更为明显，表现较差的城市在4.46%～15.14%之间，而表现较好的城市在22.30%～42.31%之间，而全国平均样本分布则是21.77%（见表4－10）。

表4－10　暴恐事件预防较好的前5位城市与后5位城市在C2－6题各选项的样本分布

单位：%

名次	城　市	非常担心	担心	还好	放心	非常放心
1	乌鲁木齐	46.98	24.67	22.57	4.46	1.31
2	昆　明	40.36	27.93	19.10	10.09	2.52
3	广　州	22.72	35.44	26.53	10.81	4.50
4	贵　阳	26.77	24.20	27.19	13.06	8.78
5	南　昌	17.06	23.88	41.58	15.14	2.35
34	珠　海	5.76	15.83	34.89	22.30	21.22
35	青　岛	5.09	17.06	25.17	40.17	12.52
36	宁　波	6.80	12.16	32.56	29.52	18.96
37	拉　萨	1.40	21.68	22.38	42.31	12.24
38	南　京	3.79	13.94	32.27	34.24	15.76
	总样本分布	14.01	21.37	32.16	21.77	10.69

目前中国安全形势总体稳定可控，极个别区域不确定因素依然存在。同时，受国际安全形势影响，在各种国际不确定因素挑战下，我国安全形势特别是边疆民族地区的安全形势将更趋复杂。从乌鲁木齐和昆明的情况看，主要是因为在这一年时间，当地发生过暴力恐怖事件，给市民造成了不小的心理压力。这恰恰体现出调查数据与现实的紧密符合程度。尽管北京也发生了天安门暴力恐怖事件，但基于北京强大的处理能力和确保首都平安的力量，北京市民总体上表现没有那么担忧。在暴力恐怖情况排行榜中，北京位列第 13 位，得分 56.76，市民担忧程度比较靠前，应该也是受到金水桥事件的影响。

5. 原因分析

从习近平总书记等中央领导同志关于反恐维稳工作的一系列重要指示精神中，可以能清醒看出当前反恐怖斗争形势的严峻性和复杂性，以及反恐怖斗争的重要性与紧迫性。就暴力恐怖存在的原因而言有以下几点。

（1）境内外民族分裂主义和暴力恐怖组织相互勾结，西方国家的指使和资助是造成恐怖事件频发的直接原因。目前暴力恐怖势力、极端宗教势力和民族分裂势力这三股势力日益猖獗，严重威胁我国边疆地区特别是新疆的安全和稳定。美国国务院 2013 年度《恐怖主义国别报告》显示，世界遭受恐怖袭击次数最多的 6 个国家中，中国周边就有 5 个，依次为巴基斯坦、阿富汗、印度、泰国和菲律宾，它们在 2013 年发生了 4600 多起恐怖事件，占同期世界恐怖事件总量的近一半。[①] 中国难免受到周边形势的影响。外加中国的高速崛起，使得一些发达国家开始担忧“醒来的狮子”，忧虑“中国威胁”，为恐怖组织和分裂分子提供政治、经济、技能和舆论等方面的支持。它们打着民主和人权旗帜，为宗教极端主义和恐怖极端组织提供援助。

（2）少数暴徒以宗教和圣战为名蛊惑无知教众制造事端。在乌鲁木齐“5·22 ”暴恐案中，暴力恐怖分子以“超过法理的残忍”，对无辜群众下手，连老弱妇孺都不放过，开车撞群众、引爆炸药，践踏人类道义，挑战文明底线；披着宗教的外衣进行的暴力恐怖活动，已经超越民族问题宗教问题，是人类共同的敌人。我国境内的所有暴力恐怖事件中的暴徒，基本都是宗教极端分

① 张家栋：《反恐也需“内病外治”》，《人民日报》2014 年 5 月 12 日。

子。策划者有计划地网罗无知青年，通过收听、观看宣传宗教极端和暴恐内容的音视频等方式，传播宗教极端思想，然后将他们送上所谓的“通向与真主安拉同在美丽天堂的光明大道”，其实是反人类的不归路。

（3）向内地渗透和扩散，使得打击和预防增加了不确定性。当今暴力恐怖犯罪活动呈现很多新变化，昆明和北京的暴力恐怖事件也表明：实施暴恐活动者年轻化，也有类似于“黑寡妇”性质的女性参与；暴力恐怖活动手段多样，不单纯拘泥于刀枪武器制造，更倾向于破坏性大的爆炸性和自杀式事件；活动空间地理跨度大，不局限于新疆境内，开始向内陆城市渗透转移，并且有发动异见者和极端仇视社会人士的可能；基地和训练更加秘密，反侦察能力变强。这些新动向确实也增加了打击难度。

（4）应急机制和情报系统尚不成熟。当前面对反恐形势，从信息收集、情报反馈、科技投入、多方联动、快速反应等方面依旧存在很多不足，让暴力恐怖分子依旧有很大的回旋余地和活动空间。

6. 对策建议

反暴力恐怖斗争既重要又紧迫，关涉人民福祉、国家独立、民族团结、社会稳定和经济振兴。对此应该采取以下措施去应对。

（1）抓好顶层设计。能不能筑起铜墙铁壁、构建天罗地网，关键看顶层的设计和制度安排。正如习近平总书记要求那样，“社会稳定和长治久安是新疆工作的总目标。必须把严厉打击暴力恐怖活动作为当前斗争的重点”。“做好新疆工作是全党全国的大事，必须从战略全局高度，谋长远之策，行固本之举，建久安之势，成长治之业。”必须要建立健全反恐工作格局，完善反恐工作体系，坚持专群结合，借鉴美国《爱国者法案》《情报改革和防范恐怖主义法案》，制定我国《反恐怖法》，高举社会主义反恐法治大旗，奠定反恐法律基础。

（2）高压打击。习近平主席在亚信会议第四次峰会的讲话指出：“对恐怖主义、分裂主义、极端主义这‘三股势力’，必须采取零容忍态度，加强国际和地区合作，加大打击力度，使本地区人民都能够在安宁祥和的土地上幸福生活。”暴力恐怖分子无视生命、违背人道，挑战文明底线，这是任何一个国家和社会都绝不能容忍的。要坚决把暴力恐怖分子的嚣张气焰打下去，绝不姑息、绝不妥协。要按照中央要求，要毫不手软地严厉打击暴力恐怖活动，始终保持高压震慑态势。开展反恐专项行动，集中各方面力量，综合运用多种方式，下重手、出重拳，真正打出声威、打出实效。主动进攻、露头就打，发现一批、深挖一批、严惩一批，坚决遏制住暴力恐怖活动多发频发态势，确保全国社会大局的稳定。

（3）科技反恐。创新科技反恐，坚持技术至上，加强情报信息工作和社会面整体防控需要技术支撑，强化公安部门对于敏感人群在住店、出行、登机信息上的技术监控和跟踪，发挥地理信息系统、云端技术、大数据等新兴信息技术的科技支撑作用，织成技术“天眼”，对敏感人群的通话、消费、购物、交友、电邮、聊天记录、视频可以适度监控。新疆的实践表明，适度地断网也是一种技术手段。甚至在特定区域动用遥感技术、卫星定位、无人机侦察等综合手段进行技术反恐。同时，需要不断增加情报预算、更新技术装备、加快培养稀缺语言人才，提高反恐情报的搜集与分析能力。

（4）注重预防。提前做好预防工作是有效应对各类突发事件、保障国家安全的最佳方式。要关口前移，确保底线思维，要想把工作基点放在随时应对各种风险挑战上，就必须做到先人一步，深挖幕后、深挖勾连、深挖组织指挥体系，也可以策反。通过直接监视、通信截取和侵入式监视等手段，来重点收集有关暴力恐怖、间谍和大规模杀伤性武器等方面的情报。要加强对军政机构、大型基础设施、信息中枢、银行金融机构、航空、铁路和城市地铁运输网路、油气储运系统等的安全防范和反恐演习力度。对各类危爆物品购销落实凭证购买、实名登记、收寄验视、可疑情况报告等管理制度。

（5）反恐教育。加强应对暴力恐怖突发事件的科普宣教，培养公众防恐反恐意识、风险识别和预防、避险、自救、互救等能力。强化学校、敏感单位和恐怖目标区域的模拟演习，用情景化教育，提高公众应对暴力恐怖突发事件的综合素质、基本技能和应急响应能力。2014 年 7 月，国家反恐办首次编制出版了《公民防范恐怖袭击手册》，并向群众免费发放。《公民防范恐怖袭击手册》对“什么是恐怖活动、恐怖组织、恐怖活动人员”“遇到恐怖袭击怎么办”“紧急情况下如何自救互救”等 42 个具体问题，以文字和漫画相结合的方式形象地介绍了公民反恐防恐的基本常识。实景教育、模拟演习、进学校、进课堂、进家庭将是后续的重点工作。

（6）宣传引导。做好防范抵御宗教极端思想渗透工作，从源头上遏制暴力恐怖活动多发频发势头，需要正面宣传，积极应对。在意识形态上要讲清楚境外势力利用“人权”“民族自决”“宗教自由”等话语对边疆地区的渗透本质；在信仰上要讲清楚是一小撮极端主义分子劫持宗教、垄断教义的错误行为，本质上不是宗教问题也不是民族问题，而是怀有邪恶目的的极端分子狼子野心；在尊重生命上，要讲清楚人的生命至高无上，任何信念、任何“神明”与任何理由，都不能为滥杀无辜辩护，伤害无辜生命是全体人类的共同敌人。在宣传手段上，要善于利用新兴媒体，互联网、微博、微信等新技术，一方面严禁制作和传播有暴力恐怖、宗教极端思想内容的物品；另一方面积极传播“反暴力、讲法治、讲秩序”等，发挥舆论话语教育的引导作用，树立爱国信教的典型。

（7）人民战争。警力有限，而民力无限，要紧紧依靠各族人民，筑牢反恐怖的铜墙铁壁，打一场反恐怖的人民战争。夯实基层基础工作，充分发动群众，强化社会面巡逻防范，防范打击等工作措施落实到每村每户，让人民群众紧紧抱在一起，每个人都成为自己的首席安全官，揭露暴力恐怖分子、打击民族分裂势力、遏制宗教极端思想，打一场反暴恐的人民战争。落实公安部下发《关于建立完善暴力恐怖犯罪活动举报奖励机制的通知》要求“重金奖励、及时兑现、规范运作和严格保护举报人”，对于组织、策划、实施暴力恐怖活动的，煽动实施暴力恐怖活动的，为暴力恐怖活动提供资金、作案工具、场所等帮助和交通工具等便利条件的，非法制造、经营、运输、邮寄、传播、私藏暴力恐怖和宗教极端宣传品（包括书刊、传单、电子出版物、音视频以及其他含有宣传暴力恐怖、宗教极端内容的物品）的，其他涉嫌暴力恐怖和宗教极端犯罪活动的，都可以举报，并且有奖励，且严格保密，确保安全。在墨玉县“8·01”围捕专项行动，有3万多名群众参与，新疆维吾尔自治区决定，将拿出3亿元奖励参与近期围捕专项行动的群众及相关人员。

（8）联手国际。发生在中国的暴恐活动不是孤立现象，不单是我国境内自己的事情，世界暴力恐怖活动的发生都有外部联系。反恐必须合作，对于中国而言，首先是与周边国家的合作，特别是巴基斯坦、哈萨克斯坦、俄罗斯、印度、老挝、越南、印尼等周边国家，搭建多国交流与协商的国际平台、技术分享平台与信息共享平台，开展更有针对性的反恐合作，彻底肃清恐怖主义生存的土壤。只有加强国际合作，才能顺藤摸瓜，动摇恐怖主义的核心层，端掉其基地。特别是在不同性质国家之间，应该有反恐协议、相互引渡协议，不能为恐怖主义提供政治庇护。

7. 相关新闻链接

《东突分裂恐怖分子制造昆明暴恐案》

记者从昆明市政府新闻办获悉，昆明“3·01”事件事发现场证据表明，这是一起由新疆分裂势力一手策划组织的严重暴力恐怖事件。

3月1日21时许，昆明火车站广场发生蒙面暴徒砍人事件。截至2日6时，已造成29人死亡、130余人受伤。民警当场击毙4名暴徒，抓获1人。目前，案件侦破工作正在紧张进行。受伤群众已分别被安置在多家医院，各级医疗部门已调集精干力量，全力救治伤员。昆明火车站当晚各车次均已发出，昆明市社会秩序稳定。

“3·01”严重暴力恐怖事件，给人民群众的生命财产安全造成了极大损失。有关部门表示，要以坚决态度、有力措施严厉打击暴力恐怖犯罪活动，坚决维护人民群众生命财产安全。

（新华网，2014年3月2日）

《习近平：坚决把暴力恐怖分子的嚣张气焰打下去》

4月30日下午7时许，在新疆乌鲁木齐市火车南站站外发生一起爆炸案件，截至发稿时已造成3人死亡、79人受伤，其中重伤4人。中共中央总书记、国家主席、中央军委主席习近平得知信息后，立即做出指示，必须深刻认识新疆分裂和反分裂斗争的长期性、复杂性、尖锐性，反暴力恐怖斗争一刻也不能放松，必须采取果断措施，坚决把暴力恐怖分子的嚣张气焰打下去。新疆维吾尔自治区要全力救治受伤人员，迅速侦破案件，严惩暴徒。要做好社会面的稳控工作，切实保障各族群众生命财产安全和正常工作生活秩序。

（《青年时报》2014 年 5 月 2 日）

热点问题六　食品安全

1. 问题提出

食品安全问题是近几年最受民众关注的热点问题之一，其关系到民众的切身利益，直接影响人们的身体健康和生活质量。从三聚氰胺、瘦肉精、到染色馒头、转基因食品，如何保障公众“舌尖上的安全”已刻不容缓。2013～2014 年，中国城市基本公共服务满意度评估项目组继续针对食品安全问题在市民中进行了专门的调查。

2. 调查问题设置

问题 C4　您对在本城市所吃的食物安全状况是否担心？

（1）非常担心　　（2）担心

（3）还好　　（4）放心

（5）非常放心

问题 C5　您如何评价本地政府的食品安全监管工作：

（1）政府不作为，食品安全问题很严重

（2）政府的监管工作不到位，食品安全问题比较严重

（3）政府监管比较到位，食品安全问题得到部分缓解

（4）政府监管很到位，食品安全问题得到很大缓解

3. 调查结果

运用权重分析法，选择第一项赋 1 分，选择第二项赋 2 分，以此类推，最后加权计算得分。表 4－11 是全国 38 个城市市民对食品安全满意度的排行榜。分数越高，名次越靠前，表明该市市民对食品安全状况越满意。图 4－6 是排名前 10 位的城市得分图。表 4－12 和表 4－13 是食品安全满意度前 10 位的城市及全国总抽样样本在 C4、C5 题中各选项的比例分布表。

表 4 - 11　主要城市食品安全满意度得分排行榜

城　市	2014 年		2013 年	
	分值	排序	分值	排序
拉　萨	62. 47	1	63. 67	2
太　原	61. 49	2	53. 07	16
上　海	60. 83	3	47. 88	33
海　口	60. 20	4	58. 21	6
宁　波	59. 65	5	53. 78	14
厦　门	59. 41	6	57. 31	9
重　庆	58. 00	7	54. 47	12
银　川	57. 90	8	52. 31	21
福　州	57. 25	9	48. 55	30
南　京	57. 02	10	58. 37	5
长　春	56. 04	11	59. 96	4
呼和浩特	55. 87	12	53. 04	17
大　连	55. 70	13	54. 77	11
哈尔滨	55. 65	14	63. 94	1
天　津	55. 64	15	51. 21	23
青　岛	55. 49	16	52. 75	18
合　肥	55. 33	17	52. 60	19
沈　阳	55. 02	18	48. 54	31
济　南	55. 00	19	46. 35	35
长　沙	54. 43	20	45. 99	36
西　安	54. 36	21	46. 64	34
北　京	54. 25	22	52. 35	20
贵　阳	54. 00	23	57. 41	8
西　宁	53. 99	24	63. 29	3
成　都	53. 93	25	51. 99	22
杭　州	52. 76	26	56. 91	10
深　圳	52. 46	27	43. 89	37
武　汉	52. 36	28	58. 07	7
石家庄	52. 05	29	54. 15	13
珠　海	52. 04	30	50. 72	24
南　宁	51. 83	31	49. 49	25
乌鲁木齐	51. 69	32	41. 96	38
昆　明	51. 31	33	49. 01	28
汕　头	51. 11	34	49. 09	27
南　昌	50. 96	35	53. 42	15
郑　州	50. 19	36	47. 97	32
广　州	48. 92	37	49. 22	26
兰　州	47. 55	38	48. 81	29

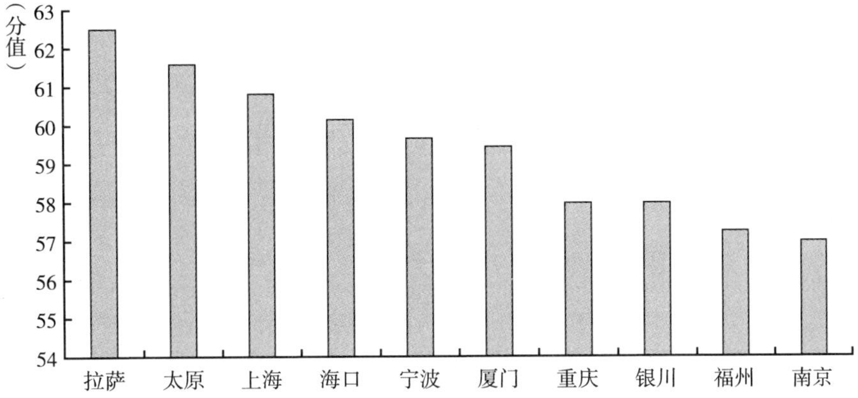

图 4-6　食品安全满意度得分前 10 位城市得分

表 4-12　食品安全满意度前 10 位城市在 C4 题各选项的样本分布

单位：%

城市＼选项	非常担心	担心	还好	放心	非常放心
拉　萨	5.48	35.62	26.03	31.51	1.37
太　原	12.14	28.5	40.63	18.73	0.00
上　海	6.95	34.61	39.01	19.15	0.28
海　口	10.75	34.41	45.88	8.96	0.00
宁　波	7.66	30.84	47.59	13.55	0.36
厦　门	15.00	25.91	44.55	14.55	0.00
重　庆	6.86	39.24	42.32	11.37	0.21
银　川	3.96	51.44	32.73	11.87	0.00
福　州	8.60	39.77	37.67	13.72	0.23
南　京	8.19	40.36	40.06	11.38	0.00
全国总样本	14.38	41.89	31.87	11.64	0.23

表 4-13　食品安全满意度前 10 位城市在 C5 题各选项的样本分布

单位：%

城市＼选项	政府不作为，食品安全问题很严重	政府的监管工作不到位，食品安全问题比较严重	政府监管比较到位，食品安全问题得到部分缓解	政府监管很到位，食品安全问题得到很大缓解
拉　萨	5.17	30.00	54.83	10.00
太　原	6.86	28.23	43.80	21.11
上　海	10.85	29.01	39.79	20.35
海　口	6.12	31.29	39.93	22.66
宁　波	10.45	29.73	46.49	13.33

续表

城市＼选项	政府不作为，食品安全问题很严重	政府的监管工作不到位，食品安全问题比较严重	政府监管比较到位，食品安全问题得到部分缓解	政府监管很到位，食品安全问题得到很大缓解
厦　门	10. 55	27. 98	44. 04	17. 43
重　庆	8. 02	36. 89	45. 20	9. 89
银　川	6. 12	39. 21	42. 09	12. 59
福　州	6. 76	45. 69	36. 13	11. 42
南　京	8. 13	42. 18	38. 80	10. 89
全国总样本	13. 26	40. 62	34. 17	11. 95

4. 调查结果分析

表 4－11 反映的是 2014 年全国 38 个城市公众对所在城市食品安全的主观感受满意度。被访者对食品安全满意度最高的城市是拉萨，得分是 62. 47；其次是太原和上海，得分分别为 61. 49 和 60. 83。在该题中，只有 4 个城市得分超过 60 分，可见公众对食品安全的总体满意度不高。其中，选择对食品安全担心或非常担心的人数占总体的比例达到 56. 27%，只有 11. 87% 的人表示对食品安全放心或完全放心。这表明我国公众对食品安全有很深的忧虑。

5. 食品安全效果满意度不高的原因分析

食品是人民群众生产生活的基础，食品安全关系着每个人的身体健康，其重要性不言而喻，保证食品安全既是维护公共卫生的必然选择，也是推动国民经济实现可持续发展的必要条件。近年来我国频频发生食品安全事件，这与我国现阶段经济社会发展水平密切相关。从表面上看，这与个别商家的知法犯法以及食品安全法律体系不健全有关，但从更深层次看，这与现代社会经济运行方式、食品信息方面的市场失灵以及监管机制的政府失灵密切相关。如果从市场失灵的角度对食品安全问题产生的原因进行归纳总结，我们认为主要有以下三点原因。

（1）食品信息不对称。学者尼尔逊（Nelson）按消费者获取商品质量信息的途径，将所有商品分为三类，即搜寻品、经验品和信用品。而食品作为一种特殊的商品，其兼具以上 3 个特征。

第一，食品搜寻品是指消费者在购买之前能够在市场上获得相对充分的信息，如食品颜色、大小等。该类食品信息不对称的可能性较小，出现食品安全的可能性很低，一般情况下政府只需在这类食品领域做好监管工作，防止假冒食品的出现即可。

第二，食品经验品是指消费者在使用之后才能获取的信息，如食品的口感、味道。由于消费者在购买或食用前很难了解这类食品的准确信息，因此存在消费者受到蒙骗的可能性，一般情况下消费者只能通过“吃一堑，长一智”的方式避免购买此类问题食品。

第三，食品信用品是指消费者即使在消费之后也很难获取信息，如农药残留、重金属指标等。对于此类食品的消费，消费者通过自身的鉴别和判断无法阻止食品安全事件的发生，其在信息获取上处于绝对弱势地位。目前我国相关的检测设备和技术手段相对落后，使得此类食品安全事件最容易发生也最难把控。

（2）食品安全的外部性问题。外部性可分为正外部性和负外部性，食品安全广泛存在着外部性问题。正外部性和负外部性在一定条件下都有可能导致资源的低效率配置，这是因为正外部性可能对良好行为激励不足，而负外部性有可能对不良行为产生激励。

在食品行业，由于食品具有经验性特征和信用品特征，生产和销售安全食品的商家可能被非法商家挤出市场，这是因为生产、销售不安全食品的商家可以利用消费者对于安全食品商家的信任，以次充好，从而获得额外收益。食用不安全食品在危害消费者健康的同时，也使消费者产生对同类商品的不信任感，对生产、销售安全食品的商家而言是负的外部性。

（3）食品安全的公共属性。食品安全具有非竞争性或非排他性的公共产品特征，原因主要有两点：一是食品安全问题是公共卫生问题，而公共卫生是公共产品的一种；二是用以解决信息不对称的食品安全信息也是一种公共产品。

近年来政府在食品安全方面做出了巨大努力，尤其是在食品安全立法和制度建设方面，但是由于食品安全信息的及时全面公布以及政府监管方面还存在不足，因此食品安全事件尚未得到有效的遏制。

2014 年基本公共服务满意度评估项目组针对公众对本地政府的食品安全监管工作满意度进行了专门调查。选项设置 1、2、3、4，分别代表“非政府不作为，食品安全问题很严重”“政府的监管工作不到位，食品安全问题比较严重”“政府监管比较到位，食品安全问题得到部分缓解”“政府监管很到位，食品安全问题得到很大缓解”四种情况。

从调查结果样本分布看，在全国总样本中，有 53.88% 的被访者认为本地政府的食品安全监管工作不作为或者不到位（见图 4 –7）。

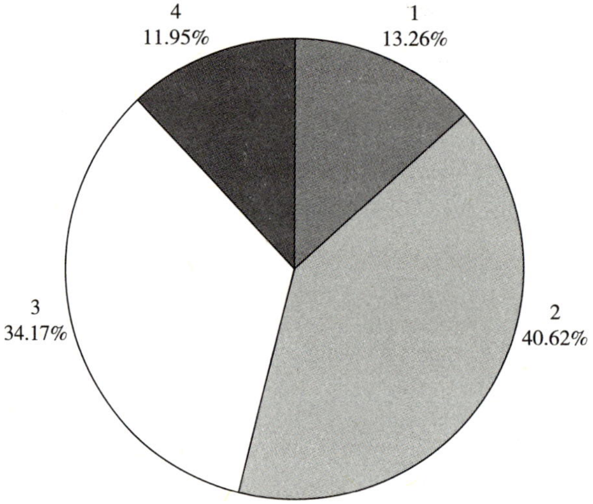

图 4 –7 公众对本地政府的食品安全监管工作满意度问题全样本分布

6. 提高食品安全满意度的思路

食品安全直接关系着每个人的身体健康，并具有公共属性，从这个角度出发，政府对其进行监管责无旁贷。政府应对市场失灵导致的各种食品安全问题进行有效的监督管理，以便弥补市场失灵，真正使得食品安全在制度框架内得到保证，因此应着重从以下几个方面做出努力。

（1）建立健全食品安全法律法规体系。通过相关法律法规，如食品安全监管法律、处罚机制等的完善，促进食品安全相关各部门的协调监管，避免监管不到位或多头监管。

（2）采用更为统一、规范的食品质量安全标准体系，并建立以政府为主导的食品安全应急体系。在借鉴国外经验、科学分析食品安全各个阶段的基础上，对食品安全标准及危机处理的各个环节进行制度创新，应由国务院牵头，疫病防治、监管、后勤保障等部门予以配合，多方位保证食品安全。

（3）建立食品安全信息公开平台，形成企业食品安全信用档案数据库。动态采集并及时处理企业及食品的大量信息，建立包含食品生产、加工、储运、销售等各环节的食品安全信息数据库，在此基础上形成企业食品安全信用档案数据库。在统一的食品安全信息平台上定期发布食品安全信息，实现食品的可追溯。通过食品信息的社会公开，使普通群众能够快速、准确地了解所需食品信息。通过这种方式实现食品市场的优胜劣汰，有效抑制市场失灵。

（4）发挥第三方如行业协会和媒体的监管作用。食品行业协会要严格执行良好操作规范，帮助协会成员加强食品安全。媒体作为普通民众获得信息的重要途径，不仅应及时发现潜在的安全隐患，也要防止矛盾被放大，成为政府监管的有力支持者。

7. 相关新闻链接

《2014（第五届）中国食品安全高层对话在京举行》

7月17日，2014（第五届）中国食品安全高层对话在北京钓鱼台国宾馆隆重举行。本次对话的主题是“创新驱动发展、责任凝聚力量”。本次高层对话由新华网、新华社新闻研究所、经济参考报社、参考消息报、中国证券报社联合主办。

农业部、卫生计生委、国家质检总局、国家食品药品监督管理总局、国家粮食局等部门领导出席并致辞，中国消费者协会、中国食品科学技术学会、中国酒业协会、中国副食流通协会、中国烹饪协会等单位相关领导参加了会议。蒙牛、双汇、泸州老窖、会稽山、宁夏红等100多位食品安全先进企业代表莅临会场。与会者还就“食品安全与新技术”这一主题，围绕如何解决农药残留及重金属问题、食品安全可追溯体系等话题进行了精彩讨论。

与前四届中国食品安全高层对话相比，第五届高层对话推出的“金箸杯”格外引人注目。2014 年 6 月，新华网特别推出了“‘金箸奖’2014 年度食品标杆企业”“‘金箸奖’2014 年度食品领军人物”以及“网友推选中国食品企业七星奖项”三项网络推选活动，逾百万网友参与了投票。

经过网络投票和专家评审，最终娃哈哈、青岛啤酒、湾仔码头、完美、红牛、五粮液、会稽山等十家企业获得“金箸奖”中国食品行业标杆企业，宁夏红集团董事长总裁张金山、江苏隆力奇生物科技股份有限公司董事长徐之伟、周黑鸭食品有限公司董事长周富裕等 8 位企业家获得“金箸奖”中国食品行业领军人物。

根据企业规模、品牌知名度、媒体曝光率和票选结果等多方面标准，蒙牛、安利、百事、迎驾、口子酒、伊利、雅培等七家企业分别获得“中国食品企业七星奖”。

作为食品安全行业年度最具影响力的重要活动之一，新华网“食品安全高层对话”，以促进食品行业可持续发展为使命，旨在为政府高层、行业协会、企业界、学术界搭建一个论道、交流、互助的重要平台。与会嘉宾一致认为，在我国食品行业探寻转型升级，助力中国经济可持续发展的今天，本次对话就如何加强食品安全监督和管理，探寻解决食品安全问题的办法，对促进我国食品工业健康发展具有重要意义。

（新华网，2014 年 7 月 18 日）

热点问题七　房价调控

1. 问题提出

2014 年，以往房价快速上涨的态势发生改变，房地产增幅放缓甚至出现轻微下跌，但其开发投资不减，全国房地产市场呈现出复杂的态势。

根据国家统计局公布的房价指数，8 月全国 70 个大中城市中新建商品住宅（不含保障性住房）和二手住宅价格与上月相比，环比下降的城市分别有 68 个和 67 个；与上年同月相比，同比上涨的城市分别有 1 个和 37 个 。全国房地产市场价格呈继续下跌态势，但变动幅度不大，其中北京、上海、广州、深圳等 4 个一线城市的价格也均呈环比轻微下跌、同比微涨的态势，总体看房价的下降空间有限，仍处于高位运行。

根据国家统计局公布的《2014 年 1 ~ 8 月份全国房地产开发和销售情况》数据，2014 年 1 ~ 8 月，全国房地产开发投资 58975 亿元，同比增长 13.2%。其中，住宅投资 40159 亿元，占房地产开发投资的比重为 68.1%；房地产开发企业土地购置面积 20787 万平方米，同比下降 3.2%；土地成交价款 5694 亿元，增长 12.8%，增速提高 3 个百分点。由此可见，全国房地产市场开发投资仍保持快速增长，且住宅投资占比高，呈现出土地购置单价明显增长的态势。

2. 调查问题设置

问题 D3 您觉得宏观调控政策对您所在城市的房价有影响吗？

（1）没有影响，房价依然迅速上涨

（2）有影响，房价上涨得没那么快了

（3）有影响，房价保持平稳

（4）有影响，房价稍微下降了

（5）很有影响，房价降了很多

（6）不清楚

3. 调查结果

运用权重分析法，选择第一项赋 1 分，选择第二项赋 2 分，以此类推，选“不清楚”不计分，最后加权计算得分。表 4 - 14 是全国 38 个城市市民对房价调控效果满意度的排行榜。分数越高，名次越靠前，表明该市市民对房价调控的效果越满意。图 4 - 8 是排名前 10 位的城市得分图。表4 - 15 是 2014 年房价调控满意度前 10 位的城市及全国总抽样样本在题中各选项的选择分布表。

表 4-14　主要城市房价调控满意度得分排行榜

城　市	2014 年		2013 年	
	分值	排序	分值	排序
长　沙	43.39	1	36.32	26
福　州	38.29	2	28.59	34
成　都	36.96	3	51.36	3
西　宁	36.81	4	47.53	6
乌鲁木齐	36.48	5	29.21	33
长　春	35.33	6	59.47	1
太　原	34.82	7	43.66	9
青　岛	34.27	8	41.58	13
哈尔滨	34.11	9	49.34	5
西　安	33.51	10	39.59	18
海　口	33.33	11	53.58	2
沈　阳	32.80	12	37.96	23
郑　州	32.15	13	33.47	28
南　宁	31.93	14	42.34	12
重　庆	31.87	15	39.11	20
天　津	31.39	16	30.93	31
杭　州	31.29	17	37.28	24
大　连	31.14	18	31.30	30
北　京	30.86	19	44.33	8
银　川	30.76	20	41.02	15
上　海	30.58	21	37.01	25
贵　阳	30.14	22	49.43	4
昆　明	29.78	23	27.07	37
宁　波	29.46	24	38.38	22
武　汉	29.37	25	41.14	14
南　京	28.88	26	42.79	10
合　肥	27.74	27	42.61	11
石家庄	26.53	28	38.74	21
广　州	26.04	29	40.66	17
济　南	25.97	30	29.41	32
深　圳	24.23	31	27.35	36
南　昌	23.85	32	44.76	7
汕　头	23.49	33	33.95	27
拉　萨	23.32	34	27.58	35
呼和浩特	23.12	35	39.25	19
兰　州	21.91	36	40.84	16
珠　海	17.81	37	26.01	38
厦　门	17.12	38	32.72	29

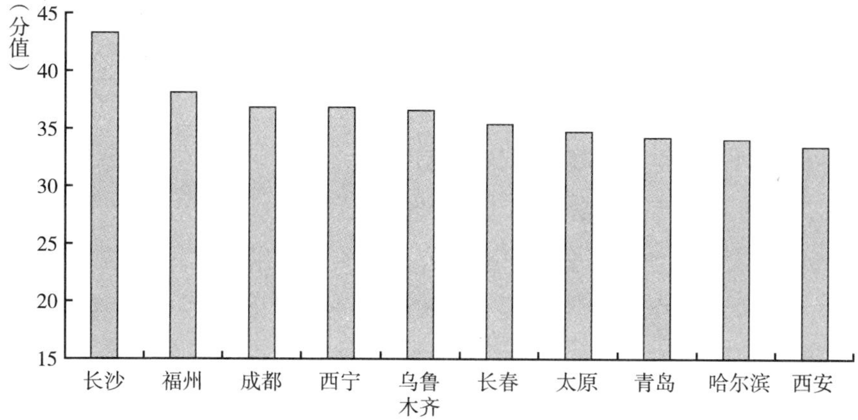

图 4－8　房价调控满意度得分前 10 位城市得分

表 4－15　房价调控满意度前 10 位城市在 D3 题各选项的样本分布

单位：%

城市＼选项	没有影响，房价依然快速上涨	有影响，房价上涨没那么快了	有影响，房价保持平稳	有影响，房价稍微下降了	很有影响房价降了很多	不清楚
长　沙	9.15	17.07	26.98	31.55	1.98	13.26
福　州	10.23	29.3	23.72	18.37	3.26	15.12
成　都	16.67	21.68	23.13	17.85	4.19	16.48
西　宁	17.36	20.49	23.61	19.44	2.78	16.32
乌鲁木齐	22.83	36.22	18.37	14.17	2.36	6.04
长　春	13.64	22.73	30.30	11.52	3.18	18.64
太　原	10.79	27.63	21.05	15.00	3.95	21.58
青　岛	15.56	44.77	10.88	14.05	2.34	12.40
哈尔滨	19.40	23.21	20.00	17.62	1.67	18.10
西　安	18.42	21.76	19.76	14.95	4.01	21.09
全国总样本	21.23	22.68	18.04	13.36	1.93	22.77

4. 调查结果分析

调查结果显示，2014 年公众对我国城市房价调控的满意度普遍偏低，得分最高的长沙分值仅为 43.39，其余城市得分均低于 40 分。而一线城市均未进入前 10 位，表明一线城市房价问题相对于二线和三线城市更为突出，一线城市公众对房价调控满意度较低。从表 4－15 可以看到，在全国总样本中，对房价调控的效果持肯定态度的人数占 33.33%，比 2013 年的 34.30% 下降了 1 个百分点，而认为宏观调控政策没有遏制房价上涨的人数比例达到 42.91%，表明近一年国家房价调控政策的效果不明显。

5. 房价调控效果满意度不高的原因分析

（1）地方政府对土地财政收入过分依赖导致地方政府房价调控效果“缩水”。地方政府作为本地区公共服务和公共产品的供给主体，需要雄厚的财力作支撑，而 1994 年分税制改革后，中央和地方的“财权”和“事权”不匹配，因此土地收入已成为地方政府财政收入的主要部分，支持地方经济的发展。不断上涨的土地价格在充实地方财政的同时也直接推动了房价的高位运行，地方政府为获得高额的土地收入，其落实中央房价调控政策的力度可能就会大打折扣。2014 年下半年以来各地纷纷取消限购或对限购政策松绑现象普遍存在，这在一定程度上反映了土地收入对地方政府的重要性，因此未来房价调控效果尤其是各地方政府的执行效果尚不明朗。

（2）房价下跌幅度有限，仍高于民众支付能力。2014 年以来，全国房地产不再保持持续快速上涨态势，而是出现了环比下跌趋势，但跌幅有限，房地产价格仍在高位运行，高于普通民众的支付能力，其购房压力不减。

（3）现阶段房地产市场的复杂程度增加，供求关系呈现区域性特点。一线城市需求旺盛，特别是外来人口和本地年轻人住房的刚性需求仍然旺盛，而土地资源又相对有限，这就造成了一线城市住房供需关系依旧紧张。相对而言，三线和四线城市由于以往持续的房地产开发高潮，使得住房库存量的问题开始显现。因此，现阶段房地产市场的复杂性高于以往，呈现明显的区域化特征。

6. 提高房价调控满意度的思路

（1）明确中央和地方政府“财权”和“事权”的分界点。着力处理地方政府“财权”小而“事权”大的尴尬问题。要对现行的财税制度进行改革，应使财税政策向地方政府倾斜，充实地方政府财政；同时，对于一些跨地区的全国性事务由中央政府负责，减轻地方政府提供公共服务的压力。

（2）坚持宏观调控政策，加强对地方政府房价调控政策效果的监管。在对房地产市场复杂局势准确判断的基础上，确定全国性的宏观调控政策，并针对一线城市、三线和四线城市等不同区域特点区别化对待，确保宏观调控政策落到实处，使房价处于合理变动区间。

（3）大力发展保障性住房建设，着力解决中低收入群体的住房需求。鼓励企业、社会组织参与保障性住房的建设，增加保障性住房的供给主体。通过吸引民间资本的方式，丰富资金来源渠道，增加保障性住房供给。丰富保障性住房类型、严格审核及退出制度、合理规划布局、完善基础设施建设、保证保障性住房建设质量等是未来保障性住房建设中亟待解决的问题。

7. 相关新闻链接

《多地出台楼市新政 重点指向信贷松绑》

继各地楼市限购政策逐一退出后，新一轮的信贷松绑正在多地“蔓延”。湖北省16日出台“鄂六条”、成都17日宣布公积金政策放松、无锡上调贷款额度，多个省市正通过信贷、财政、税费补贴等形式刺激楼市交易复苏。

新一轮松绑政策的背后，是“金九”成色的严重不足。9月前14天，重点城市新建住宅成交面积环比下降4.7%，全国楼市尤其是一、二线重点城市的成交表现普遍低于预期。虽然各地大型开发商已全面启动降价促销、蓄客造势，但在成交上都没有取得实质性突破。

自今年6月呼和浩特市宣布取消房屋限购以来，国内不少城市都陆续松绑房屋限购政策，掀起了一轮松绑潮。据机构统计，截至目前，46个限购城市中仅剩北京、上海、广州、深圳、珠海、南京、三亚7个城市仍在执行限购。然而，限购政策放松的效果显然没有达到预期。于是，新一轮政策松绑的重点指向信贷。

9月12日，沈阳正式宣布全面取消限购政策，且二套房首付比例恢复至六成。同时，无锡宣布调整公积金贷款政策，贷款额度上限将由50万元上调至60万元，并放宽第二次使用公积金贷款的限制条件。

9月16日，湖北省发布“鄂六条”，明确规定居民家庭贷款首次购买自住普通商品住房，首付款比例按30%执行，贷款利率下限可扩大为基准利率的0.7倍，并要求银行对已签订贷款协议的房贷，一个月内予以放款。个人购买属于家庭唯一普通商品住房的，减半征收契税；个人购买

90 平方米及以下家庭唯一普通商品住房的，契税按1%税率征收。

9 月 17 日成都公积金新政出台。自 10 月 8 日起，成都住房公积金账户余额不足1.5 万元的，最高也能贷到30 万元。

记者了解到，在上述省市外，四川、福建等省还发布省级文件，通过信贷、财政、税费补贴等形式刺激楼市。对此，北京中原地产首席分析师张大伟认为，第一轮房地产政策放松以松绑限购为主，第二轮政策放松的主要特征为各省级部门出台的细则直指信贷，要求商业银行降低首付成数、商贷利率等，此外增加购房补贴、降低公积金利用难度也成为常用手段。

（《上海证券报》2014 年 9 月 19 日）

《快讯：南京取消房产限购》

21 日下午，南京市出台保持房地产市场健康发展的通知，宣布从即日起购房不再需要提供新购住房证明。这意味着江苏省所有城市都不再限购，执行三年七个月的房产限购政策正式终结。据了解，目前国内仅剩北京、上海、广州、深圳、珠海、三亚仍维持限购。

（中国证券网，2014 年 9 月 21 日）

热点问题八　计划生育政策的社会反响

1. 问题提出

我国自实行计划生育政策以来，人口增长率在一定程度上降低，人口规模得到了有效的控制，然而这一政策的实施却极大改变了我国的人口结构，带来了人口老龄化、人口出生性别比严重失调和“失独”家庭增加等一系列问题。根据《中国老龄事业发展报告（2013）》公布的数据：截至 2012 年年底我国老年人口数量达到 1.94 亿人，比上年增加 891 万人，占总人口的 14.3%。2013 年我国老年人口数量将达到2.02 亿人，占总人口的14.8%，16～59 岁的劳动年龄人口，从2011年的峰值9.40亿人下降到2013年的9.36亿人。2013年老年人口和劳动年龄人口的比值约2∶9，我国劳动力供给格局发生转变。

在这种情况下，我国的计划生育政策也进行了适当调整。党的十八届三中全会审议通过的《中共中央关于全面深化改革若干重大问题的决定》表明：坚持计划生育的基本国策，启动实施一方是独生子女的夫妇可生育两个孩子的政策，逐步调整完善生育政策，促进人口长期均衡发展。这标志着，“单独两孩”的政策将全面放开，但关于何时全面放开生育政策尚不明确。

2. 调查问题设置

问题H5 您认为当前的计划生育政策应该：

（1）继续坚持严格一胎制　　（2）应实施单独二胎

（3）应实施普遍二胎　　（4）无所谓

3. 调查结果

运用权重分析法，选择第一项赋1分，选择第二项赋2分，以此类推，选“无所谓”不计分，最后加权计算得分。表4－16是全国38个城市市民对放开计划生育的支持度排行榜。分数越高，名次越靠前，表明该市市民对放开计划生育政策越支持。图4－9是排名前10位的城市得分图。表4－17是对放开计划生育的支持度前10位的城市及全国总抽样样本在题中各选项的选择分布表。

表4－16 主要城市计划生育政策的社会反响得分排行榜

城市	分值	名次	城市	分值	名次
广州	50.42	1	郑州	42.45	13
海口	46.24	2	石家庄	42.08	14
银川	45.14	3	汕头	41.83	15
济南	45.07	4	北京	41.67	16
乌鲁木齐	44.75	5	西宁	41.35	17
南昌	44.32	6	拉萨	40.90	18
南宁	44.25	7	合肥	40.53	19
武汉	43.92	8	重庆	40.52	20
珠海	43.79	9	青岛	40.05	21
深圳	43.42	10	成都	39.52	22
福州	43.37	11	兰州	39.12	23
贵阳	42.80	12	宁波	38.84	24

续表

城　市	分值	名次	城　市	分值	名次
太　原	38.62	25	杭　州	35.63	32
大　连	38.60	26	天　津	34.01	33
厦　门	38.47	27	上　海	33.87	34
南　京	38.28	28	长　春	32.86	35
哈尔滨	38.22	29	西　安	32.43	36
长　沙	37.52	30	呼和浩特	31.27	37
昆　明	37.46	31	沈　阳	26.49	38

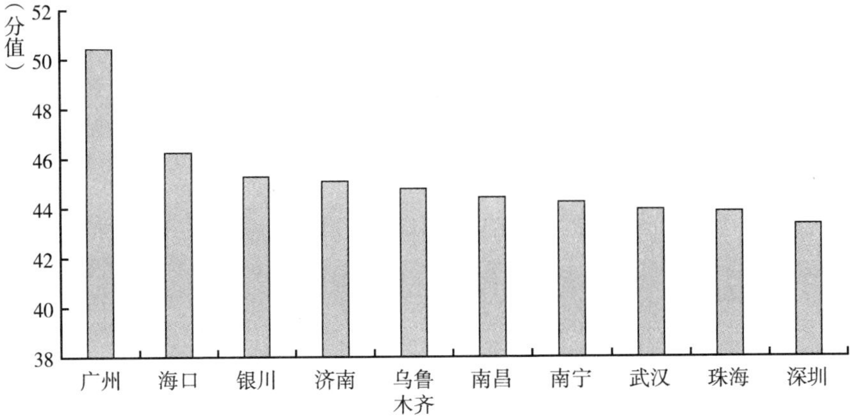

图4-9　计划生育政策的社会反响得分前10位城市

表4-17　计划生育政策的社会反响前10位城市在H5题各选项的样本分布

单位：%

城市＼选项	继续坚持严格一胎制	应实施单独二胎	应实施普遍二胎	无所谓
广　州	6.74	20.61	51.24	21.41
海　口	18.28	9.68	49.10	22.94
银　川	5.76	25.9	41.01	27.34
济　南	12.19	37.28	31.18	19.35
乌鲁木齐	16.01	49.61	21.26	13.12
南　昌	9.55	37.37	31.00	22.08
南　宁	11.67	19.93	41.83	26.57
武　汉	10.28	28.30	36.28	25.15
珠　海	10.79	10.43	47.84	30.94
深　圳	4.94	24.60	39.85	30.61
全国总样本	12.31	27.37	30.58	29.73

4. 调查结果分析

表4－16反映的是全国38个城市2014年公众对所在城市放开计划生育的支持度。从图4－9中可见，最支持计划生育政策放开的城市是广州，得分为50.42分，第二和第三位是海口、银川，得分分别为46.24和45.14分。从样本分布来看，认为应该实施单独二胎和普遍二胎的人数比例占到57.95%，超过半数，而选择继续坚持严格一胎的人数仅占到总体比例的12.31%，这表明大多数公众对部分放开或全面放开计划生育政策持肯定态度。

5. 影响计划生育支持度的原因分析

从1980年开始我国正式实施独生子女政策以来，计划生育政策已经实行了30多年。计划生育政策的实施使人口生育率得以降低，为经济社会的快速发展做出了巨大贡献。2012年中国发展研究基金会发布的《中国人口形势的变化和人口政策调整》研究报告认为，中国已经进入低出生率、低死亡率的阶段。报告指出：根据全国第六次人口普查数据直接推算，中国总和生育率为1.18，考虑到出生漏报，当前的综合出生率应在1.5以下，我国人口增长已经非常缓慢。

随着社会经济的发展，民众对放开计划生育政策的呼声越来越高，这是因为计划生育政策的负面影响日益凸显，主要表现在人口老龄化严重、出生人口性别比例失衡、独生子女家庭风险升高等方面。

（1）人口老龄化严重。根据《中国老龄事业发展报告（2013）》公布的数据：截至2012年年底我国老年人口数量达到1.94亿人，比上年增加891万人，占总人口的14.3%。这说明我国已经进入到人口老龄化国家的行列，其中高龄老人、失能老人、空巢老人数量的迅速增长使得我国人口老龄化形势更加严峻，家庭和社会的养老压力增大。

（2）出生人口性别比失衡。出生人口性别比是指每出生100名女婴数量所对应的男婴数量，国际社会公认的比值是103～107之间。而根据国家人口计生委2012年的统计结果，我国出生人口性别比失衡，已经达到100∶118，即每出生100个女孩，就会同时有118个男孩出生。出生性别比例失衡源于“重男轻女”的传统思想和我国养老保障体系的不健全。通过借助现代技术非法鉴别胎儿性别，从而进行选择性流产导致的出生人口性别比严重失衡。由于男性人数高于女性，直接导致大量男性无法找到伴侣，这就形成了社会不稳定因素，同时也加重了社会对这部分无婚姻无子女男性的养老负担。

（3）“失独”家庭增加。由于计划生育政策以及交通、疾病等意外风险的存在，使得“失独”家庭增加。那些独生子女死亡，其父母不再生育、不能再生育和不愿意收养子女的家庭被称为“失独”家庭。近年来“失独”家庭作为一个特殊群体，其养老、精神寄托等问题越来越多受到关注。

6. 解决计划生育问题的思路

（1）适度微调计划生育政策。当前我国社会人口老龄化现象严重，劳动力格局发生变化。为了适应新的经济形势，确保经济发展动力，可以根据实际情况对计划生育政策进行微调。党的十八届三中全会审议通过的《中共中央关于全面深化改革若干重大问题的决定》表明“单独两孩”的政策全面放开，各地在此原则下纷纷出台适应本地区的“单独两孩”政策。这正是计划生育政策微调的重要标志，对于促进人口均衡发展具有重要意义。

（2）健全社会保障制度，降低家庭养老风险。现阶段我国社会保障制度尚不完善，家庭养老压力较大，传统的“养儿防老”思想在农村地区根深蒂固。解决计划生育带来的问题需要不断完善社会保障制度，减少育龄人群的后顾之忧。

（3）积极进行男女平等的宣传教育，提高女性社会地位。通过积极地宣传教育，使“重男轻女”的观念逐渐改变。并在就业等方面消除对女性的歧视，提高女性的社会地位，使出生人口性别比失衡问题逐步得到解决。

7. 相关新闻链接

《全国计划生育工作电视电话会议召开　李克强作重要批示》

全国计划生育工作电视电话会议27日在京召开，中共中央政治局常委、国务院总理李克强做出重要批示，批示指出：“调整完善生育政策，事关经济社会发展全局，符合广大人民群众的意愿。各级政府及卫生计生等部门要在坚持计划生育基本国策的同时，按照总体稳定、城乡统筹、分类指导、协调发展的原则，周密安排，加强服务，扎实稳妥有序地推进调整完善生育政策工作，把好事办好，促进人口长期均衡发展。”中共中央政治局委员、国务院副总理刘延东出席会议并讲话。她强调，要认真贯彻落实李克强总理重要批示精神，深刻认识新时期人口发展的形势、规律和特点，进一步做好计划生育工作，为全面建成小康社会创造良好的人口环境。

刘延东指出，40 多年来，我国计划生育工作取得举世瞩目的成就，人口过快增长得到有效控制，人口对资源环境的压力得到一定缓解，有力改善了人民群众生存发展状况，促进了经济社会持续健康发展。

刘延东强调，调整完善生育政策是党中央、国务院着眼人口与经济社会全局做出的重大决策，坚持计划生育基本国策是立足国情、实现可持续发展的战略选择。各地区各部门要全面准确把握坚持计划生育基本国策、调整完善生育政策的重大意义，充分认识促进人口长期均衡发展的艰巨性复杂性，增强责任感、使命感，把计划生育工作这件利国利民的大事抓紧抓好。

刘延东要求，要周密部署安排，准确执行政策，更加注重人文关怀、利益导向和宣传引导，扎实稳妥有序实施“单独两孩”政策，提高出生人口素质，保障母婴健康，加强社会公共服务保障，继续抓好流动人口服务与管理，促进人口结构平衡。要切实加强组织领导，确保政策实施过程风险可控，确保生育水平不出现大的波动，确保人口总量保持在规划目标之内。

（中国政府网，2014 年 02 月 27 日）

热点问题九　空气质量

1. 问题提出

近年来，空气质量问题一直是我国政府重点关注的问题。2013 年 4 月，国务院考虑到雾霾问题日益突出，要求环保部针对大气污染防治工作中存在的突出问题，重新研究起草《中华人民共和国大气污染防治法》（以下简称《大气污染防治法》）修订草案。《大气污染防治法》以列入 2014 年立法计划。

《大气污染防治法》修订的指导思想应该是与新环保法和《大气污染防治行动计划》相衔接。目前，环保部正在完善修订草案送审稿，拟增设一章规定“环境空气质量监督管理”，包括大气污染防治标准、政府责任、环境管理制度、环境监测和信息公开等内容。此外，对未达到国家环境空气质量标准的城市人民政府，应当编制环境空气质量限期达标行动方案；对已达标的城市，应当采取措施实现本区域环境空气质量持续改善。对于空气质量到底由谁负责应写进法律，地方各级政府对本行政区域的空气质量负责，大气环境保护目标应作为官员考核评价内容，考核结果应当向社会公开。

2. 调查问题设置

问题 I1 -1 下面请您对所在城市的空气质量进行满意度评价。

（1）非常不满意　　（2）不满意

（3）一般　　（4）满意

（5）非常满意

3. 调查结果

运用权重分析法，选择第一项赋 1 分，选择第二项赋 2 分，以此类推，加权计算最后得分，可以得出全国 38 个城市市民对空气质量主观感受满意度评价的排行榜。表 4 -18 中的分数表明，分数越高，名次越靠前，说明该城市居民对于本城的空气质量越满意。图 4 -10 是排名前 10 位的城市得分情况。表 4 -19 是空气质量满意度排名前 10 位的城市抽样样本及全国总抽样样本在I1 -1 题中各选项的选择比例分布。

结果显示，得分最高的拉萨以 86.14 分遥遥领先，在该项目上蝉联第 1 位，海口、贵阳则以超过 70 分的得分位列第 2 和第 3 名；石家庄、济南等排在最后的 14 个城市空气质量满意度得分均低于 50 分，其中石家庄得分仅为 32.82 分，与第 1 位相差 53.32 分。这说明，我国不同城市的空气质量存在极大的差别，部分城市在此方面亟须改善。从全国总体样本分布来看，选择对空气质量“满意”或是“非常满意”的人数比例仅占 22.42%，大幅度低于选择“不满意”或者“非常不满意”的人数比例（44.20%），亦低于 2013 年的 34.81%，说明我国城市空气质量的改善情况还远不能达到公众的期望程度。

表 4－18　我国主要城市空气质量满意度排行榜

城　市	2014 年		2013 年	
	分值	排序	分值	排序
拉　萨	86.14	1	88.25	1
海　口	80.50	2	75.60	3
贵　阳	73.06	3	66.64	9
厦　门	69.82	4	79.08	2
珠　海	69.71	5	72.98	5
青　岛	63.88	6	67.12	8
重　庆	63.72	7	61.23	18
呼和浩特	62.23	8	62.71	15
深　圳	62.16	9	63.71	14
大　连	60.00	10	73.55	4
汕　头	59.83	11	61.46	16
银　川	59.35	12	60.84	21
南　宁	58.99	13	61.25	17
太　原	58.20	14	57.09	27
昆　明	58.16	15	64.86	13
长　春	57.69	16	71.15	6
福　州	57.35	17	59.85	22
南　昌	56.64	18	65.05	11
哈尔滨	55.57	19	61.02	20
上　海	54.89	20	53.06	30
西　宁	54.58	21	61.07	19
兰　州	53.97	22	50.81	33
长　沙	53.31	23	57.48	26
宁　波	50.18	24	68.51	7
成　都	49.94	25	58.59	23
广　州	49.85	26	54.96	29
杭　州	49.51	27	65.62	10
南　京	49.48	28	52.58	31
沈　阳	44.97	29	57.99	24
西　安	44.71	30	50.53	34
武　汉	43.83	31	57.62	25
北　京	43.78	32	46.64	35
乌鲁木齐	43.54	33	64.87	12
郑　州	43.03	34	45.03	37
合　肥	42.80	35	57.03	28
天　津	42.68	36	51.03	32
济　南	39.61	37	42.15	38
石家庄	32.82	38	46.55	36

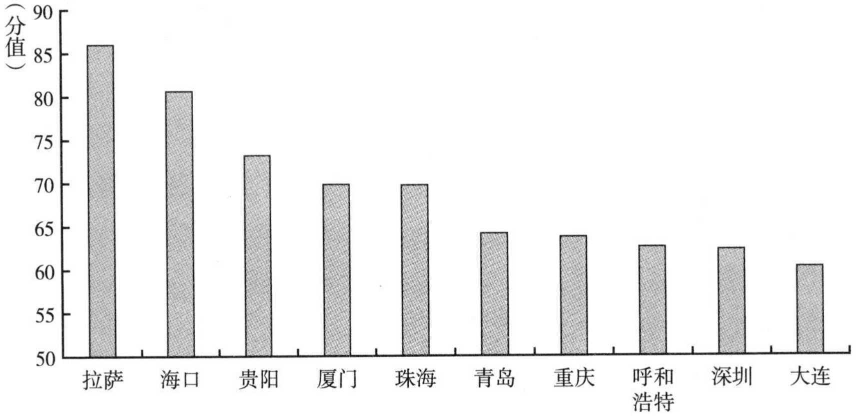

图 4-10　空气质量满意度前 10 位名城市得分情况

表 4-19　空气质量满意度排名前 10 城市在 I1-1 题各选项的样本分布

单位：%

	非常不满意	不满意	一般	满意	非常满意
拉　萨	1.02	3.75	11.26	31.40	52.56
海　口	3.23	9.68	12.19	31.18	43.73
贵　阳	2.55	7.23	27.66	47.45	15.11
厦　门	5.45	9.09	30.45	40.91	14.09
珠　海	1.09	3.26	53.26	30.80	11.59
青　岛	9.78	14.53	30.45	37.01	8.24
重　庆	5.73	15.18	44.95	23.05	11.10
呼和浩特	5.76	17.27	40.29	33.45	3.24
深　圳	7.90	18.29	37.12	28.46	8.23
大　连	9.91	25.14	31.74	21.47	11.74
全国总样本	18.56	25.64	33.38	16.90	5.52

4. 调查结果分析

2014 年 5 月 13 号，民间环境保护组织“自然之友”在北京发布了年度环境绿皮书《中国环境发展报告（2014）》。这份报告根据中国环境监测总站、京津冀、长三角、珠三角区域以及直辖市、省会城市和计划单列市空气质量报告，对 2013 年度全国省会及直辖市城市空气质量情况进行了一个排名。在这份囊括了 31 个城市的榜单当中，海口排名第 1 位，紧随其后的是福州、拉萨、昆明、贵阳。而在排名靠后的城市当中，石家庄取代了兰州，排名垫底。去年排名倒数第2位的北京名次有所上升，升到了倒数第6位。紧随石家庄，排在后5位的城市依次是济南、西安、郑州和天津。

根据环境保护部有关负责人近日向媒体发布的2014年8月份京津冀、长三角、珠三角区域及直辖市、省会城市和计划单列市等74个城市空气质量状况，按照城市环境空气质量综合指数评价，8月空气质量相对较差的前10位城市分别是济南、邯郸、保定、邢台、唐山、衡水、石家庄、廊坊、北京、沈阳和郑州（两市综合指数相同，排名相同）；空气质量相对较好的前10位城市是海口、珠海、中山、江门、舟山、拉萨、深圳、贵阳、台州和惠州。

本次课题组在全国38个主要城市开展的主观满意度问卷调查结果与上述两项较具权威性的客观调查的结果高度相符：拉萨、海口、贵阳、珠海、深圳均位列满意度得分前10位，而石家庄、济南、天津、郑州、北京、西安和沈阳则都排在倒数10位之内。

5. 空气质量问题原因分析

城市空气质量受到多方因素的影响。各地的地理位置、地形特征、气象条件和自然气候特征是影响各城市空气质量水平的重要客观因素。而燃煤、机动车尾气、工业排放以及扬尘等则是造成大气污染的主要来源。过去较长一段时期，由于经济发展方式粗放、产业结构较为落后、能源结构不合理，以及政府重视程度不足导致的环境监测与管控制度建设不到位等原因，我国城市的空气质量问题日益严峻。特别是随着机动车数量持续快速增长，尾气排放的污染程度加重，空气质量问题已成为“看得见的危害”。

6. 解决空气质量问题的思路

各地政府严格贯彻落实国务院已颁布的大气污染防治十条措施，是解决我国城市空气质量问题的有效途径。具体包括：减少污染物排放，严控高耗能、高污染行业新增产能，大力推行清洁生产和发展公共交通，加快调整能源结构，强化节能环保指标约束，推行激励与约束并举的节能减排新机制，用法律、标准“倒逼”产业转型升级，建立重点区域联防联控机制和加强人口密集地区PM2.5治理，将重污染天气纳入地方政府突发事件应急管理，以及树立全社会“同呼吸、共奋斗”的行为准则。

从具体操作角度来说，因为城市空气污染的程度和原因各有差异，不同城市在采集措施方面也会有不同侧重。以京津冀地区为例，二氧化硫和一次PM2. 5减排措施对PM2. 5浓度削减的作用较大，其中又以能源结构调整、电厂与燃煤锅炉脱硫脱硝以及钢铁、水泥、工业窑炉除尘升级改造带来的减排效果最为突出。而对流天气也有助于空气污染及时扩散。

大气污染防治主要关系到产业结构的转型、区域经济的协调和排放结构的优化，因此需要进一步推进我国的经济发展方式和产业结构转型升级。由于空气质量改善主要依靠节能减排，与公共服务相关度低，在此不做详细阐述。

7. 相关新闻链接

《2014年上半年城市空气质量相对较差和较好TOP10》

据中国环境监测总站《2014年上半年京津冀、长三角、珠三角区域及直辖市、省会城市和计划单列市空气质量报告》显示：按照城市环境空气质量综合指数评价，上半年空气质量相对较差的前10位城市是邢台、石家庄、保定、唐山、邯郸、衡水、济南、廊坊、西安和天津；空气质量相对较好的前10位城市是海口、舟山、拉萨、珠海、深圳、惠州、中山、福州、厦门和丽水。

按照《环境空气质量标准》（GB3095－2012）评价，2014年上半年，74个城市达标天数比例在11.7%～97.2%，平均达标天数比例为60.3%。平均超标天数比例为39.7%，其中轻度污染占24.1%，中度污染占8.1%，重度污染占5.8%，严重污染占1.7%。主要污染物为PM2.5，其次为PM10和O_3。

海口、拉萨等14个城市的达标天数比例在80%以上，宁波、南昌等41个城市达标天数比例在50%～80%，邢台、衡水、邯郸等19个城市达标天数比例不足50%。

与去年同期相比，随着大气污染防治行动计划相关措施的陆续落实和气象条件利好影响，74个城市总体空气质量有所改善，平均达标天数比例由58.7%上升为60.3%，提高1.6个百分点，PM2.5、PM10、SO_2、CO等污染物浓度均不同程度下降。其中，京津冀区域空气质量明显改善，13个城市达标天数比例提高3.2个百分点；长三角区域和珠三角区域空气质量达标天数比例比去年略有下降。从重污染天气发生的情况看，2014

年2月，京津冀及周边地区发生一次空气重污染过程，但与去年相比，空气重污染发生的频次、持续的时间和污染的强度均明显降低。

（新华网，2014 年8 月1 日）

《环境保护部发布8 月份重点区域和74 个城市空气质量状况》

环境保护部有关负责人介绍说，8 月份，74 个城市达标天数比例在16.7%～100.0%，平均达标天数比例为80.4%，轻度污染天数比例15.9%，中度污染为3.4%，重度污染为0.3%，未出现严重污染。主要污染物为O_3，其次为PM2.5。

海口、昆明、厦门等19 个城市的达标天数比例为100%，秦皇岛、徐州、中山等31 个城市的达标天数比例在80%～100%，重庆、天津、苏州等17 个城市达标天数比例在50%～80%，合肥、保定、济南等7 个城市达标天数比例不足50%。

该负责人介绍，与去年同期相比，74 个城市平均达标天数比例由78.7%上升到80.4%，升高1.7 个百分点；与上月相比，平均达标天数比例由73.1%上升到80.4%，升高7.3 个百分点；京津冀、长三角和珠三角区域空气质量均有所改善。

按照城市环境空气质量综合指数评价，8 月份空气质量相对较差的前10 位城市分别是济南、邯郸、保定、邢台、唐山、衡水、石家庄、廊坊、北京、沈阳和郑州（两市综合指数相同，排名相同）；空气质量相对较好的前10 位城市是海口、珠海、中山、江门、舟山、拉萨、深圳、贵阳、台州和惠州。

（环保部网站，2014 年9 月19 日）

热点问题十　政府作风

1. 问题提出

党的十八大以后，以习近平同志为总书记的党中央，将加强作风建设作为开局，深入贯彻十八大精神。中共中央政治局做了关于改进工作作风、密切联系群众的“八项规定”，充分体现党中央带头改进作风的坚定决心，深得人民群众拥护。各级政府按照党中央的要求，把改进作风作为政府建设的重点，思想上高度重视，行动上高度自觉，以作风建设的新成效，凝聚起推动政府工作和事业发展的强大力量。

2. 调查问题设置

问题 K2 您上一次去政府部门办事，整件事务办理完毕总共跑了几趟?

（1）4 趟及以上　　（2）3 趟

（3）2 趟　　（4）1 趟

（5）没去过

3. 调查结果

运用权重分析法，选择第一项赋 1 分，选择第二项赋 2 分，以此类推，选“没去过”不计分，加权计算最后得分。市民去政府部门办事需要跑的次数越多，该题得分越低，越说明该市政府的作风亟须改善。表 4－20 是全国 38 个城市市民对政府作风满意度评价的排行榜，得分越高，说明该城市居民对于本市政府作风越满意。图 4－11 是排名前 10 位的城市得分情况。表 4－21 是市民对政府作风满意度排前 10 位的城市及全国总抽样样本在 K2 题中各选项的选择比例。

表 4－20　我国主要城市政府作风满意度排行榜

城　市	得分	排名	城　市	得分	排名
长　沙	55.39	1	银　川	44.17	14
乌鲁木齐	52.89	2	沈　阳	43.49	15
成　都	50.99	3	南　京	43.18	16
南　宁	50.81	4	福　州	42.99	17
青　岛	50.74	5	广　州	42.70	18
海　口	50.68	6	西　宁	42.70	19
长　春	48.90	7	拉　萨	41.11	20
上　海	48.61	8	郑　州	40.85	21
重　庆	46.69	9	西　安	40.77	22
珠　海	46.06	10	济　南	40.57	23
贵　阳	44.97	11	呼和浩特	40.29	24
杭　州	44.34	12	武　汉	39.90	25
太　原	44.23	13	大　连	39.78	26

续表

城市	得分	排名	城市	得分	排名
厦门	39.64	27	北京	35.64	33
深圳	38.77	28	汕头	34.83	34
哈尔滨	38.57	29	宁波	33.73	35
昆明	38.05	30	石家庄	33.67	36
合肥	36.84	31	南昌	31.85	37
天津	35.76	32	兰州	29.26	38

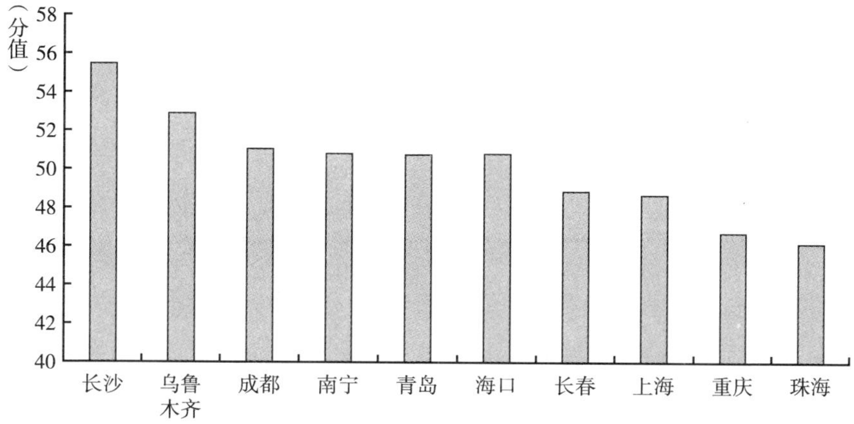

图 4-11　政府作风满意度前 10 位城市得分情况

表 4-21　政府作风满意度排名前 10 位城市在 K2 题各选项的样本分布

单位：%

	4 趟及以上	3 趟	2 趟	1 趟	没去过
长沙	6.61	10.45	25.19	43.47	14.29
乌鲁木齐	4.81	29.68	20.05	35.03	10.43
成都	5.99	27.10	22.40	31.89	12.63
南宁	4.16	16.64	27.12	33.82	18.26
青岛	4.45	10.71	19.75	42.14	22.95
海口	3.58	13.26	23.30	38.35	21.51
长春	8.81	14.68	32.30	27.36	16.85
上海	5.12	15.29	30.51	28.95	20.13
重庆	7.99	19.86	22.01	29.93	20.22
珠海	8.30	10.11	24.91	31.77	24.91
全国总样本	7.35	19.60	24.44	22.90	25.71

4. 调查结果分析

表4－20反映的是全国38个城市2014年公众对所在城市政府作风的主观感受满意度。可以看到，排名前3位的是长沙、乌鲁木齐和成都，得分分别为55.39分、52.89分和50.99分，南宁、青岛、海口紧随其后，得分也超过50分，长春、上海、重庆、珠海则分列第7～10位。但是，排名最后的兰州得分仅为29.26分，与第一名相差26.13分。这说明，我国公众对所在城市政府作风的满意度整体偏低，且不同城市也存在较大差别，各地政府应提高重视，着力改善。从全国总体样本分布来看，选择对去政府部门办事需要跑“3趟”或者“4趟及以上”的人数比例占到26.95%，选择要跑“2趟”或者“1趟”的人数比例为47.34%，而选择“没去过”的人数比例为25.71%，说明我国城市政府工作的覆盖面和便利度都还有较大提升空间。

5. 政府作风问题原因分析

当前，一些政府机构在作风方面表现出很多问题，如漠视群众、形式主义、官僚主义、效率低下、软弱涣散等。究其原因，主要有两个方面。从个人因素来看，部分政府工作人员的思想觉悟不高、素质能力偏低，没有端正态度、勤勉尽责、坚持学习，没有把人民群众的利益摆在高于一切的位置，而是不思进取、脱离实际、弄虚作假，甚至以权谋私、独断专行、骄奢淫逸。从制度因素来看，部分政府机构存在各自为政、因循守旧、办事手续烦琐等现象，没有处理好政府、市场和社会之间的关系，简政放权不到位，亟须进一步完善工作制度，优化工作流程，加强规范管理，提高政府整体执行力。

6. 解决政府作风问题的思路

党的十八大对于改进工作作风、密切联系群众有明确部署，要求“坚持以人为本、执政为民，始终保持党同人民群众的血肉联系”，强调“坚持艰苦奋斗、勤俭节约，下决心改进文风会风，着力整治庸懒散奢等不良风气，坚决克服形式主义、官僚主义，以优良党风凝聚党心民心，带动政风民风”。

各地政府应严格贯彻关于改进工作作风、密切联系群众的“八项规定”，结合实际情况，制定落实办法，提高政府部门办事效率，做到：

（1）精简机构、人员及办事流程，解放思想，改革创新，统筹协调，便民利民。

（2）精简会议活动，切实改进会风，不开泛泛部署工作和提要求的会，提高会议实效。

（3）精简文件简报，切实改进文风，改进新闻报道，严格文稿发表。

（4）改进基层调研方式，简化接待，规范出访活动，严格控制出访随行人员，严格按照规定乘坐交通工具，改进警卫工作。

7. 相关新闻链接

《习近平参加安徽代表团审议时强调：作风建设永远在路上》

2014年3月9日，习近平在十二届全国人大二次会议安徽代表团参加审议时发表重要讲话，他指出，各级领导干部都要既严以修身、严以用权、严以律己，又谋事要实、创业要实、做人要实。严以修身，就是要加强党性修养，坚定理想信念，提升道德境界，追求高尚情操，自觉远离低级趣味，自觉抵制歪风邪气。严以用权，就是要坚持用权为民，按规则、按制度行使权力，把权力关进制度的笼子里，任何时候都不搞特权、不以权谋私。严以律己，就是要心存敬畏、手握戒尺，慎独慎微、勤于自省，遵守党纪国法，做到为政清廉。谋事要实，就是要从实际出发谋划事业和工作，使点子、政策、方案符合实际情况、符合客观规律、符合科学精神，不好高骛远，不脱离实际。创业要实，就是要脚踏实地、真抓实干，敢于担当责任，勇于直面矛盾，善于解决问题，努力创造经得起实践、人民、历史检验的实绩。做人要实，就是要对党、对组织、对人民、对同志忠诚老实，做老实人、说老实话、干老实事，襟怀坦白，公道正派。要发扬钉钉子精神，保持力度、保持韧劲，善始善终、善作善成，不断取得作风建设新成效。

（共产党员网，2014年3月9日）

热点问题十一　公共信息服务

1. 问题提出

公共信息主要为政府拥有，包括政策法规、政务等各方面的信息。由于这类信息主要由政府部门掌握，由政府提供是最有权威、最便捷、最便宜和最有效。公共信息服务的对象不仅包括企业和个人，而且包括政府自身。政府既是公共信息的供给者，同时也是公共信息服务的需求者。信息论奠基者香农认为“信息就是能够用来消除不确定性的东西”。政府公共信息服务有利于激发公民的参与热情，有利于提高政府效率，有利于提高政府能力。随着移动互联网时代的来临，政府公共信息服务面临着新的发展契机和挑战。同时，随着现代社会公民权利意识的觉醒，公众对公共事务的参与热情高涨，对政府公共信息服务提出了更高的要求，构建以公众为中心的政府公共信息服务体系势在必行。

2. 调查问题设置

问题 K3－3 您觉得当地政府部门

政府网站、政务微博与公众的互动性	没有互动⇒互动频繁				
	1	2	3	4	5

3. 调查结果

运用权重分析法，选择第一项赋 1 分，选择第二项赋 2 分，依此类推后进行加权计算该问题得分。表 4－22 是全国 38 个城市 2014 年政府公共信息服务排行榜，分数越高代表该城市政府公共信息服务互动程度越高；图 4－12 是 2014 年度公共信息服务排名前 10 位城市得分情况图，表 4－23 是公共信息服务排名前 10 位城市及全国总样本在 K3－3 问题上的样本分布表。

表 4－22 主要城市公共信息服务得分排行榜

城　市	分值	名次	城　市	分值	名次
青　岛	62.88	1	长　春	58.63	5
厦　门	62.37	2	天　津	58.46	6
南　京	61.74	3	太　原	57.44	7
上　海	60.36	4	宁　波	57.41	8

续表

城　　市	分值	名次	城　　市	分值	名次
杭　　州	57.35	9	贵　　阳	53.78	24
长　　沙	57.02	10	武　　汉	53.46	25
北　　京	56.95	11	大　　连	53.31	26
海　　口	55.91	12	广　　州	53.30	27
深　　圳	55.85	13	兰　　州	52.84	28
珠　　海	55.23	14	重　　庆	51.52	29
西　　宁	55.10	15	郑　　州	50.83	30
福　　州	55.00	16	南　　昌	50.43	31
石 家 庄	54.84	17	济　　南	50.11	32
银　　川	54.82	18	昆　　明	50.02	33
呼和浩特	54.70	19	汕　　头	49.10	34
哈 尔 滨	54.19	20	拉　　萨	49.10	35
西　　安	54.19	21	合　　肥	48.35	36
沈　　阳	53.85	22	南　　宁	48.04	37
成　　都	53.82	23	乌鲁木齐	47.00	38

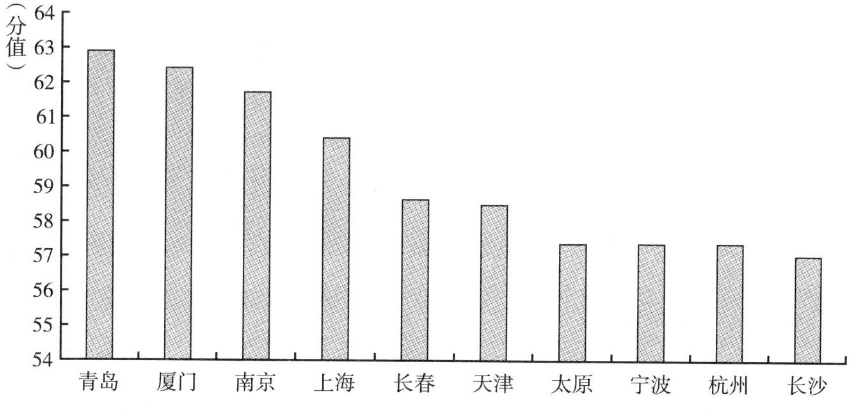

图 4－12　公共信息服务前 10 位城市得分情况

表4-23 公共信息服务排名前10位城市在K3-3题各选项的样本分布

单位：%

	没有互动	很少互动	一般	互动较多	互动频繁
青　岛	5.31	15.66	40.28	36.78	1.96
厦　门	8.68	15.53	41.55	23.74	10.50
南　京	4.28	16.21	48.78	27.98	2.75
上　海	5.20	15.88	55.91	17.95	5.06
长　春	18.26	19.18	29.22	17.81	15.53
天　津	9.40	21.45	43.33	19.06	6.75
太　原	5.60	24.53	50.13	16.53	3.20
宁　波	8.20	20.77	49.91	18.03	3.10
杭　州	5.09	24.13	51.74	17.02	2.01
长　沙	6.75	27.30	43.25	19.48	3.22
全国总样本	11.57	25.36	44.31	15.15	3.60

4. 调查结果分析

表4-22反映的是2014年全国38个城市公众对所在城市公共信息服务情况的满意度。可以看到，排名前3位的是青岛、厦门和南京，得分分别为62.88分、62.37分和61.74分，上海的得分也超过60分。但是，排名最后的5个城市得分不足50分，分别是乌鲁木齐、南宁、合肥、拉萨、汕头。可以看出，东部发达城市在此项上较有优势。从全国总体样本分布来看，选择政府网站、政务微博与公众的互动“较多”或者“频繁”的人数比例仅占到18.75%，选择“很少互动”或者“没有互动”的人数比例为36.93%，而选择“一般”的人数比例最多，为44.31%，说明我国城市政府工作在公共信息服务方面尚不能使群众满意，还有很大提升空间。

5. 原因分析

政府信息公开是政府施政的基本制度。自2008年5月1日《政府信息公开条例》施行以来，在社会的强力推动和政府部门的积极联动下，我国政府信息公开取得了不小的成绩。同时，由于政府信息公开依然面临诸多制约因素，与社会公众的要求和愿望之间也还存在不小的差距。

（1）政府信息偏重保密，公开程度较低。在拥有相对健全信息公开制度的国家，公开是一般原则，不公开才是例外，除法律规定的涉及国家安全、商业秘密、个人隐私等少数信息外，绝大部分信息都是公开的。在我国，政府掌握的涉及公众权益的相当一部分信息仍然没有向公众公开。

（2）政府为社会提供信息的方式和渠道有待拓宽和完善。目前，我国政府信息公开的方式较为单一，主要是政府主动通过公报、新闻媒体、发布会、布告等方式的信息公开，公民依申请公开的信息在实际操作中仍然存在执行难、不规范等问题。

（3）公民获得政府信息的程序方面缺乏保障和救济。公众获取公共信息权利的保障和救济机制仍有待进一步完善。

6. 对策建议

改善政府公共信息服务，提升群众对公共信息服务的满意度，各地仍需要继续从以下几个方面努力：

（1）充实和完善政府信息公开目录。从当前社会公众的反映来看，大部分政府信息公开目录，还比较粗糙和笼统，信息分类不科学，体系也显得混乱，不便于社会公众查阅。因此，必须按照系统化、标准化和电子化的要求，进一步对信息公开目录进行充实和完善，并在政府门户网站和政府信息查阅场所公开发布。

（2）建立健全政府信息主动公开和依申请公开机制。充分发挥在政府信息公开中的主渠道作用，积极稳妥地做好依申请公开政府信息工作，以满足社会个体的特殊需要。

（3）建立健全政府信息发布协调机制。政府信息之所以对人民群众的生产生活具有重要参考价值和指导作用，是因为政府信息具有权威性、准确性和公正性。当前我国正处于体制转换、结构调整、社会变革的时期，如果缺乏相应的沟通和协调，就会出现不同行政机关针对同一事项所发布的政府信息，存在内容不尽一致的情况。为此，各级各部门必须进一步建立健全政府信息发布协调机制，发现影响或者可能影响社会稳定、扰乱社会管理秩序的虚假或者不完整信息的，应当及时予以澄清，引导群众正确应对，化解风险，维护稳定，促进和谐。

7. 相关新闻链接

《财政部向社会公开2014年中央财政预算》

财政部25日向社会公布了经全国人大审议通过的2014年中央财政预算。此次公开的内容涉及中央财政收支预算、中央对地方税收返还和转移支付预算、政府性基金收支预算、中央国有资本经营收支预算等共计17张表格和说明。

今年中央本级支出预算细化到了项级科目，专项转移支付预算细化到了具体项目。翻开今年公开的中央财政预算表格，公众可以更好地了解到今年中央财政的钱从哪里来，花到哪里去。

如《2014年中央公共财政收入预算表》及说明显示，今年中央税收收入预算数为60645亿元，比2013年执行数增长7.1%。其中国内增值税预算数为21760亿元，比去年执行数增长6%，主要根据国内生产总值和工业、商业增加值预计增长情况以及扩大“营改增”试点等因素预计。而今年行政事业性收费收入预算数为255亿元，比去年执行数减少9.81亿元，下降3.7%，主要是考虑2013年减收政策翘尾因素影响。

通过《2014年中央本级支出预算表》及其说明，公众可以了解今年中央本级支出预算的增减变化，如2014年一般公共服务支出预算数为1003.4亿元，比2013年执行数增长0.9%。受到较多关注的教育、科技、社保和就业、节能环保支出预算数分别比去年执行数增长6.9%、9.1%、11.6%、22.2%。医疗卫生与计划生育支出预算数比去年执行数增长75.7%。

近年来，为增强财政资金透明度，财政信息公开力度不断加大。2009年，财政部将经全国人大批准的“中央财政收入预算表”等4张中央财政预算表格首次向社会公开。在此基础上，每年公开的中央财政预算表格数量不断增加。

（新华网，2014年3月25日）

热点问题十二　公共交通费

1. 问题提出

公共交通是政府基本公共服务的重要内容，公共交通支出是居民日常生活中必须支出的项目。公共交通费用与百姓生活息息相关，公共交通价格与物价水平、居民收入水平和公共交通成本以及政府政策目标等直接相关。2006 年 12 月，由建设部、国家发展和改革委员会、财政部、劳动和社会保障部等联合发布了《关于优先发展城市公共交通若干经济政策的意见》，明确提出优先发展城市公共交通的基本政策。2012 年，《国务院关于城市优先发展公共交通的指导意见》发布，明确要求构建以公共交通为主的城市机动化出行系统，提升公共交通出行分担比例，确立公共交通在城市交通中的主体地位。城市人民政府要将公共交通发展资金纳入公共财政体系，重点增加大容量公共交通、综合交通枢纽、场站建设以及车辆设备购置和更新的投入。优先发展公共交通成为各城市公共交通建设的重要指导原则，极大地促进了公共交通服务的发展，为解决我国公共交通问题做出了重要贡献。在城市交通日益拥堵的今天，优先发展公共交通仍然是城市公共交通建设必须坚持的基本政策。

2. 调查问题设置

问题 L1 －4　您觉得所在城市相关公共产品（公共交通费）价格

（1）非常高　　　　（2）比较高

（3）一般　　　　（4）比较低

（5）非常低

3. 调查结果

运用权重分析法，选择第一项赋 1 分，选择第二项赋 2 分，依此类推后进行加权计算该核心问题得分。表 4 －24 是全国 38 个城市 2014 年公共交通费排行榜，分数越高代表该城市居民感觉公共交通费用越低；图 4 －13 是 2014 年度公共交通费市民满意度排名前 10 位城市得分情况图；表 4 －25 是公共交通费市民满意度排名前 10 位城市样本及全国总样本在 L1 －4 问题上各选项的比例分布表。

表 4-24　我国主要城市公共交通费满意度得分排行榜

城　市	分值	名次	城　市	分值	名次
厦　门	66.45	1	郑　州	57.58	20
太　原	65.47	2	合　肥	57.36	21
拉　萨	65.05	3	西　宁	57.06	22
北　京	64.99	4	杭　州	55.86	23
兰　州	63.54	5	济　南	55.31	24
宁　波	63.11	6	汕　头	55.11	25
海　口	62.96	7	大　连	54.69	26
贵　阳	62.91	8	重　庆	54.22	27
青　岛	62.25	9	昆　明	54.09	28
沈　阳	61.89	10	武　汉	53.79	29
珠　海	61.54	11	银　川	53.67	30
长　春	61.27	12	呼和浩特	53.48	31
南　昌	60.98	13	南　京	52.13	32
成　都	60.64	14	南　宁	52.10	33
石家庄	60.62	15	天　津	51.94	34
福　州	60.56	16	广　州	49.35	35
哈尔滨	58.42	17	乌鲁木齐	47.56	36
长　沙	58.37	18	深　圳	47.08	37
西　安	57.84	19	上　海	45.86	38

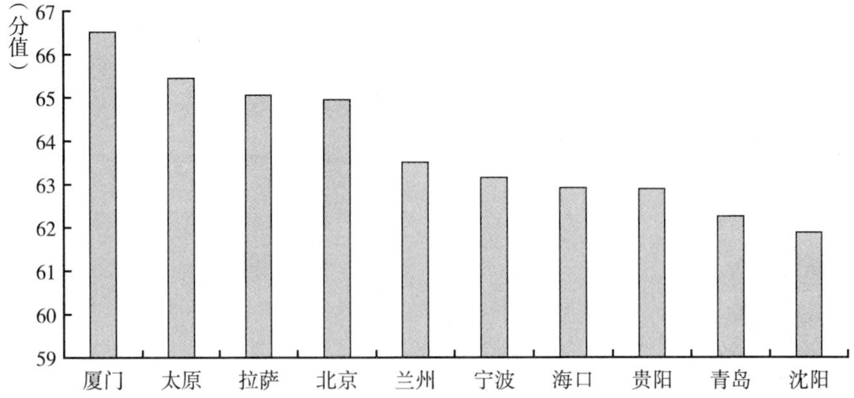

图 4-13　2014 年公共交通费问题满意前 10 位城市得分情况

表 4－25　公共交通费情况排名前 10 位城市在 L1－4 题各选项的样本分布

单位：%

	非常高	比较高	一般	比较低	非常低
厦　门	1.82	9.55	56.36	19.09	13.18
太　原	1.84	9.74	51.84	32.37	4.21
拉　萨	1.02	7.17	58.70	31.74	1.37
北　京	4.65	11.71	47.31	26.70	9.62
兰　州	1.32	7.39	65.70	23.48	2.11
宁　波	3.04	11.45	55.64	26.65	3.22
海　口	3.97	13.00	50.54	29.24	3.25
贵　阳	1.71	9.83	63.46	22.22	2.78
青　岛	2.75	10.85	61.13	22.94	2.34
沈　阳	5.31	13.60	53.57	21.39	6.14
全国总样本	8.98	21.89	48.95	17.44	2.74

4. 调查结果分析

表 4－24 反映的是 2014 年全国 38 个城市公众对所在城市公共交通费的满意度情况。厦门市在该项调查中得分最高，为 66.45 分，表示厦门市民认为本市的公共交通费较低，相较其他城市满意度情况最好；太原和拉萨，分列第 2 位和第 3 位；北京排名第 4 位，得分为 64.99 分，相比其他一线城市有明显优势。从全国总样本分布来看，选择公共交通费“非常高”或者“比较高”的人数占总体的比例为 30.87%，比认为公共交通费“比较低”和“非常低”的人数比例（20.18%）高出 10.69 个百分点，说明我国公众对公共交通费水平还不太满意。

5. 原因分析

从 38 个城市调查数据来看，各地居民对公共交通费用高低的评价，与公共交通票价高低直接相关。例如，北京和上海同为人口超过 2000 多万人的直辖市，由于上海公共交通票价较高，在公共交通费问题的排名上，北京排在第 4 位，而上海排在第 38 位。这与北京实行低票价政策紧密相关。

同时，公共交通既要考虑居民出行成本，也要考虑政府财政支出能力和公共交通的可持续发展。以北京市为例，自 2007 年 9 月，北京地铁将 3 元票价降至 2 元后，地铁涨价、分段或分时计价的传闻不断。该不该涨价，专家观点不一，但不断上涨的公共交通补贴却是不争的事实。北京城市轨道交通运营里程 2007 年为 142 公里，2011 年增至 372 公里，随着 2013 年 14 号线南段的开通，北京轨道交通里程达456公里，预计2015年将超700公里。2011年，北京市公交财政补贴总额在150亿元左右，其中用于地铁的补贴超过40亿元。2012年，公交财政补贴则达到170亿元。

根据人民网对北京公共交通调价的网上调查，截至2014年9月30日，选择“支持涨价，票价应与时俱进”的占16.2%，选择“反对涨价，低票价利于鼓励民众使用公共交通出行的占83.8%”。可见，一方面是城市居民对超低票价的期望，一方面是财政不堪重负。

6. 对策建议

破解城市公共交通难题，一是要坚持优先发展公共交通。城市公共交通具有集约高效、节能环保等优点，优先发展公共交通是缓解交通拥堵、转变城市交通发展方式、提升人民群众生活品质、提高政府基本公共服务水平的必然要求，是构建资源节约型、环境友好型社会的战略选择。各地必须按照《国务院关于城市优先发展公共交通的指导意见》要求，坚持优先发展公共交通的基本政策，强化规划调控，加快基础设施建设，加大政府投入，拓宽投资渠道，保障公共交通路权优先，鼓励智能交通发展。二是要建立科学合理的公共交通费用定价机制。维持城市公共交通的公益性，优先发展公共交通，并不意味着公共交通的价格必须是维持在超低水平，不允许调整和涨价。公交价格的调整要考虑到出行结构、中低收入者的出行成本、公共交通的运行成本等多种因素。建立一个更为公平合理的价格体系和形成机制至关重要，如实行阶梯票价，实行各种联票、周票、月票、年票、学生票等。

7. 相关新闻链接

《地铁调价两方案：起步价2元或3元》

备受关注的北京公交地铁调价昨日发布了听证方案，北京市发改委就公交和地铁价格调整各提出两个方案，地铁的两个方案起步价分别为2元（3公里内）和3元（6公里内），票价不封顶。听证会将于10月28日举行。

根据听证方案，地铁将以公里为单位实行计程票制，里程加价采用递远递减原则，即距离越长加价水平越低。

具体来看，方案一为：起步3公里内每人次2元，3~6公里每人次3

元，6～18公里每6公里加1元，18～42公里每12公里加1元，42公里以上每18公里加1元，票价不封顶。

方案二为：起步6公里内每人次3元，6～12公里每人次4元，12～32公里每10公里加1元，32公里以上每20公里加1元，票价不封顶。

市发改委表示，里程加价采用递远递减原则，从3公里或6公里加价1元，到最长20公里加价1元，以降低对中长距离乘客的影响。

按照现行路网两点间最长距离88公里测算，方案一最高票价为10元，方案二最高票价为9元。市发改委表示，线网规模扩大后，两点间最长距离可能增加，最高票价水平也将相应变动。

方案同时提出，对通勤乘客给予一定优惠。每个自然月内，乘客乘车使用市政交通一卡通支出累计满100元后，超出部分给予8折优惠；满150元后，超出部分给予5折优惠；支出累计达到400元后，不再享受打折优惠。

（《新京报》2014年10月14日）

热点问题十三　户籍制度的社会反响

1. 问题提出

户籍制度是一项基本的国家行政制度。中国历史上的户籍制度是与土地直接联系的，以家庭、家族、宗族为本位的人口管理方式。现代户籍制度是国家依法收集、确认、登记公民出生、死亡、亲属关系、法定地址等公民人口基本信息的法律制度，以保障公民在就业、教育、社会福利等方面的权益，以个人为本位的人口管理方式。

中国户籍制度的特点是，根据地域和家庭成员关系将户籍属性划分为农业户口和非农业户口。这种做法在新中国成立初期曾起到积极作用，但随着城乡交流的日益广泛，该制度已引起愈来愈广泛的争议与指责。当代中国的户籍制度已经阻碍了经济社会的发展，迫切需要进行改革，加快形成城乡经济社会发展一体化新格局。加快户籍制度改革，是党的十八大和十八届三中全会部署的一项重点改革，是推进中国特色新型城镇化的一项重大任务，是实现亿万农业转移人口“市民梦”的一项重大举措。

2. 调查问题设置

问题 L2 您觉得当前的户籍制度

（1）非常好，应继续坚持

（2）有问题，但应当通过实行居住证制度逐步改变

（3）有问题，要彻底取消

（4）说不清楚

3. 调查结果

运用权重分析法，选择第一项赋 1 分，选择第二项赋 2 分，以此类推，选“说不清楚”不计分，加权计算最后得分。表 4 –26 是全国 38 个城市市民对当前户籍制度的支持度排行榜。分数越高，名次越靠前，表明该市市民对当前的户籍制度越支持。图 4 –14 是排名前十的城市得分图。表 4 –27 是对当前的户籍制度支持度排名前 10 位的城市及全国总抽样样本在题中各选项的选择比率表。

表 4 –26 主要城市市民对当前户籍制度的支持度得分排行榜

城 市	分值	名次	城 市	分值	名次
乌鲁木齐	43.19	1	长 春	31.43	20
青 岛	37.77	2	杭 州	31.22	21
长 沙	37.15	3	石家庄	30.59	22
济 南	36.57	4	西 安	30.44	23
南 宁	36.01	5	上 海	29.95	24
海 口	36.01	6	重 庆	29.90	25
福 州	35.91	7	南 京	29.24	26
北 京	35.79	8	太 原	28.23	27
广 州	35.60	9	昆 明	27.74	28
西 宁	34.71	10	合 肥	27.46	29
成 都	34.47	11	珠 海	25.67	30
郑 州	34.33	12	呼和浩特	25.46	31
大 连	34.14	13	沈 阳	25.21	32
深 圳	34.13	14	宁 波	25.05	33
武 汉	33.28	15	拉 萨	24.23	34
南 昌	32.78	16	兰 州	23.80	35
哈尔滨	31.69	17	汕 头	23.08	36
银 川	31.61	18	贵 阳	21.90	37
天 津	31.51	19	厦 门	17.40	38

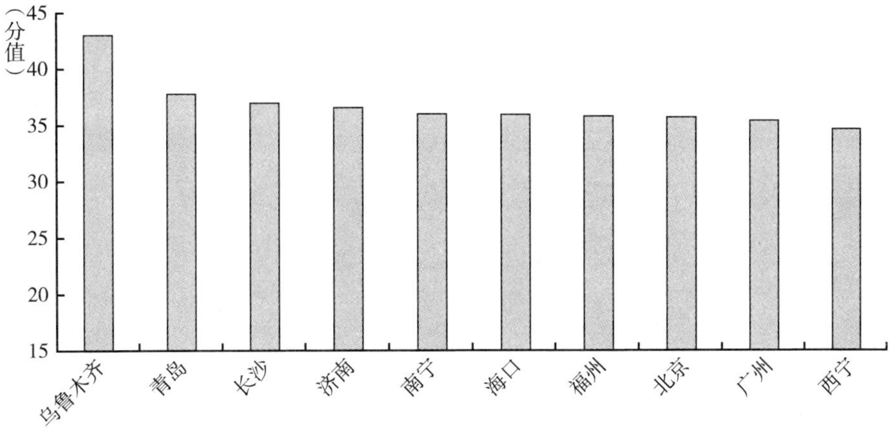

图 4-14　当前户籍制度支持度得分前 10 位城市得分情况

表 4-27　当前户籍制度支持度前 10 位城市在 L2 题各选项的样本分布

单位：%

城市＼选项	非常好，应继续坚持	有问题，但应当通过实行居住证制度逐步改变	有问题，要彻底取消	说不清楚
乌鲁木齐	9.97	46.63	23.18	20.22
青　岛	7.94	59.86	7.80	24.40
长　沙	19.03	36.95	18.55	25.47
济　南	9.58	41.23	18.08	31.10
南　宁	8.04	43.88	16.09	31.99
海　口	22.39	36.19	16.42	25.00
福　州	8.96	50.00	11.56	29.48
北　京	21.75	36.93	15.85	25.46
广　州	10.16	35.63	20.33	33.88
西　宁	7.69	43.59	14.65	34.07
全国总样本	12.88	36.60	13.44	37.08

4. 调查结果分析

表 4-27 反映的是全国 38 个城市中近 20000 位被访者对传统户籍制度的评价，只有 12.88% 的被访者认为传统户籍制度非常好，应继续坚持，有超过 50% 的被访者认为传统户籍制度有问题，还有 37.08% 的被访者说不清楚。可见户籍制度改革势在必行。

5. 户籍制度改革关系“人”的城市化

2014 年 7 月，国务院印发《关于进一步推进户籍制度改革的意见》（以下简称《意见》），标志着酝酿多年的户籍制度改革全面破冰。

（1）当前的城市化存在“伪”城市化特征

城市化作为实现现代化的重大战略选择和推动经济增长的持续动力而备受重视。习近平总书记强调要推进以人为核心的城镇化，城市化的本质是“人”的城市化。然而，中国城市化的进程并没有完全体现这一本质，而是呈现出一些“伪”城市化特征。

第一，有速度，但不健康。1978 年，中国的城市化率仅为 17.92%。2013 年年末，中国城市化率已经达到了 53.73%。中国只用了英国 1/2 的时间、法国和美国差不多 1/3 的时间就走过了同样的城市化进程。当前，上海常住人口已突破 2400 万，北京突破 2100 万，广州突破 1669 万，人口膨胀突破城市承载极限，这些大城市无不面临就业困难、住房紧张、城市资源短缺、社会治安恶化、交通拥堵等“迈达斯灾祸”的困扰。

第二，有数量，但不幸福。当前中国的城市化实际上是人口的城市化，而不是“人”的城市化。人口城市化是指农村人口迁移到城市，转变为城市人口，或农村地区转变为城市地区，当地农村人口转变为城市人口的过程。2013 年，中国有 53.73% 的人口常住在城市，然而，很多人没有城市户籍，享受不到城市福利，收入较低，居住条件和生活条件较为窘迫。

第三，有面积，但不安全。只关心如何把农村用地转变为城市用地，只关心城市面积增大，不关心城市化安全也是“伪”城市化。对 GDP 崇拜的导向、土地财政的诱惑、政绩显示的冲动，使得本该严格控制的土地城市化如脱缰之马，土地资源被过度开发，地产资本被过度炒作，城市房价不断飙升。城市空间的扩张并未带来城市福利的普惠，相反，城市化风险越来越大。

（2）户籍制度与“伪”城市化

“伪”城市化与旧有的户籍制度密切相关。1958 年，中国颁布了第一部户籍制度《中华人民共和国户口登记条例》，确立了一套严格的户口管理制度。户籍制度体现了计划经济时期推行的工业与城市优先发展的国民经济发展战略，把城乡分割、对立起来，把全体国民划分为城市人口和农村人口两大类，严格控制农村人口向城市人口转变，控制小城市人口向大城市人口转变。每个人自出生以来，就要在自己的“领地”上生、老、病、死，人们的就业、住房、教育、医疗、社会保障等社会福利也与户籍绑定在一起。以户籍制度为基础的二元社会体制成为阻挡人口自由流动迁移的制度性屏障，在固化城乡二元结构、强化城乡差距的同时，使没有城市户籍的人们即使工作、生活在城市也享受不到城市所提供的社会福利。传统的户籍制度深刻地影响和制约着我国的城市化进程，或将使城市化不完全、不幸福、不可持续。

当前，中国实际城市化率虽然为53.73%，但户籍城镇化率（城镇户籍人口占总人口的比重）仅为35.7%左右，这意味着因为户籍壁垒，其中有18%（即城市人口的1/3）流入城市的外来人员（包括大量农民工）在为城市建设做出重大贡献的同时，不能享受城市所提供的社会福利，形成不幸福的“伪”城市化。与此同时，人口向大城市集聚流动的客观趋势与户籍制度阻碍城乡流动的制度性屏障之间的张力，使不少人放弃户籍涌向大城市，户籍制度随之丧失了人口登记和管理功能，导致大城市因为缺少基础性的人口信息而出现管理失灵，导致“城市病”蔓延，形成不健康的“伪”城市化。除此之外，户籍制度强化的城乡差距使城乡之间的要素市场（尤其是土地）严重扭曲，土地财政依赖，农村土地纠纷频发，不少失地农民成了无地可种、无正式工作岗位、无社会保障的“流民”，形成了不安全的“伪”城市化。

6. 户籍制度改革破题“伪”城市化

第一，取消农业户口与非农业户口性质区分，破题城乡二元壁垒。“取消农业户口与非农业户口性质区分和由此衍生的蓝印户口等户口类型，统一登记为居民户口，体现户籍制度的人口登记管理功能”，有助于消除城乡之间的户籍壁垒，消除户口的身份歧视，解除户籍制度与就业、社保、医疗、教育等社会福利的绑定，让户籍制度回归其人口登记管理的本来面目，而不再是限制人口自由流动迁徙的制度性屏障。需要强调的是，尽管取消了城乡户口界限，但是“农地农有，农地农用”的基本原则不会变，“三农”的重要地位不会变。

第二，调整户口迁移政策，引导人口“梯度转移”，有效预防“城市病”。城市化使资源集聚，效率提高，进而造成城市膨胀，超过承载能力，带来“城市病”，又使效率下降。可见，防控“城市病”的关键在于适当控制人口规模，找到城市人口规模与“城市病”的临界点，既能使资源聚集带来高效率，又不会因出现“城市病”而损失效率。《意见》对党的十八届三中全会“全面放开建制镇和小城市落户限制，有序放开中等城市落户限制，合理确定大城市落户条件，严格控制特大城市人口规模”的要求进行了细化落实，明确了不同城市的落户门槛，根据流动人口对城市的贡献和与这个城市的“黏度”设定了差别化的落户政策，确保人口在农村、乡镇、城市之间逐步实现“梯度转移”，而不是集中涌向大城市，能够有效预防“城市病”。另外，差别化落户政策还有利于缓和三线和四线城市楼市库存积压。

第三，建立完善大城市积分落户制度和居住证制度，健全人口信息管理制度，让户籍制度回归它本来的面目，促进城市管理科学有效。此次户籍制度改革最大的亮点就是让户籍制度回归人口登记管理的本来面目，剥离了户籍制度上的身份性福利及其相关社会政策，让公共服务、社会福利与贡献挂钩，而不是与身份挂钩。创新人口管理，让户籍制度担负起人口信息的统计和管理职能，在大数据时代为公共服务的均等化和城市管理的科学有效提供基础性的信息支持。

第四，充分尊重农业转移人口意愿，确保农民“进退有据”，保障城市化安全。《意见》明确要求要保障农民的土地承包经营权、宅基地权利和集体收益分配权，允许农民进城落户在穿上“五件衣服”（就业、教育、医疗、住房、养老）时，可不脱掉“三件衣服”（“三权”），这与以前要求农民进入设区市要退出“三权”有别，使农民不需要在城市落户和保留“三权”之间作出硬性选择，农民可以带着“土地”进城，真正做到“家中有地，进退有据”，也可以留在农村。“三权”实质上是农民的财产性权利，保留农民的“三权”可以防止出现“拉美陷阱”中那种建立在贫民窟上的城市化，从而减少发生“城市病”的风险。

7. 相关新闻链接

《国务院印发〈关于进一步推进户籍制度改革的意见〉》

近日，国务院印发《关于进一步推进户籍制度改革的意见》（以下简称《意见》），部署深入贯彻落实党的十八大、十八届三中全会和中央城镇化工作会议关于进一步推进户籍制度改革的要求，促进有能力在城镇稳定就业和生活的常住人口有序实现市民化，稳步推进城镇基本公共服务常住人口全覆盖。《意见》的出台，标志着进一步推进户籍制度改革开始进入全面实施阶段。

《意见》明确了进一步推进户籍制度改革的指导思想、基本原则、发展目标、政策措施和实现路径，要求适应推进新型城镇化需要，进一步推进户籍制度改革，落实放宽户口迁移政策。统筹推进工业化、信息化、城镇化和农业现代化同步发展，推动大中小城市和小城镇协调发展、产业和城镇融合发展。统筹户籍制度改革和相关经济社会领域改革，合理引导农业人口有序向城镇转移，有序推进农业转移人口市民化。

《意见》指出，改革要坚持积极稳妥、规范有序，坚持以人为本、尊重群众意愿，坚持因地制宜、区别对待，坚持统筹配套、提供基本保障。到 2020 年，基本建立与全面建成小康社会相适应，有效支撑社会管理和公共服务，依法保障公民权利，以人为本、科学高效、规范有序的新型户籍制度，努力实现 1 亿左右农业转移人口和其他常住人口在城镇落户。

《意见》就进一步推进户籍制度改革提出 3 方面 11 条具体政策措施。一是进一步调整户口迁移政策。全面放开建制镇和小城市落户限制，有序放开中等城市落户限制，合理确定大城市落户条件，严格控制特大城市人口规模，有效解决户口迁移中的重点问题。二是创新人口管理。建立城乡统一的户口登记制度，建立居住证制度，健全人口信息管理制度。三是切实保障农业转移人口及其他常住人口合法权益。完善农村产权制度，扩大义务教育、就业服务、基本养老、基本医疗卫生、住房保障等城镇基本公共服务覆盖面，加强基本公共服务财力保障。

《意见》强调，进一步推进户籍制度改革，是涉及亿万农业转移人口的一项重大举措。各地区、各有关部门要深刻把握城镇化进程的客观规律，切实落实户籍制度改革的各项政策措施，防止急于求成、运动式推进。各省、自治区、直辖市人民政府要抓紧出台具体改革措施并向社会公布，各有关部门要按照职能分工，抓紧制定相关配套政策。

（中央政府门户网站，2014 年 7 月 30 日）

深度调研

In-depth Research

B.5
基本公共服务优秀城市调研*

摘　要：

本报告结合历年调查结果，选取拉萨市、重庆市、哈尔滨市进行深度调研和分析，从基础教育、社会保障、公共安全、医疗卫生、文化体育等方面进行深入研究和经验总结，以为其他城市基本公共服务的建设提供参考和借鉴。

关键词：

城市基本公共服务　基本公共服务满意度　公共服务基本做法

拉萨市公共服务调研报告

大力推进公共服务建设　打造美丽家园幸福拉萨

一　上榜理由

在2011～2014年的城市基本公共服务满意度调查中，拉萨市表现持续优

* 执笔：刘志昌、刘须宽；统稿：钟君。

秀，整体排名依次为第 5 位、第 1 位、第 1 位、第 1 位，连续 4 年名列前 5 位，多数单项要素满意度得分一直较高并且排名靠前（见表 5－1、图 5－1）。尤其是 2014 年，拉萨市的公共交通、公共安全、基础教育、社保就业、医疗卫生、城市环境、文化体育、公职服务等项目得分均排在 38 个城市第 1 位，表现出其在公共服务方面明显的稳定性和连续性，因此尝试分析其先进经验和典型案例具有重要的指导和借鉴意义。

表 5－1　2011～2014 年拉萨市公共服务满意度排名变化情况

年度	整体排名	公共交通	公共安全	公共住房	基础教育	社保就业	医疗卫生	城市环境	文化体育	公职服务
2011	5	2	1	4	1	16	19	10	2	28
2012	1	1	1	13	2	1	1	1	2	7
2013	1	1	1	7	2	1	2	1	1	2
2014	1	1	1	10	1	1	1	1	1	1

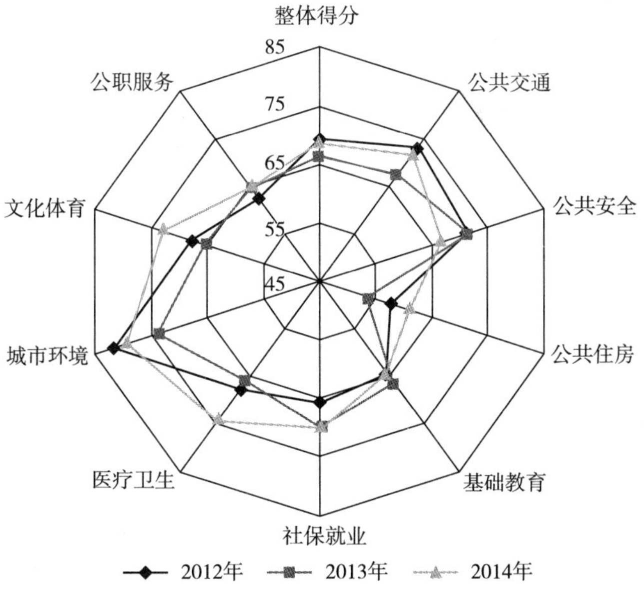

图 5－1　2012～2014 年拉萨市公共服务满意度得分变化情况

二 基本做法

1. 推进社会治理体制创新，努力建设和谐城市

拉萨市以推进“治理体系和治理能力现代化”为总目标，牢牢把握新时期社会治理的新形势、新要求、新特点，客观审视本地实际。2014 年以市委 1 号文件出台《关于创新社会治理的实施意见》，积极推动系统治理、依法治理、综合治理、源头治理，构建符合市情需要的社会治理体制，切实提升社会治理能力和水平。

（1）发挥社会治理主体的积极作用。拉萨市充分发挥各级党委在社会治理中统揽全局、协调各方的领导核心作用，强化各级各部门对贯彻党的政策、方针、路线的执行力；发挥政府机关的治理职能作用；培育社会组织的协同推动作用，充分发挥工会、共青团、妇联等人民团体和群众组织在社会治理中的桥梁纽带作用，培育发展行业协会、商会类社会组织，发挥其服务社会的职能作用；调动公众参与治理的主体作用，加强村（社区）基层党组织建设，加快建立市、县（区）、乡（镇、街道）、村（社区）四级综合服务管理中心（工作站）。大力开展“民主法治示范村（社区）”创建活动，引导人民群众自觉履行公民义务、积极行使民主权利。不断深化网格化管理和“双联户”治理模式，拓展广大人民群众自治自管自律的途径。

（2）加强和创新社会治理制度建设。调整完善拉萨市“2013～2017 年立法工作计划”，对社会关注度高、实践急需、条件相对成熟的社会治理问题，抓紧出台地方性法规、规章，推进依法长效治理。在各级行政执法司法机关广泛开展依法行政、公正司法示范点创建活动，推进行政执法司法透明公开。设立拉萨市城市管理综合执法支队，整合执法主体，着力解决权责交叉、多头执法问题。深入开展“法律七进”活动，提升法治宣传教育活动的广度、深度和力度，切实增强公民遵纪守法和依法办事的意识和能力。以各级党员干部特别是领导干部为教育培训重点，强化法治思维和法治方式，形成全社会自觉学法、守法、用法，维护法律尊严和法律秩序的良好社会氛围。

（3）建立和完善社会治理的体制机制。一是健全完善群众权益保障机制。建立行政机关履职督办和问责机制，推进民生问题从事后化解向事前预防、事后责任追究向事前督办问责转变。二是健全完善群众诉求表达机制。设立群众工作部，让群众话有处说、难有人帮、冤有处申。以“三进四同三一”活动为载体，深化党员干部联户工作，健全完善党员干部“进村入户、结对认亲交朋友”制度，倾听群众呼声、体察群众疾苦、疏导群众情绪、解决群众困难、维护群众权益，密切党群干群关系。三是健全完善重大决策社会稳定风险评估机制，出台《拉萨市重大事项社会稳定风险评估机制》，建立健全等级预警机制、责任追究机制和监督制约机制。四是改革创新矛盾纠纷预防化解机制。健全完善领导干部接访下访制度、包案制度，大力推进市、县（区）实行联合接访，加快涉法、涉诉信访改革试点工作，完善信访联席会议制度，健全解决特殊疑难信访问题工作机制，促进涉法、涉诉疑难信访案件的化解。五是健全完善维护公共安全工作机制。设立维稳一线指挥部和办公室，加强食品药品安全监管体系建设，深化安全生产管理体制改革，健全防灾减灾体制，加快完善互联网管理领导体制，保障网络领域安全。

（4）改善和提升社会治理环境。大力培育和践行社会主义核心价值观；持续保障和改善民生，优先发展教育，完善城乡均等的公共就业引导和创业服务体系，强化医疗卫生，全面推行家庭账户“一卡通”，加强公共租赁住房、安居房建设力度。推进扶贫开发，加大扶贫资金投入力度；深化寺庙治理工作，全面深化“六建”工作、“六个一”活动和“9+5”工程，广泛开展以弘扬历代高僧大德“爱国爱教、遵规守法、弃恶扬善、崇尚和谐、祈求和平”为主题的法制宣传教育活动；维护良好社会治安环境，深入开展专项打击整治行动和反恐防暴斗争，狠抓网络信息和新型媒体管理；发展和巩固民族团结，制定出台《拉萨市民族团结进步条例》，广泛开展民族团结进步“七进”活动等民族团结活动，建成关帝格萨拉康、清朝政府驻藏大臣衙门等一批民族团结进步教育基地，树立民族团结良好的舆论导向。

（5）创优和提升生态、人文环境。实施“树上山”，在市区南山栽植各类苗木122.11万株，绿化山体面积1150亩。城市建成区绿地率达到32.8%，绿化覆盖率达到37.6%，人均公共绿地面积达9.6平方米。实施“河变湖”工程，全力开展对拉萨河综合整治，扎实推进以拉鲁湿地为主的湖泊湿地保护力度，颁布实施《拉萨市野生鱼类保护办法》。实施“暖入户”，扎实推进拉萨城市供暖工程，实现城市建成区基本全覆盖，结束了全区没有集中供暖的历史。编制《拉萨市历史文化名城保护规划》，出台《拉萨市老城区保护条例》，投资15亿元大力实施老城区保护工程，八廓街3031户商户全部入驻八廓商城并正常营业，群众支持率、满意率均达100%。深入开展以政务环境、旅游环境、建设环境、交通环境、市场环境、市容环境为重点内容的城乡环境综合整治活动，全面落实“低门槛、零注册、轻税赋、强支撑、少检查、重激励”的政策措施，优化发展环境。

2. 加快改革和发展，建设让人民更加满意的教育

教育是民生之本。2011年以来，拉萨市教育事业取得了举世瞩目的新成就。全市在校学生总数由2011年的98634人增加到2013年的108201人；全市高中阶段毛入学率由2011年的81.4%提升至2013年的88%；旨在打造全国西部民族地区具有知名度和影响力的综合教育城区的教育城，从无到有，拉萨的孩子们在家门口享受到了更好的教育，高质量的优质拉萨教育资源让全市广大人民群众更加放心，更加满意。拉萨市在教育方面的主要做法有以下几点。

（1）高度重视教育改革发展。为满足拉萨跨越式发展和长治久安对教育的需求以及各族人民对优质教育的强烈期待，拉萨市做出加快推进拉萨教育改革和发展的决策部署，决定举全市之力兴办教育、振兴教育，将优先发展教育提升到前所未有的高度。2012年，拉萨市出台《关于加快教育改革和发展的意见》，通过加大教育投入、优化资源配置、强化学校管理、建设教育城、推进中小学标准化建设、促进义务教育均衡发展等举措加快教育现代化进程。2014年，出台《拉萨市振兴教育教学质量三年行动计划（2014～2017年）》，明确提出力争用三年时间将拉萨教育打造成全区和西部民族地区教育高地。

（2）逐年增加教育投入。2011年，市政府教育配套资金在下达12344.6

万元的基础上，再次补拨 6817 万元加强教育基本建设。为彻底消除学校 D 级危房，自治区教育厅下达资金 5205 万元用于专项建设；2012 年，市教育局（体育局）共组织实施项目 154 个，总投资达 36062 万元。2013 年，全面贯彻落实关于推动教育改革发展文件精神，扎实推进教育改革。拉萨全年实施教育改革项目 123 个，总投资约 11.8 亿元；教育城一期进驻项目 17 个，完成投资 19.76 亿元。2014 年拉萨北京实验中学、拉萨江苏实验中学、拉萨职业学校等正式招生开学。《拉萨市振兴教育教学质量三年行动计划（2014～2017 年）》明确提出，每年将投入 500 万元作为培训和教研专项经费，每年安排 1000 万元资金设立中小学教学成绩“卓越奖”。

（3）促进教育资源均衡配置。实现教育机会均衡，就近入学得到切实保障。进城务工人员子女平等接受义务教育，贫困学生均享受补助政策，残疾儿童少年入学得到保障。实现办学条件均衡，实施适度集中办学，合理调整学校布局，中小学校园、校舍、运动场馆、安全设施、卫生设施、功能教室和班额等力求达到自治区规定标准。师资力量逐步均衡，学校之间教师学历水平、师生比例、中初级职务教师比例差异缩小，城乡之间和校际优秀校长和教师开展定期交流。实现经费投入均衡，地方财政一般预算收入的 20% 用于发展教育事业，“三包”经费和助学金足额用于学生。上半年，市财政对教育投入达 14.9 亿元，占当年公共预算的 24.9%。2013 年 10 月，曲水县通过国家义务教育均衡发展评估验收。

（4）强化师资队伍建设。建立和完善师德教育、教师补充、支教帮扶、培训提高、表彰奖励等“五大机制”，推行新任教师依考试分配的办法，政策向农村学校尤其是向偏远薄弱学校倾斜，对基层教师职称评聘、评优晋级优先考虑，并按每人每年 1000～2000 元的标准分类实行补贴。将每年 3 月确定为教师思想政治集中教育月，把每年 9 月确定为师德建设月，组织开展“名师乡村行”和“基层教师内地行”活动。近三年，依托校本培训、“以老带新”和“以强带弱”等传帮带形式，完成各类教育培训 5000 余人次，基本形成区、市、县（区）、校四级骨干教师梯队。2011 年，全市中小学、幼儿园共有教职工 8243 人，2013 年，全市中小学、幼儿园共有教职工 9197 人，专任教师共计 7025 人。2014 年从北京、江苏引进 100 多名骨干教师，弥补拉萨高质量老师不足的问题。三年间，全市教师总数增加了681人。

3. 实施“民生安市”战略，统筹城乡社保就业工作

近年来，拉萨市坚持把民生为本、人才优先作为工作主线，以“民生安市”战略和保障民生为出发点和落脚点，以就业为先和社会保障为重点，公共就业服务功能和水平进一步提升，社会保障体系建设不断加快，“促进城乡劳动者较为充分就业、城乡居民人人享有社会保障”的总体目标基本实现。拉萨市2014年基本公共服务满意度位列38城市之首，社保就业指标连续3年第一。拉萨市社保就业工作的主要做法有以下几点。

（1）就业工作。拉萨市以“劳动者自主择业、市场调节就业、政府促进就业”为方针，就业形势稳定向好，城镇登记失业率始终控制在2%以内，高校毕业生始终实现全就业，城镇零就业家庭始终动态清零。具体有如下做法：一是多措并举做好高校毕业生就业工作。为提高高校毕业生就业率，大力宣传党和政府高度重视和关心高校毕业生就业工作，鼓励用人单位踊跃承担促进就业的社会责任，积极引导高校毕业生面向基层、面向企业以及鼓励区外就业。通过公务员招录、开展引导性培训、高校毕业生专场招聘会、就业见习、推荐到对口援藏省市就业、鼓励大学生自主创业等方式，积极促进高校毕业生就业。拉萨生源应届高校毕业生就业率稳步提升，2010～2013年，就业率分别达到95%、98%、99.5%、98%。创业扶持补贴政策进一步落实，高校毕业生成功创业享受奖励政策，并带动一部分大学生和就业困难人员就业。二是统筹城乡就业工作。通过开展职业指导、职业介绍、职业培训、就业岗位开发、举办人力资源洽谈会、失业动态监测等方式促进城乡就业，就业群体劳务创收由数量型向质量型、体能型向技能型、自发型向组织型、短期型向长期型转变。城镇就业困难人员就业问题得到妥善解决，大批农村劳动力转向城镇和非农产业，统筹城乡就业规模持续扩大，就业结构进一步优化。职业技能培训工作进一步完善，在开展好传统的订单、定向式培训工作的基础上，实施了县（区）特色品牌培训，试点打造“一县一品牌”培训模式；针对城乡就业困难人员发放“就业援助培训券”，解决了就业困难群体培训的问题；积极开展创业培训工作，将创业培训与创业服务结合，充分发挥创业带动就业效应；进一步完善培训信息化建设工作，开发农牧民技能培训管理软件，使培训工作更加规范化、科学化；大力开展技能提升培训，帮扶企业提升员工素质，稳定务工人员就业；逐步增大培训力度、加大培训资金投入，2011～2013 年分别落实培训资金 1500 余万元、1800 余万元、2100 余万元，使得农牧民的职业技能进一步提升，现金收入进一步提高，就业政策宣传和就业援助指导工作进一步推进。

（2）社会保障工作。社会保障关系着国计民生，是社会稳定的基石。拉萨市着力解决好“三就”（就业、就医、就学）、“两保”（社会保障、医疗保障）问题，在实施五大社会保险的基础上，全面推行新型农村社会养老保险、城镇居民养老保险、寺庙僧尼养老保险和医疗保险。人人享有医保，职工和居民医保支付率分别达到 92% 和 71%，有效地缓解了医疗费个人负担重的问题。养老保险支付比例多次调整，人均养老金达到 2796.6 元，全市 182 个寺庙全部纳入现行城镇居民社会养老保险覆盖范围，参保率达到 99%。铁路专职护路人员、被征地农牧民、半脱产兽医和半脱产教师等群体纳入了养老保险范围。工伤保险从国有企业范围扩展到非参公事业单位、矿山、建筑等高危行业职工以及个体工商户，进一步彰显了党和政府对人民群众及寺庙僧尼的关怀。目前，社会保险参保人数达到 39.49 万人，社会保障体系多元化覆盖。在推进社会保障工作中，拉萨市的主要做法有：一是按照“积极扩面、强化管理、统筹兼顾、突出重点”的工作方针，以征缴扩面为重点，以基础管理为主线，工作中抓重点、攻难点，在做好城镇职工基本养老保险工作的基础上，开展好新农保工作和居民养老保险、寺庙僧尼养老保险工作。2013 年，全市城镇职工基本养老保险参保人数达到 2.47 万人；城镇居民养老保险参保人数为 1.91 万人，参保率达到 99.2%（其中：寺庙僧尼参保 4456 人，参保率为 100%）；新型农村养老保险参保人数为 17.7 万人，参保率达到 98.6%。二是努力构筑多层次的医疗生育保障体系，切实保障和改善广大参保人员的医疗、生育保险待遇。2013 年，全市职工医疗保险、居民医疗保险（含寺庙僧尼）和职工生育保险参保人数分别达到 4.41 万人、5.79 万人和 3.27 万人，参保人员在政策范围内的报销比例提高，职工和居民医保支付率分别达到 92% 和 71%，有效地缓解了医疗费个人负担重的问题。三是切实落实工伤保险和失业保险惠民政策，逐步扩大失业保险支付范围，全市工伤保险参保 2.6 万人，征缴工伤保险费 1421 万元，待遇支付 767 万元；失业保险参保 1.34 万人，征缴失业保险金 1801 万元。

4. 锐意进取，着力打造平安拉萨

近年来，拉萨市认真按照习总书记“治国必治边、治边先稳藏”重要战略思想和“努力实现西藏持续稳定、长期稳定、全面稳定”的重要指示精神，紧紧围绕当前全市公共安全管理的源头性、基础性和根本性问题，坚持以“关口前移、源头治理、网格管理、群防群治”为主线，全力打造安全稳定的社会环境、公平正义的法制环境、优质高效的公共服务环境、团结和谐的人文环境，取得了积极成效。2014 年上半年，市区各类治安案件较上年同期下降了 24.6%；刑事案件发案率较上年同期下降了 17.8%，“两抢一盗”等街面可防性案件同比下降了 34.6%。主要做法有以下几点。

（1）建立 110 便民警务站，全面创新社会治安防控体系。2011 年年底，拉萨市按照“警务综合化、防控全时化、警力街面化、覆盖网络化、服务便捷化”的建设思路，在全市重要路段、敏感区域、治安复杂场所建立了 186 个便民警务站。一是突出网格化管控。各站点创建了“三三制”网格化管理机制，协同辖区警务室、派出所以及各机关、企事业单位内保力量，共同开展治安巡防、动态监控，实现了防控力量和防控格局的全覆盖。二是强化第一手接警。根据指挥中心或群众报警，在市区任意路段和部位，都能实现 3 分钟警务圈效应。三是开展面对面服务。通过推行“星级警务站”试点工作，各站点不断革新服务理念、探索服务方式、拓宽服务渠道、创新服务管理，实现了与群众面对面沟通、点对点服务、零距离救助的工作目标，赢得了广大人民群众的一致好评。四是落实多角度法治宣传。通过经常性开设展板、以案说法、发放宣传单等途径，不断提升了辖区群众的学法用法意识和安全防范意识。五是实施全时段备勤。各站点不断建立完善突发事件应急联动机制和警民联勤联防工作机制，有效提升了应急处理突发事件工作能力，在维稳工作中发挥着关键作用。六是实现零距离打击。通过全天候 24 小时开展工作，有效提升了路面见警率，实现了发现率、盘查率、抓获率和管事率的全面提升。

（2）建立“环拉萨护城河”工程，突出动态化服务管理。2010 年年底，根据维稳工作需要，规划建设了环拉萨“护城河”维稳工程，构筑起全市公安机关查控违法犯罪、维护社会稳定的坚实屏障。开展了“旅游绿色服务通道”试点工作，提前将旅游信息上传至治安部门，治安部门通过“旅游绿色通道”，迅速比对查询并办理通行证，极大地提升了工作效率，赢得了广大游客的广泛赞誉。同时也净化了旅游市场，最大限度地打击了旅游市场“黑社、黑导、黑车”行为。

(3) 整合出租房、旅店业以及社区管理资源，突出落脚点管理。一是强力推进旅馆业信息系统建设和应用，特别是将旅馆业信息系统延伸到20间以下出租房屋，并通过信息化警务综合平台促进了信息的共通共享，实现了信息系统效能的最大化。二是强力推进旅客信息实时实名登记制度，有效杜绝了一人登记多人入住、先入住后登记以及登记上传不及时、不按规定登记等违规违法行为的发生。三是强力推进网格管理队伍建设，建立了“片警—社区警务室—派出所”警务管理队伍、“组长—单位负责人、办事处（居委会）”单位管理队伍和“组长（楼长、院长）—街长—居委会”社区管理队伍，做好信息采集，形成了全覆盖、无缝隙、无空白、无盲区的“三三制”网格化管理机制。四是强力推进申报制度，做好临时来拉萨的人员日常巡查和信息采集工作。

(4) 优化社区警力资源配置，突出警务社区化。一是将社区治安防控与便民为民有机结合以来，积极协同基层群防群治力量，着力在“防范”上做文章。二是优化社区警力资源配置，合理谋划派出所内部机构设置，按照“三队一室”（即治安中队、内勤户籍中队、社区中队、监控室）内设机构模式，抽调警力不断充实到社区警务室，配齐配强了基层班子，增配了各类警务装备，有效提升了社区警务室的工作效能。三是创新工作模式，在全面开展“实有人口、实有房屋、实有车辆”基础信息采集的同时，主动深入基层，了解社情民意，化解邻里纠纷，主动为群众做好事、办实事、解难事，着力增加和谐因素。

5. 推进医药卫生体制改革，构建覆盖城乡的医疗卫生服务体系

近年来，拉萨市卫生工作在市委、市政府的高度重视和对口援藏省市的无私援助下，紧紧围绕“民生安市”战略部署和“目标、任务、效能”三提速工作要求，加快推进医药卫生体制改革，覆盖城乡的医疗卫生服务体系基本形成，人民群众健康水平显著提高，为建设“幸福拉萨、美丽家园”做出了重要贡献。主要做法有以下几点。

（1）加快建设城乡医疗卫生服务体系，推进城乡公共卫生服务均等化。一是基本公共卫生服务经费投入逐年增加，人均基本公共卫生服务经费月补助标准由2010年的27元增加至2014年的45元。二是农牧区医疗制度健康运行，医疗保障水平不断提高。以免费医疗为基础，以政府投入为主导，家庭账户、大病统筹和医疗救助相结合的农牧区医疗制度全面建立并不断完善。三是城乡医疗卫生服务体系基本建立，医疗卫生服务设施和条件显著改善。已实现县有卫生服务中心、乡有卫生院、行政村有卫生室、社区有卫生服务中心，覆盖城乡的医疗卫生服务体系基本建立。医疗卫生基础建设步伐加快，2010年以来，共实施221个医疗卫生基础建设项目，投资约2.9亿元，其中主要包括县级卫生服务中心改扩建、乡（镇）卫生院改扩建、村卫生室新建、城市社区卫生服务中心建设、突发公共卫生事件应急楼建设、县级急救站建设、县级卫生监督所建设、县级地方病能力建设、规划免疫规范化接种门诊等，上述项目的实施有效改善了全市医疗卫生条件，完善了医疗卫生服务功能。

（2）大力加强公共卫生服务，疾病预防控制体系不断完善。以县为单位免疫规划接种率达到99.5%；采取有效措施加强鼠疫、碘缺乏病和大骨节病防治工作，城乡碘盐覆盖率达99%。加强慢性非传染性疾病的防治工作，共筛查确诊高血压患者14465人、糖尿病患者488人、建档管理率达100%，同时加快推进慢性病综合防控示范区创建的各项工作。自2010年以来，先后开展了45岁以上城乡居民免费体检和建立健康档案工作，0~6岁儿童免费体检和建立健康档案工作，以及僧尼和城乡居民免费健康体检和建立健康档案工作。2013年，僧尼和城乡居民体检率分别达到100%和99.9%，建档率达到100%。全市累计筛查先天性心脏病23万余人，累计确诊391人，全部安排免费救治手术，实现了发现1例救治1例的目标。同时，积极开展白内障复明手术。在拉萨市的流动人口可同等免费享受计划免疫、计划生育等基本公共卫生服务，可自行选择在市内医院就医就诊，但还未实现异地结算。

（3）全面启动医药卫生体制改革，重点改革取得突破性进展。认真贯彻落实自治区党委、政府《关于深化医药卫生体制改革的意见》，立足实际，以全面推进医改重点工作为着力点，加快推进农牧区医疗制度建设，大力实施国家基本药物制度，加强基层医疗卫生服务体系建设，促进基本公共卫生服务逐步均等化，强化公立医院内部管理等，人民群众真正得到“看得见、摸得着”的实惠。

（4）基本药物制度建立，人民群众广泛收益。根据《西藏自治区基本药物目录》在全市政府办的乡、村、社区基层医疗机构实施国家基本药物制度，所有基本药品实行“零差率”销售，在国家基本药物目录基础上，按照自治区目录增补了502种品种，其中藏药品种占96%。大大减轻了群众用药经济负担，有效降低了群众医药费用支出。

（5）藏医药事业稳步发展，服务能力和水平明显提升。根据自治区颁布的《关于扶持和促进藏医药事业发展的意见》，将藏药业列入拉萨市支柱产业予以重点扶持。全市7所县卫生服务中心设有藏医科，开放藏医床位42张，年门诊量5600人次，服务能力进一步提升，藏医藏药诊疗技术广泛应用于治疗高原性慢性疾病等并取得积极成效。完善藏医传承制度，加强藏医药文化保护、传承、发展，形成了藏医藏药全面发展的新格局。

（6）创新模式贯彻落实“民生安市”战略，人民群众广泛受益。全面提倡妇幼“零死亡”，妇女儿童健康水平显著提高；实行农牧区医疗制度“先诊疗、后结算”报销模式，开展妇女疾病普查普治工作，编制拉萨市农牧民健康状况分析汇编，建立了预防接种规范门诊，率先在全区开展农牧民家庭账户“一卡通”全覆盖工作。

6. 实施“文化兴市”战略，公共文化服务体系建设整体推进

拉萨市积极实施“文化兴市”战略，以建立覆盖全社会的公共文化服务体系为目标，以保障群众基本文化权益为着力点，以重点文化惠民工程为抓手，以文化设施为载体，以文化服务为核心，公共文化服务体系建设呈现出整体推进、蓬勃发展的良好态势。主要做法有以下几点。

（1）基本建成覆盖城乡的公共文化服务体系。一是标志性公共文化设施服务能力进一步提升。近年来，拉萨市投资50多亿元进行中国西藏文化旅游创意园区基础设施建设，通过市场运作打造了大型实景剧《文成公主》，建成了清朝政府驻藏大臣衙门、根敦群培纪念馆，维修开放了关帝格萨尔拉康。北京市援藏投资8亿多元建立了拉萨市文体中心（体育场、体育馆、牦牛博物馆及其他配套设施）并投入使用，拉萨市群众文化活动中心、拉萨文化产业大厦、郎子夏陈列馆等设施建设正在有序推进。这些标志性文化设施的建成和使用进一步优化提升了城市公共文化服务功能，极大满足了市民的多样化文化需求。二是基层公共文化服务阵地更加健全。按照公益性、基本性、均等性、便利性原则，不断加大基层文化设施资金投入，大力加强和完善设施阵地建设。从2013年至今，全市共完成资金投入6044.05万元，建成群艺馆1个，歌舞团1个、新华书店7个、县级综合文化活动中心8个、乡（镇）文化站65个、村级文化室228个、农（牧）家书屋228个、寺庙书屋231个、文化资源共享工程服务点144个、市老年艺术团1个、县民间艺术团8个、村业余文艺演出队38支、民间博物馆5个、电视台1座、广播电台1座、模拟有线电视网络7个，县级广播电视转播台6座、三星级数字电影院1座、电影管理站8个、农牧区电影放映队41个、电影放映点863个。基本形成了以市群艺馆、歌舞团为主力，县（区）综合文化活动中心、乡（镇）综合文化站为支撑，村居社区书屋为基础的四级公共文化服务网络。三是公共文化设施免费开放和服务能力明显提高。各级各类群艺馆、博物馆、纪念馆、综合文化馆（站）、有条件的爱国主义教育基地等公共文化设施全部实行了免费开放。同时，有效利用农家书屋和寺庙书屋等阵地，为农牧民群众和僧尼发放图书、党报党刊等18万余册，配送出版物948余种、5680册（盘），积极开展各类送文化、送科技、送法律活动，成为宣传党的方针政策，开展爱国主义、寺庙法制宣传教育，提供增收致富技术，教育引导群众的主阵地。

（2）群众文化活动蓬勃开展。近年来，拉萨市群众文化活动以中国特色社会主义、“中国梦”和社会主义核心价值观等主题宣传教育为重点，以导向性、带动性、可持续性为原则，突出“示范性”“群众性”“参与性”“独特性”，通过开展“新中国成立60周年”“西藏和平解放60周年”“回眸拉萨60年红色歌曲拉萨唱”“百万农奴解放纪念日”“军民双拥共建共保”“激情广场”“雪顿节”“五下乡”“四进社区”以及幸福拉萨规范舞、民间艺术团交流会演、歌手大赛等一系列丰富多彩的群众文化文艺活动1600余场次，观众700余万人次，形成了点面结合、上下联动的群众文化活动长效机制。基本实现了“90%的城乡群众有一项健康向上、经常参与的文化爱好”，进一步提高了各族人民的道德文明素质。

（3）非遗保护展示和古籍普查工作取得长足发展。拉萨市共有非物质文化遗产项目76项，其中以拉萨雪顿节、觉木隆藏戏、拉萨朗玛等为代表的国家级非遗代表作20项，以拉萨堆谐、打阿嘎工序、直贡藏医等为代表的自治区级非遗代表作31项；非遗传承人66名，其中国家级传承人12人，自治区级传承人21人，拉萨市级传承人33人。2008年建立了拉萨市级非遗代表作名录体系，公布了四批市级代表作项目25个。整理出版了《拉萨百科全书》《西藏岁月丛书》《拉萨史话》《守望我们的精神家园》《魅力拉萨》《纳如谐庆》《拉萨朗玛》《走近拉萨》《当吉仁赛马》《普堆巴宣舞》《拉萨河文化生态保护区》《传承文化、见证历史》等音像图书。自2011年全面启动实施拉萨古籍保护计划以来，走访调查了250余家古籍收藏单位，记录了古籍字体、数量，尺寸等基本信息，编写了《拉萨古籍目录》和《拉萨珍贵古籍图录》，编入古籍775函、珍贵古籍图片104函，在全区率先完成了古籍普查资料整理和书籍编纂工作，拉萨古籍保护计划的实施，对保护历史文化遗产，传承优秀民族文化起到了重要作用。依托中国拉萨雪顿节、藏戏展演、唐卡会展等平台，组织举办了“活态传承、重在落实”“人人都是文化遗产的主人”“延续中华文脉，共筑精神家园”等主题的非物质文化遗产展演等活动。

（4）广播电视阵地建设不断完善。一是广播电视阵地建设通过“西藏百万农奴解放纪念日”为群众办实事好事和“十一五”“十二五”广播电视建设项目的实施，实现了覆盖方式由村到户、覆盖质量由模拟到数字的双飞跃，2012年实现了广播电视“户户通”全覆盖。二是积极实施广播影视进农户、寺庙工程，以直播卫星、有线数字、无线数字三种方式实现了全市所有农户、寺庙的广播电视覆盖。目前，全市农牧民“户户通”设备共计74547套、“舍舍通”设备5475套，7.4万余户农牧民群众和5400余间寺庙僧舍可以收看到46套以上数字电视节目，收听到13套以上数字广播节目，广播和电视综合人口覆盖率分别达到97.97%和98.01%。三是不断增加广播电视媒体覆盖种类。2007年，建成并开通了拉萨电视台新闻上下传播系统，实现了电视和广播节目通过电信光纤传输的全覆盖。2010年5月，拉萨人民广播电台正式开播，结束了首府城市没有广播电台的历史。2011年，《拉萨新闻》汉语版在拉萨市政府门户网站实现了当日节目视频同步点击播放，“拉萨电视新闻手机报”系统开通投入使用，有效弥补了拉萨电视台电视信号覆盖面不足的问题。2013年3月，拉萨电视台藏语频道和文化旅游频道正式开播，结束了拉萨作为全国省会首府城市只有一个电视频道的历史。

重庆市公共服务调研报告

深度优化公共服务，成就市民满意度佳绩

重庆是长江和嘉陵江交汇处的一个工商业重镇，是一座具有悠久历史的文化名城，坐拥丰富的自然资源，得天独厚的人文、旅游资源，山水相映、园林别致、冠绝山城，有蜚声中外的巴渝文化，完善的水陆空综合交通运输体系。三千年古风的传承、巴渝文化历史的浸染、直辖市设立的契机催生、“科学发展、富民兴渝”的战略定位，使得今日重庆风姿更胜，市区发达经济圈成型，渝西经济走廊端倪初现，三峡库区生态经济区环境效益显著，在持续推进基本公共服务体系建设和城乡一体化发展、基本公共服务提供和民生保障方面，重庆市又有了新的成绩单，世界上最大的内陆山水城市正不断地创造人间奇迹，一个崭新的长江上游经济中心正呼之欲出。

一　重庆市上榜理由

重庆市在2014年指标满意度排名中，公共住房位于全国38个主要城市第3位，文化体育、城市环境和社保就业分别位列第6、第7和第7位。在38个主要城市中总成绩排名第9位，与2012年和2013年相比，进步明显，特别是与2013年相比，前进了10位，成绩斐然（见表5－2）。

表 5-2　2012~2014 年重庆市公共服务各项指标在 38 个城中排名情况

分项	2014 年得分值	排名	2013 年得分值	排名	2012 年得分值	排名
满意度总分	59.38	9	59.11	19	60.80	11
公共交通	57.86	15	56.34	24	59.08	10
公共安全	60.65	17	58.32	18	58.28	10
公共住房	54.97	3	57.09	8	62.47	11
基础教育	58.80	9	57.15	20	52.87	32
社保就业	62.95	7	59.45	23	60.97	11
医疗卫生	57.38	25	61.80	14	63.59	19
城市环境	63.48	7	63.76	17	63.15	12
文化体育	62.24	6	61.79	18	65.16	14
公职服务	58.01	15	56.96	21	60.46	18

重庆市在 9 个指标中，有 7 个指标高于全国平均水平，公共住房、基础教育、社保就业、文化体育高于直辖市平均水平（见表 5-3）。特别是在公共住房问题上，高于全国平均水平 4.49 分。

表 5-3　重庆市在直辖市中基本公共服务满意度分项指标比较

城市类型	公共交通	公共安全	公共住房	基础教育	社保就业	医疗卫生	城市环境	文化体育	公职服务	总体满意度
直辖市	59.44	61.45	52.76	57.75	62.28	58.74	59.19	60.27	58.89	58.84
重庆市	57.86	60.65	54.97	58.80	62.95	57.38	63.48	62.24	58.01	59.38
全国总平均值	56.07	59.72	50.48	56.31	60.49	58.24	60.01	58.01	57.49	57.28

二　重庆基本公共服务经验

（一）住有所居的重庆经验

为了全面了解重庆公共住房方面的经验，在此特地就调研问卷的几个相关问题，把重庆和全国 38 个主要城市在对应选项上的平均样本进行对比（见表 5-4）。

表 5-4　重庆和全国 38 个主要城市公共住房问题样本分布比较

单位：%

您本人或认识的人是否享有或了解本城市的保障性住房（经济适用房、两限房、公租房、廉租房）	不享有，也不了解	不享有，但了解	享有，但不了解	享有，也了解		
重庆样本选择分布情况	35.05	29.33	21.03	14.59		
38 个城市总样本分布情况	44.95	29.70	15.33	10.02		
您如何评价这个城市保障性住房申请的公平程度	非常不公平	不公平	不公平但可以忍受	公平	很公平	不清楚
重庆样本选择分布情况	2.66	16.94	20.60	24.19	1.87	33.74
38 个城市总样本分布情况	7.24	19.30	22.27	17.17	2.67	31.36
您觉得宏观调控政策对您所在城市的房价有影响吗	没有影响房价依然快速上涨	有影响涨得没那么快了	有影响房价保持平稳	有影响房价下降了	很有影响房价降了很多	不清楚
重庆样本选择分布情况	13.58	27.73	19.37	14.58	1.14	23.59
38 个城市总样本分布情况	21.23	22.68	18.04	13.36	1.93	22.77
请您对所在城市的保障性住房情况进行整体评价	非常不满意	不满意	一般	满意	非常满意	
重庆样本选择分布情况	2.08	15.68	59.13	21.62	1.50	
38 个城市总样本分布情况	7.25	21.88	52.76	16.41	1.70	

就问题“您本人或认识的人是否享有或了解本城市的保障性住房（经济适用房、两限房、公租房、廉租房）”，在“享有，但不了解”和“享有，也了解”两个选项上，重庆要高于全国 38 个城市的平均水平 10.27 个百分点。就问题“您如何评价这个城市保障性住房申请的公平程度”，认为“非常不公平”的，全国平均样本要要高于重庆近 4.58 个百分点；认为“公平”的选择，重庆要高于全国平均数 7.02 个百分点。就问题“您觉得宏观调控政策对您所在城市的房价有影响吗?”，在“没有影响，房价依然快速上涨”的选项上，重庆要好于全国平均水平 7.65 个百分点；在“有影响，涨得没那么快了”选项上，要高于全国 5.05 个百分点。说明重庆在房价的宏观调控上效果更明显。就问题“请您对所在城市的保障性住房情况进行整体评价”，在“非常不满意”的选项上，重庆要低于全国平均水平 5.17 个百分点；在“不满

意”选项上，要低于全国平均水平 6.20 个百分点；在“满意”选项上，则高于全国 5.21 个百分点。

重庆市为实现中低收入群体“住有所居”，2010 年开始规划建设 4000 万平方米公租房，促进城市中等偏下收入群体住房保障全覆盖。公租房建设规划实施后，重庆已不再单独新建廉租房和经济适用房，而是将其纳入公租房建设和供应体系。其中，廉租房居民实现与公租房居民住同一小区，享受同一品质的房屋，只是租金有所区别。公租房租满一定年限后，可通过成本价购买，转换成有限产权的住房。4000 万平方米公租房全部建成后，加上原有的各类保障性住房，可覆盖占城镇人口 20% ~30% 的住房困难群体，这个比例应该是走在全国主要城市的前列。基本构建起以政府为主的提供基本保障、以市场为主的满足多层次需求的城镇住房供应体系。

重庆公租房建设和运营呈现出以下特点：一是按照“三年开工、五年建成、七年配套成熟”的要求，有序推进公租房建设，做到开工率、竣工率和配套率“三个同步”，各项社区管理、物业服务和公共配套同步跟进。截至 2013 年年底，累计建成公租房 1915 万平方米，配租 23.3 万套、惠及 63 万人。二是合理规划布局，将公租房与商品房楼盘有机“混建”，并与各类开发区和特色工业园区配套，共享交通、教育、医疗、商贸等基础设施和公共设施体系，促进各类群体的和谐共融。三是明确保障对象，主要针对进城农民工、新生代大中专毕业生和城市原住民中的住房困难家庭三类群体，租金为市场房屋租金的 60% 左右。已获配租的家庭中，进城务工人员占 57%、新生代大中专毕业生占 8%、城市住房困难原住民占 35%，租金按期收缴率达到 99.8%。四是防止利益输送和无休止建造公租房的“黑洞”。规定承租户不得转租公租房，做“二房东”牟利。对承租户租住满一定年限后购买的有限产权公租房交易，进行严格规范管理，避免灰色交易。五是构建完善的投融资体系。针对公租房建设资金筹集难，开拓以政府为主导、社会补充的多元化投融资渠道。在中央和本级财政补助、土地划拨、税费减免等基础上，通过银行贷款、引进社保基金、发行债券等方式补充建设资金。同时，按照租售并举的原则，研究出售附属商业设施和部分有限产权公租房的实施方案，通过资产的出售和租金的收取，平衡融资成本。公租房开建以来，已多渠道累计筹集资金 1106 亿元，没有出现资金“断链”问题，保证了保障性住房建设的连续性和可持续发展。

（二）重庆社保就业的民生佳绩

对于重庆在社保就业这一公共服务指标中表现出来的水准，数字是最能说明问题的。就问题“您所在城市政府有没有为求职者提供相关就业服务”，认为“有提供就业服务”的，高于全国主要城市平均水平 7.56%。就问题“您认为本城市弱势群体（孤寡老人、低收入群体、流浪人群等）是否得到有效救助”，认为“没有效果”的选项看，重庆要比全国 38 个主要城市的平均值低 4.13 个百分点，也就是说，全国平均不满意率更高，而重庆则要好一些；在“比较有效”的选择上，重庆则高出全国 38 个主要城市平均值近 8.56 个百分点。就问题“您对本城市的养老服务（社区养老、养老院设置等）是否满意”，全国 38 个最主要城市非常不满意的比例为 4.09%，而重庆仅仅是 1.72%；在“满意”选项则高出全国平均值 8.78 个百分点。就问题“您所在的城市政府是否出台了扶持创业的政策，并进行了有效落实”，在“没有落实”和“落实比较有效”的选项上，分别高于全国 38 个主要城市平均值 2.94 个和 7.58 个百分点（见表 5－5）。

表 5－5　重庆和全国 38 个主要城市就业社会方面的样本分布比较

单位：%

您认为本城市弱势群体（孤寡老人、低收入群体、流浪人群等）是否得到有效救助	没有效果	效果不明显	一般	比较有效		非常有效
重庆样本选择分布情况	3.37	30.68	33.12	30.39		2.44
38 个城市总样本分布情况	7.50	34.05	33.92	21.83		2.71
您对本城市的养老服务（社区养老、养老院设置等）是否满意	非常不满意	不满意	一般	满意	非常满意	不清楚
重庆样本选择分布情况	1.72	12.65	41.89	33.24	2.50	8.01
38 个城市总样本分布情况	4.09	16.03	40.52	24.46	1.93	12.97

续表

您认为本城市弱势群体（孤寡老人、低收入群体、流浪人群等）是否得到有效救助	没有效果	效果不明显	一般	比较有效		非常有效
您所在的城市政府是否出台了扶持创业的政策，并进行了有效落实	没有落实	有，但落实效果不明显	有，感觉一般	有，落实比较有效	有，落实非常有效	不清楚
重庆样本选择分布情况	3.87	27.06	31.35	24.91	1.07	11.74
38 个城市总样本分布情况	6.81	23.43	30.09	17.33	1.56	20.78

（1）在重庆的社保就业设计中，优先考虑就业是民生之本，解决就业问题，归根结底是要靠实体经济，要靠中小微企业的发展。近几年，重庆坚持以产业带动就业、以创业促进就业，扶持各类市场主体发展，构建城乡统一的就业服务体系，较好地实现了就业目标。2011～2013 年，全市每年新增城镇就业都在 60 万人左右，城镇登记失业率持续低于 3.5%、比控制目标低 0.5 个百分点。其主要做法有：一是简政放权，促进投资兴业。重庆在全国率先进行商事登记制度改革，取消下放企业投资、生产经营审批项目 200 余项，削减工商登记前置审批 90 余项，投资兴业便捷高效。实施低税负政策，大力涵养税源，放水养鱼，经济发展内生动力增强，工商企业数节节攀升。到 2013 年年底，全市各类市场主体有 153 万户，比 2011 年增加 40 多万户，增长 35.4%。二是推动产业优化升级，增强就业吸纳能力。重庆抓住沿海产业转移和全球产业升级的机遇，通过产业链垂直整合和集群发展，培育出“5＋6＋800”电子信息、“1＋10＋1000”汽车产业等“6＋1”支柱产业体系，带动商贸、物流、金融等现代服务业快速发展；布局集成电路、液晶面板、石墨烯、机器人、页岩气、化工新材料、物联网、节能环保、生物医药、新能源汽车十大战略性新兴产业，经济增长后劲足，新增劳动力需求旺盛。2013 年，全市重点产业和配套企业新招工 32 万人。三是扶持小微企业，花小钱办大事。2010 年，重庆在全国首开扶持微企发展先河，推出资本金补助、融资担保、税收返还等“1＋3＋3”政策套餐，建立公共服务平台和创业孵化基地，鼓励全民创业，点燃民间创业激情，小微企业井喷式增长。截至 2013 年年底，累计培育小微企业 33.84 万户，带动就业 258.28 万人。四

是完善城乡就业服务体系。强化就业、创业培训，建设城乡一体化的人力资源市场，就业信息实现全市联网。实施高校毕业生就业促进计划，引导30.6万名农民工返乡就业、本土创业。建立政府购买公益性岗位机制，大力促进困难群体就业，公益性岗位安置了8.1万人。这些政策措施，有力地保障了全市城乡居民基本实现充分就业。

（2）为织好社会保障防护网，重庆不断完善社保制度，五大保险实现全市统筹，医疗、养老两大核心保险提前实现城乡全覆盖。到2013年年底，全市城乡医疗、养老、失业、工伤、生育保险参保人数分别为3235万人、1896万人、390万人、407万人、280万人，其中医疗和养老参保率高达95%和90%，基本做到“应保尽保”。其主要做法有：一是在全国率先实现城镇职工医保、城镇居民医保和新型农村合作医疗保险“三保合一”，五大保险市级统筹，参保政策、待遇水平、基金管理、信息管理、经办流程实现“五统一”，基本实现了制度公平性、转移接续便捷性，基金互济和抗风险能力有效增强。以城乡居民医疗保险为例，全市有3200多万名参保人员在3000多家定点医疗机构、6000多家定点药店看病就医全部刷卡即时结算。二是用好统筹城乡先行先试权，创新养老保险参保政策，成功解决220万名失地居民及三峡库区移民、30万名超龄老人、14.7万名国企“单双解”职工养老保险问题，有42万名破产国企、关闭解体集体企业退休人员享受到医疗保险，促进了社会和谐稳定。三是积极推进异地就医联网结算，与海南和贵州遵义、贵阳实现联网结算，与四川成都、广安等地90家医疗机构实现单点联网结算。四是全面建立社会救助保障标准与经济发展水平和物价上涨“双联动”机制，130多万名城乡困难群众享受到最低生活保障、临时救助，共享经济发展成果。

（三）佳境人为的城市环境

课题组从空气质量、城市绿化、街道卫生、景观建设、城市规模、摊贩管理和环境评价等方面对重庆与全国38个主要城市进行对比。对于城市空气质量，在“非常不满意”和“不满意”两个选项上，全国分别要比重庆分别高12.83个和10.46个百分点；在“满意”和“非常满意”两个选项上重庆分别高于全国6.15和5.58个百分点。在“绿化如何”问题上，选择“非常不满意”和“不满意”两项加起来要低于全国平均水平14.77个百分点；在“满意”和“非常满意”两个选择上合计高于全国平均水平15.32个百分点。在“城市景观”的问题上，回答“满意”和“非常满意”的两个选项合计也高于全国平均水平11.91个百分点。对于“城市的环境情况进行整体评价”问题，选择“满意”的也高于全国11.32个百分点（见表5－6）。

表5－6　重庆和全国38个主要城市环境选项比较表

单位：%

空气质量如何	非常不满意	不满意	一般	满意	非常满意
重庆样本选择分布情况	5.73	15.18	44.95	23.05	11.10
38个城市总样本分布情况	18.56	25.64	33.38	16.90	5.52
绿化如何	非常不满意	不满意	一般	满意	非常满意
重庆样本选择分布情况	1.00	10.19	38.45	35.29	15.06
38个城市总样本分布情况	5.78	20.18	39.01	27.20	7.83
街道社区卫生如何	非常不满意	不满意	一般	满意	非常满意
重庆样本选择分布情况	2.44	17.29	42.47	28.19	9.61
38个城市总样本分布情况	7.22	21.75	40.57	24.68	5.78
城市景观如何	非常不满意	不满意	一般	满意	非常满意
重庆样本选择分布情况	1.58	9.91	38.62	33.60	16.30
38个城市总样本分布情况	4.73	17.24	40.04	29.87	8.12
请您对本城市的环境情况进行整体评价	非常不满意	不满意	一般	满意	非常满意
重庆样本选择分布情况	0.65	9.69	46.45	39.84	3.37
38个城市总样本分布情况	3.89	17.74	46.28	28.52	3.57

在城市环境的建设上，美丽山城的成绩取得也非一朝一夕的结果。

（1）实施“蓝天、碧水、宁静、绿地、田园”五大环保行动，加快生态文明建设。近年来，重庆累计投入1600多亿元，重点解决群众最关心的生态环境问题，成为国家生态园林城市、森林城市和环保模范城市。通过实施企业环保搬迁、燃煤设施清洁能源改造、关闭非煤矿山、治理扬尘污染等措施，按新标准监测主城空气质量优良天数增加到206天，处于各省会城市及直辖市的中上水平。推进生活污染治理、次级河流整治、船舶污染治理，城市生活垃圾、污水处理率分别达到98.5%和89%，长江、嘉陵江、乌江重庆段水质总体保持在Ⅱ类以上。推动生态示范区、自然保护区及公园绿地建设，森林覆盖率达到42.1%，建成区绿化覆盖率达到41.1%。

（2）重庆环保部门强调指出：决不能以牺牲生态环境为代价追求GDP和一时的经济增长，决不能以牺牲绿水青山为代价换取所谓的“金山银山”，决不能以影响未来发展为代价谋取当期增长和眼前利益，决不能以破坏人与自然关系为代价获得表面繁荣，决不能对当前环保突出问题束手无策、无所作为，对苗头性问题疏忽大意、无动于衷。并出台了一系列配套政策，如对环保基础设施建设予以补贴，建立市级生态补偿基金、生态环境治理修复基金和环保产业发展基金，试点三峡库区环保禁令，推进污染治理政府购买服务，划定并严守生态保护红线，实施严格的差异化环境准入政策，严格执行环保负面清单制度等，努力做到都市功能核心区实现工业项目“只出不进”和污染物排放总量“只减不增”。

（3）重庆积极推动新型城镇化战略，针对直辖市的体制、中等省的构架，以及城乡区域差异大的特殊市情，将全市划分为都市功能核心区、都市功能拓展区、城市发展新区、渝东北生态涵养发展区、渝东南生态保护发展区五大功能区域，配套相关规划和政策，促进全市一体化、区域发展差异化、资源利用最优化和整体功能最大化。在五大功能区域中，都市功能核心区和拓展区，是国家中心城市的核心载体，目前建成区面积683平方公里、城镇人口700万人左右，最终规模是1188平方公里、1200万人口。该区域按照大山大水的自然特点，以多中心、组团式布局和“职住平衡、配套完善、功能衔接”的思路，规划形成九大组团、20多个新的大型聚居区，错位布局产业、居住和商贸功能。各组团以快速干道和轨道交通互联互通，避免了跨区域“钟摆式”出行带来的交通拥堵，保证了社会经济活动的效率。

（4）着力改善以交通为重点的城市基础设施。大力建设空港、水港、信息港、铁路、公路“三港两路”工程，江北机场旅客吞吐量达到2525万人次，跻身全国十大和世界百强机场。加快建设长江上游航运中心，重庆已成为长江干线亿吨级大港。高速公路通车里程达到2312公里，全面实现“4小时重庆”。主城区二环以内实现公交全覆盖，线网布局更加优化，轨道交通营运里程达到170公里。强化交通管理，主城区内环以内干道高峰时段平均车速为

24.5公里/小时，交通运行处于国内较好水平。同时，重庆大剧院、重庆科技馆、重庆图书馆等大批公益设施建成使用，停车场楼、过街人行天桥、公厕等公共服务设施日益完善。

（四）普惠式的基础教育

重庆作为文化名城，文化重镇，重视教育是一个传统，始终坚持教育优先发展，持续加大投入力度，不断加快体制机制创新，实现了重庆教育在西部从落后到领先的历史性跨越：在西部地区率先实现全面“普九”，实现“两基”全覆盖。2013年，学前三年教育毛入园率77%，初中升高中比例达到95%，大学毛入学率达到35%；全市共有普通中小学、幼儿园10475所，在校学生达456万人。在具体操作中，重点把握了三个方面。

（1）切实保障教育刚性投入。依法保障教育经费“三个增长”，通过地方预算内和预算外、预算和决算、中央决算和地方决算“三个等比例安排”，做到“年初预算优先考虑、执行预算优先满足、年终结算追加优先照顾”，比全国提前5年实现财政性教育经费占GDP的4%目标。2013年基础教育经费投入达到423亿元。小学生、初中生、普通高中生均定额补助标准分别达到每年600元、800元、1000元，高于周边省份。

（2）推动区域、城乡教育均衡发展。紧紧围绕“普及、发展、提高”，加大城乡、区域统筹力度，促进了基础教育规模与结构、质量与效益的全面提升。一是大力完善基础设施。全部消除中小学积存的D类危旧房，全市中小学校舍建设标准化覆盖率从2010年的60%提高到80%，基本实现每个乡（镇）至少有1所公办中心幼儿园，每个街道至少有2所公办社区幼儿园。二是合理调整教育布局。根据五大功能区布局和人口转移规划，加快中小学校布局结构调整，新建131所城镇中小学校，人口导入区教育容量得到拓展。三是推动教育城乡统筹协调发展。坚持新增教育经费70%以上用于农村，在全国率先实现农村学校与城镇学校“同标准拨款”。三年来，改造薄弱学校1445所、农村初中425所，建成寄宿制学校2584所；为农村学校补充教师8202名，建成教师周转房7533套，给予9.17万名乡村教师生活补助。中小学校园网覆盖率达到98%。农村义务教育学生营养餐覆盖14个区（县），惠及学生

88.39万人。积极探索学区制管理，支持优质学校集团办学，构建“捆绑发展”“领雁工程”“百校牵手”等机制，以城市优质教育资源带动边远山区教育发展。启动农村教育闲置资产处置，收益继续反哺农村教育事业。

（3）让孩子拥有公平的教育机会。重庆坚持教育的公益性和普惠性，积极谋划教育惠民政策措施，努力促进教育公平。一是实行就近免试入学。为每一所义务教育阶段公办学校划定招生片区，义务教育实行户籍地免试划片就近入学，就近入学的比例达到95.4%。二是引导生源合理分布。小学毕业生按对口直升、划片入学等方式就读本地初中。普通高中将70%招生计划均衡分配到辖区内初中学校，全市13万名初中毕业生免试直升高中，促进了初中学校均衡发展。三是保障随迁子女入学。全市接受随迁子女的公办学校达1967所，接收随迁子女达34万人，占义务教育阶段学生数的11.3%。随迁子女与城镇原有居民子女同等编班、同等享受教育资源、同等参加各种教育活动，农村孩子可在城市平等而有尊严地学习和生活。四是积极化解“大班额”。通过调整优化中小学布局，提高基本办学条件，合理确定办学规模和班额，从2012年秋季起，实现全市小学起始年级每班人数不超过45人，初中起始年级每班人数不超过50人。五是大力消除“择校热”。课题组的调查显示，在“孩子上幼儿园、小学和中学需要找关系或交赞助费”的问题上，重庆市民认为“全部需要”的比例分别为4.88%、4.16%和4.88%，而全国38个主要城市平均比例则是11.02%、8.67%和9.39%，这表明重庆在找关系和交赞助费问题上，情况要好于全国平均水平。这得益于重庆一方面努力扩大优质教育资源；另一方面加强对“择校”和乱收费的治理，严格执行普通高中招收择校生“三限”政策，2013年高中择校生比例比2012年下降了20%。

（五）“三峡人家”的文体事业

关于“文化体育”调研，围绕着以下三个问题来进行调查：“您周边的公共文化体育场馆或设施是否能满足您或家人的日常文化体育需求，您对政府提供的文化体育活动如何评价，请您对本城市的文化体育情况进行整体评价。”表5-7直观地比较了重庆和全国平均样本选项分布情况。

表 5-7　关于文化体育重庆和全国平均样本选项分布比较

单位：%

您周边公共的文化体育场馆或设施是否能满足您或家人的日常文化体育需求	远不能满足	不太能满足	一般	基本能满足	全部能满足	没去过
重庆样本选择分布情况	3.00	19.17	24.82	40.27	5.36	7.37
38 个城市总样本分布情况	8.54	20.75	27.78	31.58	2.61	8.75
您对政府提供的文化体育活动如何评价	非常不满意	不满意	一般	满意	非常满意	
重庆样本选择分布情况	2.14	13.58	48.03	33.52	2.72	
38 个城市总样本分布情况	5.19	17.45	49.42	25.57	2.37	
请您对本城市的体育文化情况进行整体评价	非常不满意	不满意	一般	满意	非常满意	
重庆样本选择分布情况	1.72	12.87	47.39	34.52	3.50	
38 个城市总样本分布情况	4.67	16.73	48.94	26.98	2.68	

公共文化体育事业发展程度体现着一个地区社会文明进步的程度。从比较中可以看出，在“您周边公共的文化体育场馆或设施是否能满足您或家人的日常文化体育需求”这个问题上，重庆市民选择“远不能满足”为3.00%，而全国平均样本为8.54%。在“基本能满足”和“全部能满足”的选项上，重庆合计高出全国平均水平11.44个百分点。在“对政府提供的文化体育活动如何评价”和“对本城市的体育文化情况进行整体评价”两个问题上，重庆市民选择“满意”选项的比例分别高于全国平均水平7.95个和7.54个百分点。重庆业绩的取得，与市委市政府“构建西部文化高地、长江上游文化中心”、加大财政投入和不断优化文化产业结构和布局，力促文化服务全方位发展有关，具体来说，有以下几个经验可供借鉴。

（1）基本建成覆盖城乡的文化服务体系。重庆作为国家五大中心城市之一，积极构建市、区（县）、乡（镇、街道）、村（社区）四级文化设施网络。近来，投入200亿元，建成并投入使用重庆大剧院、国泰大戏院、重庆美术馆、自然博物馆、重庆图书馆、历史博物馆、三峡博物馆等17所重大标志性文化设施，完成区（县）大型文化设施119个，实现区（县）文化馆、图书馆、影剧院、博物馆和乡（镇）综合文化站、村文化室全覆盖，“两馆一站”达标率分别为90%、87%、94.4%，全市每万人拥有群众文化设施建筑面积226.9平方米。

（2）城乡文化活动丰富多彩。在完成文化阵地建设的基础上，重庆文化信息资源共享工程覆盖所有行政村，实现广播村村响、电视户户通，农村电影放映达到每村每月1场和农村中小学每学年6场，全市公共图书馆、文化馆、乡（镇）综合文化站、街道文化中心在西南地区率先实现免费开放。积极开展政府购买公共文化服务，城乡文化互动形成长效机制，每年开展送戏下乡演出超过1000场，年均开展群众文化活动1.5万场。全市创建国家级文化先进区（县）11个、中国民间文化艺术之乡11个。

（3）切实做好历史文脉的保护和传承。重庆作为巴渝文化、三峡文化、抗战文化交汇之处，文化遗迹众多。在加快新建文化基础设施的同时，重庆切实加强对文化遗迹的保护力度，推动了历史文化遗产的传承和发展。近年来，投入100亿元，先后实施大足石刻千手观音抢救性修复工程，完成120处抗战、革命、统战遗址抢救维修，推动合川钓鱼城考古遗址公园、渝中区南宋衙署遗址、奉节白帝城遗址的考古发掘、规划编制及建设，完成一批重点寺观教堂修缮保护工程和会馆保护维修项目，持续开展三峡后续文物保护。

（4）培养打造精品力作。近年来，重庆在办公场所、演出场所、基本住房、人员工资、演出场次五个方面大力支持市级院团发展，重庆文化院团展现了精气神，文化内容供给能力不断提升。三年来，新创优秀剧目25台、电视剧101部、群众文化节目866项。电视剧《刘伯承元帅》荣获解放军第25届电视剧“金星奖”评选的全部6个奖项，杂技剧《花木兰》、话剧《三峡人家》入选国家舞台艺术精品工程10强，市京剧团青年演员周利荣获第四届中国戏剧梅花奖。

（5）大力繁荣文化市场。全市建立了集扶持资金、投资基金、融资担保、产权交易、债券融资“五位一体”的投融资体系，大力扶持文化企业发展，推动文化市场不断繁荣。2013年，注册文化企业近5万家，实现文化产业增加值425亿元，在全市GDP中占比升至3.35%。

（6）积极开展各类体育活动。重庆人均体育场地面积超过1平方米。以登山、跑步、跳绳、游泳为重点的群体体育活动蓬勃开展，经常参加体育锻炼的人口比例超过40%。打造了武隆国际山地户外运动公开赛、南滨路马拉松赛等国家级品牌赛事，年均举办500人以上群众体育活动1000场以上。

重庆在基本公共服务方面取得了一些骄人的业绩，也存在着进一步提升空间，人民满意没有终点，在医疗卫生、公共安全等方面，在城乡一体化建设上，依旧有很多路要走。我们期待重庆未来有更好的业绩。

哈尔滨市社会治安调研报告

打防管控综合治理　着力建设平安家园

一　主要成效

2014年年初以来，哈尔滨市扎实推进“平安中国建设”的部署要求，从保障加快经济发展、保障人民安居乐业的角度出发，在2013年的基础上，持续开展了“最具安全感省会城市”的创建工作，并将其上升为“党委政府主导、公安机关牵头、社会各界联动、群众广泛参与”的民生工程，取得了良好的成效。一是社会大局持续稳定。2014年，哈尔滨市没发生影响和危害社会政治安全案事件，没发生群体性事件向政治事件和治安事件演变转化的事件，没发生暴力恐怖案事件，没发生以报复社会、制造影响为目的的个人极端暴力事件。二是刑事发案持续下降。2014年，哈尔滨市刑事案件实际发案总量比上年下降15.5%，万人发案率比上年下降3.4%，在全国省会城市中，均处于较低水平。三是恶性案件持续下降。2014年，哈尔滨市“八类主要案件”比上年下降18.8%，是20年来最低。其中，伤害案件下降24.3%，拦路和入室抢劫分别下降29.4%和28.1%；“命案”下降0.7%，是30年来最低。四是公共安全事故持续下降。2014年，道路交通重特大事故总量下降57.1%，死亡人数下降7%；火灾事故总量下降45.9%。全年600余项3000多场次的大型经贸、文化旅游活动安保，全部做到万无一失、绝对安全。五是治安案件持续下降。发现、受理各类治安案件下降9.5%，是10年来最低。其中，黄、赌、毒案件分别同比下降了31.4%、41.1%和33.2%。六是整体打击水平显著提升。综合破案率达到54.9%，命案综合破案率达到138%，移送起诉各类犯罪嫌疑人总数上升了15.1%，再创历史新高。抓获网上逃犯2010名，是全国开展“清网行动”的最好成果。七是打击制贩假药犯罪战果突出。连续破获生产、销售假药犯罪案件67起，涉案金额高达16亿余元。特别是发起公安部制售假药“集群一号”战役，打掉犯罪团伙38个，抓获犯罪嫌疑人104人，捣毁制售假药窝点61个，涉案总价值6亿元。该案被公安部命名为“云打击”模式，在全国推广学习，并授予哈尔滨市公安局专案组集体一等功。八是群众安全感满意度持续提升。国家统计局哈尔滨调查队发布的数据显示，哈尔滨群众安全感满意度2013年上半年就达到94.7%，比2012年提高2.5个百分点，创历史新高。

哈尔滨市社会治安工作受到群众的好评，得到了公安部的充分肯定。国务委员、公安部部长郭声琨在2013年曾对哈尔滨市创新公安工作赢得群众满意的做法和成效，专门做出批示，给予充分肯定，要求进一步总结完善，为全国提供可借鉴经验。

二　基本做法

哈尔滨市在“最具安全感省会城市”创建工作中，全面统筹社会政治安全要素、稳定要素、治安要素、公共安全要素和广大群众的现实需求要素，制定了8个方面目标、78项任务和284项具体措施，形成了系统完备的创建责任体系，全面提升了保稳定、保安全、保民生的能力和水平。

1. 对所有高危人员进行严密管控，最大限度防止各种现实危害的发生

抓住“管住人”这个核心要求，切实解决好“管什么人、怎么管”的问题。一是实行重点人员动态管控。紧密结合哈尔滨实际，深入排查确定了12类高危人员，专门研发了人口管理系统，对实有人口、重点人口和出租房屋实行了“四色预警”和“五个等级”管理。二是实行民间团体分类管控。从社会组织群体化、组织化后容易制造和引发事端的特征出发，对以各种名义、各种媒介组建起来的车友、驴友、舞友、棋友和QQ、微信群等4000多个新型民间组织和网络团体，在打击违法、保护合法的前提下，全面落实了分类管控措施。三是实行虚拟社会现实管控。针对信息化时代虚拟社会与现实社会紧密联系的特征，搭建了市、区（县、市）、街道（乡、镇）公安“三级虚拟社会管控体系”，把网上监控与网下管控紧密结合起来，做到网上发现、循迹追踪、落地查控一体化。自2014年以来，共发现、处置互联网有害信息1.6万多条，落地查证串联上访、煽动游行等涉稳线索374条，并及时侦破了贩卖枪支弹药、毒品等800多起涉网案件。在做好基础防控的同时，以特警支队和各区（县、市）公安分局为主体，以“管理统一、训练有素、装备精良、反应迅速”为目标，组建了2500人的专兼职特警队伍，及时妥善处置了群体性事件，有效防止了这些群体性事件向政治事件和治安事件的演变。

2. 强化立体防控，最大限度挤压违法犯罪时空

针对动态化社会条件下广大群众“能够看得见、摸得着”的安全心理实际感受，对传统的治安防控布局进行了全面优化升级，构建起“覆盖全域、时空多维、情指联动、攻防兼备”的社会治安新型防控体系。一是加强系统规划，完善地面、地下、空中、水上的立体防控格局。组建视频侦查支队，全力推进“天网”工程建设；设立水上治安分局，负责维护松花江哈尔滨段的水上安全；成立站前分局和地铁分局，对以哈尔滨西客站为中心的“三站”铁路枢纽和地铁线路，实施全方位治安管控；成立警航大队，配备直升机，实现重大安保和重要勤务的空中巡控、侦查和救援。通过市公安局指挥平台的有序调度，把空中、水上、地面、地下各个防控网络，有机地整合成一个横向到边、纵向到底、动静相济的治安防控新体系。二是加强社会面巡控，提高见警率和群众安全感。在全市城区科学划定500个网格，招录1500名巡逻辅警，配备500台具有先进科技装备的警务巡逻车，实行昼夜巡控，做到“守住点、控住线、封住格、联成网”。同时，进一步完善社会面巡控的“三级预警、夜间巡控、护城河防线、社会辅助力量参巡”四个运行机制，实行“屯警街面、动中备勤、武装处突”新模式，确保平时2000人、重大节日和敏感时段5000人的路面巡控力量。全市街面治安警情，降幅达到38%。三是加强重点部位管控。加强小旅店、小洗浴、小网吧等场所管理，实施严格的实名制登记和信息传输制度。对出入城区治安卡点必要时实施“四门落锁”，严查过往车辆及可疑人员。严厉打击、取缔无证“黑开锁”店，出台统一开办标准、统一热线电话、统一挂牌服务的“三统一”管理措施。对所有典当和寄卖行业、汽车修理行业、二手手机交易场所，实行信息联网，强化了阵地控制和治安管控。四是加强居民区防控，把安全送到百姓身边。启动了为期三年的“天网”工程建设，深度整合各类监控资源，对全市社会面21万个监控探头进行联网，公共场所视频探头安装率达到100%。开展以“平安家园建设”活动为载体，以物业弃管、半弃管和未封闭、半封闭小区为重点，实行了物理硬封闭和视频软封闭同步推进，目前居民区重点部位的视频监控基本实现了覆盖。全市入室盗窃、楼道抢劫、入室抢劫、居民区砸车盗窃车内财物等可防性案件，下降近50%。

3. 开展源头治理，最大限度提升公共安全管理水平

打破以往公安机关“单打独斗”的模式，在公共安全管理的主体上，更加注重多方参与、系统治理，切实增强了管理效能。一是强化道路交通安全管理。建立事故研判预警机制，特别是针对城乡结合部、农村地区道路交通管控面积大、交警力量不足、农用机动车违章现象普遍、交通安全宣传效果不明显等原因导致的事故多发问题，拓展系统治理的运行模式，探索建立了乡（镇）长、运管站长、农机站长、派出所长和交警中队长的“五长”联动模式，探索实行派出所民警、交警、农机监理“三方合署办公”的工作新机制，开展“车乱停、人乱穿、路乱行”的“三乱”专项治理，有效降低了道路交通事故的发生概率。二是强化消防安全管理。认真组织开展无火患、无火灾社区、村屯和社会单位“三无”创建活动，强力实施了“网格化”“户籍化”管理，深入落实政府属地管理、部门监管、企业主体和从业人员岗位“四个责任”。针对全市44个地下商场（火灾隐患最多、风险等级最高、公共安全威胁最大）长期治理但问题最难解决的实际，深入组织开展“六清六建”专项整治，投入资金近2亿元整改隐患430处，是历年来动员力量最多、治理力度最大、整改最彻底的一次，为提升地下商场安全系数奠定了坚实基础。三是强化危爆物品管理。实行民爆物品“五统一”管理，确保涉爆案件的“零发生”。对私藏、贩卖、携带枪支弹药和管制刀具人员，严格实行“两个一律、上限处罚”，一经发现，一律行政拘留；情节严重的，一律追究刑事责任，先后查处1600多人，全市涉枪和涉刀案件，分别同比下降了16%和22%。

4. 对违法犯罪活动，最大限度提升精确打击能力

立足以打促防，始终保持对刑事犯罪的严打高压态势。全面推进大刑侦布局，实行刑侦、技侦、网侦、视侦和刑技“五侦同步上案”。实行信息研判会商制度，对多发性案件和季节性案件进行全面攻防。同时，本着更快破大案、更多破小案、更准办好案的指导思想，把侦破小案同侦破恶性案件、有影响案件放在同等重要的位置来对待，加大对群众反映强烈的入室盗窃、拎包扒窃、涉车侵财、电信诈骗、制贩假食品药品农资等突出犯罪的打击力度。进一步建立一整套侦破小案的工作流程，做到“有警必出、有案必受、现场必勘、信息必采”，充分调动全警上下破小案的工作积极性，形成多警种联合侦破小案的新格局。年内打掉恶势力团伙 39 个，破获各类侵财类“小案”3500 余起。打击网络违法犯罪、毒品违法犯罪、拎包扒窃和各级多发性侵财违法犯罪，以及打击“黄赌”社会丑恶现象，都取得突出战果。

5. 整合社会资源，最大限度提高社会治安综合治理效能

与城管、工商等部门合作，共同打击制售假证违法犯罪，使此类违法犯罪以及街头小广告泛滥现象在哈尔滨市基本根除。与民政、卫生等部门配合，强化了对重症精神病人的管控，全市没有发生有影响的精神病人肇事肇祸事件。联手全市 28 家银行预防电信诈骗，2014 年此类案件同比下降了 32%。建立了 600 人的出租车驾驶员信息员队伍，进一步提高了治安信息的动态掌控能力。开展了“百千万”助企行动，组织全局干部和民警，与全市 11364 家企业签订了助企承诺书，为企业送点子、送安全、送法律，当好联络员、办事员、情报员、宣传员和监管员“五大员”，实现了警企密切协作，成功处置和化解涉及企业的各类群体性事件以及矛盾纠纷 3000 多件，有力保证了全市 1041 个 2000 万元以上产业项目的顺利开工；破获涉企案件 5600 余起，挽回直接经济损失 6 亿多元。

6. 加强队伍教育管理，最大限度增强广大民警投身创建工作的积极性

强化责任、能力、风气和形象建设，积极营造“想事、谋事、干事、干成事”的浓厚氛围，树立正风正气的鲜明导向，有效激发了全体干警上下积极进取、创先争优的工作状态。一是实行“四个挂钩”机制，扩大了干警干事创业的内在驱动力。把创建工作的动态过程和实际效果与日常综合考评紧密挂钩、与表彰奖励紧密挂钩、与人才发现培养紧密挂钩、与提拔重用紧密挂钩。坚持推行“重品行、重能力、不拘一格、因才施用”的选人用人机制，把“能想事、能谋事、能干事、能干成事、最合适”的人，放在最适合的岗位上，用好各个年龄段的干部，让全市公安机关各级干部和广大民警都看到希望，都有了干头和奔头。二是强化典型选树，扩大先进模范的影响力和感染力。围绕亲民爱民、执法为民、公正廉洁、无私奉献等方面，积极培养选树先进集体和个人典型。2014 年以来，全市公安机关先后有多个先进集体和个人，分别受到国家和省市命名表彰，受奖的规格、层次和数量，超过以往任何一个时期。其中，刑侦支队马凯被授予全国公安系统二级英雄模范荣誉称号，刑侦支队王东伟荣获全国人民满意公务员称号，南岗分局花园街派出所被评为全国公安机关爱民实践模范集体，依兰县江湾镇派出所副所长聂文志被评为全国公安机关爱民实践模范，经侦支队“集群一号”制售假药案专案组被公安部授予集体一等功。三是实行专项表彰优抚，引导和激励广大民警扎根基层。争取市委、市政府的支持，与市人社局联合制定《关于进一步强化全市公安户籍派出所民警专项表彰优抚机制的意见》，出台《对户籍派出所工作二十年以上民警给予专项表彰优抚的实施细则》，让户籍派出所民警在荣誉、待遇和职级等方面能够不断实现“阶梯式”晋升，引导激励更多的民警扎根基层；已经连续两年对在户籍派出所工作满 20 年、25 年、30 年的 1949 名优秀民警，分别颁发了铜质、银质、金质奖章，给予了补助、体检、休养等优抚待遇，并根据功奖、所龄、公务员考核评定等次和组织考察等情况，择优晋升上一级警员或警长职务。

在鲜明导向的引领下，哈尔滨市公安机关各级领导干部和广大民警忠实履行职责使命，保持顽强拼搏、攻坚克难的优良作风，牢记为民服务宗旨，全力打造“维护公平正义之师，守护人民安宁之剑”，积极投身到创建全国最具安全感省会城市的工作中，认真履行了“维护社会大局稳定、促进社会公平正义、保障人民安居乐业”的三大使命。

专题研究

Monographic Study

B.6

基本公共服务研究

摘　要：

本部分对北京市保障性住房的供给模式进行了专题研究和经验介绍。

关键词：

公共服务　住房保障模式　经验

北京市保障性住房的供给模式及启示*

党的十八大报告明确指出，到2020年实现全面建成小康社会宏伟目标，使人民生活水平全面提高，基本公共服务均等化总体实现，住房保障体系基本形成。住房需求是人民群众生产生活的基本需求，其重要性不言而喻。中国社会科学院组织调查和编写的“公共服务蓝皮书”每年会通过2万多份问卷对

* 执笔：张华玲；统稿：钟君。

全国38个主要城市的公共服务满意度进行评估，其中包含公共住房满意度评估。自2011～2014年以来，公共住房要素在九个要素中排名一直靠后，这说明公众对公共住房的满意度持续不高，保障性住房的供给已成为目前我国亟待解决的重要民生问题之一，因此对于保障性住房供给模式的梳理就尤为重要。由于我国各地经济发展水平和社会状况各有不同，因此本文主要以北京市为例，在总结和归纳北京市保障性住房供给模式和具体做法的基础上，加以经验启示，以期为我国保障性住房供给模式的完善和丰富提供有益的理论参考和实践借鉴。

（一）北京市保障性住房供给模式的具体分类

根据《北京市“十二五”时期住房保障规划》，“十二五”时期北京市建设、收购各类保障性住房100万套，其中公开配租配售50万套，首都功能核心区人口疏解、棚户区改造等定向安置住房50万套。发放租金补贴家庭10万户。

目前北京市住房保障方式主要有实物配给和资金配给两种方式。实物配给涉及的保障性住房种类较多，主要包括廉租住房、公共租赁住房、经济适用住房、限价住房、定向安置住房等，政府根据不同家庭收入水平确定其保障的方式；资金配给主要针对租赁廉租住房和公共租赁住房的家庭，政府给予住房补贴。本文侧重于对实物配给方式的保障性住房供给模式研究，从供给主体的角度看，北京市目前保障性住房供给模式主要有以下几种。

1. 政府主导、企业参与的保障性住房供给模式

此种模式以市或区（县）政府主导，企业参与为主要特征。在保障性住房供给方面，政府一般提供政策性支持或财政资金支持。政府的主导作用主要体现在对供应对象、住房建设标准（如面积、户型及装修标准）、租金水平或销售价格、上市条件等方面设定的标准。企业参与主要体现在企业参与保障性住房的建设，提供建设资金并参与后期住房管理工作。

北京市现阶段实行的“政府主导、企业参与”的保障性住房供给模式正在经历不断总结和完善的过程，近两年来变化较大。原本该模式下的实物配给方式下的保障性住房主要有公共租赁住房、廉租住房、经济适用住房、限价商

品住房、定向安置住房等类型，资金配给方式为租金补贴，随着保障思路转向“租售并举，以租为主”，政府主导，企业参与的保障性住房供给模式也随之发生改变。

根据北京第十四届人大常委会第十二次会议审议的《北京市城镇基本住房保障条例（草案)》，政府提供配租型保障性住房、配售型保障性住房和租赁补贴，即“一租一售一补”三种保障方式。“一售”指的是经济适用住房、限价商品住房合并为一种配售型保障性住房；“一租”指的是廉租住房、公租住房合并为一种配租型保障性住房；“一补”指的是发放租赁补贴。

2013 年 10 月，自住型商品房问世。根据《关于加快中低价位自住型改善型商品住房建设的意见》（京建发〔2013〕510 号）文件规定，按照限购政策规定在本市具有购房资格的家庭，可以购买自住型商品住房，符合条件的家庭只能购买一套自住型商品住房。

现阶段，以北京市政府主导、企业参与模式下的保障方式有配租型保障性住房、配售型保障性住房和租赁补贴三种。

（1）配租型保障性住房：配租型保障性住房主要是指由廉租住房、公租住房合并而成的保障性住房。根据《北京市城镇基本住房保障条例（草案)》，配租型保障性住房计划由原来的公共租赁住房和廉租住房合并而成，现阶段处于过渡阶段，原公共租赁住房和廉租住房仍存在，以后将逐渐统一申请、审核标准，统一按照配租型保障性住房的标准面向低收入群体。该模式下的公租住房主要包括北京市、区（县）政府通过新建、收购、长期租赁等方式筹集房源。

（2）配售型保障性住房：北京市目前的配售型保障性住房有两类，一是《北京市城镇基本住房保障条例（草案)》中规定的经济适用住房和限价商品住房合并而成为配售型保障性住房；二是 2013 年年底推出自住型商品住房。

北京市于 2013 年 4 月停止申请经济适用住房和限价商品住房，在解决通过资格审核的轮候家庭住房问题后，经济适用住房和限价商品住房将退出历史舞台，统一变为配售型保障性住房。

自住型商品住房是北京市政府在原有保障体制上的尝试：自住型商品住房价格原则上低于周边同地段商品住房价格的 30%，五年后上市交易需将增值额的30%上缴。自住型商品住房实际上是购房人和政府共有产权，且不限定申请对象收入，这样既兼顾了保障性，又考虑了市场价格，扩大了保障的范围。此外非京籍家庭只要满足购房条件也允许购买自住型商品住房，使得保障范围进一步扩大。

（3）租赁补贴：目前廉租住房和公共租赁住房均有相应的住房补贴。以公共租赁住房为例，根据申请家庭的收入和住房面积，分别给予房屋租金的95%、90%、70%、50%、25%、10%补贴。廉租的家庭和超出廉租住房保障条件的家庭补贴建筑面积上限分别为50和60平方米，其余由承租家庭负担。

政府主导、企业参与的保障性住房供给模式区别于其他模式的重要特征是强调政府的主导性，政府制定申请、审核、建设和管理等制度，并给予政策支持，包括公租住房建设用地纳入年度土地供应计划、资本金注入、贷款贴息、在土地增值税和契税等方面的税收优惠、鼓励金融机构发放公租住房中长期贷款等。此模式下公租住房的供给对象也带有鲜明特征：由政府制定统一的申请和审核标准，面向全市符合条件的住房困难低收入群体，供给对象范围不局限于固定的产业园或固定的职业，带有普适性。供给对象的普适性也是该模式的一大显著特征。

2. 产业园区或企业主导的保障住房供给模式

此种模式以产业园区或企业主导为主要特征。为了更好地解决低收入家庭的住房困难问题，缓解政府资金和供地的压力，北京市政府鼓励多主体参与保障性住房建设。根据《北京市人民政府关于加强本市公共租赁住房建设和管理的通知》（京政发〔2011〕61号）规定：产业园区管理机构应当组织建设、筹集公共租赁住房，鼓励社会单位利用存量建设用地建设公共租赁住房。按照上述政策，产业园区的管理机构或者园区内企业可以集中建设或配建公共租赁住房用以解决引进人才和产业工人的居住问题；企业等社会单位可以利用自有土地建设保障性住房用以解决本单位职工的居住需求。

产业园区或企业主导的保障性住房供给模式区别于政府主导、企业参与的保障性住房供给模式，除了供给主体的不同外，保障对象也有所不同。前者主要针对产业园区的引进人才、企业内部职工，而后者则是面向市场上收入偏低的住房困难人群，因此前者的保障对象范围更小。以产业园区为例，根据

《北京市公共租赁住房申请、审核及配租管理办法》（京建法〔2011〕25号）：产业园区公共租赁住房主要用于解决引进人才和园区就业人员住房困难，具体申请条件由产业园区管理机构确定并报区（县）人民政府批准后实施，并报市住房保障工作领导小组办公室备案。

在产业园区或企业主导的保障房供给模式下，保障对象范围更小，也更有针对性，体现了职业因素对是否享受保障性住房福利的影响。

3. 在京中央单位、国家机关和部队主导的保障性住房供给模式

在京中央单位和国家机关作为特殊群体，其住房供给多采取经济适用住房的方式。在京中央单位和国务院下属各部委通常会利用自有土地或是置换土地新建或调配保障性住房，根据《在京中央单位新建职工住宅价格评估技术指引》（2009）和《在京中央单位旧有住房按经济适用住房价格评估规范》（2009）的规定由入围国家机关事务管理局的评估机构进行房屋价格评估，除少数房源用作解决其他单位住房问题的保障性住房外，其余房源均用于解决本单位人员的住房问题。根据上述两个规范，该房屋价格经过专业评估公司后，还需经国务院机关事务管理局审批方能配售，该经济适用住房原则上不得上市交易，只用于自住。

部队的保障性住房体系也是独立于北京市保障性住房体系的。与国家机关保障性住房供给相似，部队利用自有土地建设保障性住房，房屋产原则上分为两类：部队产权房屋和可归入个人名下的经济适用住房，主要用于解决现役军人的住房问题。

4. 其他模式：在集体土地上建设保障性住房

2011年5月，国土资源部出台《关于加强保障性安居工程用地管理有关问题的通知》，提出对于商品住房价格较高、建设用地紧缺的个别直辖市，确需利用农村集体建设用地进行公共租赁住房建设试点的，城市人民政府必须按照控制规模、优化布局、集体自建、只租不售、土地所有权和使用权不得流转的原则，制订试点方案，由省级人民政府审核同意，报国土资源部审核批准后方可试点。

目前北京市为了完成“十二五”期间建设、收购各类保障性住房100万套的任务，除了充分利用国有土地新建或配建保障性住房，更是在保障性住房供给土地上进行了尝试：尝试利用农村集体土地建设公租房。

2012 年 1 月，在“全国国土资源工作会议”上，国土资源部披露：北京市获批试点在集体建设用地建设租赁住房。试点项目包括海淀唐家岭、昌平北七家。按照规定：建租赁住房的用地必须符合城市规划要求，必须按照规划建设，而且建成之后不得入市交易，不能出售或变相出售。

当前，北京市国有居住用地供给总量有限，保障性住房和商品住房的土地供给都要兼顾，这使得居住用地特别是保障性住房用地供给紧张，在这种条件下，如何扩大土地来源成为治本的方式之一。将集体土地纳入保障性住房供地范围内是一次有益的尝试，虽然目前还存在资金、建设标准、后期管理等方面的不足，但却是一项重大的突破。

（二）相关启示

1. 要增加保障房供给主体，形成供给主体多元化格局。传统上政府被认为是提公共服务的唯一主体，而保障性住房作为基本公共服务的内容之一，其供给主体也一直以政府为主。近年来，政府为了缓解住房保障的压力，开始鼓励社会力量参与保障性住房建设，逐渐形成以政府为主、企业等社会力量为辅的保障性住房供给的多元化格局。

2. 要丰富保障性住房供给融资渠道。目前保障性住房供给的资金主要由土地收入转移支付、政府间的横向转移支付和住房公积金增值收益转移支付三部分组成。供给资金过分依赖土地收入，从而陷入了“保障性住房供给的增长依赖于土地收入的增长，土地收入增长直接刺激房价上涨，房价上涨又挤压了商品住房需求，导致保障性住房需求增长”的怪圈。解决这一尴尬问题的重要措施就是丰富保障性住房供给融资渠道，减小其对土地收入的依赖程度。

3. 建立完善的住房保障申请、审核、管理、监管和退出机制。保障性住房供给存在的主要问题如果按照时间顺序分类，则分为前期问题、中期问题和后期问题。前期问题主要包括供给对象资格审查制度不完善、供给需求缺口大、建设资金不足等问题；中期问题包括房屋质量差、监管不力、等待周期长等问题；后期问题包括退出机制不健全、保障对象信息动态监管不完善等问题。建立完善的保障性住房申请、审核、监管和退出机制需要处理好前期申请与审核问题，建立统一的家庭收入、住房、家庭资产的动态信息共享平台，降低申请对象人为操作的可能性，保障中低收入群体的住房需求。在保障性住房审核、管理和监管方面建立及时上下互通的机制，发现问题及时解决，尽可能地缩短政策的滞后性。

4. 合理空间布局，保证保障性住房有效供给。以自住型商品住房为例，由于前期的空间布局不合理，且大部分位置较比偏远，周边的交通以及生活、教育和医疗等配套设施并不完善，因此购房人的上下班交通和时间成本以及生活、教育成本加大。虽然自住房具有低于周边同地段商品住房价格30%的价格优势，但目前偏远位置的自住房项目频频出现弃购现象，这说明这类保障性住房的供给“失效”，其实际供给率有待提高，因此合理规划保障性住房空间布局，保证公共服务设施的使用率，才能确保自住型商品住房或其他类型的保障性住房的有效供给。

附　　录

Appendix

B.7
附　录

一　城市基本公共服务力评价指标体系

城市基本公共服务力特指城市政府提供基本公共服务、解决民生问题的能力，包括政府提供基本公共服务的种类、数量、质量和覆盖范围。2010年，中国社会科学院马克思主义研究院经济与社会建设研究室和华图政信公共管理研究院组成城市基本公共服务力研究联合课题组，研创了城市基本公共服务力评价指标体系。2012年，《国家基本公共服务体系“十二五”规划》颁布，参照《国家基本公共服务体系“十二五”规划》，城市基本公共服务力研究联合课题组优化了城市基本公共服务力评价指标体系（见表7－1）。

本课题组研创的城市基本公共服务力评价指标体系与《国家基本公共服务体系“十二五”规划》具有内在一致性，两者界定的基本公共服务虽然大致相同，但略有区别（见图7－1，图7－2）。《国家基本公共服务体系“十二五”规划》对基本公共服务的概念、范围、标准做出了明确的界定：狭义的

表 7-1 城市基本公共服务力评价指标体系（理论模型）

一级指标	二级指标	三级指标
公共交通	交通工具和设施	每万人口拥有公共汽车数 *
		问卷（道路拥堵）
		问卷（公交便利）
		问卷（打车等待时间）
	舒适度	问卷（拥挤程度）
	整体满意度	问卷（整体满意度）
公共安全	财政投入	财政投入占 GDP 比重 *
		人均财政投入 *
	灾害预防与救助	问卷（政府应急宣传普及的效果）
	安全要素	问卷（人身安全）
		问卷（财产安全）
		问卷（安全感）
		问卷（交通安全）
		问卷（食品安全）
		问卷（信息安全）
	整体满意度	问卷（整体满意度）
住房保障	住房拥有率	问卷（有房情况）
	保障性住房建设	经济适用房覆盖率指数 *
		廉租房货币补贴保障指数 *
		问卷（保障性住房覆盖）
		问卷（申请公平程度）
	宏观政策	问卷（房屋租赁监管）
		问卷（调控影响）
	整体满意度	问卷（整体满意度）
基础教育	财政投入	财政投入占 GDP 比重 *
		人均财政投入 *
	幼儿教育	生师比 *
		问卷（幼儿入托公平度）
	小学教育	生师比 *
		每千名小学生拥有小学数 *
		问卷（小学入学公平度）
	中学教育	生师比 *
		每千名中学生拥有中学数 *
		问卷（中学入学公平度）
	教育收费	问卷（乱收费）
	整体满意度	问卷（整体满意度）

续表

一级指标	二级指标	三级指标
社会保障和就业	财政投入	财政投入占 GDP 的比重 *
		人均财政投入 *
	社会福利	每万人口公办老年福利机构数(无工商) *
		每万人口公办老年福利机构床位数(无工商) *
		每万人口公办老年福利机构人员数(无工商) *
		每 10 万人口公办儿童福利机构数(无工商) *
		每万人口公办儿童福利机构床位数(无工商) *
		每万人口公办儿童福利机构人员数(无工商) *
		问卷(社会保险贯彻)
	社会救助	最低生活保障指数 *
		城市临时救济人数 *
		问卷(弱势群体救助)
	就业	问卷(就业服务)
	养老	问卷(养老服务)
	政策扶持	问卷(扶持创业)
	政策改革	问卷(养老保险的并轨)
		问卷(延迟退休)
	整体满意度	问卷(社保就业整体满意度)
基本医疗和公共卫生	财政投入	财政投入占 GDP 比重 *
		人均财政投入 *
	医院、卫生院建设	每万人口医院拥有数 *
		每万人口执业(助理)医师 *
		每万人口床位数 *
		问卷(等待时间)
		问卷(医疗费用)
		问卷(医院分布便利度)
		问卷(医院运营管理有效性)
	防疫活动	每万人口防疫站拥有数 *
	政策改革	问卷(计划生育)
	整体满意度	问卷(整体满意度)

续表

一级指标	二级指标	三级指标
城市环境	财政投入	财政投入占 GDP 比重 *
		人均财政投入 *
	大气环境	可吸入颗粒物日均值 *
		空气质量适宜指数 *
		问卷(空气质量)
	水环境	城镇生活污水处理率 *
		工业废水排放达标率 *
		问卷(自来水质量)
	市容环境	工业固体废物综合利用率 *
		人均绿地面积 *
		生活垃圾无害化处理率 *
		问卷(街道、景观、市政管理、绿化)
	城市建设	问卷(城市规模)
	整体满意度	问卷(整体满意度)
文化体育	财政投入	财政投入占 GDP 比重 *
		人均财政投入 *
	场馆设施	问卷(参与文化活动便利程度)
		问卷(参与体育健身活动便利程度)
		问卷(政府文体活动提供)
	社区文体活动	每 10 万人口社区服务中心单位数(无工商) *
		每 10 万人口社区服务中心职工数 *
		活动项目数 *
		活动人次数 *
	整体满意度	问卷(整体满意度)
公职服务水平	等待时间	问卷
	服务效率	问卷
	业务态度	问卷
	接待环境	问卷
	电子政务	问卷(政务网站与公众互动性)
	整体满意度	问卷(整体满意度)

注：三级指标由问卷（主观）和非问卷（实现）构成，* 为非问卷指标。

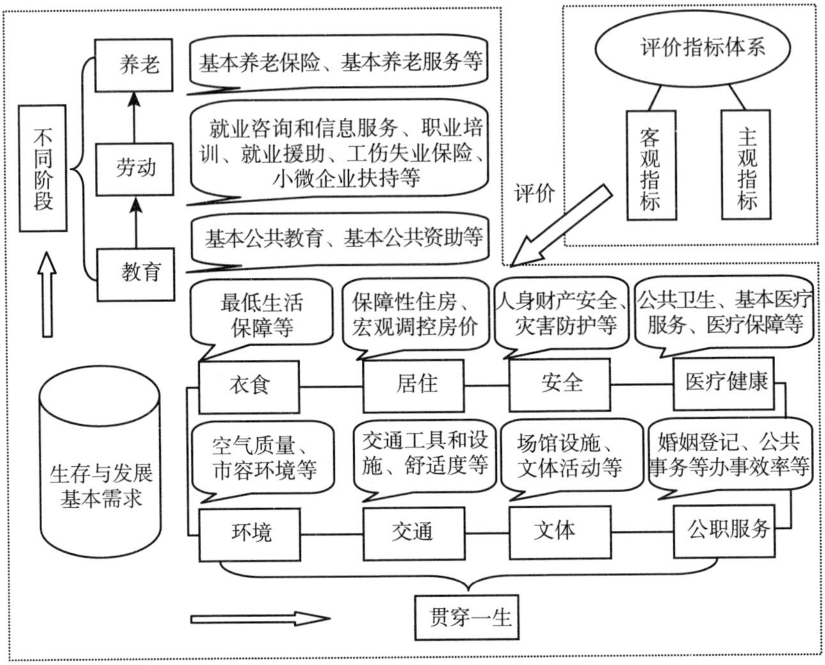

图 7-1　城市基本公共服务体系

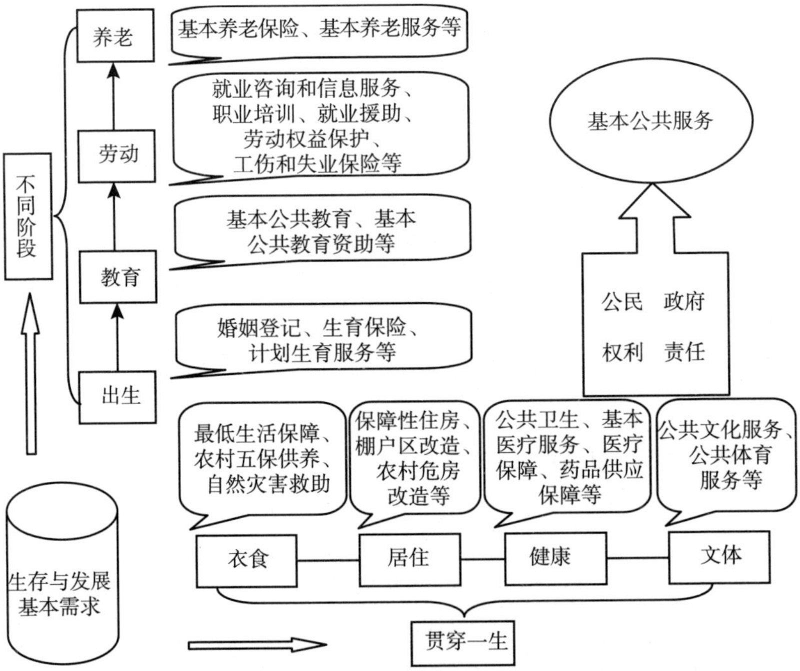

图 7-2　国家基本公共服务体系“十二五”规划基本公共服务范围

公共服务一般包括保障基本民生需求的教育、就业、社会保障、医疗卫生、计划生育、住房保障、文化体育等领域；广义的公共服务还包括与公众生活紧密联系的交通、通信、公共设施、环境保护、公共安全、消费安全、国防安全等方面。政府基本公共服务力包括城市政府在社会保障和就业、基本医疗和公共卫生（含人口与计划生育）、公共安全、基础教育、住房保障、公共交通、城市环境、文化体育等方面向公众提供优质服务的能力和水平。

城市基本公共服务评价指标体系与《国家基本公共服务体系“十二五”规划》不同之处及主要原因在于：第一，由于城市基本公共服务评估体系侧重对政府为城市提供公共服务能力的评估；而《国家基本公共服务体系“十二五”规划》不但强调政府为城市提供公共服务的能力，也强调政府为农村提供公共服务的能力。因此，城市基本公共服务评估体系并未涉及《国家基本公共服务体系“十二五”规划》中的统筹城乡、区域的公共服务均等化等内容。相反，增加了公职服务水平这一衡量城市公共服务力的重要指标。第二，《国家基本公共服务体系“十二五”规划》针对全国各地公共服务的普遍问题；而我们所关注的主要是城市基本公共服务，更多的是把视野聚焦在副省级以上城市，力图通过对主要城市基本公共服务的深入研究，为全国城市基本公共服务的建设提供蓝本和借鉴。第三，逻辑结构不同，《国家基本公共服务体系“十二五”规划》将人口与计划生育、残疾人基本公共服务作为重点内容加以规划；城市基本公共服务体系并未将这些内容作重点评估，而是将相关内容别置于其他一级指标中予以关注。第四，《国家基本公共服务体系“十二五”规划》从制度安排上关注基本公共服务体系的体系建设；我们作为第三方研究机构，更多的是从群众满意度方面来呈现主要城市基本公共服务的质量。

从理论上来说，为了更加客观、准确和真实地评估城市政府基本公共服务力，形成一个科学合理、全面综合、可以操作的评价指标体系，我们需要把评价指标体系分为主观评价体系和客观评价体系两个部分，从公众的主观感受和客观投入两个维度对城市政府基本公共服务水平进行全面系统的评估。其中主观评价主要是考察公众对政府基本公共服务在公平性、便利性以及整体性等方面的满意程度；客观评价主要是考察城市政府在基本公共服务所做的财政投入和硬件投入及投入成效。主观评价通过问卷方式获取，客观评价通过文献研究或调研采访等方式获取。在主观评价数据和客观评价数据有效获取的基础上，采用先进的统计学计量方法，把两者进行有机结合，从而对某个城市的基本公共服务力进行科学评估。但在实际操作中，由于统计口径的不同和统计数据的滞后发布，客观数据的获取非常困难，因此对城市基本公共服务力评估的可操作形式就是通过调查问卷的方式对城市基本公共服务满意度进行评估。

实际上，城市基本公共服务满意度是评价政府基本公共服务力的重要标志，通过调查公共服务满意度对城市基本公共服务力进行评估具有非常重要参考价值。城市基本公共服务满意度是广大城市居民对政府所提供的基本公共服务的满意程度，也就是对城市基本公共服务力的主要评价。城市基本公共服务满意度以广大城市居民的主观感受和心理状态呈现出来，是公共服务需求被满足后的愉悦感与满意感。群众满意不满意、高兴不高兴、答应不答应是衡量政府工作好坏的唯一标准。“群众比较满意”也是《国家基本公共服务体系“十二五”规划》的主要目标之一。“群众比较满意”的内涵就是城乡居民基本公共服务需求表达机制有效建立，服务成本个人负担比率合理下降，绩效评价和行政问责制度比较健全，社会满意度不断提高。城市基本公共服务的客观投入及其结果对公共服务满意度具有决定性作用。一般来说，政府在基本公共服务方面投入的规模和效率与满意度是正相关的，满意度高表明投入规模大或投入效率高。反之，则或可说明投入规模不够大，或效率不高。因此，城市基本公共服务满意度的高低体现了政府提供城市基本公共服务力的强弱，政府提供城市基本公共服务力最终通过城市基本公共服务满意度体现出来。

二　满意度计算方法

1. 满意度计算方法

（1）计算各小题得分。通过对问题各选项赋予权重，选择第一项赋 1 分，选择第二项赋 2 分，依此类推，选择“不清楚”不计分，然后分别乘以各选项在各城市样本中的选择比率，并相加得出各城市在该题的总得分。

（2）所有小题更改为百分制计分。按问题选项数（不含“不清楚”选项）将各小题乘以相应乘数，将（1）中得分换算为百分制。按问卷的设置，选项数只有 2 个、4 个和 5 个三种情况，因此只有三种情况的乘数选择，即两个选项的小题得分乘以 50，4 个选项的小题得分乘以 25，5 个选项的小题得分乘以 20。

（3）计算指标得分。问卷中，各指标均包含不止一个小题，在这一步骤中，我们将每小题以分层权重计算，计算各指标项内各小题的平均得分值即为该指标项的满意度得分。

（4）计算满意度总得分。在步骤 3 的基础上，每个指标得分分别乘以各个城市该指标的权重系数，再加总求和，便可得到各城市地方政府基本公共服务的公众满意度。

2. 权重系数计算方法

2014 年地方政府基本公共服务的主观评价指标权重系数主要是根据多因素统计法确定的，指标体系中一级权重的计算方法主要是通过调查问卷中权重考察题来计算的。具体操作方法如下：

M1. 上述公共服务的 10 个方面：①公共交通、②公共安全、③公共住房、④基础教育、⑤社会保障和就业、⑥医疗卫生、⑦城市环境、⑧文化体育、⑨公职服务、⑩公共产品和公共政策，您最关注哪些方面？

第一__________　第二__________　第三__________

对所有问卷各个基本公共服务指标在此题中的得票数除以总票数，便可求得一级指标的权重系数。各城市的满意度得分则是以其各自一级指标权重系数进行计算。

三　样本数量及分布

2014 年关于地方政府公共服务满意度的调查，经过在全国 38 个城市的实地调查，获取了 24717 份有效问卷。单个城市具体问卷数量见表 7 - 2 所示。

表 7－2　各城市有效问卷数量

单位：份

城市	数量	城市	数量	城市	数量	城市	数量	城市	数量
北　京	1250	贵　阳	470	拉　萨	295	汕　头	470	西　安	751
长　春	660	哈尔滨	840	兰　州	380	沈　阳	604	西　宁	289
长　沙	656	海　口	279	南　昌	471	深　圳	931	厦　门	220
成　都	1098	杭　州	751	南　京	660	石家庄	840	银　川	278
重　庆	1400	合　肥	660	南　宁	560	太　原	380	郑　州	751
大　连	547	呼和浩特	279	宁　波	561	天　津	1191	珠　海	279
福　州	434	济　南	561	青　岛	728	武　汉	829		
广　州	1013	昆　明	560	上　海	1410	乌鲁木齐	381		

1. 性别分布

在参与调查的人群中，填写性别的共有 24601 人，具体分布见表 7－3。从性别比上来看，与我国在第六次人口普查的性别比例（105.2：100）略有差距，但差距较小。可以说在男女样本配比方面是比较合理的。

表 7－3　性别分布

单位：人，%

性别	男	女	汇总
数量	12117	12484	24601
比例	49.02	50.51	99.53

2. 户籍分布

在 2014 年的调查中，我们持续关于样本户籍的甄别。由于当前的户籍政策，很多城市的本地人口与外地人口所享受的基本公共服务有所不同。为了更全面地反映当地情况，我们在调查中要兼顾本地与外地户籍人口情况。具体的样本分布情况见表 7－4。可以看出本地人口所占比例只比外地人口所占比例高出 5.1 个百分点，这样的分布比例能够比较全面地调查出当地的公共服务情况。

表 7－4　户籍分布

单位：人，%

属地	本地	外地	总计
数量	12716	11456	24172
比例	51.45	46.35	97.80

3. 学历分布

在实地访问结果中，受过大学教育（大专和本科）的占主流，比例为58.87%，比上年的比重（56.3%）更大。受过高等教育的群体对地方政府的基本公共服务感知力更强，更有诉求意识，而且也更能接受和理解问卷调查的方式和内容，能够准确表达自己观点（见表 7－5）。

表 7－5　学历分布

单位：人，%

学历	初中及以下	高中（中专/技校）	大专	本科	研究生及以上	总计
数量	3227	5142	5827	8724	1652	24572
比例	13.06	20.80	23.57	35.30	6.68	99.41

4. 工作单位性质分布

与 2013 年相同，2014 年受访者工作单位分布比例同样以在私营企业和合资企业工作的样本为主（见表 7－6）。

表 7－6　工作单位分布

单位：人，%

单位	行政机关	事业单位	国有企业	私营企业	外资企业	合资企业	总计
数量	764	3007	3160	8286	1285	8024	24526
比例	3.09	12.17	12.78	33.52	5.20	32.46	99.23

5. 收入分布

2014 年，从样本的具体收入分布情况可以看出，有 65.69% 的样本群体月收入在 4000 元以下，其中收入为 2001～3000 元的人数比例最大。考虑到我们所调查的38个城市中东部城市共18个，而中、西部城市的数量为20个，因此这样的收入分布情况在总体上是比较合理的。月收入在4000元以上的群体所占比例则明显较低，这部分人口也大多集中在一线城市（见表7-7）。

表7-7 收入分布

单位：人，%

收入	2000元及以下	2001~3000元	3001~4000元	4001~5000元	5001~7000元	7001~10000元	10001元以上	总计
数量	4443	6052	5740	4534	2176	1018	425	24388
比例	17.98	24.49	23.22	18.34	8.80	4.12	1.72	98.67

四 参评城市分类一览表

表7-8 参评城市分类一览表

城市	城市类型	东、中、西部	城市	城市类型	东、中、西部
北京	直辖市	东	南宁	省会	西
长春	省会	中	宁波	计划单列市	东
长沙	省会	中	青岛	计划单列市	东
成都	省会	西	汕头	经济特区	东
大连	计划单列市	东	上海	直辖市	东
福州	省会	东	深圳	计划单列市、经济特区	东
广州	省会	东	沈阳	省会	东
贵阳	省会	西	石家庄	省会	东
哈尔滨	省会	中	太原	省会	中
海口	省会	东	天津	直辖市	东
杭州	省会	东	乌鲁木齐	省会	西
合肥	省会	中	武汉	省会	中
呼和浩特	省会	西	西安	省会	西
济南	省会	东	西宁	省会	西
昆明	省会	西	厦门	计划单列市、经济特区	东
拉萨	省会	西	银川	省会	西
兰州	省会	西	郑州	省会	中
南昌	省会	中	重庆	直辖市	西
南京	省会	东	珠海	经济特区	东

五 2014年城市基本公共服务满意度调查问卷

问卷编号：__________ 城市编号：__________

地方政府基本公共服务满意度问卷调查

尊敬的先生/女士：

您好！

我是______________【访问员说出自己的姓名，以取得被访者的信任】，为了解公众对地方政府基本公共服务的满意度，我们在全国38个城市展开了此次调查，可能会耽误您10分钟左右的时间。本次调查采用匿名制，不需要填写单位和姓名，请根据实际情况在合适的选项上打“O”，您的回答将关系到地方政府基本公共服务的数量和质量，与您的切身利益息息相关，感谢您的支持与配合！

中国社会科学院/华图政信

2014年4月

G. 甄别问题（这部分问题是甄别性问题，如果被访者不符合条件，请终止访问）

G1. 请问您在本城市居住多久了？（累计时间）

（1）不到1年（终止访问） （2）1~3年（含1年）

（3）3~5年（含3年） （4）5年及以上

G2. 您的年龄是？

（1）20岁以下（终止访问） （2）20~29岁

（3）30~39岁 （4）40~49岁

（5）50~59岁 （6）60岁以上

B. 公共交通

B1. 您外出时，通常情况下感觉路上拥堵吗？

(1) 非常堵 (2) 比较堵，但还能承受
(3) 有点堵车 (4) 不堵车，但车辆缓行
(5) 很顺畅

B2. 您外出时，通常情况下乘坐公共交通工具（公共汽车、地铁等）感觉方便吗？

(1) 很不方便 (2) 不太方便
(3) 一般 (4) 比较方便
(5) 很方便

B3. 您出门乘坐公共交通工具（公共汽车、地铁等）通常觉得拥挤吗？

(1) 无空座，非常拥挤 (2) 无空座，有些拥挤
(3) 无空座，不拥挤 (4) 有座，有些拥挤
(5) 有座，很舒服

B4. 您在本城市打车时，等待出租车的时间一般大概是多久？

(1) 30 分钟以上 (2) 20～30 分钟
(3) 10～20 分钟 (4) 5～10 分钟
(5) 5 分钟以内

B5. 请您对本城市的公共交通情况进行整体评价：

(1) 非常不满意 (2) 不满意
(3) 一般 (4) 满意
(5) 非常满意

C. 公共安全

C1. 过去一年，您或您认识的人曾经在所居住城市遭遇过或看见过以下现象吗？

题　项	(1)经常	(2)偶尔	(3)从未遇过
财物被偷盗、抢劫			
诈骗现象(如传销、消费陷阱等)			
打架斗殴			
聚众赌博			
制假、贩假、售假			
性骚扰			
吸毒贩毒			
卖淫嫖娼			

C2. 在本城市，您是否担心下面事情的发生：

题 项	(1)非常担心	(2)担心	(3)还好	(4)放心	(5)非常放心
长期外出时家里财物被偷盗					
外出时被扒窃、抢劫					
遭遇诈骗现象(传销、消费陷阱等)					
性骚扰					
深夜走夜路被尾随					
暴力恐怖事件					

C3. 最近三个月内，您认为本城市“中国式过马路”（行人闯红灯）的情况？

（1）非常普遍　　（2）经常会有

（3）偶尔会有　　（4）从来没有

C4. 您对在本城市所吃的食物安全状况是否担心？

（1）非常担心　　（2）担心

（3）还好　　（4）放心

（5）非常放心

C5. 您如何评价本地政府的食品安全监管工作

（1）政府不作为，食品安全问题很严重

（2）政府的监管工作不到位，食品安全问题比较严重

（3）政府监管比较到位，食品安全问题得到部分缓解

（4）政府监管很到位，食品安全问题得到很大缓解

C6. 您或您认识的人是否遇到过信息泄露的情况？

（1）经常　　（2）偶尔

（3）没有

C7. 请问本城市的政府是否有过应对灾害（地震、火灾、水灾等）的宣传或演练？

（1）没有　　（2）有，但没有效果

（3）有，效果不明显　　（4）有，效果还行

（5）有，效果很好　　（6）不清楚

C8. 请您对本城市的公共安全情况进行整体评价：

（1）非常不满意　　（2）不满意

(3) 一般　　(4) 满意

(5) 非常满意

D. 公共住房

D1. 您本人或认识的人是否享有或了解本城市的保障性住房（经济适用房、两限房、公租房、廉租房）？

(1) 不享有，也不了解　　(2) 不享有，但了解

(3) 享有，但不了解　　(4) 享有，也了解

D2. 您如何评价本城市保障性住房申请的公平程度？

(1) 非常不公平　　(2) 不公平

(3) 不公平，但可以忍受　　(4) 公平

(5) 很公平　　(6) 不清楚

D3. 您觉得宏观调控政策对您所在城市的房价有影响吗？

(1) 没有影响，房价依然快速上涨

(2) 有影响，房价涨得没那么快了

(3) 有影响，房价保持平稳　　(4) 有影响，房价稍微下降了

(5) 很有影响，房价下降了很多　　(6) 不清楚

D4. 请您对本城市的住房保障情况进行整体评价：

(1) 非常不满意　　(2) 不满意

(3) 一般　　(4) 满意

(5) 非常满意

E. 基础教育

E1. 您本人或是认识的人在本城市是否遇到过以下情况：

题　项	(1)全部需要	(2)大多数需要	(3)偶尔需要	(4)全部不需要	(9)不清楚
孩子上幼儿园需要找关系或交赞助费					
孩子上小学时需要找关系或交赞助费					
孩子小升初时需要找关系或交赞助费					

E2. 就您所知，您所在城市义务教育阶段学校乱收费现象

(1) 非常多　(2) 比较多
(3) 一般　(4) 比较少
(5) 非常少　(6) 不清楚

E3. 请您对本城市的基础教育情况进行整体评价

(1) 非常不满意　(2) 不满意
(3) 一般　(4) 满意
(5) 非常满意

F. 社保就业

F1. 您所在城市政府有没有为求职者提供相关就业服务？

(1) 没有　(2) 有

F2. 您认为本城市弱势群体（孤寡老人、低收入群体、流浪人群等）是否得到有效救助？

(1) 没有效果　(2) 效果不明显
(3) 一般　(4) 比较有效
(5) 非常有效

F3. 您对本城市的养老服务（社区养老、养老院设置等）是否满意？

(1) 非常不满意　(2) 不满意
(3) 一般　(4) 满意
(5) 非常满意　(6) 不清楚

F4. 您所在的城市政府是否出台了扶持创业的政策，并进行了有效落实？

(1) 没有　(2) 有，但落实效果不明显
(3) 有，感觉一般　(4) 有，落实比较有效
(5) 有，落实非常有效　(6) 不清楚

F5. 您如何评价以下社保领域的改革？

题　项	(1)赞成	(2)不赞成	(3)说不清楚
养老保险并轨			
延迟退休			

F6. 请您对本城市的社会保障和就业情况进行整体评价：

（1）非常不满意　　（2）不满意

（3）一般　　（4）满意

（5）非常满意

H. 医疗卫生

H1. 您最近一次去本城市的公立医院看病，从排队挂号到医生接诊等了多长时间？

（1）4 小时以上　　（2）2～4 个小时

（3）1～2 小时　　（4）30 分钟至 1 小时

（5）30 分钟以下　　（6）没去过

H2. 您去本城市的公立医院看病，是否感觉有不必要的检查和费用发生？

（1）有，非常严重　　（2）有，比较严重

（3）一般　　（4）有，但是还可以接受

（5）没有　　（6）没去过

H3. 您家离最近的公立医院（包括社区医疗卫生中心）大概有多远？

（1）乘车 1～2 小时　　（2）乘车 40 分钟至 1 小时

（3）乘车 15～30 分钟　　（4）乘车 15 分钟以内

（5）不需乘车　　（6）不清楚

H4. 您对当地公立医院医生的服务如何评价？

（1）非常不满意　　（2）不满意

（3）一般　　（4）满意

（5）非常满意

H5. 您认为当前的计划生育政策应该：

（1）继续坚持严格一胎制　　（2）应实施单独二胎

（3）应实施普遍二胎　　（4）无所谓

H6. 请您对本城市的医疗卫生情况进行整体评价

（1）非常不满意　　（2）不满意

（3）一般　　（4）满意

（5）非常满意

I. 城市环境

I1. 下面请您对所在城市的生活环境进行满意度评价

生活环境	非常不满意 = = = = = = = = = = ➔ 非常满意				
空气质量如何？	1	2	3	4	5
绿化如何？	1	2	3	4	5
街道社区卫生如何？	1	2	3	4	5
城市景观建设如何？	1	2	3	4	5
政府对小摊贩管理的效果如何？	1	2	3	4	5
自来水质量如何？	1	2	3	4	5

I2. 您认为您所在的城市规模

（1）太大　　（2）正合适

（3）还应该再扩大　　（4）无所谓

I3. 请您对本城市的环境情况进行整体评价

（1）非常不满意　　（2）不满意

（3）一般　　（4）满意

（5）非常满意

J. 文化体育

J1. 您周边公共的文化体育场馆或设施是否能满足您或家人的日常文化体育需求？

（1）远不能满足　　（2）不太能满足

（3）一般　　（4）基本能满足

（5）全部能满足　　（6）没去过

J2. 您对政府提供的文化/体育活动如何评价？

（1）非常不满意　　（2）不满意

（3）一般　　（4）满意

（5）非常满意

J3. 请您对本城市的体育文化情况进行整体评价

（1）非常不满意　　（2）不满意

（3）一般　　（4）满意

（5）非常满意

K. 公职服务

K1. 您上一次去政府相关部门办理具体事务等待了多长时间？

（1）2 小时以上　　（2）1～2 小时

（3）30 分钟至 1 小时　　（4）10～30 分钟

（5）10 分钟以内　　（6）没去过

K2. 您上一次去政府部门办事，整件事务办理完毕总共跑了几趟？

（1）4 趟及以上　　（2）3 趟

（3）2 趟　　（4）1 趟

（5）没去过

K3. 您觉得当地政府部门

工作人员态度	非常不好 ==========➔非常好				
	1	2	3	4	5
接待环境舒适度	非常不舒适==========➔非常舒适				
	1	2	3	4	5
政府网站、政务微博与公众的互动性	没有互动==========➔互动频繁				
	1	2	3	4	5

K4. 请您对本城市的公职服务情况进行整体评价

（1）非常不满意　　（2）不满意

（3）一般　　（4）满意

（5）非常满意

L. 公共产品和公共政策

L1. 您觉得所在城市相关公共产品价格：

题　项	(1)非常高	(2)比较高	(3)一般	(4)比较低	(5)非常低
生活用水					
生活用电					
生活用气					
公共交通费					

L2. 您觉得当前的户籍制度

（1）非常好，应继续坚持

（2）有问题，但应当通过实行居住证制度逐步改变

（3）有问题，要彻底取消

（4）说不清楚

M. 权重比较

M1. 上述公共服务的 10 个方面：①公共交通、②公共安全、③公共住房、④基础教育、⑤社会保障和就业、⑥医疗卫生、⑦城市环境、⑧文化体育、⑨公职服务、⑩公共产品和公共政策，您最关注哪些方面？

第一__________ 第二__________ 第三__________

M2. 上面提及的 10 个方面，您最满意的是？最不满意的是？

最满意__________ 最不满意__________

M3. 您对政府公共服务有没有其他的想法和建议？

Q. 背景资料

下面是关于您的一些个人信息，仅供资料分析。我们会对您的个人信息进行保密

Q1. 您的性别：

（1）男　（2）女

Q2. 您的户籍是否在本地？

（1）本地　（2）外地

Q3. 您的最高学历

（1）初中及以下　（2）高中（中专/技校）

（3）大专　（4）本科

（5）研究生及以上

Q4. 您的单位性质

（1）国家行政机关　（2）事业单位

（3）国有企业　（4）私营企业

（5）外资企业或合资企业　　　　　　（6）其他

Q5. 您当前个人的月收入（包括工资、奖金、津贴、股票和第二职业等所有收入）为__________

（1）2000 元以下　　　　　　　　（2）2001 ~ 3000 元

（3）3001 ~ 4000 元　　　　　　（4）4001 ~ 5000 元

（5）5001 ~ 7000 元　　　　　　（6）7001 ~ 10000 元

（7）10001 元以上

六　“公共服务蓝皮书”媒体影响力

2013 年《公共服务蓝皮书》即《中国城市基本公共服务力评价（2011 ~ 2012）》发布后，立即引起了各大媒体的关注与报道。中央电视台、新华网、中新网等 100 多家全国性和地方媒体的重点报道与转载。

部分媒体报道情况表

序号	媒体名称	媒体类型	报道题目	报道时间
1	中国新闻网	网络	2013 年公共服务蓝皮书：公众对公共住房满意度最低	2013/12/17
2	央视网	网络	中国社会科学院发布 2013 年《社会蓝皮书》	2013/12/17
3	中国网	网络	2013 年《公共服务蓝皮书》于 12 月 17 日发布	2013/12/17
4	中国日报网	网络	2013 年公共服务蓝皮书：公众对公共住房满意度最低	2013/12/17
5	中商情报网	网络	2013 年公共服务蓝皮书发布	2013/12/18
6	中国网	网络	2013 公共服务蓝皮书：拉萨市民安全感最强	2013/12/17
7	光明网	网络	2013 年《公共服务蓝皮书》发布：拉萨满意度最高	2013/12/17
8	北京晚报	报纸	社科院发布《公共服务蓝皮书》拉萨得分最高	2013/12/17
9	渤海早报	报纸	2013 年《公共服务蓝皮书》发布天津打车最容易	2013/12/19
10	西藏卫视	电视	2013 年《公共服务蓝皮书》发布拉萨市基本公共服务满意度居首	2013/12/20
11	一财网	网络	蓝皮书：拉萨南京厦门基本公共服务居前三位	2013/12/17
12	中国西藏新闻网	网络	公共服务蓝皮书主编钟君：“拉萨是幸福的城市”	2013/12/21
13	兰州晚报	报纸	《公共服务蓝皮书》：兰州“公共住房社保就业”满意度西部居中	2013/12/19
14	江南都市报	报纸	全国公共服务蓝皮书南昌城市上升指数居第三位	2013/12/18
15	北国网	网络	浙江宁波杭州上榜中国公共服务满意十大城市	2013/12/18

续表

序号	媒体名称	媒体类型	报道题目	报道时间
16	厦门网	网络	中国社科院发布2013公共服务榜单厦门排第四	2013/12/18
17	大河网	网络	全国38个城市公共服务满意度调查郑州连续2年居末位	2013/12/20
18	千龙网	网络	公共服务满意度排名出炉拉萨空气质量全国第一	2013/12/17
19	北京在线	网络	全国38个城市公共服务满意度	2013/12/20
20	新浪网	网络	中国社会科学院发布2013《公共服务蓝皮书》	2013/12/18
21	凤凰网	网络	2013年《公共服务蓝皮书》于12月17日发布	2013/12/18
22	安徽商报合肥网讯	网络	2013年全国38城市《公共服务蓝皮书》发布合肥公共住房满意度排14位	2013/12/19
23	中国新闻网	网络	今年公共服务蓝皮书:公众对公共住房满意度最低	2013/12/17
24	西藏日报	报纸	2013年《中国公共服务蓝皮书》发布	2013/12/19
25	繁昌新闻网	网络	2013年全国38城市《公共服务蓝皮书》发布	2013/12/19
26	中国江苏网	网络	中国社科院2013年度《公共服务蓝皮书》发布南京公交畅通度打车容易度均排第七	2013/12/19
27	中国教育网	网络	细解2013年中国城市基本公共服务十大关键词	2013/12/18
28	北方网	网络	2013年《公共服务蓝皮书》发布天津打车最容易	2013/12/19
29	天津网	网络	2013年《公共服务蓝皮书》发布天津打车最容易	2013/12/19
30	车讯网	网络	2013年《公共服务蓝皮书》天津打车最容易	2013/12/19
31	半岛晨报	报纸	打车最容易十座城大连榜上有名	2013/12/18
32	湖南发展网	网络	2013全国公共服务蓝皮书发布长沙公交满意度排第七	2013/12/20
33	腾讯新闻	网络	报告称主要城市超8成市民感觉堵 拉萨最畅通	2013/12/17
34	中国日报网	网络	公共服务蓝皮书:“公共住房满意度”北京排名靠前	2013/12/17
35	湖北网络广播电视台	网络	公共服务蓝皮书:公共住房满意度北京排名靠前	2013/12/17
36	中国邮币卡网	网络	社科院发布《公共服务蓝皮书》拉萨得分最高	2013/12/17
37	南充在线	网络	公共服务蓝皮书:公共住房满意度北京排名靠前	2013/12/17
38	华龙网	网络	公共服务蓝皮书:“公共住房满意度”北京排名靠前	2013/12/17
39	天水教育信息网	网络	中国城市基本公共服务满意度评价年度报告发布	2013/12/19
40	中国公交信息网	网络	社科院发布《公共服务蓝皮书》拉萨得分最高	2013/12/20
41	国际在线	网络	公共服务蓝皮书:“公共住房满意度”北京排名靠前	2013/12/17
42	南海网	网络	公共服务蓝皮书:公共住房满意度北京排名靠前	2013/12/17
43	燕赵都市网	网络	公共服务蓝皮书:公共住房满意度北京排名靠前	2013/12/17
44	中国江苏网	网络	公共服务蓝皮书:公共住房满意度北京排名靠前	2013/12/17
45	德阳长安网	网络	《公共服务蓝皮书》发布38个主要城市满意度评价	2013/12/17
46	中国网	网络	2013公共服务蓝皮书:拉萨市民安全感最强	2013/12/17

续表

序号	媒体名称	媒体类型	报道题目	报道时间
47	东莞时间网	网络	2013年公共服务蓝皮书:公众对公共住房满意度最低	2013/12/17
48	宁波新闻网	网络	2014年公共服务蓝皮书:公众对公共住房满意度最低	2013/12/17
49	财经网	网络	2013 公共服务蓝皮书:近五成公众担心食品安全	2013/12/17
50	人民网	网络	报告:五成被调查公众忧心食品安全	2013/12/17
51	网易新闻	网络	2013年公共服务蓝皮书:公众对公共住房满意度最低	2013/12/17
52	天山网	网络	2013年公共服务蓝皮书:公众对公共住房满意度最低	2013/12/17
53	荆楚网	网络	2013年《公共服务蓝皮书》发布	2013/12/20
54	国际在线	网络	公共服务蓝皮书:逾4成市民肯定房价调控效果	2013/12/20
55	大渝网	网络	中国社科院蓝皮书:逾4成市民肯定房价调控效果	2013/12/21
56	中国广播网	网络	社科院蓝皮书:逾4成市民肯定房价调控效果	2013/12/20
57	香港文汇报	报纸	2013年《公共服务蓝皮书》发布	2013/12/18

Abstract

This report, by using the optimized evaluation index system and analyzing the results of 24717 questionnaires, comprehensively and thoroughly evaluated and studied the basic public service capability in 38 major cities, and issued the ranking lists and results of satisfaction of these cities in 2014 from nine aspects, which are Public Transportation, Public Security, Housing Guarantee, Basic Education, Social Security and Employment, Basic Healthcare and Public Health, Urban Environment, Culture and Sports, and Government Services. The data analysis of the survey shows that the satisfactoriness of public services is an objective reflection of the actuality of public services, thanks to the representativeness of the subjective index system. Thus, the degree of satisfactoriness can reveal the real quality of public services accurately and objectively, not merely subjective evaluation.

A series of indices are applied to further study the degree of public satisfaction with basic public services in 38 major cities, including the index of GDP leveraging satisfaction of basic public services, the rising index of cities' satisfaction of basic public service, and the development index of satisfaction of the basic public service elements. On this basis, according to the survey result, the report also evaluates in depth 13 core social problems which are most concerned about by the general public, that is, Traffic Congestion, Difficulty in getting Taxis, Drug Problem, Prostitution and whoring, Violent Terrorist Crime, Food Safety, Housing Price Control, Family Planning, Air Quality, Government Work-style, Public Information Service, Public Transportation Price, and Household Registration System. Related ranking lists are also issued. With the aim of providing examples and blueprints for the development of basic public services for other cities by researching and summarizing the experiences of the cities which have performed well on public services, this report analyzes in depth the practice of several specific cities which score high in the basic public service satisfaction survey. In addition, monographic studies of public service are newly added, to focus on some hot issues, such as the indemnificatory housing supply mode of Beijing.

Contents

𝔹 I General Report

Abstract: This report, by using the optimized evaluation index system and analyzing the results of 24717 questionnaires, comprehensively and thoroughly evaluated and studied the basic public service capability in 38 major cities, and issued the ranking lists and results of satisfaction of these cities in 2014 from nine aspects, which are Public Transportation, Public Security, Housing Guarantee, Basic Education, Social Security and Employment, Basic Healthcare and Public Health, Urban Environment, Culture and Sports, and Government Services. A series of indices are applied to further study the degree of public satisfaction with basic public services in 38 major cities, including the index of GDP leveraging satisfaction of basic public services, the rising index of cities' satisfaction of basic public service, and the development index of satisfaction of the basic public service elements. Through detailed studies, the report suggests that the overall satisfactoriness of basic public services of Chinese cities in 2014 is lower than that of 2013 and 2012, but better than 2011. The data analysis of the survey shows that the satisfactoriness of public services is an objective reflection of the actuality of public services, thanks to the representativeness of the subjective index system. Thus, the degree of satisfactoriness can reveal the real quality of public services accurately and objectively, not merely subjective evaluation. The report makes the following suggestions. Governments at all levels should perfect the legislation in basic public services, improve people's livelihood on the basis of the public attention to basic public service elements, strengthen the systematic thinking of the public service reform, and establish the coordination group for public service reform in the leading group for deepening reform in an all-around way. The local governments should improve the evaluation method of official performance and achievements, strengthen the assessment of basic public service capability. The big-data planning for basic public services should be launched, and strengthen the statistical analysis and application of the big data of basic public services. The financial power and the administrative authority of central and local governments should be divided clearly. Last but not least, improve the quality and efficiency of public services, enhance the civil satisfaction of public services, promote the overall development of basic public services, and advance the comprehensive, balanced and sustainable development of the economy and society.

Keywords: Basic Public Service Capability; Satisfactoriness of Basic Public Services; Reform and Innovation of Basic Public Services

B Ⅱ Evaluation Report

B. 2 The Evaluation Report of the Satisfactoriness of Basic Public Services in Major Cities, 2014 / 036

Abstract: This report reveals the satisfaction of the basic public service of major cities in China after an system assessment and comparative study of local public service situation in 38 major cities (including Municipalities \ Provincial Capitals \ Special

Economic Zones and Cities Specifically Designated in the State Plan), by researching the changes of annual data between 2014 and 2013, in accordance with the evaluation index system of local government's ability of basic public service. A comparative analysis based on the assessment of the situation about the satisfaction of basic public services in different types of cities and different criteria is also included. From the overall, the evaluation score of Eastern cities on the satisfaction of basic public services are higher than that of the central and western cities, and the average score of basic public service satisfactoriness of the municipalities is the highest among four types of cities which are involved with this assessment, while the average satisfaction score of cities specifically designated in the state plan takes the second place. The overall satisfaction scores of four special economic zones and 27 provincial capitals are relatively low.

Keywords: Urban Public Service Force; Basic Public Service; Basic Public Service Satisfactoriness

Abstract: This report focus on the monomial evaluation on the satisfactoriness of the nine basic public service elements, including Public Transportation, Public Security, Housing Guarantee, Basic Education, Social Security and Employment, Basic Healthcare and Public Health, Urban Environment, Culture and Sports, and Government Services. The report studies the overall satisfactoriness ranking list, and analyzes the annual assessment situation about these elements. The statement about satisfactoriness of the top ten cities ranked is included, and the development indices of nine basic elements are also concerned. Regional comparison and excellent city reviews are the important component of this report.

Keywords: Public Service Force; Element Development Index; Basic Element Satisfactoriness

B Ⅲ Investigation Report

Abstract: In accordance with the survey result, the report evaluates in depth 13 core social problems which are most concerned about by the general public, that is, Traffic Congestion, Difficulty in getting Taxis, Drug Problem, Prostitution and whoring, Violent Terrorist Crime, Food Safety, Housing Price Control, Family Planning, Air Quality, Government Work-style, Public Information Service, Public Transportation Price, and Household Registration System. Related ranking lists are also issued. The proposing of the problem, the questionnaire design, the survey results, the reason analysis, and the countermeasures and suggestions are analyzed in depth, in order to make policy recommendation and decision-making reference on developing the public service force of the government, which is to protect and improve people's livelihood.

Keywords: Urban Basic Public Services; Basic Public Service Satisfactoriness; Public Service Force

B Ⅳ In-depth Research

Abstract: Considering the survey results over the years, this report analyzes in depth the practice of Lhasa, Chongqing and Haerbing as the typical city. Intensive study and experience summary are made in several aspects, such as Basic Education, Social Security and Employment, Public Security, Basic Healthcare and Public Health, and Culture and Sports, to provide examples and reference for the development of basic public services for other cities.

Keywords: Urban Basic Public Services; Basic Public Service Satisfactoriness; Basic Practices of Public Services

B V Monographic Study

Abstract: This part is about the practice and experience of the supply mode of indemnificatory housing in Beijing.

Keywords: Public Services; Housing Guarantee Mode; Experience

B VI Appendix

社会科学文献出版社

皮书系列

“皮书”起源于十七、十八世纪的英国，主要指官方或社会组织正式发表的重要文件或报告，多以“白皮书”命名。在中国，“皮书”这一概念被社会广泛接受，并被成功运作、发展成为一种全新的出版形态，则源于中国社会科学院社会科学文献出版社。

皮书是对中国与世界发展状况和热点问题进行年度监测，以专业的角度、专家的视野和实证研究方法，针对某一领域或区域现状与发展态势展开分析和预测，具备权威性、前沿性、原创性、实证性、时效性等特点的连续性公开出版物，由一系列权威研究报告组成。皮书系列是社会科学文献出版社编辑出版的蓝皮书、绿皮书、黄皮书等的统称。

皮书系列的作者以中国社会科学院、著名高校、地方社会科学院的研究人员为主，多为国内一流研究机构的权威专家学者，他们的看法和观点代表了学界对中国与世界的现实和未来最高水平的解读与分析。

自 20 世纪 90 年代末推出以《经济蓝皮书》为开端的皮书系列以来，社会科学文献出版社至今已累计出版皮书千余部，内容涵盖经济、社会、政法、文化传媒、行业、地方发展、国际形势等领域。皮书系列已成为社会科学文献出版社的著名图书品牌和中国社会科学院的知名学术品牌。

皮书系列在数字出版和国际出版方面成就斐然。皮书数据库被评为“2008~2009 年度数字出版知名品牌”;《经济蓝皮书》《社会蓝皮书》等十几种皮书每年还由国外知名学术出版机构出版英文版、俄文版、韩文版和日文版，面向全球发行。

2011 年，皮书系列正式列入“十二五”国家重点出版规划项目；2012 年，部分重点皮书列入中国社会科学院承担的国家哲学社会科学创新工程项目；2014 年，35 种院外皮书使用“中国社会科学院创新工程学术出版项目”标识。

权威・前沿・原创

社会科学文献出版社

皮书系列

2014年

盘点年度资讯 预测时代前程

社会科学文献出版社 学术传播中心 编制

社长致辞

我们是图书出版者，更是人文社会科学内容资源供应商；

我们背靠中国社会科学院，面向中国与世界人文社会科学界，坚持为人文社会科学的繁荣与发展服务；

我们精心打造权威信息资源整合平台，坚持为中国经济与社会的繁荣与发展提供决策咨询服务；

我们以读者定位自身，立志让爱书人读到好书，让求知者获得知识；

我们精心编辑、设计每一本好书以形成品牌张力，以优秀的品牌形象服务读者，开拓市场；

我们始终坚持“创社科经典，出传世文献”的经营理念，坚持“权威、前沿、原创”的产品特色；

我们“以人为本”，提倡阳光下创业，员工与企业共享发展之成果；

我们立足于现实，认真对待我们的优势、劣势，我们更着眼于未来，以不断的学习与创新适应不断变化的世界，以不断的努力提升自己的实力；

我们愿与社会各界友好合作，共享人文社会科学发展之成果，共同推动中国学术出版乃至内容产业的繁荣与发展。

社会科学文献出版社社长

中国社会学会秘书长

2014年1月

“皮书”起源于十七、十八世纪的英国，主要指官方或社会组织正式发表的重要文件或报告，多以“白皮书”命名。在中国，“皮书”这一概念被社会广泛接受，并被成功运作、发展成为一种全新的出版形态，则源于中国社会科学院社会科学文献出版社。

皮书是对中国与世界发展状况和热点问题进行年度监测，以专家和学术的视角，针对某一领域或区域现状与发展态势展开分析和预测，具备权威性、前沿性、原创性、实证性、时效性等特点的连续性公开出版物，由一系列权威研究报告组成。皮书系列是社会科学文献出版社编辑出版的蓝皮书、绿皮书、黄皮书等的统称。

皮书系列的作者以中国社会科学院、著名高校、地方社会科学院的研究人员为主，多为国内一流研究机构的权威专家学者，他们的看法和观点代表了学界对中国与世界的现实和未来最高水平的解读与分析。

自 20 世纪 90 年代末推出以经济蓝皮书为开端的皮书系列以来，至今已出版皮书近 1000 余部，内容涵盖经济、社会、政法、文化传媒、行业、地方发展、国际形势等领域。皮书系列已成为社会科学文献出版社的著名图书品牌和中国社会科学院的知名学术品牌。

皮书系列在数字出版和国际出版方面成就斐然。皮书数据库被评为“2008~2009 年度数字出版知名品牌”；经济蓝皮书、社会蓝皮书等十几种皮书每年还由国外知名学术出版机构出版英文版、俄文版、韩文版和日文版，面向全球发行。

2011 年，皮书系列正式列入“十二五”国家重点出版规划项目，一年一度的皮书年会升格由中国社会科学院主办；2012 年，部分重点皮书列入中国社会科学院承担的国家哲学社会科学创新工程项目。

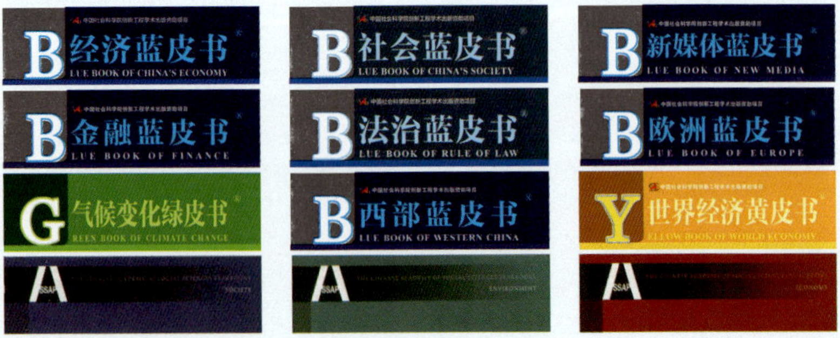

经　济　类

经济类皮书涵盖宏观经济、城市经济、大区域经济，
提供权威、前沿的分析与预测

经济蓝皮书

2014 年中国经济形势分析与预测

李　扬 / 主编　　2013 年 12 月出版　　定价 :69.00 元

◆　本书课题为“总理基金项目”，由著名经济学家李扬领衔，联合数十家科研机构、国家部委和高等院校的专家共同撰写，对 2013 年中国宏观及微观经济形势，特别是全球金融危机及其对中国经济的影响进行了深入分析，并且提出了 2014 年经济走势的预测。

世界经济黄皮书

2014 年世界经济形势分析与预测

王洛林　张宇燕 / 主编　　2014 年 1 月出版　　定价 :69.00 元

◆　2013 年的世界经济仍旧行进在坎坷复苏的道路上。发达经济体经济复苏继续巩固，美国和日本经济进入低速增长通道，欧元区结束衰退并呈复苏迹象。本书展望 2014 年世界经济，预计全球经济增长仍将维持在中低速的水平上。

工业化蓝皮书

中国工业化进程报告（2014）

黄群慧　吕　铁　李晓华　等 / 著　2014 年 11 月出版　估价 :89.00 元

◆　中国的工业化是事关中华民族复兴的伟大事业，分析跟踪研究中国的工业化进程，无疑具有重大意义。科学评价与客观认识我国的工业化水平，对于我国明确自身发展中的优势和不足，对于经济结构的升级与转型，对于制定经济发展政策，从而提升我国的现代化水平具有重要作用。

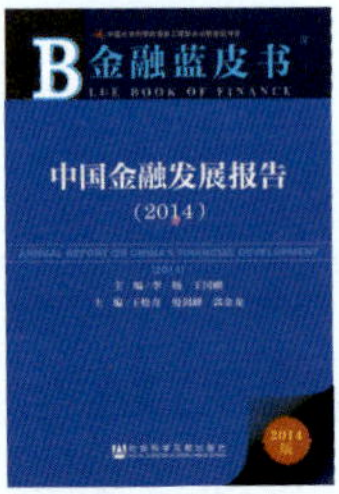

金融蓝皮书

中国金融发展报告(2014)

李　扬　王国刚 / 主编　2013 年 12 月出版　定价 :65.00 元

◆　由中国社会科学院金融研究所组织编写的《中国金融发展报告(2014)》，概括和分析了 2013 年中国金融发展和运行中的各方面情况,研讨和评论了 2013 年发生的主要金融事件。本书由业内专家和青年精英联合编著，有利于读者了解掌握 2013 年中国的金融状况，把握 2014 年中国金融的走势。

城市竞争力蓝皮书

中国城市竞争力报告 No.12

倪鹏飞 / 主编　2014 年 5 月出版　定价 :89.00 元

◆　本书由中国社会科学院城市与竞争力研究中心主任倪鹏飞主持编写，汇集了众多研究城市经济问题的专家学者关于城市竞争力研究的最新成果。本报告构建了一套科学的城市竞争力评价指标体系，采用第一手数据材料，对国内重点城市年度竞争力格局变化进行客观分析和综合比较、排名，对研究城市经济及城市竞争力极具参考价值。

中国省域竞争力蓝皮书

“十二五”中期中国省域经济综合竞争力发展报告

李建平　李闽榕　高燕京 / 主编　2014 年 3 月出版　定价 :198.00 元

◆　本书充分运用数理分析、空间分析、规范分析与实证分析相结合、定性分析与定量分析相结合的方法，建立起比较科学完善、符合中国国情的省域经济综合竞争力指标评价体系及数学模型，对 2011~2012 年中国内地 31 个省、市、区的经济综合竞争力进行全面、深入、科学的总体评价与比较分析。

农村经济绿皮书

中国农村经济形势分析与预测 (2013~2014)

中国社会科学院农村发展研究所　国家统计局农村社会经济调查司 / 著

2014 年 4 月出版　定价 :69.00 元

◆　本书对 2013 年中国农业和农村经济运行情况进行了系统的分析和评价，对 2014 年中国农业和农村经济发展趋势进行了预测，并提出相应的政策建议，专题部分将围绕某个重大的理论和现实问题进行多维、深入、细致的分析和探讨。

西部蓝皮书

中国西部发展报告（2014）

姚慧琴　徐璋勇 / 主编　　2014 年 7 月出版　　定价 :89.00 元

◆　本书由西北大学中国西部经济发展研究中心主编，汇集了源自西部本土以及国内研究西部问题的权威专家的第一手资料，对国家实施西部大开发战略进行年度动态跟踪，并对 2014 年西部经济、社会发展态势进行预测和展望。

气候变化绿皮书

应对气候变化报告（2014）

王伟光　郑国光 / 主编　　2014 年 11 月出版　　估价 :79.00 元

◆　本书由社科院城环所和国家气候中心共同组织编写，各篇报告的作者长期从事气候变化科学问题、社会经济影响，以及国际气候制度等领域的研究工作，密切跟踪国际谈判的进程，参与国家应对气候变化相关政策的咨询，有丰富的理论与实践经验。

就业蓝皮书

2014 年中国大学生就业报告

麦可思研究院 / 编著　王伟庆　周凌波 / 主审
2014 年 6 月出版　定价 :98.00 元

◆　本书是迄今为止关于中国应届大学毕业生就业、大学毕业生中期职业发展及高等教育人口流动情况的视野最为宽广、资料最为翔实、分类最为精细的实证调查和定量研究；为我国教育主管部门的教育决策提供了极有价值的参考。

企业社会责任蓝皮书

中国企业社会责任研究报告（2014）

黄群慧　彭华岗　钟宏武　张　蒽 / 编著
2014 年 11 月出版　估价 :69.00 元

◆　本书系中国社会科学院经济学部企业社会责任研究中心组织编写的《企业社会责任蓝皮书》2014 年分册。该书在对企业社会责任进行宏观总体研究的基础上，根据 2013 年企业社会责任及相关背景进行了创新研究，在全国企业中观层面对企业健全社会责任管理体系提供了弥足珍贵的丰富信息。

社会政法类

社会政法类皮书聚焦社会发展领域的热点、难点问题，
提供权威、原创的资讯与视点

社会蓝皮书

2014 年中国社会形势分析与预测

李培林　陈光金　张　翼 / 主编　2013 年 12 月出版　定价 :69.00 元

◆　本报告是中国社会科学院“社会形势分析与预测”课题组 2014 年度分析报告，由中国社会科学院社会学研究所组织研究机构专家、高校学者和政府研究人员撰写。对 2013 年中国社会发展的各个方面内容进行了权威解读，同时对 2014 年社会形势发展趋势进行了预测。

法治蓝皮书

中国法治发展报告 No.12（2014）

李　林　田　禾 / 主编　2014 年 2 月出版　定价 :98.00 元

◆　本年度法治蓝皮书一如既往秉承关注中国法治发展进程中的焦点问题的特点，回顾总结了 2013 年度中国法治发展取得的成就和存在的不足，并对 2014 年中国法治发展形势进行了预测和展望。

民间组织蓝皮书

中国民间组织报告（2014）

黄晓勇 / 主编　2014 年 11 月出版　估价 :69.00 元

◆　本报告是中国社会科学院“民间组织与公共治理研究”课题组推出的第五本民间组织蓝皮书。基于国家权威统计数据、实地调研和广泛搜集的资料，本报告对 2013 年以来我国民间组织的发展现状、热点专题、改革趋势等问题进行了深入研究，并提出了相应的政策建议。

社会保障绿皮书

中国社会保障发展报告（2014）No.6

王延中 / 主编　2014 年 9 月出版　定价 :79.00 元

◆ 社会保障是调节收入分配的重要工具，随着社会保障制度的不断建立健全、社会保障覆盖面的不断扩大和社会保障资金的不断增加，社会保障在调节收入分配中的重要性不断提高。本书全面评述了 2013 年以来社会保障制度各个主要领域的发展情况。

环境绿皮书

中国环境发展报告（2014）

刘鉴强 / 主编　2014 年 5 月出版　定价 :79.00 元

◆ 本书由民间环保组织“自然之友”组织编写，由特别关注、生态保护、宜居城市、可持续消费以及政策与治理等版块构成，以公共利益的视角记录、审视和思考中国环境状况，呈现 2013 年中国环境与可持续发展领域的全局态势，用深刻的思考、科学的数据分析 2013 年的环境热点事件。

教育蓝皮书

中国教育发展报告（2014）

杨东平 / 主编　2014 年 5 月出版　定价 :79.00 元

◆ 本书站在教育前沿，突出教育中的问题，特别是对当前教育改革中出现的教育公平、高校教育结构调整、义务教育均衡发展等问题进行了深入分析，从教育的内在发展谈教育，又从外部条件来谈教育，具有重要的现实意义，对我国的教育体制的改革与发展具有一定的学术价值和参考意义。

反腐倡廉蓝皮书

中国反腐倡廉建设报告 No.3

李秋芳 / 主编　2014 年 1 月出版　定价 :79.00 元

◆ 本书抓住了若干社会热点和焦点问题，全面反映了新时期新阶段中国反腐倡廉面对的严峻局面，以及中国共产党反腐倡廉建设的新实践新成果。根据实地调研、问卷调查和舆情分析，梳理了当下社会普遍关注的与反腐败密切相关的热点问题。

行业报告类

行业报告类皮书立足重点行业、新兴行业领域，
提供及时、前瞻的数据与信息

房地产蓝皮书

中国房地产发展报告 No.11（2014）

魏后凯　李景国 / 主编　　2014 年 5 月出版　　定价 :79.00 元

◆　本书由中国社会科学院城市发展与环境研究所组织编写，秉承客观公正、科学中立的原则，深度解析 2013 年中国房地产发展的形势和存在的主要矛盾，并预测 2014 年及未来 10 年或更长时间的房地产发展大势。观点精辟，数据翔实，对关注房地产市场的各阶层人士极具参考价值。

旅游绿皮书

2013~2014 年中国旅游发展分析与预测

宋　瑞 / 主编　　2013 年 12 月出版　　定价 :79.00 元

◆　如何从全球的视野理性审视中国旅游，如何在世界旅游版图上客观定位中国，如何积极有效地推进中国旅游的世界化，如何制定中国实现世界旅游强国梦想的线路图？本年度开始，《旅游绿皮书》将围绕“世界与中国”这一主题进行系列研究，以期为推进中国旅游的长远发展提供科学参考和智力支持。

信息化蓝皮书

中国信息化形势分析与预测（2014）

周宏仁 / 主编　　2014 年 8 月出版　　定价 :98.00 元

◆　本书在以中国信息化发展的分析和预测为重点的同时，反映了过去一年间中国信息化关注的重点和热点，视野宽阔，观点新颖，内容丰富，数据翔实，对中国信息化的发展有很强的指导性，可读性很强。

企业蓝皮书

中国企业竞争力报告（2014）

金 碚 / 主编　　2014 年 11 月出版　　估价 :89.00 元

◆ 中国经济正处于新一轮的经济波动中，如何保持稳健的经营心态和经营方式并进一步求发展，对于企业保持并提升核心竞争力至关重要。本书利用上市公司的财务数据，研究上市公司竞争力变化的最新趋势，探索进一步提升中国企业国际竞争力的有效途径，这无论对实践工作者还是理论研究者都具有重大意义。

食品药品蓝皮书

食品药品安全与监管政策研究报告（2014）

唐民皓 / 主编　　2014 年 11 月出版　　估价 :69.00 元

◆ 食品药品安全是当下社会关注的焦点问题之一，如何破解食品药品安全监管重点难点问题是需要以社会合力才能解决的系统工程。本书围绕安全热点问题、监管重点问题和政策焦点问题，注重于对食品药品公共政策和行政监管体制的探索和研究。

流通蓝皮书

中国商业发展报告（2013~2014）

荆林波 / 主编　　2014 年 5 月出版　　定价 :89.00 元

◆《中国商业发展报告》是中国社会科学院财经战略研究院与香港利丰研究中心合作的成果，并且在 2010 年开始以中英文版同步在全球发行。蓝皮书从关注中国宏观经济出发，突出中国流通业的宏观背景反映了本年度中国流通业发展的状况。

住房绿皮书

中国住房发展报告（2013~2014）

倪鹏飞 / 主编　　2013 年 12 月出版　　定价 :79.00 元

◆ 本报告从宏观背景、市场主体、市场体系、公共政策和年度主题五个方面，对中国住宅市场体系做了全面系统的分析、预测与评价，并给出了相关政策建议，并在评述 2012~2013 年住房及相关市场走势的基础上，预测了 2013~2014 年住房及相关市场的发展变化。

国别与地区类

国别与地区类皮书关注全球重点国家与地区，
提供全面、独特的解读与研究

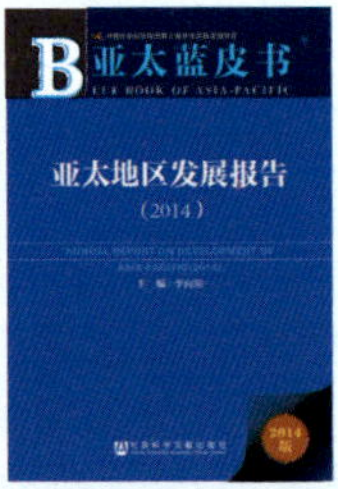

亚太蓝皮书

亚太地区发展报告（2014）

李向阳 / 主编　　2014 年 1 月出版　　定价 :59.00 元

◆　本书是由中国社会科学院亚太与全球战略研究院精心打造的又一品牌皮书，关注时下亚太地区局势发展动向里隐藏的中长趋势，剖析亚太地区政治与安全格局下的区域形势最新动向以及地区关系发展的热点问题，并对 2014 年亚太地区重大动态作出前瞻性的分析与预测。

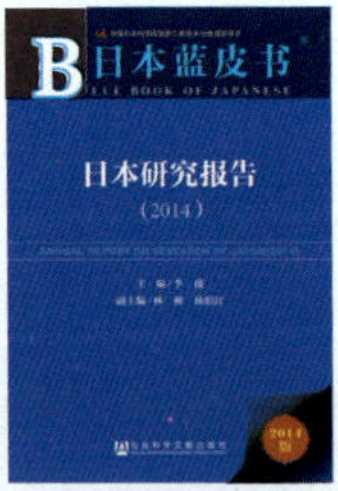

日本蓝皮书

日本研究报告（2014）

李　薇 / 主编　　2014 年 3 月出版　　定价 :69.00 元

◆　本书由中华日本学会、中国社会科学院日本研究所合作推出，是以中国社会科学院日本研究所的研究人员为主完成的研究成果。对 2013 年日本的政治、外交、经济、社会文化作了回顾、分析与展望，并收录了该年度日本大事记。

欧洲蓝皮书

欧洲发展报告 (2013~2014)

周　弘 / 主编　　2014 年 6 月出版　　定价 :89.00 元

◆　本年度的欧洲发展报告，对欧洲经济、政治、社会、外交等方面的形势进行了跟踪介绍与分析。力求反映作为一个整体的欧盟及 30 多个欧洲国家在 2013 年出现的各种变化。

拉美黄皮书

拉丁美洲和加勒比发展报告（2013~2014）

吴白乙 / 主编　2014 年 4 月出版　定价 :89.00 元

◆　本书是中国社会科学院拉丁美洲研究所的第 13 份关于拉丁美洲和加勒比地区发展形势状况的年度报告。 本书对 2013 年拉丁美洲和加勒比地区诸国的政治、经济、社会、外交等方面的发展情况做了系统介绍，对该地区相关国家的热点及焦点问题进行了总结和分析，并在此基础上对该地区各国 2014 年的发展前景做出预测。

澳门蓝皮书

澳门经济社会发展报告（2013~2014）

吴志良　郝雨凡 / 主编　2014 年 4 月出版　定价 :79.00 元

◆　本书集中反映 2013 年本澳各个领域的发展动态，总结评价近年澳门政治、经济、社会的总体变化，同时对 2014 年社会经济情况作初步预测。

日本经济蓝皮书

日本经济与中日经贸关系研究报告（2014）

王洛林　张季风 / 主编　2014 年 5 月出版　定价 :79.00 元

◆　本书对当前日本经济以及中日经济合作的发展动态进行了多角度、全景式的深度分析。本报告回顾并展望了 2013~2014 年度日本宏观经济的运行状况。此外，本报告还收录了大量来自于日本政府权威机构的数据图表，具有极高的参考价值。

美国蓝皮书

美国研究报告（2014）

黄　平　倪　峰 / 主编　2014 年 7 月出版　定价 :89.00 元

◆　本书是由中国社会科学院美国所主持完成的研究成果，它回顾了美国 2013 年的经济、政治形势与外交战略，对 2013 年以来美国内政外交发生的重大事件以及重要政策进行了较为全面的回顾和梳理。

地方发展类

地方发展类皮书关注大陆各省份、经济区域，
提供科学、多元的预判与咨政信息

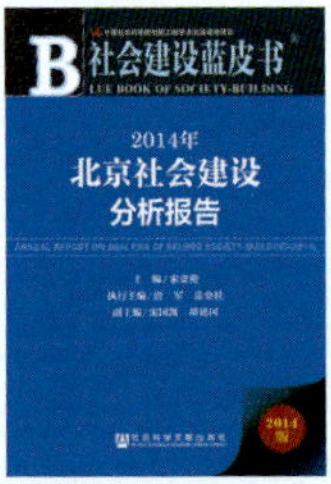

社会建设蓝皮书

2014 年北京社会建设分析报告

宋贵伦　冯　虹 / 主编　2014 年 7 月出版　定价 :79.00 元

◆　本书依据社会学理论框架和分析方法，对北京市的人口、就业、分配、社会阶层以及城乡关系等社会学基本问题进行了广泛调研与分析，对广受社会关注的住房、教育、医疗、养老、交通等社会热点问题做出了深刻的了解与剖析，对日益显现的征地搬迁、外籍人口管理、群体性心理障碍等内容进行了有益探讨。

温州蓝皮书

2014 年温州经济社会形势分析与预测

潘忠强　王春光　金　浩 / 主编　2014 年 4 月出版　定价：69.00 元

◆　本书是由中共温州市委党校与中国社会科学院社会学研究所合作推出的第七本“温州经济社会形势分析与预测”年度报告，深入全面分析了 2013 年温州经济、社会、政治、文化发展的主要特点、经验、成效与不足，提出了相应的政策建议。

上海蓝皮书

上海资源环境发展报告（2014）

周冯琦　汤庆合　任文伟 / 著　2014 年 1 月出版　定价：69.00 元

◆　本书在上海所面临资源环境风险的来源、程度、成因、对策等方面作了些有益的探索，希望能对有关部门完善上海的资源环境风险防控工作提供一些有价值的参考，也让普通民众更全面地了解上海资源环境风险及其防控的图景。

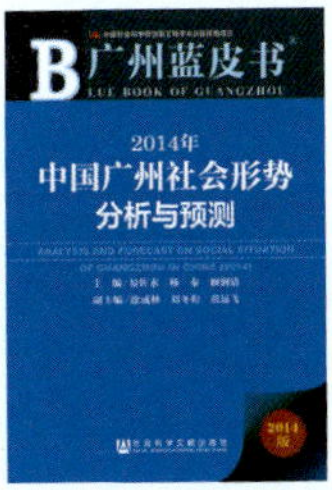

广州蓝皮书

2014 年中国广州社会形势分析与预测

张　强　陈怡霓　杨　秦 / 主编　2014 年 5 月出版　定价 :69.00 元

◆　本书由广州大学与广州市委宣传部、广州市人力资源和社会保障局联合主编，汇集了广州科研团体、高等院校和政府部门诸多社会问题研究专家、学者和实际部门工作者的最新研究成果，是关于广州社会运行情况和相关专题分析与预测的重要参考资料。

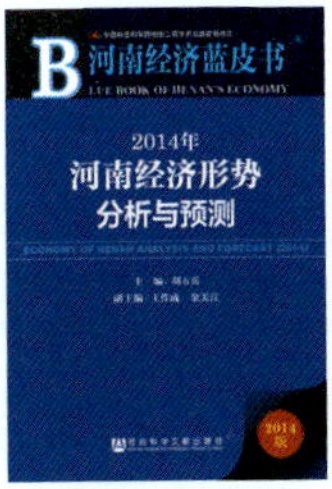

河南经济蓝皮书

2014 年河南经济形势分析与预测

胡五岳 / 主编　2014 年 3 月出版　定价 :69.00 元

◆　本书由河南省统计局主持编纂。该分析与展望以 2013 年最新年度统计数据为基础，科学研判河南经济发展的脉络轨迹、分析年度运行态势；以客观翔实、权威资料为特征，突出科学性、前瞻性和可操作性，服务于科学决策和科学发展。

陕西蓝皮书

陕西社会发展报告（2014）

任宗哲　石　英　牛　昉 / 主编　2014 年 2 月出版　定价 :65.00 元

◆　本书系统而全面地描述了陕西省 2013 年社会发展各个领域所取得的成就、存在的问题、面临的挑战及其应对思路，为更好地思考 2014 年陕西发展前景、政策指向和工作策略等方面提供了一个较为简洁清晰的参考蓝本。

上海蓝皮书

上海经济发展报告（2014）

沈开艳 / 主编　2014 年 1 月出版　定价 :69.00 元

◆　本书系上海社会科学院系列之一，报告对 2014 年上海经济增长与发展趋势的进行了预测，把握了上海经济发展的脉搏和学术研究的前沿。

广州蓝皮书

广州经济发展报告（2014）

李江涛　朱名宏 / 主编　　2014 年 5 月出版　定价 :69.00 元

◆　本书是由广州市社会科学院主持编写的“广州蓝皮书”系列之一，本报告对广州 2013 年宏观经济运行情况作了深入分析，对 2014 年宏观经济走势进行了合理预测，并在此基础上提出了相应的政策建议。

文化传媒类

文化传媒类皮书透视文化领域、文化产业，
探索文化大繁荣、大发展的路径

新媒体蓝皮书

中国新媒体发展报告 No.4(2013)

唐绪军 / 主编　　2014 年 6 月出版　　定价 :79.00 元

◆　本书由中国社会科学院新闻与传播研究所和上海大学合作编写，在构建新媒体发展研究基本框架的基础上，全面梳理 2013 年中国新媒体发展现状，发表最前沿的网络媒体深度调查数据和研究成果，并对新媒体发展的未来趋势做出预测。

舆情蓝皮书

中国社会舆情与危机管理报告（2014）

谢耘耕 / 主编　　2014 年 8 月出版　　定价 :98.00 元

◆　本书由上海交通大学舆情研究实验室和危机管理研究中心主编，已被列入教育部人文社会科学研究报告培育项目。本书以新媒体环境下的中国社会为立足点，对 2013 年中国社会舆情、分类舆情等进行了深入系统的研究，并预测了 2014 年社会舆情走势。

经济类

产业蓝皮书
中国产业竞争力报告（2014） No.4
著(编)者:张其仔　2014年11月出版 / 估价:79.00元

长三角蓝皮书
2014年率先基本实现现代化的长三角
著(编)者:刘志彪　2014年11月出版 / 估价:120.00元

城市竞争力蓝皮书
中国城市竞争力报告No.12
著(编)者:倪鹏飞　2014年5月出版 / 定价:89.00元

城市蓝皮书
中国城市发展报告No.7
著(编)者:潘家华 魏后凯　2014年9月出版 / 估价:69.00元

城市群蓝皮书
中国城市群发展指数报告(2014)
著(编)者:刘士林 刘新静　2014年10月出版 / 估价:59.00元

城乡统筹蓝皮书
中国城乡统筹发展报告（2014）
著(编)者:程志强、潘晨光　2014年9月出版 / 估价:59.00元

城乡一体化蓝皮书
中国城乡一体化发展报告（2014）
著(编)者:汝信 付崇兰　2014年11月出版 / 估价:59.00元

城镇化蓝皮书
中国新型城镇化健康发展报告（2014）
著(编)者:张占斌　2014年5月出版 / 定价:79.00元

低碳发展蓝皮书
中国低碳发展报告（2014）
著(编)者:齐晔　2014年3月出版 / 定价:89.00元

低碳经济蓝皮书
中国低碳经济发展报告（2014）
著(编)者:薛进军 赵忠秀　2014年5月出版 / 定价:69.00元

东北蓝皮书
中国东北地区发展报告（2014）
著(编)者:马克　黄文艺　2014年8月出版 / 定价:79.00元

发展和改革蓝皮书
中国经济发展和体制改革报告No.7
著(编)者:邹东涛　2014年11月出版 / 估价:79.00元

工业化蓝皮书
中国工业化进程报告（2014）
著(编)者: 黄群慧 吕铁 李晓华 等
2014年11月出版 / 估价:89.00元

工业设计蓝皮书
中国工业设计发展报告（2014）
著(编)者: 王晓红　于炜　张立群
2014年9月出版 / 估价:98.00元

国际城市蓝皮书
国际城市发展报告（2014）
著(编)者:屠启宇　2014年1月出版 / 定价:69.00元

国家创新蓝皮书
国家创新发展报告（2014）
著(编)者:陈劲　2014年9月出版 / 定价:59.00元

宏观经济蓝皮书
中国经济增长报告（2014）
著(编)者:张平 刘霞辉　2014年10月出版 / 估价:69.00元

金融蓝皮书
中国金融发展报告（2014）
著(编)者:李扬 王国刚　2013年12月出版 / 定价:65.00元

经济蓝皮书
2014年中国经济形势分析与预测
著(编)者:李扬　2013年12月出版 / 定价:69.00元

经济蓝皮书春季号
2014年中国经济前景分析
著(编)者:李扬　2014年5月出版 / 定价:79.00元

经济蓝皮书夏季号
中国经济增长报告（2013~2014）
著(编)者:李扬　2014年7月出版 / 定价:69.00元

经济信息绿皮书
中国与世界经济发展报告（2014）
著(编)者:杜平　2013年12月出版 / 定价:79.00元

就业蓝皮书
2014年中国大学生就业报告
著(编)者:麦可思研究院　2014年6月出版 / 定价:98.00元

流通蓝皮书
中国商业发展报告（2013~2014）
著(编)者:荆林波　2014年5月出版 / 定价:89.00元

民营经济蓝皮书
中国民营经济发展报告No.10（2013～2014）
著(编)者:黄孟复　2014年9月出版 / 估价:69.00元

民营企业蓝皮书
中国民营企业竞争力报告No.7（2014）
著(编)者:刘迎秋　2014年9月出版 / 估价:79.00元

农村绿皮书
中国农村经济形势分析与预测（2013~2014）
著(编)者:中国社会科学院农村发展研究所
国家统计局农村社会经济调查司 著
2014年4月出版 / 定价:69.00元

农业应对气候变化蓝皮书
气候变化对中国农业影响评估报告No.1
著(编)者:矫梅燕　2014年8月出版 / 定价:98.00元

企业公民蓝皮书
中国企业公民报告No.4
著(编)者:邹东涛　2014年11月出版 / 估价:69.00元

企业社会责任蓝皮书
中国企业社会责任研究报告（2014）
著(编)者:黄群慧 彭华岗 钟宏武 等
2014年11月出版 / 估价:59.00元

气候变化绿皮书
应对气候变化报告（2014）
著(编)者:王伟光 郑国光　2014年11月出版 / 估价:79.00元

区域蓝皮书
中国区域经济发展报告（2013~2014）
著(编)者:梁昊光　2014年4月出版 / 定价:79.00元

人口与劳动绿皮书
中国人口与劳动问题报告No.15
著(编)者:蔡昉　2014年11月出版 / 估价:69.00元

生态经济（建设）绿皮书
中国经济（建设）发展报告（2013~2014）
著(编)者:黄浩涛 李周　2014年10月出版 / 估价:69.00元

世界经济黄皮书
2014年世界经济形势分析与预测
著(编)者:王洛林 张宇燕　2014年1月出版 / 定价:69.00元

西北蓝皮书
中国西北发展报告（2014）
著(编)者:张进海 陈冬红 段庆林
2013年12月出版 / 定价:69.00元

西部蓝皮书
中国西部发展报告（2014）
著(编)者:姚慧琴 徐璋勇　2014年7月出版 / 定价:89.00元

新型城镇化蓝皮书
新型城镇化发展报告（2014）
著(编)者:沈体雁 李伟 宋敏　2014年9月出版 / 估价:69.00元

新兴经济体蓝皮书
金砖国家发展报告（2014）
著(编)者:林跃勤 周文　2014年7月出版 / 定价:79.00元

循环经济绿皮书
中国循环经济发展报告（2013~2014）
著(编)者:齐建国　2014年12月出版 / 估价:69.00元

中部竞争力蓝皮书
中国中部经济社会竞争力报告（2014）
著(编)者:教育部人文社会科学重点研究基地
南昌大学中国中部经济社会发展研究中心
2014年11月出版 / 估价:59.00元

中部蓝皮书
中国中部地区发展报告（2014）
著(编)者:朱有志　2014年10月出版 / 估价:59.00元

中国省域竞争力蓝皮书
“十二五”中期中国省域经济综合竞争力发展报告
著(编)者:李建平 李闽榕 高燕京　2014年3月出版 / 定价:198.00元

中三角蓝皮书
长江中游城市群发展报告（2013~2014）
著(编)者:秦尊文　2014年11月出版 / 估价:69.00元

中小城市绿皮书
中国中小城市发展报告（2014）
著(编)者:中国城市经济学会中小城市经济发展委员会
《中国中小城市发展报告》编纂委员会
2014年10月出版 / 估价:98.00元

中原蓝皮书
中原经济区发展报告（2014）
著(编)者:李英杰　2014年6月出版 / 定价:88.00元

社会政法类

殡葬绿皮书
中国殡葬事业发展报告（2014）
著(编)者:朱勇 副主编 李伯森　2014年9月出版 / 估价:59.00元

城市创新蓝皮书
中国城市创新报告（2014）
著(编)者:周天勇 旷建伟　2014年8月出版 / 定价:69.00元

城市管理蓝皮书
中国城市管理报告2014
著(编)者:谭维克 刘林　2014年11月出版 / 估价:98.00元

城市生活质量蓝皮书
中国城市生活质量指数报告（2014）
著(编)者:张平　2014年11月出版 / 估价:59.00元

城市政府能力蓝皮书
中国城市政府公共服务能力评估报告（2014）
著(编)者:何艳玲　2014年11月出版 / 估价:59.00元

创新蓝皮书
创新型国家建设报告（2013~2014）
著(编)者:詹正茂　2014年5月出版 / 定价:69.00元

慈善蓝皮书
中国慈善发展报告（2014）
著(编)者:杨团　2014年5月出版 / 定价:79.00元

法治蓝皮书
中国法治发展报告No.12（2014）
著(编)者:李林 田禾　2014年2月出版 / 定价:98.00元

反腐倡廉蓝皮书
中国反腐倡廉建设报告No.3
著(编)者:李秋芳　2014年1月出版 / 定价:79.00元

非传统安全蓝皮书
中国非传统安全研究报告（2013~2014）
著(编)者:余潇枫 魏志江　2014年6月出版 / 定价:79.00元

妇女发展蓝皮书
福建省妇女发展报告（2014）
著(编)者:刘群英　2014年10月出版 / 估价:58.00元

妇女发展蓝皮书
中国妇女发展报告No.5
著(编)者:王金玲　2014年9月出版 / 定价:148.00元

妇女教育蓝皮书
中国妇女教育发展报告No.3
著(编)者:张李玺　2014年10月出版 / 估价:69.00元

公共服务满意度蓝皮书
中国城市公共服务评价报告（2014）
著(编)者:胡伟　2014年11月出版 / 估价:69.00元

公共服务蓝皮书
中国城市基本公共服务力评价（2014）
著(编)者:侯惠勤 辛向阳 易定宏
2014年10月出版 / 估价:55.00元

公民科学素质蓝皮书
中国公民科学素质报告（2013~2014）
著(编)者:李群　许佳军　2014年3月出版 / 定价:79.00元

公益蓝皮书
中国公益发展报告（2014）
著(编)者:朱健刚　2014年11月出版 / 估价:78.00元

管理蓝皮书
中国管理发展报告（2014）
著(编)者:张晓东　2014年9月出版 / 估价:79.00元

国际人才蓝皮书
中国国际移民报告（2014）
著(编)者:王辉耀　2014年1月出版 / 定价:79.00元

国际人才蓝皮书
中国海归创业发展报告（2014）No.2
著(编)者:王辉耀 路江涌　2014年10月出版 / 估价:69.00元

国际人才蓝皮书
中国留学发展报告（2014） No.3
著(编)者:王辉耀　2014年9月出版 / 估价:59.00元

国际人才蓝皮书
海外华侨华人专业人士报告（2014）
著(编)者:王辉耀　苗绿　2014年8月出版 / 定价:69.00元

国家安全蓝皮书
中国国家安全研究报告（2014）
著(编)者:刘慧　2014年5月出版 / 定价:98.00元

行政改革蓝皮书
中国行政体制改革报告（2013）No.3
著(编)者:魏礼群　2014年3月出版 / 定价:89.00元

华侨华人蓝皮书
华侨华人研究报告（2014）
著(编)者:丘进　2014年11月出版 / 估价:128.00元

环境竞争力绿皮书
中国省域环境竞争力发展报告（2014）
著(编)者:李建平 李闽榕 王金南
2014年12月出版 / 估价:148.00元

环境绿皮书
中国环境发展报告（2014）
著(编)者:刘鉴强　2014年5月出版 / 定价:79.00元

基金会蓝皮书
中国基金会发展报告（2013）
著(编)者:刘忠祥　2014年6月出版 / 定价:69.00元

基本公共服务蓝皮书
中国省级政府基本公共服务发展报告（2014）
著(编)者:孙德超　2014年3月出版 / 定价:69.00元

基金会透明度蓝皮书
中国基金会透明度发展研究报告（2014）
著(编)者:基金会中心网　清华大学廉政与治理研究中心
2014年9月出版 / 定价:78.00元

教师蓝皮书
中国中小学教师发展报告（2014）
著(编)者:曾晓东　2014年11月出版 / 估价:59.00元

教育蓝皮书
中国教育发展报告（2014）
著(编)者:杨东平　2014年5月出版 / 定价:79.00元

科普蓝皮书
中国科普基础设施发展报告（2014）
著(编)者:任福君　2014年6月出版 / 估价:79.00元

劳动保障蓝皮书
中国劳动保障发展报告（2014）
著(编)者:刘燕斌　2014年9月出版 / 估价:89.00元

老龄蓝皮书
中国老龄事业发展报告（2014）
著(编)者:吴玉韶　2014年9月出版 / 估价:59.00元

连片特困区蓝皮书
中国连片特困区发展报告（2014）
著(编)者:丁建军　冷志明　游俊　2014年9月出版 / 估价:79.00元

民间组织蓝皮书
中国民间组织报告（2014）
著(编)者:黄晓勇　2014年11月出版 / 估价:69.00元

民调蓝皮书
中国民生调查报告（2014）
著(编)者:谢耕耘　2014年5月出版 / 定价:128.00元

民族发展蓝皮书
中国民族区域自治发展报告（2014）
著(编)者:郝时远　2014年11月出版 / 估价:98.00元

女性生活蓝皮书
中国女性生活状况报告No.8（2014）
著(编)者:韩湘景　2014年4月出版 / 定价:79.00元

汽车社会蓝皮书
中国汽车社会发展报告（2014）
著(编)者:王俊秀　2014年9月出版 / 估价:59.00元

青年蓝皮书
中国青年发展报告（2014）No.2
著(编)者:廉思　2014年4月出版 / 定价:59.00元

全球环境竞争力绿皮书
全球环境竞争力发展报告（2014）
著(编)者:李建平　李闽榕　王金南　2014年11月出版 / 估价:69.00元

青少年蓝皮书
中国未成年人新媒体运用报告（2014）
著(编)者:李文革　沈杰　季为民　2014年11月出版 / 估价:69.00元

区域人才蓝皮书
中国区域人才竞争力报告No.2
著(编)者:桂昭明　王辉耀　2014年11月出版 / 估价:69.00元

人才蓝皮书
中国人才发展报告（2014）
著(编)者:黄晓勇　潘晨光　2014年8月出版 / 定价:85.00元

人权蓝皮书
中国人权事业发展报告No.4（2014）
著(编)者:李君如　2014年8月出版 / 定价:99.00元

世界人才蓝皮书
全球人才发展报告No.1
著(编)者:孙学玉　张冠梓　2014年11月出版 / 估价:69.00元

社会保障绿皮书
中国社会保障发展报告（2014）No.6
著(编)者:王延中　2014年6月出版 / 定价:79.00元

社会工作蓝皮书
中国社会工作发展报告（2013~2014）
著(编)者:王杰秀　邹文开　2014年11月出版 / 估价:59.00元

社会管理蓝皮书
中国社会管理创新报告No.3
著(编)者:连玉明　2014年11月出版 / 估价:79.00元

社会蓝皮书
2014年中国社会形势分析与预测
著(编)者:李培林　陈光金　张翼　2013年12月出版 / 定价:69.00元

社会体制蓝皮书
中国社会体制改革报告No.2（2014）
著(编)者:龚维斌　2014年4月出版 / 定价:79.00元

社会心态蓝皮书
2014年中国社会心态研究报告
著(编)者:王俊秀　杨宜音　2014年9月出版 / 估价:59.00元

生态城市绿皮书
中国生态城市建设发展报告（2014）
著(编)者:刘科举　孙伟平　胡文臻　2014年6月出版 / 定价:98.00

生态文明绿皮书
中国省域生态文明建设评价报告（ECI 2014）
著(编)者:严耕　2014年9月出版 / 估价:98.00元

世界创新竞争力黄皮书
世界创新竞争力发展报告（2014）
著(编)者:李建平　李闽榕　赵新力　2014年11月出版 / 估价:128.00

水与发展蓝皮书
中国水风险评估报告（2014）
著(编)者:苏杨　2014年11月出版 / 估价:69.00元

土地整治蓝皮书
中国土地整治发展报告No.1
著(编)者:国土资源部土地整治中心　2014年5月出版 / 定价:89.

危机管理蓝皮书
中国危机管理报告（2014）
著(编)者:文学国　范正青　2014年11月出版 / 估价:79.00元

形象危机应对蓝皮书
形象危机应对研究报告（2013~2014）
著(编)者:唐钧　2014年6月出版 / 定价:149.00元

行政改革蓝皮书
中国行政体制改革报告（2013）No.3
著(编)者:魏礼群　2014年3月出版 / 定价:89.00元

医疗卫生绿皮书
中国医疗卫生发展报告No.6（2013~2014）
著(编)者:申宝忠　韩玉珍　2014年4月出版 / 定价:75.00元

政治参与蓝皮书
中国政治参与报告（2014）
著(编)者:房宁　2014年7月出版 / 定价:105.00元

政治发展蓝皮书
中国政治发展报告（2014）
著(编)者:房宁　杨海蛟　2014年5月出版 / 定价:88.00元

宗教蓝皮书
中国宗教报告（2014）
著(编)者:金泽　邱永辉　2014年11月出版 / 估价:59.00元

社会组织蓝皮书
中国社会组织评估报告（2014）
著(编)者:徐家良　2014年9月出版 / 估价:69.00元

政府绩效评估蓝皮书
中国地方政府绩效评估报告（2014）
著(编)者:贠杰　2014年9月出版 / 估价:69.00元

行业报告类

保健蓝皮书
中国保健服务产业发展报告No.2
著(编)者:中国保健协会 中共中央党校
2014年11月出版 / 估价:198.00元

保健蓝皮书
中国保健食品产业发展报告No.2
著(编)者:中国保健协会
中国社会科学院食品药品产业发展与监管研究中心
2014年11月出版 / 估价:198.00元

保健蓝皮书
中国保健用品产业发展报告No.2
著(编)者:中国保健协会 2014年9月出版 / 估价:198.00元

保险蓝皮书
中国保险业竞争力报告（2014）
著(编)者:罗忠敏 2014年9月出版 / 估价:98.00元

餐饮产业蓝皮书
中国餐饮产业发展报告（2014）
著(编)者:邢影 2014年6月出版 / 定价:69.00元

测绘地理信息蓝皮书
中国地理信息产业发展报告（2014）
著(编)者:徐德明 2014年12月出版 / 估价:98.00元

茶业蓝皮书
中国茶产业发展报告 （2014）
著(编)者:杨江帆 李闽榕 2014年9月出版 / 估价:79.00元

产权市场蓝皮书
中国产权市场发展报告（2014）
著(编)者:曹和平 2014年9月出版 / 估价:69.00元

产业安全蓝皮书
中国烟草产业安全报告（2014）
著(编)者:李孟刚 杜秀亭 2014年1月出版 / 定价:69.00元

产业安全蓝皮书
中国出版与传媒安全报告（2014）
著(编)者:北京交通大学中国产业安全研究中心
2014年9月出版 / 估价:59.00元

产业安全蓝皮书
中国医疗产业安全报告（2013~2014）
著(编)者:李孟刚 高献书 2014年1月出版 / 定价:59.00元

产业安全蓝皮书
中国文化产业安全蓝皮书(2014)
著(编)者:北京印刷学院文化产业安全研究院
2014年4月出版 / 定价:69.00元

产业安全蓝皮书
中国出版传媒产业安全报告（2014）
著(编)者:北京印刷学院文化产业安全研究院
2014年4月出版/ 定价:89.00元

典当业蓝皮书
中国典当行业发展报告（2013~2014）
著(编)者:黄育华 王力 张红地
2014年10月出版 / 估价:69.00元

电子商务蓝皮书
中国城市电子商务影响力报告（2014）
著(编)者:荆林波 2014年11月出版 / 估价:69.00元

电子政务蓝皮书
中国电子政务发展报告（2014）
著(编)者:洪毅 王长胜 2014年9月出版 / 估价:59.00元

杜仲产业绿皮书
中国杜仲橡胶资源与产业发展报告（2014）
著(编)者:杜红岩 胡文臻 俞瑞
2014年9月出版 / 估价:99.00元

房地产蓝皮书
中国房地产发展报告No.11（2014）
著(编)者:魏后凯 李景国 2014年5月出版 / 定价:79.00元

服务外包蓝皮书
中国服务外包产业发展报告（2014）
著(编)者:王晓红 刘德军 2014年6月出版 / 定价:89.00元

高端消费蓝皮书
中国高端消费市场研究报告
著(编)者:依绍华 王雪峰 2014年9月出版 / 估价:69.00元

会展蓝皮书
中外会展业动态评估年度报告（2014）
著(编)者:张敏 2014年11月出版 / 估价:68.00元

互联网金融蓝皮书
中国互联网金融发展报告（2014）
著(编)者:芮晓武 刘烈宏 2014年8月出版 / 定价:79.00元

基金会绿皮书
中国基金会发展独立研究报告（2014）
著(编)者:基金会中心网 2014年8月出版 / 定价:88.00元

金融监管蓝皮书
中国金融监管报告（2014）
著(编)者:胡滨 2014年5月出版 / 定价:69.00元

金融蓝皮书
中国商业银行竞争力报告（2014）
著(编)者:王松奇 2014年11月出版 / 估价:79.00元

金融蓝皮书
中国金融发展报告（2014）
著(编)者:李扬 王国刚 2013年12月出版 / 定价:65.00元

金融信息服务蓝皮书
金融信息服务业发展报告（2014）
著(编)者:鲁广锦 2014年11月出版 / 估价:69.00元

抗衰老医学蓝皮书
抗衰老医学发展报告（2014）
著(编)者:罗伯特·高德曼 罗纳德·科莱兹
尼尔·布什 朱敏 金大鹏 郭弋
2014年11月出版 / 估价:69.00元

客车蓝皮书
中国客车产业发展报告（2014）
著(编)者:姚蔚 2014年12月出版 / 估价:69.00元

科学传播蓝皮书
中国科学传播报告（2013~2014）
著(编)者:詹正茂 2014年7月出版 / 定价:69.00元

流通蓝皮书
中国商业发展报告（2013~2014）
著(编)者:荆林波 2014年5月出版 / 定价:89.00元

临空经济蓝皮书
中国临空经济发展报告（2014）
著(编)者:连玉明 2014年9月出版 / 估价:69.00元

旅游安全蓝皮书
中国旅游安全报告（2014）
著(编)者:郑向敏 谢朝武 2014年5月出版 / 定价:98.00元

旅游绿皮书
2013~2014年中国旅游发展分析与预测
著(编)者:宋瑞 2014年9月出版 / 定价:79.00元

民营医院蓝皮书
中国民营医院发展报告（2014）
著(编)者:朱幼棣 2014年10月出版 / 估价:69.00元

闽商蓝皮书
闽商发展报告（2014）
著(编)者:李闽榕 王日根 2014年12月出版 / 估价:69.00元

能源蓝皮书
中国能源发展报告（2014）
著(编)者:崔民选 王军生 陈义和
2014年8月出版 / 定价:79.00元

农产品流通蓝皮书
中国农产品流通产业发展报告（2014）
著(编)者:贾敬敦 王炳南 张玉玺 张鹏毅 陈丽华
2014年9月出版 / 估价:89.00元

期货蓝皮书
中国期货市场发展报告（2014）
著(编)者:荆林波 2014年6月出版 / 估价:98.00元

企业蓝皮书
中国企业竞争力报告（2014）
著(编)者:金碚 2014年11月出版 / 估价:89.00元

汽车安全蓝皮书
中国汽车安全发展报告（2014）
著(编)者:中国汽车技术研究中心
2014年4月出版 / 估价:79.00元

汽车蓝皮书
中国汽车产业发展报告（2014）
著(编)者:国务院发展研究中心产业经济研究部
中国汽车工程学会 大众汽车集团（中国）
2014年7月出版 / 定价:128.00元

清洁能源蓝皮书
国际清洁能源发展报告（2014）
著(编)者:国际清洁能源论坛（澳门）
2014年9月出版 / 估价:89.00元

群众体育蓝皮书
中国群众体育发展报告（2014）
著(编)者:刘国永 杨桦 2014年8月出版 / 定价:69.00元

人力资源蓝皮书
中国人力资源发展报告（2014）
著(编)者:吴江 2014年9月出版 / 估价:69.00元

软件和信息服务业蓝皮书
中国软件和信息服务业发展报告（2014）
著(编)者:洪京一 工业和信息化部电子科学技术情报研究所
2014年11月出版 / 估价:98.00元

商会蓝皮书
中国商会发展报告 No.4（2014）
著(编)者:黄孟复 2014年9月出版 / 估价:59.00元

上市公司蓝皮书
中国上市公司非财务信息披露报告（2014）
著(编)者:钟宏武 张旺 张蒽 等
2014年12月出版 / 估价:59.00元

食品药品蓝皮书
食品药品安全与监管政策研究报告（2014）
著(编)者:唐民皓 2014年11月出版 / 估价:69.00元

世界旅游城市绿皮书
世界旅游城市发展报告（2013）（中英文双语）
著(编)者:周正宇 鲁勇 2014年6月出版 / 定价:88.00元

世界能源蓝皮书
世界能源发展报告（2014）
著(编)者:黄晓勇 2014年6月出版 / 定价:99.00元

私募市场蓝皮书
中国私募股权市场发展报告（2014）
著(编)者:曹和平 2014年9月出版 / 估价:69.00元

体育蓝皮书
中国体育产业发展报告（2014）
著(编)者:阮伟 钟秉枢 2014年7月出版 / 定价:69.00元

体育蓝皮书·公共体育服务
中国公共体育服务发展报告（2014）
著(编)者:戴健 2014年12月出版 / 估价:69.00元

投资蓝皮书
中国企业海外投资发展报告（2013~2014）
著(编)者:陈文晖 薛誉华 2014年9月出版 / 定价:69.00元

物联网蓝皮书
中国物联网发展报告（2014）
著(编)者:龚六堂　2014年9月出版 / 估价:59.00元

西部工业蓝皮书
中国西部工业发展报告（2014）
著(编)者:方行明 刘方健 姜凌等
2014年9月出版 / 估价:69.00元

西部金融蓝皮书
中国西部金融发展报告（2013~2014）
著(编)者:李忠民　2014年8月出版 / 定价:75.00元

新能源汽车蓝皮书
中国新能源汽车产业发展报告（2014）
著(编)者:中国汽车技术研究中心
日产（中国）投资有限公司
东风汽车有限公司
2014年8月出版 / 定价:69.00元

信托蓝皮书
中国信托投资报告（2014）
著(编)者:杨金龙　刘屹　2014年11月出版 / 估价:69.00元

信托市场蓝皮书
中国信托业市场报告（2013~2014）
著(编)者:李旸　2014年1月出版 / 定价:198.00元

信息化蓝皮书
中国信息化形势分析与预测（2014）
著(编)者:周宏仁　2014年8月出版 / 定价:98.00元

信用蓝皮书
中国信用发展报告（2014）
著(编)者:章政 田侃　2014年9月出版 / 估价:69.00元

休闲绿皮书
2014年中国休闲发展报告
著(编)者:刘德谦　唐兵　宋瑞
2014年11月出版 / 估价:59.00元

养老产业蓝皮书
中国养老产业发展报告（2013~2014年）
著(编)者:张车伟　2014年9月出版 / 估价:69.00元

移动互联网蓝皮书
中国移动互联网发展报告（2014）
著(编)者:官建文　2014年6月出版 / 定价:79.00元

医药蓝皮书
中国医药产业园战略发展报告（2013~2014）
著(编)者:裴长洪　房书亭　吴滌心
2014年3月出版 / 定价:89.00元

医药蓝皮书
中国药品市场报告（2014）
著(编)者:程锦锥 朱恒鹏　2014年12月出版 / 估价:79.00元

中国总部经济蓝皮书
中国总部经济发展报告（2013~2014）
著(编)者:赵弘　2014年5月出版 / 定价:79.00元

珠三角流通蓝皮书
珠三角商圈发展研究报告（2014）
著(编)者:王先庆 林至颖　2014年11月出版 / 定价:69.00元

住房绿皮书
中国住房发展报告（2013~2014）
著(编)者:倪鹏飞　2013年12月出版 / 定价:79.00元

资本市场蓝皮书
中国场外交易市场发展报告（2013~2014）
著(编)者:高峦　2014年8月出版 / 定价:79.00元

资产管理蓝皮书
中国资产管理行业发展报告（2014）
著(编)者:郑智　2014年7月出版 / 定价:79.00元

支付清算蓝皮书
中国支付清算发展报告（2014）
著(编)者:杨涛　2014年5月出版 / 定价:45.00元

中国上市公司蓝皮书
中国上市公司发展报告（2014）
著(编)者:许雄斌　张平　2014年9月出版 / 定价:98.00元

文化传媒类

传媒蓝皮书
中国传媒产业发展报告（2014）
著(编)者:崔保国　2014年4月出版 / 定价:98.00元

传媒竞争力蓝皮书
中国传媒国际竞争力研究报告（2014）
著(编)者:李本乾　2014年9月出版 / 估价:69.00元

创意城市蓝皮书
武汉市文化创意产业发展报告（2014）
著(编)者:张京成　黄永林　2014年10月出版 / 估价:69.00元

电视蓝皮书
中国电视产业发展报告（2014）
著(编)者:卢斌　2014年9月出版 / 估价:79.00元

电影蓝皮书
中国电影出版发展报告（2014）
著(编)者:卢斌　2014年9月出版 / 估价:79.00元

动漫蓝皮书
中国动漫产业发展报告（2014）
著(编)者:卢斌　郑玉明　牛兴侦　2014年7月出版 / 定价:79.00元

广电蓝皮书
中国广播电影电视发展报告（2014）
著(编)者：杨明品　2014年7月出版 / 估价:98.00元

广告主蓝皮书
中国广告主营销传播趋势报告N0.8
著(编)者:中国传媒大学广告主研究所
中国广告主营销传播创新研究课题组
黄升民　杜国清　邵华冬等
2014年11月出版 / 估价:98.00元

国际传播蓝皮书
中国国际传播发展报告（2014）
著(编)者:胡正荣　李继东　姬德强
2014年7月出版 / 定价:89.00元

纪录片蓝皮书
中国纪录片发展报告（2014）
著(编)者:何苏六　2014年10月出版 / 估价:89.00元

两岸文化蓝皮书
两岸文化产业合作发展报告（2014）
著(编)者:胡惠林 李保宗　2014年7月出版 / 定价:79.00元

媒介与女性蓝皮书
中国媒介与女性发展报告（2014）
著(编)者:刘利群　2014年11月出版 / 估价:69.00元

全球传媒蓝皮书
全球传媒产业发展报告（2014）
著(编)者:胡正荣　2014年12月出版 / 估价:79.00元

视听新媒体蓝皮书
中国视听新媒体发展报告（2014）
著(编)者:庞井君　2014年11月出版 / 估价:148.00元

文化创新蓝皮书
中国文化创新报告（2014）No.5
著(编)者:于平　傅才武　2014年4月出版 / 定价:79.00元

文化科技蓝皮书
文化科技融合与创意城市发展报告（2014）
著(编)者:李凤亮　于平　2014年11月出版 / 估价:79.00元

文化蓝皮书
中国文化产业发展报告（2014）
著(编)者:张晓明　王家新　章建刚
2014年4月出版 / 定价:79.00元

文化蓝皮书
中国文化产业供需协调增长测评报（2014）
著(编)者:王亚楠　2014年2月出版 / 定价:79.00元

文化蓝皮书
中国城镇文化消费需求景气评价报告（2014）
著(编)者:王亚南　张晓明　祁述裕
2014年11月出版 / 估价:79.00元

文化蓝皮书
中国公共文化服务发展报告（2014）
著(编)者:于群 李国新　2014年10月出版 / 估价:98.00元

文化蓝皮书
中国文化消费需求景气评价报告（2014）
著(编)者:王亚南 张晓明 祁述裕 郝朴宁
2014年11月出版 / 估价:79.00元

文化蓝皮书
中国乡村文化消费需求景气评价报告（2014）
著(编)者:王亚南　2014年11月出版 / 估价:79.00元

文化蓝皮书
中国中心城市文化消费需求景气评价报告（2014）
著(编)者:王亚南　2014年11月出版 / 估价:79.00元

文化蓝皮书
中国少数民族文化发展报告（2014）
著(编)者:武翠英 张晓明 张学进
2014年11月出版 / 估价:69.00元

文化建设蓝皮书
中国文化发展报告（2013）
著(编)者:江畅　孙伟平　戴茂堂
2014年4月出版 / 定价:138.00元

文化品牌蓝皮书
中国文化品牌发展报告（2014）
著(编)者:欧阳友权　2014年4月出版 / 定价:79.00元

文化遗产蓝皮书
中国文化遗产事业发展报告（2014）
著(编)者:刘世锦　2014年9月出版 / 估价:79.00元

文学蓝皮书
中国文情报告（2013~2014）
著(编)者:白烨　2014年5月出版 / 定价:49.00元

新媒体蓝皮书
中国新媒体发展报告No.5（2014）
著(编)者:唐绪军　2014年6月出版 / 定价:79.00元

移动互联网蓝皮书
中国移动互联网发展报告（2014）
著(编)者:官建文　2014年6月出版 / 定价:79.00元

游戏蓝皮书
中国游戏产业发展报告（2014）
著(编)者:卢斌　2014年9月出版 / 估价:79.00元

舆情蓝皮书
中国社会舆情与危机管理报告（2014）
著(编)者:谢耘耕　2014年8月出版 / 定价:98.00元

粤港澳台文化蓝皮书
粤港澳台文化创意产业发展报告（2014）
著(编)者:丁未　2014年9月出版 / 估价:69.00元

地方发展类

安徽蓝皮书
安徽社会发展报告（2014）
著(编)者:程桦　2014年4月出版 / 定价:79.00元

安徽经济蓝皮书
皖江城市带承接产业转移示范区建设报告（2014）
著(编)者:丁海中　2014年4月出版 / 定价:69.00元

安徽社会建设蓝皮书
安徽社会建设分析报告（2014）
著(编)者:黄家海 王开玉 蔡宪　2014年9月出版 / 估价:69.00元

北京蓝皮书
北京公共服务发展报告（2013~2014）
著(编)者:施昌奎　2014年2月出版 / 定价:69.00元

北京蓝皮书
北京经济发展报告（2013~2014）
著(编)者:杨松　2014年4月出版 / 定价:79.00元

北京蓝皮书
北京社会发展报告（2013~2014）
著(编)者:缪青　2014年5月出版 / 定价:79.00元

北京蓝皮书
北京社会治理发展报告（2013~2014）
著(编)者:殷星辰　2014年4月出版 / 定价:79.00元

北京蓝皮书
中国社区发展报告（2013~2014）
著(编)者:于燕燕　2014年6月出版 / 定价:69.00元

北京蓝皮书
北京文化发展报告（2013~2014）
著(编)者:李建盛　2014年4月出版 / 定价:79.00元

北京旅游绿皮书
北京旅游发展报告（2014）
著(编)者:北京旅游学会　2014年7月出版 / 定价:88.00元

北京律师蓝皮书
北京律师发展报告No.2（2014）
著(编)者:王隽 周塞军　2014年9月出版 / 估价:79.00元

北京人才蓝皮书
北京人才发展报告（2014）
著(编)者:于淼　2014年10月出版 / 估价:89.00元

北京社会心态蓝皮书
北京社会心态分析报告（2013~2014）
著(编)者:北京社会心理研究所
2014年9月出版 / 估价:79.00元

城乡一体化蓝皮书
中国城乡一体化发展报告·北京卷（2014）
著(编)者:张宝秀 黄序　2014年11月出版 / 估价:79.00元

创意城市蓝皮书
北京文化创意产业发展报告（2014）
著(编)者:张京成 王国华　2014年10月出版 / 估价:69.00元

创意城市蓝皮书
重庆创意产业发展报告（2014）
著(编)者:程宁宁　2014年4月出版 / 定价:89.00元

创意城市蓝皮书
青岛文化创意产业发展报告（2013~2014）
著(编)者:马达 张丹妮　2014年6月出版 / 定价:79.00元

创意城市蓝皮书
无锡文化创意产业发展报告（2014）
著(编)者:庄若江 张鸣年　2014年11月出版 / 估价:75.00元

服务业蓝皮书
广东现代服务业发展报告（2014）
著(编)者:祁明 程晓　2014年11月出版 / 估价:69.00元

甘肃蓝皮书
甘肃舆情分析与预测（2014）
著(编)者:陈双梅 郝树声　2014年1月出版 / 定价:69.00元

甘肃蓝皮书
甘肃县域经济综合竞争力报告（2014）
著(编)者:刘进军　2014年1月出版 / 定价:69.00元

甘肃蓝皮书
甘肃县域社会发展评价报告（2014）
著(编)者:魏胜文　2014年9月出版 / 估价:69.00元

甘肃蓝皮书
甘肃经济发展分析与预测（2014）
著(编)者:朱智文 罗哲　2014年1月出版 / 定价:69.00元

甘肃蓝皮书
甘肃社会发展分析与预测（2014）
著(编)者:安文华 包晓霞　2014年1月出版 / 定价:69.00元

甘肃蓝皮书
甘肃文化发展分析与预测（2014）
著(编)者:王福生 周小华　2014年1月出版 / 定价:69.00元

广东蓝皮书
广东省电子商务发展报告（2014）
著(编)者:黄建明 祁明　2014年11月出版 / 估价:69.00元

广东蓝皮书
广东社会工作发展报告（2014）
著(编)者:罗观翠　2014年6月出版 / 定价:89.00元

广东外经贸蓝皮书
广东对外经济贸易发展研究报告（2014）
著(编)者:陈万灵　2014年6月出版 / 定价:79.00元

广西北部湾经济区蓝皮书
广西北部湾经济区开放开发报告（2014）
著(编)者:广西北部湾经济区规划建设管理委员会办公室
广西社会科学院 广西北部湾发展研究院
2014年11月出版 / 估价:69.00元

广州蓝皮书
2014年中国广州经济形势分析与预测
著(编)者:庾建设 沈奎 郭志勇 2014年6月出版 / 定价:79.00元

广州蓝皮书
2014年中国广州社会形势分析与预测
著(编)者:张强 陈怡霓 2014年5月出版 / 定价:69.00元

广州蓝皮书
广州城市国际化发展报告（2014）
著(编)者:朱名宏 2014年9月出版 / 估价:59.00元

广州蓝皮书
广州创新型城市发展报告（2014）
著(编)者:李江涛 2014年7月出版 / 定价:69.00元

广州蓝皮书
广州经济发展报告（2014）
著(编)者:李江涛 朱名宏 2014年5月出版 / 定价:69.00元

广州蓝皮书
广州农村发展报告（2014）
著(编)者:李江涛 汤锦华 2014年8月出版 / 定价:69.00元

广州蓝皮书
广州青年发展报告（2014）
著(编)者:魏国华 张强 2014年9月出版 / 估价:65.00元

广州蓝皮书
广州汽车产业发展报告（2014）
著(编)者:李江涛 2014年10月出版 / 估价:69.00元

广州蓝皮书
广州商贸业发展报告（2014）
著(编)者:李江涛 王旭东 荀振英
2014年6月出版 / 定价:69.00元

广州蓝皮书
广州文化创意产业发展报告（2014）
著(编)者:甘新 2014年8月出版 / 定价:79.00元

广州蓝皮书
中国广州城市建设发展报告（2014）
著(编)者:董皞 冼伟雄 李俊夫
2014年11月出版 / 估价:69.00元

广州蓝皮书
中国广州科技和信息化发展报告（2014）
著(编)者:邹采荣 马正勇 冯元 2014年7月出版 / 定价:79.00元

广州蓝皮书
中国广州文化创意产业发展报告（2014）
著(编)者:甘新 2014年10月出版 / 估价:59.00元

广州蓝皮书
中国广州文化发展报告（2014）
著(编)者:徐俊忠 陆志强 顾涧清
2014年6月出版 / 定价:69.00元

广州蓝皮书
中国广州城市建设与管理发展报告（2014）
著(编)者:董皞 冯伟雄 2014年7月出版 / 定价:69.00元

贵州蓝皮书
贵州法治发展报告（2014）
著(编)者:吴大华 2014年3月出版 / 定价:69.00元

贵州蓝皮书
贵州人才发展报告（2014）
著(编)者:于杰 吴大华 2014年3月出版 / 定价:69.00元

贵州蓝皮书
贵州社会发展报告（2014）
著(编)者:王兴骥 2014年3月出版 / 定价:69.00元

贵州蓝皮书
贵州农村扶贫开发报告（2014）
著(编)者:王朝新 宋明 2014年9月出版 / 估价:69.00元

贵州蓝皮书
贵州文化产业发展报告（2014）
著(编)者:李建国 2014年9月出版 / 估价:69.00元

海淀蓝皮书
海淀区文化和科技融合发展报告（2014）
著(编)者:陈名杰 孟景伟 2014年11月出版 / 估价:75.00元

海峡西岸蓝皮书
海峡西岸经济区发展报告（2014）
著(编)者:福建省人民政府发展研究中心
2014年9月出版 / 估价:85.00元

杭州蓝皮书
杭州妇女发展报告（2014）
著(编)者:魏颖 2014年6月出版 / 定价:75.00元

杭州都市圈蓝皮书
杭州都市圈发展报告（2014）
著(编)者:董祖德 沈翔 2014年5月出版 / 定价:89.00元

河北经济蓝皮书
河北省经济发展报告（2014）
著(编)者:马树强 金浩 张贵 2014年4月出版 / 定价:79.00元

河北蓝皮书
河北经济社会发展报告（2014）
著(编)者:周文夫 2014年1月出版 / 定价:69.00元

河南经济蓝皮书
2014年河南经济形势分析与预测
著(编)者:胡五岳 2014年3月出版 / 定价:69.00元

河南蓝皮书

2014年河南社会形势分析与预测
著(编)者:刘道兴 牛苏林 2014年1月出版 / 定价:69.00元

河南蓝皮书
河南城市发展报告（2014）
著(编)者:谷建全 王建国 2014年1月出版 / 定价:59.00元

河南蓝皮书
河南法治发展报告（2014）
著(编)者:丁同民 闫德民 2014年3月出版 / 定价:69.00元

河南蓝皮书
河南金融发展报告（2014）
著(编)者:喻新安 谷建全 2014年4月出版 / 定价:69.00元

河南蓝皮书
河南经济发展报告（2014）
著(编)者:喻新安 2013年12月出版 / 定价:69.00元

河南蓝皮书
河南文化发展报告（2014）
著(编)者:卫绍生 2014年1月出版 / 定价:69.00元

河南蓝皮书
河南工业发展报告（2014）
著(编)者:龚绍东 2014年1月出版 / 定价:69.00元

河南蓝皮书
河南商务发展报告（2014）
著(编)者:焦锦淼 穆荣国 2014年5月出版 / 定价:88.00元

黑龙江产业蓝皮书
黑龙江产业发展报告（2014）
著(编)者:于渤 2014年10月出版 / 估价:79.00元

黑龙江蓝皮书
黑龙江经济发展报告（2014）
著(编)者:张新颖 2014年1月出版 / 定价:69.00元

黑龙江蓝皮书
黑龙江社会发展报告（2014）
著(编)者:艾书琴 2014年1月出版 / 定价:69.00元

湖南城市蓝皮书
城市社会管理
著(编)者:罗海藩 2014年10月出版 / 估价:59.00元

湖南蓝皮书
2014年湖南产业发展报告
著(编)者:梁志峰 2014年4月出版 / 定价:128.00元

湖南蓝皮书
2014年湖南电子政务发展报告
著(编)者:梁志峰 2014年4月出版 / 定价:128.00元

湖南蓝皮书
2014年湖南法治发展报告
著(编)者:梁志峰 2014年9月出版 / 估价:79.00元

湖南蓝皮书
2014年湖南经济展望
著(编)者:梁志峰 2014年4月出版 / 定价:128.00元

湖南蓝皮书
2014年湖南两型社会发展报告
著(编)者:梁志峰 2014年4月出版 / 定价:128.00元

湖南蓝皮书
2014年湖南社会发展报告
著(编)者:梁志峰 2014年4月出版 / 定价:128.00元

湖南蓝皮书
2014年湖南县域经济社会发展报告
著(编)者:梁志峰 2014年4月出版 / 定价:128.00元

湖南县域绿皮书
湖南县域发展报告No.2
著(编)者:朱有志 袁准 周小毛 2014年11月出版 / 估价:69.00元

沪港蓝皮书
沪港发展报告（2014）
著(编)者:尤安山 2014年9月出版 / 估价:89.00元

吉林蓝皮书
2014年吉林经济社会形势分析与预测
著(编)者:马克 2014年1月出版 / 定价:79.00元

济源蓝皮书
济源经济社会发展报告（2014）
著(编)者:喻新安 2014年4月出版 / 定价:69.00元

江苏法治蓝皮书
江苏法治发展报告No.3（2014）
著(编)者:李力 龚廷泰 2014年11月出版 / 估价:88.00元

京津冀蓝皮书
京津冀发展报告（2014）
著(编)者:文魁 祝尔娟 2014年3月出版 / 定价:79.00元

经济特区蓝皮书
中国经济特区发展报告（2013）
著(编)者:陶一桃 2014年4月出版 / 定价:89.00元

辽宁蓝皮书
2014年辽宁经济社会形势分析与预测
著(编)者:曹晓峰 张晶 2014年1月出版 / 定价:79.00元

流通蓝皮书
湖南省商贸流通产业发展报告No.2
著(编)者:柳思维 2014年10月出版 / 估价:75.00元

内蒙古蓝皮书
内蒙古反腐倡廉建设报告No.1
著(编)者:张志华 无极 2013年12月出版 / 定价:69.00元

浦东新区蓝皮书
上海浦东经济发展报告（2014）
著(编)者:沈开艳 陆沪根 2014年1月出版 / 估价:59.00元

侨乡蓝皮书
中国侨乡发展报告（2014）
著(编)者:郑一省　2014年9月出版 / 估价:69.00元

青海蓝皮书
2014年青海经济社会形势分析与预测
著(编)者:赵宗福　2014年2月出版 / 定价:69.00元

人口与健康蓝皮书
深圳人口与健康发展报告（2014）
著(编)者:陆杰华　江捍平　2014年10月出版 / 估价:98.00元

山东蓝皮书
山东经济形势分析与预测（2014）
著(编)者:张华　唐洲雁　2014年6月出版 / 定价:89.00元

山东蓝皮书
山东社会形势分析与预测（2014）
著(编)者:张华　唐洲雁　2014年6月出版 / 定价:89.00元

山东蓝皮书
山东文化发展报告（2014）
著(编)者:张华　唐洲雁　2014年6月出版 / 定价:98.00元

山西蓝皮书
山西资源型经济转型发展报告（2014）
著(编)者:李志强　2014年5月出版 / 定价:98.00元

陕西蓝皮书
陕西经济发展报告（2014）
著(编)者:任宗哲　石英　裴成荣　2014年2月出版 / 定价:69.00元

陕西蓝皮书
陕西社会发展报告（2014）
著(编)者:任宗哲 石英 牛昉　2014年2月出版 / 定价:65.00元

陕西蓝皮书
陕西文化发展报告（2014）
著(编)者:任宗哲 石英 王长寿　2014年3月出版 / 定价:59.00元

陕西蓝皮书
丝绸之路经济带发展报告（2014）
著(编)者:任宗哲 石英 白宽犁　2014年8月出版 / 定价:79.00元

上海蓝皮书
上海传媒发展报告（2014）
著(编)者:强荧 焦雨虹　2014年1月出版 / 定价:79.00元

上海蓝皮书
上海法治发展报告（2014）
著(编)者:叶青　2014年4月出版 / 定价:69.00元

上海蓝皮书
上海经济发展报告（2014）
著(编)者:沈开艳　2014年1月出版 / 定价:69.00元

上海蓝皮书
上海社会发展报告（2014）
著(编)者:卢汉龙 周海旺　2014年1月出版 / 定价:69.00元

上海蓝皮书
上海文化发展报告（2014）
著(编)者:蒯大申　2014年1月出版 / 定价:69.00元

上海蓝皮书
上海文学发展报告（2014）
著(编)者:陈圣来　2014年1月出版 / 定价:69.00元

上海蓝皮书
上海资源环境发展报告（2014）
著(编)者:周冯琦　汤庆合　任文伟
2014年1月出版 / 定价:69.00元

上饶蓝皮书
上饶发展报告（2013~2014）
著(编)者:朱寅健　2014年3月出版 / 定价:128.00元

社会建设蓝皮书
2014年北京社会建设分析报告
著(编)者:宋贵伦　冯虹　2014年7月出版 / 定价:79.00元

深圳蓝皮书
深圳经济发展报告（2014）
著(编)者:张骁儒　2014年7月出版 / 定价:79.00元

深圳蓝皮书
深圳劳动关系发展报告（2014）
著(编)者:汤庭芬　2014年6月出版 / 定价:75.00元

深圳蓝皮书
深圳社会发展报告（2014）
著(编)者:吴忠 余智晟　2014年11月出版 / 估价:69.00元

深圳蓝皮书
深圳社会建设与发展报告（2014）
著(编)者:叶民辉 张骁儒　2014年7月出版 / 定价:89.00元

四川蓝皮书
四川文化产业发展报告（2014）
著(编)者:侯水平　2014年2月出版 / 定价:69.00元

四川蓝皮书
四川企业社会责任研究报告（2014）
著(编)者:侯水平　盛毅　2014年4月出版 / 定价:79.00元

温州蓝皮书
2014年温州经济社会形势分析与预测
著(编)者:潘忠强 王春光　金浩　2014年4月出版 / 定价:69.00元

温州蓝皮书
浙江温州金融综合改革试验区发展报告（2013~201
著(编)者:钱水土　王去非　李义超
2014年9月出版 / 估价:69.00元

扬州蓝皮书
扬州经济社会发展报告（2014）
著(编)者:张爱军　2014年9月出版 / 估价:78.00元

义乌蓝皮书
浙江义乌市国际贸易综合改革试验区发展报告（2013~2014）
著(编)者:马淑琴 刘文革 周松强
2014年9月出版 / 估价:69.00元

云南蓝皮书
中国面向西南开放重要桥头堡建设发展报告（2014）
著(编)者:刘绍怀　2014年12月出版 / 估价:69.00元

长株潭城市群蓝皮书
长株潭城市群发展报告（2014）
著(编)者:张萍　2014年10月出版 / 估价:69.00元

郑州蓝皮书
2014年郑州文化发展报告
著(编)者:王哲　2014年11月出版 / 估价:69.00元

国别与地区类

G20国家创新竞争力黄皮书
二十国集团（G20）国家创新竞争力发展报告（2014）
著(编)者:李建平 李闽榕 赵新力
2014年9月出版 / 估价:118.00元

阿拉伯黄皮书
阿拉伯发展报告（2013~2014）
著(编)者:马晓霖　2014年4月出版 / 定价:79.00元

澳门蓝皮书
澳门经济社会发展报告（2013~2014）
著(编)者:吴志良 郝雨凡　2014年4月出版 / 定价:79.00元

北部湾蓝皮书
泛北部湾合作发展报告（2014）
著(编)者:吕余生　2014年11月出版 / 估价:79.00元

大湄公河次区域蓝皮书
大湄公河次区域合作发展报告（2014）
著(编)者:刘稚　2014年11月出版 / 估价:79.00元

大洋洲蓝皮书
大洋洲发展报告（2013~2014）
著(编)者:喻常森　2014年8月出版 / 定价:89.00元

德国蓝皮书
德国发展报告（2014）
著(编)者:郑春荣 伍慧萍 等　2014年6月出版 / 定价:69.00元

东北亚黄皮书
东北亚地区政治与安全报告（2014）
著(编)者:黄凤志 刘雪莲　2014年11月出版 / 估价:69.00元

东盟黄皮书
东盟发展报告（2013）
著(编)者:崔晓麟　2014年5月出版 / 定价:75.00元

东南亚蓝皮书
东南亚地区发展报告（2013~2014）
著(编)者:王勤　2014年4月出版 / 定价:79.00元

俄罗斯黄皮书
俄罗斯发展报告（2014）
著(编)者:李永全　2014年7月出版 / 估价:79.00元

非洲黄皮书
非洲发展报告No.16（2013~2014）
著(编)者:张宏明　2014年7月出版 / 定价:79.00元

国际形势黄皮书
全球政治与安全报告（2014）
著(编)者:李慎明 张宇燕　2014年1月出版 / 定价:69.00元

韩国蓝皮书
韩国发展报告（2014）
著(编)者:牛林杰 刘宝全　2014年11月出版 / 估价:69.00元

加拿大蓝皮书
加拿大发展报告（2014）
著(编)者:仲伟合　2014年4月出版 / 定价:89.00元

柬埔寨蓝皮书
柬埔寨国情报告（2014）
著(编)者:毕世鸿　2014年11月出版 / 估价:79.00元

拉美黄皮书
拉丁美洲和加勒比发展报告（2013~2014）
著(编)者:吴白乙　2014年4月出版 / 定价:89.00元

老挝蓝皮书
老挝国情报告（2014）
著(编)者:卢光盛 方芸 吕星　2014年11月出版 / 估价:79.00元

美国蓝皮书
美国研究报告（2014）
著(编)者:黄平 郑秉文　2014年7月出版 / 定价:89.00元

缅甸蓝皮书
缅甸国情报告（2014）
著(编)者:李晨阳　2014年8月出版 / 定价:79.00元

欧洲蓝皮书
欧洲发展报告（2013~2014）
著(编)者:周弘　2014年6月出版 / 定价:89.00元

葡语国家蓝皮书
巴西发展与中巴关系报告2014（中英文）
著(编)者:张曙光 David T. Ritchie
2014年11月出版 / 估价:69.00元

日本经济蓝皮书
日本经济与中日经贸关系研究报告（2014）
著(编)者:王洛林 张季风　2014年5月出版 / 定价:79.00元

日本蓝皮书
日本发展报告（2014）
著(编)者:李薇　2014年3月出版 / 定价:69.00元

上海合作组织黄皮书
上海合作组织发展报告（2014）
著(编)者:李进峰 吴宏伟 李伟　2014年9月出版 / 定价:89.00元

世界创新竞争力黄皮书
世界创新竞争力发展报告（2014）
著(编)者:李建平　2014年9月出版 / 估价:148.00元

世界社会主义黄皮书
世界社会主义跟踪研究报告（2013~2014）
著(编)者:李慎明　2014年3月出版 / 定价:198.00元

泰国蓝皮书
泰国国情报告（2014）
著(编)者:邹春萌　2014年11月出版 / 估价:79.00元

土耳其蓝皮书
土耳其发展报告（2014）
著(编)者:郭长刚 刘义　2014年9月出版 / 定价:89.00元

亚太蓝皮书
亚太地区发展报告（2014）
著(编)者:李向阳　2014年1月出版 / 定价:59.00元

印度蓝皮书
印度国情报告（2012~2013）
著(编)者:吕昭义　2014年5月出版 / 定价:89.00元

印度洋地区蓝皮书
印度洋地区发展报告（2014）
著(编)者:汪戎　2014年3月出版 / 定价:79.00元

中东黄皮书
中东发展报告No.15（2014）
著(编)者:杨光　2014年10月出版 / 估价:59.00元

中欧关系蓝皮书
中欧关系研究报告（2014）
著(编)者:周弘　2013年12月出版 / 定价:98.00元

中亚黄皮书
中亚国家发展报告（2014）
著(编)者:孙力 吴宏伟　2014年9月出版 / 定价:89.00元

皮书大事记

☆ 2014年8月，第十五次全国皮书年会（2014）在贵阳召开，第五届优秀皮书奖颁发，本届开始皮书及报告将同时评选。

☆ 2013年6月，依据《中国社会科学院皮书资助规定（试行）》公布2013年拟资助的40种皮书名单。

☆ 2012年12月，《中国社会科学院皮书资助规定（试行）》由中国社会科学院科研局正式颁布实施。

☆ 2011年，部分重点皮书纳入院创新工程。

☆ 2011年8月，2011年皮书年会在安徽合肥举行，这是皮书年会首次由中国社会科学院主办。

☆ 2011年2月，“2011年全国皮书研讨会”在北京京西宾馆举行。王伟光院长（时任常务副院长）出席并讲话。本次会议标志着皮书及皮书研创出版从一个具体出版单位的出版产品和出版活动上升为由中国社会科学院牵头的国家哲学社会科学智库产品和创新活动。

☆ 2010年9月，“2010年中国经济社会形势报告会暨第十一次全国皮书工作研讨会”在福建福州举行，高全立副院长参加会议并做学术报告。

☆ 2010年9月，皮书学术委员会成立，由我院李扬副院长领衔，并由在各个学科领域有一定的学术影响力、了解皮书编创出版并持续关注皮书品牌的专家学者组成。皮书学术委员会的成立为进一步提高皮书这一品牌的学术质量、为学术界构建一个更大的学术出版与学术推广平台提供了专家支持。

☆ 2009年8月，“2009年中国经济社会形势分析与预测暨第十次皮书工作研讨会”在辽宁丹东举行。李扬副院长参加本次会议，本次会议颁发了首届优秀皮书奖，我院多部皮书获奖。

社会科学文献出版社
SOCIAL SCIENCES ACADEMIC PRESS (CHINA)

社会科学文献出版社成立于1985年，是直属于中国社会科学院的人文社会科学专业学术出版机构。

成立以来，特别是1998年实施第二次创业以来，依托于中国社会科学院丰厚的学术出版和专家学者两大资源，坚持“创社科经典，出传世文献”的出版理念和“权威、前沿、原创”的产品定位，社科文献立足内涵式发展道路，从战略层面推动学术出版的五大能力建设，逐步走上了学术产品的系列化、规模化、数字化、国际化、市场化经营道路。

先后策划出版了著名的图书品牌和学术品牌“皮书”系列、“列国志”、“社科文献精品译库”、“中国史话”、“全球化译丛”、“气候变化与人类发展译丛”“近世中国”等一大批既有学术影响又有市场价值的系列图书。形成了较强的学术出版能力和资源整合能力，年发稿3.5亿字，年出版新书1200余种，承印发行中国社科院院属期刊近70种。

2012年，《社会科学文献出版社学术著作出版规范》修订完成。同年10月，社会科学文献出版社参加了由新闻出版总署召开加强学术著作出版规范座谈会，并代表50多家出版社发起实施学术著作出版规范的倡议。2013年，社会科学文献出版社参与新闻出版总署学术著作规范国家标准的起草工作。

依托于雄厚的出版资源整合能力，社会科学文献出版社长期以来一直致力于从内容资源和数字平台两个方面实现传统出版的再造，并先后推出了皮书数据库、列国志数据库、中国田野调查数据库等一系列数字产品。

在国内原创著作、国外名家经典著作大量出版，数字出版突飞猛进的同时，社会科学文献出版社在学术出版国际化方面也取得了不俗的成绩。先后与荷兰博睿等十余家国际出版机构合作面向海外推出了《经济蓝皮书》《社会蓝皮书》等十余种皮书的英文版、俄文版、日文版等。

此外，社会科学文献出版社积极与中央和地方各类媒体合作，联合大型书店、学术书店、机场书店、网络书店、图书馆，逐步构建起了强大的学术图书的内容传播力和社会影响力，学术图书的媒体曝光率居全国之首，图书馆藏率居于全国出版机构前十位。

作为已经开启第三次创业梦想的人文社会科学学术出版机构，社会科学文献出版社结合社会需求、自身的条件以及行业发展，提出了新的创业目标：精心打造人文社会科学成果推广平台，发展成为一家集图书、期刊、声像电子和数字出版物为一体，面向海内外高端读者和客户，具备独特竞争力的人文社会科学内容资源供应商和海内外知名的专业学术出版机构。

中国皮书网

发布皮书研创资讯，传播皮书精彩内容
引领皮书出版潮流，打造皮书服务平台

栏目设置：

- □ 资讯：皮书动态、皮书观点、皮书数据、 皮书报道、 皮书新书发布会、电子期刊
- □ 标准：皮书评价、皮书研究、皮书规范、皮书专家、编撰团队
- □ 服务：最新皮书、皮书书目、重点推荐、在线购书
- □ 链接：皮书数据库、皮书博客、皮书微博、出版社首页、在线书城
- □ 搜索：资讯、图书、研究动态
- □ 互动：皮书论坛

www.pishu.cn

中国皮书网依托皮书系列“权威、前沿、原创”的优质内容资源，通过文字、图片、音频、视频等多种元素，在皮书研创者、使用者之间搭建了一个成果展示、资源共享的互动平台。

自2005年12月正式上线以来，中国皮书网的IP访问量、PV浏览量与日俱增，受到海内外研究者、公务人员、商务人士以及专业读者的广泛关注。

2008年10月，中国皮书网获得“最具商业价值网站”称号。

2011年全国新闻出版网站年会上，中国皮书网被授予“2011最具商业价值网站”荣誉称号。

公共服务蓝皮书®

BLUE BOOK OF
PUBLIC SERVICE

盘点年度资讯　预测时代前程

※ 本书旨在为进一步加强社会建设，转变政府职能，建设服务型政府，构建社会主义和谐社会提供理论指导和政策参考。本书系统构建了以公共交通、公共安全、公共住房、基础教育、社保就业、医疗卫生、城市环境、文化体育、公职服务等为主要内容的地方政府基本公共服务力评价指标体系。

※ 本书通过24717份调查问卷，对全国38个主要城市的基本公共服务力进行全面评价和深入研究，发布了2014年全国38个主要城市的满意度评价情况及排行榜。选取基本公共服务满意度调查中群众最关心的交通拥堵、毒品防治、色情监管、食品安全、房价调控、空气质量、政府作风和户籍制度等13个核心问题进行了深入调研。

※ 本书在调查分析的基础上，建议完善基本公共服务立法，把公众对基本公共服务要素的关注度作为改善民生的晴雨表，强化公共服务改革的系统化思维，在全面深化改革领导小组当中设立公共服务改革协调小组，完善地方政府政绩考核评价办法，启动基本公共服务大数据计划，明确划分中央和地方政府财权和事权，推动基本公共服务大发展。

· 权威机构 · 品牌图书 · 每年新版

“皮书说”微信　　出版社官方微信

中国皮书网：www.pishu.cn
皮书序列号：B-2011-187

ISBN 978-7-5097-6843-3
定价：79.00元